제2판

사회복지 자료분석

DATA ANALYSIS FOR
SOCIAL WELFARE

김경휘

YANGSEOWON
양서원

| 머리말 |

본 저서를 집필하면서 독자들에게 꼭 들려주고 싶었던 것은 통계자료분석을 좀 더 신중하게 하자는 점이었다. 일반적으로 통계자료를 분석함에 있어서 소홀히 여기는 것이 두 가지 있는데, 하나는 통계자료의 질적 수준, 다른 하나는 고급 통계분석에 대한 매몰 현상이다.

통계자료의 질적 수준이란 분석에 사용되는 자료가 얼마나 과학적이고 논리적으로 그리고 윤리적으로 수집되었는가이다. 일반적으로 통계자료 분석과정에서 통계분석 방법의 초급 또는 중급, 고급인가에 대한 고민을 하지만, 보다 중요한 것은 분석하고자 하는 자료의 질이다. 통계분석을 실행하기 위해서는 다양한 형태의 자료를 활용하게 된다. 이 자료는 통계분석의 원료가 되는 것으로서, 그 원료가 과학적으로나 논리적으로 그리고 윤리적으로 수집되었는지 통계프로그램을 통해 생성된 숫자의 타당성과 신뢰성을 담보해 주는 매우 중요한 판단요소이다. 따라서 아무리 화려한 분석 방법을 활용하여 다양한 결과를 제시하여도 그 자료의 수집목적, 수집과정 등에 문제가 있다면 그 자료가 제시해 주는 결과는 아무런 의미가 없다. 통계학에서는 이것을 “Garbage In Garbage Out!”이라고 한다. 이는 “쓰레기 같은 잘못된 자료를 통계분석에 사용하면 쓰레기와 같은 분석결과를 얻는다”는 의미이다. 본 저서를 통해, 자료의 특성에 맞는 다양한 통계분석 방법을 활용하여 원하는 결과를 얻기를 기대한다.

다른 하나는 분석 방법의 화려함에 빠지지 말아야 한다는 점이다. 설문조사된 자료를 통계프로그램에 입력하고, 연구목적에 맞는 통계분석 방법을 활용하여 원하는 결과에 이르는 과정은 매우 과학적이고 논리적인 과정이다. 그러나 최근 일부 학생 및 연구자들 사이에서 이와 같은 과학적이고 논리적인 과정에 관심을 갖기보다는 통계분석의 화려함(고급분석)에 빠져 있는 실정이다. 물론 고급분석이 보다 다양한 결과와 의미를 보여주기는 하나 반드시 좋은 것은 아니기 때문이다. 따라서 분석목적과 자료의 특성을 충분히 이해한 상태에서 적절한 통계분석 방법을 활용하기를 기대한다.

본 저서를 작성함에 있어서 필자가 정한 집필 방향은 '독자들의 가려운 부분을 긁어 주자'이다. 주지하고 있듯이, 통계분석을 하다 보면 참으로 많은 어려움을 경험하게 되고, 그때마다 선행연구와 저서들을 찾아본다. 그러나 저자 역시 그때마다 느낀 것은 궁금증에 대해 시원하게 해결해 주는 책이 많지 않다는 점이다.

이 책은 그동안 발행된 여러 통계 책들의 기본 내용을 충실히 담고 있다. 더 나아가 본 저서에서 집필과정에서 중요하게 고려한 것은 통계분석을 처음 접하거나 또는 통계 작업을 하면서 발생한 문제들을 어떻게 새로운 관점에서 해결할 수 있는지 아이디어를 제공하는 것을 목적으로 하고 있다.

주요 장별 내용을 정리하면 다음과 같다. 1장은 사회조사 방법과 통계자료분석과의 관계 그리고 통계자료분석에서 정보는 무엇이고, 왜 중요한지를 설명하고 있다. 2장은 SPSS 통계프로그램에 대한 개요 및 기본 메뉴에 대해 설명하고 있다. 3장에서는 기초분석과 결측값의 중요성과 다양한 형태의 다중응답 설문에 대한 분석 방법에 대해 설명하고 있다. 4장에서는 입력되어 있는 분석변수의 형태를 다양한 형태로 변환하는 데 필요한 분석기법들에 대해 설명하고 있다. 또한 여러 가지 자료 및 변수를 하나의 형태로 만드는 과정에 대해 설명하고 있다. 5장은 SPSS 통계프로그램을 활용한 교차분석과 카이제곱 검정에 대해 설명하고 있다. 6장에서는 독립표본 T 검정, 대응표본 T 검정 그리고 일원분산분석을 통한 집단 간 평균비교 방법에 대해 설명하고 있다. 7장은 상관관계 분석을 통해 변수 간의 관계성을 파악할 수 있는 방법에 대해 설명하고 있다. 마지막으로 8장에서는 회귀분석을 통해 인과관계를 파악할 수 있는 방법에 대해 설명하고 있다.

마지막으로, 본 저서에서 언급된 내용들을 바탕으로, 그동안 독자들에게 어렵게 느껴지던 통계자료분석이 보다 쉽게 이해되고, 각자의 처한 상황에서 쉽게 적용되기를 기대해 본다.

2024년 2월

저자 씀

| 차 례 |

제2장

SPSS 통계프로그램의 개요와 분석의 기초

제3장

SPSS 통계프로그램을 활용한 기초분석

제4장

데이터와 변수 형태의 변환

제5장

SPSS 통계프로그램을 활용한 교차분석

제6장

SPSS 통계프로그램을 활용한 집단별 평균비교 분석

제7장

상관관계 분석

제8장 회귀분석

Chapter 01

사회조사방법론과 통계자료분석

1. 사회복지 현장에서의 통계분석의 중요성

사회복지 현장에서 설문조사와 통계자료분석이 중요한 이유는 무엇일까? 그중에 하나는 사회의 변화와 요구이다. 우리 사회는 시간이 흐를수록 다양하고 새로운 욕구를 표출하고 있다. 그러한 욕구의 대부분은 사회복지적 욕구라고 해도 과언이 아니다. 대표적인 예는 인구의 저출산과 고령화에 따른 아동복지정책과 노인복지정책 등이 있다. 이와 같은 새로운 사회적인 위험에 따른 복지적 욕구는 자연스럽게 사회복지기관 및 시설의 역할과 업무의 변화를 요구한다. 이처럼 새로운 역할을 수행해야 하는 사회복지사는 자신들의 활동과 성과에 대해 대내·외적으로 평가하고 환류해야 할 필요성을 요구받고 있다.

사회복지 현장에서 설문조사와 통계분석이 중요한 또 다른 이유는 사회복지사가 너무나 많은 일을 수행함에도 불구하고 자신의 노력과 성과를 제대로 보여주지 못하고 있기 때문이다. 실제 사회복지 현장에서 사회복지사는 많은 역할을 수행하고 있다. 관련 지침서에 나온 주요 역할만 언급해도 10여 가지의 역할을 수행하고 있다. 현재 사회복지사는 관리자와 행정가로 시작해서 중재자, 상담가, 조력자 등의 많은 역할과 사업을 수행하지만 이에 대해 인정받지 못하고 있는 것이 현실이기도 하다. 이처럼 사회복지사가 자신의 업무와 사업에 투입한 역량을 제대로 평가받지 못하는 원인은 외부의 왜곡된 시각도 있겠지만 자신의 노력과 성과를 제대로 보여주지 못한 것 역시 주요한 요인이 되고 있다. 이런 차원에서 사회복지 현장에서의 설문조사와 자료분석은 중요하다고 할 수 있겠다.

2. 1차 자료와 2차 자료 중 어떤 자료를 선택해야 하는가?

통계프로그램을 활용하여 자료 분석을 할 때 사용하는 자료는 1차 자료와 2차 자료가 있다. 1차 자료는 연구자가 직접 조사를 수행해서 얻는 자료를 의미하며, 2차 자료는 누군가 또는 어느 기관에 의해 수집된 자료를 의미한다.

1차 자료와 2차 자료의 차이점에 따라 분석자는 몇 가지 상황에 직면한다. 그것은 내가 원하는 변수가 있는가? 내가 원하는 분석을 할 수 있는가? 이 두 질문에 대한 답은 아마도 쉽게 얻을 수 있을 것이다. 1차 자료는 2차 자료와 달리 연구자가 자신의 연구 질문에 답을 얻을 수 있는 변수로만 구성할 수 있다. 이러한 차이로 인해, 연구자는 자신이 원하는 연구목적을 달성하거나 연구 질문에 답을 얻기 위해서는 1차 자료를 수집하는 것이 바람직하다. 그러나 1차 자료를 수집하는 데는 현실적인 한계가 있다. 주된 한계는 시간과 비용 그리고 현실적인 조사환경 문제들이다. 이러한 현실적인 여러 문제로 인해, 어쩔 수 없이 2차 자료를 활용하게 된다.

표 1-1 1차 조사와 2차 자료에 대한 설명

	개념	예	장점	단점
1차 자료	연구자에 의해 직접 수집된 자료	욕구조사 만족도 조사	연구자의 의도에 의해 필요한 내용들로만 관심 대상에게 조사를 할 수 있음	일반화에 한계
2차 자료	공공기관 또는 연구기관 등 타인 및 타 기관에 의해 수집한 자료	공공데이터 패널데이터 통계청자료	연구결과 일반화 대규모 대상 조사	시간, 비용이 많이 발생

일반적으로 2차 자료는 공공기관에 의해 수집된 공공데이터, 주요 연구기관에 의해 수집된 패널자료와 같은 종단자료 및 횡단자료이다. 공공기관 또는 연구기관에서 제공하는 자료는 그 규모가 1차 자료에 의해 수집된 자료의 규모보다 매우 크다. 심지어 패널조사 자료는 수년간에 동일 대상으로 수집된 대용량의 거대한 자료의 창고라고 할 수 있을 정도로 방대한 자료를 포함하고 있다. 이러한 장점에도 불구하고, 2차 자료는 연구자에 의해 직접 수집된 자료가 아니기 때문에, 실제 자료를 활용하는 과정에서 어쩔 수 없이 기존 자료에 의존할 수밖에 없다. 따라서 연구자는 2차 자료 내에서 자신이 원하는 연구 질문이나 변수를 찾아야 하는 한계에 직면한다. 물론, 2차 자료에서 연구 질문을 찾는 것이 아니라, 자신의 연구 질문에 맞는 2차 자료를 찾는 것이 더 정확한 표현이다.

본서에서 1차 자료와 2차 자료에 대해 구체적으로 설명하는 이유는 대부분의 통계분석 입문자들의 경우 이 차이와 장단점을 제대로 이해하지 못하고 1차 자료와 2차 자료를 분석하기 때문이다.

반대로 연구자의 연구목적 또는 연구 질문을 수립하고, 그에 맞는 자료를 직접 수집하는 것이 나은지 아니면 기존 2차 자료 내 유사한 변수를 포함하는 자료가 있는지를 확인하는 것이 먼저이기 때문이다. 따라서 무작정 2차 자료 그중에서 공공기관이나 연구기관에서 발표하는 패널자료를 사용해서는 안 된다.

결국, 가장 기본적으로 갖추어야 할 자세는 연구자 본인이 정말 알고 싶어 하는 연구 질문이 무엇인지에 대한 확고한 '자기 진술'이 있어야 한다는 점이다. 연구자 또는 분석자는 앞으로 수많은 연구와 분석을 진행하겠지만, 정작 중요한 건 숫자가 아니라 내용과 적절성이라는 점을 잊어서는 안 된다.

3. 선행연구 고찰과 설문지 제작은 자료분석과 어떤 관계가 있을까?

1) 선행연구 고찰

연구를 시작하면서 반드시 이루어져야 할 것은 내가 하고자 하는 연구에서 사용하는 연구주제, 연구대상, 연구범위 그리고 주요한 독립변수(변수 간 영향을 미치는 변수)와 종속변수(변수 간 영향을 받아 변화하는 변수) 등에 관한 충분한 선행연구 고찰이다.

선행연구 고찰의 목적 중 첫 번째는 연구자가 하고자 하는 연구와 유사한 또는 동일한 연구가 있는지를 파악하는 것이다. 연구는 기존의 지식과 다른 새로운 지식 또는 자그마한 변화 및 내용을 밝히거나 변화를 양적으로 측정하는 행위이다. 따라서 연구자가 하고자 하는 연구와 유사한 기존 연구가 있는지를 반드시 확인해야 한다. 만약 기존 유사하거나 동일한 연구가 있다면, 그 연구가 갖는 함의를 파악하는 것과 함께 한계점을 찾아야 한다. 그 이유는 그 한계점이 유사한 분야의 연구를 진행하고자 하는 나에게 중요한 연구의 동기가 될 수 있기 때문이다. 이러한 이유로 선행연구 고찰은 매우 엄격하고 정확하게 그리고 광범위하게 이루어져야 한다.

둘째, 선행연구가 광범위하게 이루어져야 한다는 것은 연구자가 알고자 하는 변수 및 주요 독립변수와 종속변수에 대해 폭넓게 문헌을 고찰해야 한다는 것을 의미한다. 즉, 선행연구의 범위는 사용하고자 하는 개념 및 변수에 따라 인문학, 사회과학, 자연과학 등 다양한 학문에서 걸쳐 이루어져야 한다.

셋째, 선행연구를 통해 전체 분석에 사용된 독립변수와 종속변수의 종류와 형태에 대해 꼼꼼하게 살펴봐야 한다. 일반적으로 설명적 연구(단순한 현상을 보고하는 연구), 기술적 연구(변수 간의 관계를 설명하는 연구), 탐색적 연구(기존에 이루어지지 않은 새로운 분야에 관한 연구)에서 사용되는 모든 변수에 대해 이론적 근거를 요구한다. 이론적 근거란 내가 사용하고자 하는 변수가 한 연구 또는 개인 의견이 아니라 이미 여러 선행연구를 통해 검증되었기 때문에, 해당 변수에 대한 신뢰도와 타당도가 확보되었다는 것을 의미한다. 특히, 주요한 독립변수와 종속변수에 대해서는 반드시 이론적으로 검증된 변수들을 사용하는 것이 분석 후 발생이 예상되는 변수 선정의 적절성 문제에서 비교적 자유로울 수 있다.

넷째, 선행연구를 통해 누구를 대상으로 어떤 분석 방법을 활용했는지 확인해야 한다. 이 역시, 충실하게 이 과정이 이루어지면 연구자가 표본 대상과 범위를 정하는 데 큰 도움이 된다. 또한, 분석 방법 역시 어떤 분석 방법을 활용했는지를 확인하는 것 역시 나의 분석에서 분석의 방향과 방법을 정하는 데 큰 도움이 된다.

표 1-2 선행연구 고찰을 해야 하는 이유

선행연구 고찰해야 하는 이유	➡	
		1. 관심 분야 연구 동향 파악 및 유사 연구 확인
		2. 다양한 분야(인문학, 자연과학 등)에 대한 이론적 근거 확인
		3. 설문지 개발에 반영할 변수(독립, 종속)에 대한 이론적 근거 확인
		4. 연구 대상, 조사 방법, 분석 방법에 대한 확인

이상에서 논의한 내용을 단순히 머릿속으로만 정리하거나 매번 논문을 읽어서 정리하기보다는 더욱 명확하게 문서로 정리하는 것이 연구를 진행하거나 보고서나 논문 작성에서 큰 도움이 된다. 다음에서 언급하는 방법은 필자가 대학원 과정에서 동일하게 정

리했던 방식이다. 다음과 같은 방법도 활용하면 많은 도움이 될 것으로 기대된다.

표 1-3 선행연구 고찰 요약 카드 예(A4 한 장 분량)

ID:	
1. 논문 제목	
2. 저자	
3. 출처	
4. 연도	
5. 연구 목적	
6. 연구 대상	
7. 표본추출 방법	
8. 주요 변수	
9. 주요 분석결과	
10. 연구의 함의	
11. 연구의 한계	

그렇다면, 논문 및 보고서에서 이러한 내용을 어디에서 확인할 수 있을까? 논문의 경우 가장 쉬운 것은 초록이다. 초록은 전체 논문의 주요한 내용을 간결하게 정리한 것이다. 다만, 이때 주의할 것은 선행연구와 분석결과는 좀 더 자세하게 살펴볼 필요가 있다. 앞서 언급했듯이, 초록은 방대한 논문 내용 중 연구자의 관점에서 중요하다고 생각한 것만을 요약한 것이다. 따라서 분석결과 및 함의에 대해서는 본문을 더욱 꼼꼼하게 살펴볼 필요가 있다. 그리고 선행연구 고찰 내용을 자세하게 초록에 포함하는 경우는 거의 없다. 따라서 선행연구 고찰은 따로 꼼꼼히 살펴봐야 한다. 만약 정책보고서라고 한다면, 일반적으로 정책보고서는 본문 앞에 요약을 포함하고 있다. 요약 부분을 살펴보면 방대한 전체 보고서를 비교적 간단하게 살펴볼 수 있다.

2) 선행연구 고찰과 설문지 제작과의 관계는 무엇일까?

설문지 개발은 고도의 논리를 문장으로 만드는 과정이다. 흔히 설문지를 개발하는 과정을 단순한 질문을 나열하는 수준으로 생각한다. 하지만, 설문지 또는 설문도구를 개발하는 과정은 단순한 문서 작성하는 수준이 아니라, 연구자가 알고자 하는 연구 질문에 답을 얻기 위한 과학적 노력의 과정이다. 따라서 설문지를 개발하기에 앞서, 가장 먼저 해야 할 것은 "내가 정말 알고 싶어 하는 것이 무엇인가?" 하는 질문이다. 연구자 스스로 이 질문에 답을 알지 못한다면, 설문지 제작과정에 쏟아부은 시간과 노력은 그저 쓰레기를 예쁘게 정리한 것밖에 되지 않는다.

연구자 또는 설문을 새롭게 만들고자 하는 사람은 자신이 무엇을 알고자 하는지에 대한 명확한 '질문의 진술'을 수립한 다음, 그것을 어떻게 알아가야 할지에 대한 고민을 순차적으로 하면 된다. 자신의 질문을 명확화한 다음, 자신이 알고자 하는 질문에 답을 줄 수 있는 키워드 그리고 그 키워드 배열순서, 마지막으로 문장구성까지 만들어가야 한다.

앞서 언급한 키워드, 키워드 배열순서 그리고 문장구성까지 가기 전에 반드시 선행되어야 할 것은 선행연구 고찰이다. 사실, 많은 사람이 이 과정을 쉬운 과정으로 이해하거나 선행연구 고찰을 하지 않는 경우가 있다. 하지만, 선행연구 고찰이란 단계는 반드시 이루어져야 한다. 그 이유는 첫째, 연구자가 연구를 수행하기 전 유사한 연구가 있었는지를 확인해야만 같은 연구가 반복될 위험을 줄일 수 있다. 둘째, 선행연구 고찰을 통해, 나의 연구에서 무엇을 보완하고 차별화하여 학술적으로 새로운 의미를 부여할 수 있는지를 가늠할 수 있다. 셋째, 자료 분석 차원에서, 어떤 변수들이 설문지에 사용되었고, 어떤 방식으로 질문들이 구성되었는지를 알 수 있다. 이상에서 언급한 내용만으로도, 우리는 왜 선행연구 고찰이 충실히 이루어져야 하는지를 알 수 있다.

만약 연구자가 선행연구를 충실히 고찰했다면, 연구자는 자신이 알고자 하는 지식, 현상 그리고 원인을 어떻게 다른 연구와 차별화를 가져가면서 답을 얻을 수 있는지 힌트를 얻을 것이다. 그리고 선행연구 고찰은 단순한 변수나 질문구성을 파악하는 수준에서 그치는 것이 아니라, 연구목적을 달성하기 위해 어떤 분석 방법을 활용했고, 결과는 무엇을 도출했는지까지도 확인할 수 있는 매우 의미 있는 과정이다. 따라서 설문도구를 제작하고 개발하는 과정에서, 유사한 연구를 살펴보는 것은 매우 의미 있고 유용한 방법이라고 할 수 있다.

3) 연구목적, 설문지 제작과 자료(통계) 분석과의 관계는 무엇일까?

설문지를 개발하기 전, 연구자가 먼저 확실히 해야 할 것은 나의 연구 질문이 어떤 연구목적과 닿아 있는가이다. 일반적으로 연구를 분류할 때, 기술적 연구, 탐색적 연구, 설명적 연구로 구분된다. 기술적 연구는 말 그대로 어떤 현상을 있는 그대로 설명하는 것을 의미한다. 예를 들면, 어느 기관의 이용만족도를 조사한다고 했을 때, 단순한 이용자의 특성, 만족도의 내용을 조사하는 경우이다. 이는 있는 현상을 그대로 보여주는 것을 목적으로 하기 때문이다. 설명적 연구는 앞서 설명한 기술적 연구와 달리 설문에 투입된 변수 간에 관계를 밝히는 것을 목적으로 한다. 즉, 어느 기관 이용자의 만족도 그 자체에 그치는 것이 아니라 만족하는 원인이 무엇인지를 통계적으로 검증하는 것을 목적으로 한다. 이처럼 연구는 연구목적에 따라 연구내용 즉, 설문구성이 달라진다. 물론 설문 자체보다는 연구자가 이 조사를 통해 어떤 분석결과를 도출할 때까지 고민하고 있느냐가 더 관건이 될 것이다. 따라서 연구자는 자신이 개발하고자 하는 설문지를 기존 설문자료를 그대로 사용하기보다는 자신의 연구목적에 맞게 적절하게 변화를 주거나 새롭게 개발해야 할 것이다.

표 1-4 연구목적에 따른 연구 종류

구분	목적	예
기술적 연구	알고자 하는 현상을 있는 그대로 보여주는 연구	기관 이용자 만족도
설명적 연구	변수와 변수 간의 관계, 차이, 인과성을 보여주는 연구	기관 이용자 만족에 미치는 요인

연구자가 연구 질문에 답을 구하고자 할 때, 1차 자료와 2차 자료 중 어느 자료를 사용하는가는 통계분석 방법과도 관련이 많다. 1차 자료를 활용한다고 하면, 연구자는 설문지 제작과정에서 고민할 부분이 많다. 여기서 고민할 부분이란 추후 설문조사가 완료되어 수집된 자료를 활용하여 통계분석을 할 경우, 어떤 변수를 활용하여 무슨 분석을 할 것인지까지도 충분한 고민이 있어야 한다. 만약 연구자가 2차 자료를 활용한다면, 전적으로 주어진 자료에 의존하여 분석할 수밖에 없어서 자료 분석에 제약이 있을 수 있다. 어쩌면 이것이 앞서 언급했던, 1차 자료와 2차 자료와 또 다른 점이라고 할 수 있다.

특히, 연구자가 1차 자료를 활용한다고 했을 때, 자신이 원하는 질문들로 구성된 설문도구를 새롭게 개발해야 한다. 이 과정에서 반드시 생각해야 할 것은 나의 연구 질문에 맞는 변수가 무엇인지 그리고 그 변수를 활용하여 어떤 통계분석 방법을 사용할 것인지까지 모두 반영하여 분석해야 한다. 만약 연구자가 이와 같은 내용에 대해 충분히 고민하지 않고 설문도구를 개발하여 조사까지 완료한 상황에서는 자신이 정작 원하는 변수와 분석 방법을 활용할 수 없는 문제가 발생할 가능성이 크다고 하겠다. 따라서 연구자는 설문지를 제작하는 과정에서부터 충분한 선행연구 고찰 과정을 통해 어떤 변수의 형태를 선택하는 것이 적절할 것인지 그리고 내가 만든 문항에 대해 어떤 분석 방법을 선택할 것인지까지도 고민하면 연구자가 원하는 연구와 분석을 진행할 수 있을 것이다.

4. 통계분석에 있어서 설문도구의 중요성

최근 사회복지 교육과정에서 사회조사방법론과 자료분석론을 개설하여 강의를 수강하도록 하는 학교가 많아지고 있다. 이러한 추세는 분명 사회복지사의 전문성 제고와 역량을 향상시키는 차원에서 매우 바람직하다. 다만 일부 학교에서 사회조사방법론과 자료분석론을 별개의 과목 형태로 강의하고 있다. 다시 말해서 사회조사방법론은 국가고시 과목으로서 시험 중심의 강의를 하는 수준을 벗어나지 못하고, 자료분석론은 사회조사방법론과 별개의 과목으로서 분석 방법을 습득하는 수준에서 그치는 현상이다.

그러나 이는 매우 옳지 않은 접근이다. 자료분석론 그 자체만 보면 하나의 분석 방법 및 도구에 지나지 않다. 더 중요한 것은 자료분석에서 활용되는 설문자료가 연구 및 조사의 목적에 맞게 설계되어 충실하게 만들어지고 조사되었는지이다. 즉, 아무리 고급 통계분석기법을 활용하여 원하는 결과를 얻었다고 하더라도 분석에 사용된 자료가 논리적이지 않으며 적절한 방법과 과정을 거쳐 수집이 되지 않았다면 그 결과는 아무런 의미가 없다.

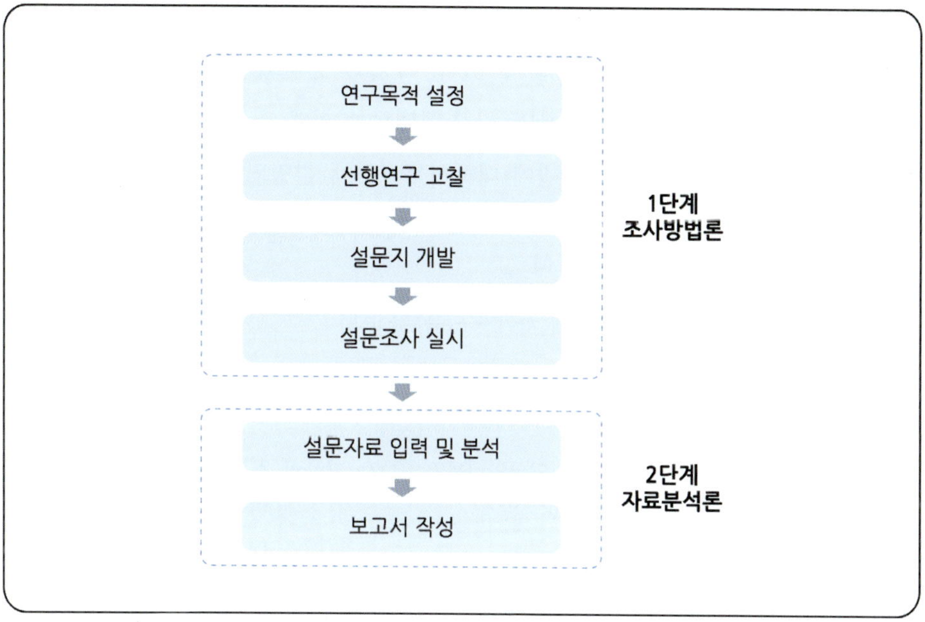

[그림 1-1] 연구 절차

[그림 1-1]에서 볼 수 있듯이, 일반적으로 연구의 절차는 2가지 단계로 나눌 수 있다. 물론 연구자마다 부분적으로 다를 수 있으나, 대부분은 그림과 같다. 제시된 그림에 1단계는 조사방법론, 2단계는 자료분석론으로 되어 있다. 1단계는 연구자 및 조사자가 알고 싶어 하는 연구목적을 시작으로 연구목적을 달성할 수 있는 설문지 개발과 조사 그리고 표본을 추출하는 방법 등의 지식을 활용한다.

2단계는 1단계가 논리적이고 내용적으로 충실히 실행된 결과물, 즉 설문자료를 통계 프로그램에 입력하고 분석하여 보고서를 작성하는 단계이다. 따라서 2단계의 결과물이

1단계의 연구목적을 달성할 수 있느냐는 1단계에서 이미 70% 이상 결정된다. 따라서 아무리 현란한 고급통계기법을 활용한다고 하더라도 1단계에서의 과정과 내용이 논리적이지 않거나 내용적으로 충실하지 않다면 그 결과는 아무런 의미가 없게 된다.

또 하나 중요한 것은 1단계에서의 설문지 개발과정에서 반드시 고려해야 할 요소들이 있는데, 그것은 설문 문항의 내용 및 형태가 연구목적을 달성하기 위한 구체적인 통계분석 방법들을 충분히 고려한 상태에서 개발했는가이다. 예를 들어, 제시된 〈표 1-5〉를 보면, 설문 대상자의 성별에 따라 소득에 차이가 있는지를 살펴보기 위한 설문 문항의 형태에 따라 분석 방법이 달라진다는 것을 알 수 있다. 즉 Q1) 형태로 문항을 만들면, 통계분석 방법은 독립표본 T 검정이 되어야 하며, Q2) 형태로 문항을 만들면, 교차분석과 카이제곱 검정을 해야 한다. 표의 분석 방법에 대해서는 -장에 설명되었으니 참조하기 바란다.

표 1-5 변수 형태에 따른 분석 방법 예

1. 가설		성별에 따라 소득에 차이가 있을 것이다.	
2. 측정 변수 및 설문 문항	성별	Q) 귀하의 성별은 무엇입니까? ① 남성 ② 여성	
	소득	Q1) 귀하의 소득은 얼마입니까? (　　　　)만 원	Q2) 귀하의 소득은 얼마입니까? ① 1-49만 원 ② 50-99만 원 ③ 100-149만 원 ④ 150만 원 이상
3. 분석 방법		독립표본 T 검정	교차분석(카이제곱 검정, χ^2-test)

제시된 〈표 1-5〉의 예처럼 설문 문항은 단순히 설문대상자에게 묻고 싶은 질문을 나열하는 것이 아니라, 먼저 연구자 또는 분석자가 연구를 통해 알고 싶은 목적 및 정보들에 대해 충분한 고민을 하고 문항을 제작해야 한다. 또한 설문 문항을 만들 때, 이 문항을 통해 분석할 수 있는 방법은 무엇이 있는지에 대해서 충분한 고민을 해야 한다. 만약 이러한 고민 없이 기존의 유사 설문 내용 및 보고서를 그대로 베껴서 설문지를 만들 경우, 원하는 분석 방법을 사용하지 못할 뿐만 아니라 원하는 결과를 얻지 못하게 될 것이다.

따라서 연구목적 및 분석목적을 달성하기 위한 문항을 만들고 분석을 위해서는 다음의 내용들을 반드시 순서적으로 고려해야 한다.[1)]

① 분석목적과 얻고자 하는 정보 및 결과를 명확히 한다.
② 유사한 연구 및 보고서의 설문 문항들을 충분히 수집하여 참고한다.
③ 얻고자 하는 정보 및 결과에 적합한 설문 문항을 만든다.
④ 구체적인 통계분석 방법을 고려하여 설문 문항을 만든다.

다시 한번 강조하지만, 통계자료분석은 사회조사에서 하나의 도구라는 것을 잊지 말아야 한다. 정작 중요한 것은 통계자료분석에 이르기 전까지의 과정이 논리적이고 내용적으로 충실한가라는 점이다.

5. 자료분석에서의 정보의 중요성

1) 설문 문항의 개발과 정보의 중요성

연구자가 관심을 갖고 있는 분석대상의 객체의 집합체를 '모집단'이라고 한다. 우리가 사회조사를 하는 이유는 모집단에 대해 정확하게 알기 위해서이다. 이미 알고 있듯이, 모집단에 대해 모두 조사해서 100% 이해한다는 것은 불가능하거나 어렵다. 현실적으로 조사자가 알고자 하는 모집단을 모두 조사한다는 것은 그 자체가 불가능할 뿐만 아니라 표본조사를 아무리 엄격하게 한다고 해도 항상 오차가 존재하기 때문이다.

예를 들면, 모집단의 정보가 100이라고 했을 때, 표본조사를 통해 사실에 근거한 또는 거의 정확한 정보를 100% 얻을 수 있는 확률은 매우 낮다. 그 이유는 설문조사 시 개발된 조사도구의 타당성과 신뢰성 그리고 응답자의 성실한 답변과 적합한 조사환경 등 다

1) 본 저서는 자료분석을 중심으로 설명하고 있으므로, 설문지 작성법 등에 대해서는 사회조사방법론 도서를 참고하기 바람.

양한 요인에 영향을 받기 때문이다. 따라서 설문조사를 통해 가능한 정확하고 많은 정보를 얻기 위해, 연구자는 최대한 내적 및 외적 영향요인들을 통제해야 한다. 그 대표적인 것이 조사도구 구성 및 개발이다. 만약 타당성이 확보되고 신뢰도가 높은 조사도구를 구성하고 개발할 경우, 연구자는 정확하면서도 많은 정보를 얻을 수 있다.

일반적으로 연구자가 알고자 하는 다양한 정보는 어떤 근거와 방식으로 질문 문항을 구성하고 만들 것인가에 달렸다고 해도 과언이 아니다. 앞서 언급했듯이, 조사연구를 진행할 때, 연구자는 먼저 연구목적과 기대하는 결과를 명확히 한 후 그에 따른 관련 선행연구를 고찰하여 적절한 조사도구 및 설문 문항을 개발하게 된다. 이상의 과정이 타당하고 신뢰할 수 있다면, 우리는 한 번의 표본조사를 통해 모집단에 대한 다양한 정보를 비교적 정확하게 얻을 수 있을 것이다.

2) 정보의 측정

표본조사를 통해 우리가 알고자 하는 정보를 어떻게 측정할 것인가? 사회조사에서 알고자 하는 정보를 측정 가능한 형태로 만든 개념을 '변수'라고 한다. 변수란 연구대상의 속성 및 값을 가질 수 있는 상태를 의미한다. 그리고 그 변수를 구성하는 구체적인 값을 '변수값'이라고 한다. 여기서 언급된 변수 및 변수값이 연구자가 알고자 하는 정보가 된다. [그림 1-2]에서 보는 것처럼, 변수는 '고용 형태'가 되고, 이 고용 형태라는 변수를 구성하는 변수값이 '정규직'과 '비정규직'이다.

변수	→	고용 형태
변수값	→	① 정규직 ② 비정규직

[그림 1-2] 변수와 변수값

이처럼 '정보'라는 추상적 개념을 측정 가능한 수준으로 만든 것이 변수이다. 변수의 종류는 그 속성 및 내포하고 있는 정보의 양에 따라 [그림 1-3]처럼 분류된다. 변수는 크게

'비연속변수'와 '연속변수'로 구분된다. '비연속변수'는 측정하는 변수의 값이 비자연수, 즉 사칙연산이 되지 않는 변수값으로 구성된 변수를 의미한다. 반면에 '연속변수'는 측정하는 변수의 값이 자연수, 즉 사칙연산이 가능한 변수값으로 구성된 변수를 의미한다.

비연속변수는 변수가 가진 정보의 양과 특성에 따라 '명목변수'와 '서열변수'로 구분할 수 있다. 연속변수 역시 변수가 가진 정보의 양과 특성에 따라 '등간변수'와 '비율변수'로 구분할 수 있다.

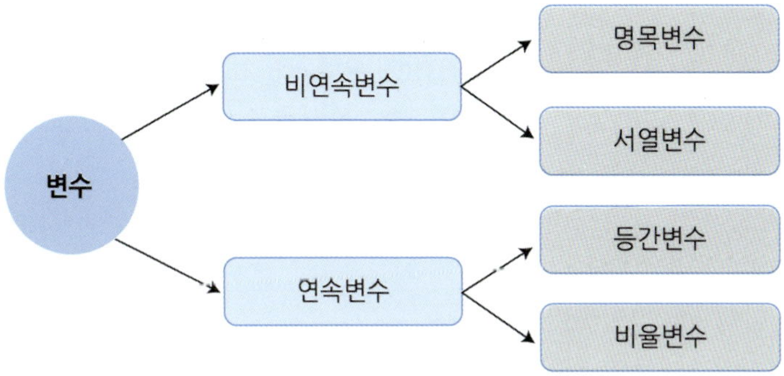

[그림 1-3] 변수의 종류

3) 변수의 속성

변수는 기본적으로 '두 개 이상의 값'으로 구성되어 있다. 따라서 명목변수, 서열변수, 등간변수 그리고 비율변수 모두 2개 이상의 변수값으로 구성되어 있다. 이 정보는 변수의 속성이 다르다고 해서 변하는 특성이 아니다.

변수는 변수가 갖고 있는 정보의 양에 따라 명목변수, 서열변수, 등간변수, 비율변수로 구분할 수 있다. 제시된 〈표 1-6〉을 살펴보면, 변수가 가진 정보의 정도 또는 양에 따라서 네 가지로 구분되어 있다. 먼저 제시된 표를 살펴보면, 네 개의 변수에 대해서 변수값, 서열(순서), 등간성 그리고 절대 '0'이라는 정보의 보유에 있어서 차이가 있음을 알 수 있다.

표 1-6 변수의 속성에 따른 정보의 양 비교

	정보의 양						
	변수값 (2개 이상)	서열 (순서)	변수값 간 등간성	절대 '0'	예시	사칙 연산	통계량
명목 변수	○	×	×	×	- 성별(① 남성, ② 여성) - 종교(① 기독교, ② 천주교, ③ 불교)	×	빈도, 백분율
서열 변수	○	○	×	×	- 만족도(① 매우 만족, ② 만족, ③ 불만족, ④ 매우 불만족) - 학력(① 무학, ② 초졸, ③ 중졸, ④ 고졸, ⑤ 대졸 이상)	×	빈도, 백분율
등간 변수	○	○	○	×	IQ, 온도	○	평균, 표준편차, 백분위 등
비율 변수	○	○	○	○	소득, 지출, 사람 수, 연령	○	평균, 표준편차, 백분위 등

(1) 명목변수

먼저 명목변수를 살펴보면, 명목변수는 두 개 이상의 변수값이라는 정보를 갖고 있다. 다만 명목변수를 구성하는 변수값 간에는 서열(순서), 변수값 간의 등간성 그리고 절대 '0'이란 정보는 없다. 이러한 특성으로 인해, 명목변수는 사칙연산이 불가능하다. 좀 더 쉬운 예를 들어 살펴보자.

> **예** 일반적으로 설문조사에서 묻는 설문 문항이 응답자의 성별이다. 이때 보통 설문 문항은 다음과 같이 구성된다.
>
> Q1) 귀하의 성별은 무엇입니까? ① 남성 ② 여성 또는 ① 여성 ② 남성

이때 제시된 성별 변수가 사칙연산이 불가능한 이유는 명목변수가 갖는 주요 속성 때문이다.

주요 속성	이유
① 변수값 간에 중복된 개념 및 중간 값이 존재하지 않음	남성과 여성의 개념 및 부여된 숫자 사이에 소수점 및 중간 값이 존재하지 않음
② 변수값 간에 서로 순서가 존재하지 않음	변수값의 순서가 ① 남성 ② 여성 또는 ① 여성 ② 남성처럼 해도 분석결과에 아무런 변화가 없음
③ 변수값에 부여된 숫자는 상징적으로 부여된 숫자에 불과함	① 남성 ② 여성에 부여된 숫자는 자연수가 아닌 남성과 여성을 구분하기 위한 상징적인 기호에 불과함
④ 변수값 간에 등간, 즉 배수의 개념이 성립하지 않음	① 남성 ② 여성에 부여된 숫자가 자연수라면, 남성 두 명(① + ①)을 더하면 여성(②)이 되어야 하나, 의미적으로나 내용적으로 불가능함
⑤ 모든 명목변수는 사칙연산 자체가 불가능함	평균, 표준편차, 사분위수 등의 통계량 계산이 불가능함. 다만, 명목변수는 변수값의 빈도와 백분율 정보만을 제공함

(2) 서열변수

서열변수는 두 개 이상의 변수값과 변수값 간의 서열(순서) 정보를 갖고 있다. 서열변수는 변수를 구성하는 변수값 간의 등간성(배수의 개념)이 성립하지 않으며 절대 '0' 정보도 없다. 그리고 서열변수가 갖고 있는 변수값과 변수값 간의 서열 정보만으로는 사칙연산이 기본적으로 불가능하다. 예를 들어 살펴보자.

예 서열변수의 대표적인 예는 어떤 심리사회적 특성에 대한 정도를 측정한 경우이다.

Q1) 귀하는 귀하의 삶에 대해 어느 정도 만족하십니까?

① 매우 불만족 ② 불만족 ③ 보통 ④ 만족 ⑤ 매우 만족

이때 제시된 삶의 만족도 변수가 사칙연산이 불가능한 이유는 서열변수가 갖는 주요 속성 때문이다.

주요 속성	이유
① 변수값 간에 중복된 개념 및 중간 값이 존재하지 않음	만족도 점수 사이에 소수점 및 중간 값이 존재하지 않음
② 변수값에 부여된 숫자는 상징적으로 부여된 숫자에 불과함	① 매우 불만족~⑤ 매우 만족에 부여된 숫자는 자연수가 아닌 만족도의 크기를 구분하기 위한 기호임
③ 변수값 간에 등간, 즉 배수의 개념이 성립하지 않음	① 매우 불만족 ⑤ 매우 만족에 부여된 숫자가 자연수라면, 응답자 중 매우 불만족 5명(①+①+①+①+①)을 더하면 매우 만족 1명(⑤)이 되어야 하나, 의미적으로나 내용적으로 불가능함
④ 모든 서열변수는 사칙연산 자체가 불가능함	평균, 표준편차, 사분위수 등의 통계량 계산이 불가능함. 서열변수는 변수값의 빈도와 백분율 정보만을 제공함. 다만, 척도로 구성된 서열변수는 사칙연산이 가능함(예, 20문항으로 구성된 5점 만점 자아존중감 척도)

단, 서열변수로 측정된 척도(양육태도, 우울감, 자아존중감 등)는 척도를 구성한 문항들을 합하여 총점 또는 평균 점수로 사용할 수 있다.

(3) 등간변수

등간변수는 두 개 이상의 변수값과 변수값 간의 서열(순서), 그리고 변수값 간의 등간성(배수) 정보를 갖고 있다. 등간변수는 변수를 구성하는 절대 '0' 정보가 없다. 다만, 변수값 중 임의의 '0' 정보를 갖고 있지만 사칙연산이 가능하다. 예를 들어 살펴보자.

> **예** 등간변수의 대표적인 예는 온도를 측정한 경우이다.
>
> Q1) 현재 온도는 몇 도입니까? ( ) ℃

이때 제시된 온도 변수가 사칙연산이 가능한 이유는 등간변수가 갖는 주요 속성 때문이다.

주요 속성	이유
① 변수값 간에 중복된 개념 및 중간 값이 존재함	온도는 정수 형태의 온도(1도, 2도, 3도...) 사이에 소수점 및 중간 값이 존재
② 변수값에 부여된 숫자는 상징적으로 부여된 숫자에 불과함	측정된 실제 온도의 숫자는 자연수임
③ 변수값 간에 등간, 즉 배수의 개념이 성립하지 않음	+1, +2, +3도가 자연수이므로, 측정된 온도를 더하면(1도+1도) 2도가 되어 의미적으로나 내용적으로 배수의 개념이 성립함
④ 모든 등간변수는 사칙연산 가능함	평균, 표준편차, 사분위수 등의 통계량 계산이 가능함

(4) 비율변수

비율변수는 두 개 이상의 변수값과 변수값 간의 서열(순서), 그리고 변수값 간의 등간성(배수), 절대 '0' 정보가 있어 사칙연산이 가능하다. 예를 들어 살펴보자.

> 예
>
> 비율변수의 대표적인 예는 소득을 측정한 경우이다.
>
> Q1) 귀하의 소득은 얼마입니까? (   )만 원

이때 제시된 소득 변수가 사칙연산이 가능한 이유는 비율변수가 갖는 주요 속성 때문이다.

주요 속성	이유
① 변수값 간에 중복된 개념 및 중간 값이 존재함	소득의 정수 형태의 만 원(1만 원, 2만 원, 3만 원...) 사이에 소수점 및 중간 값이 존재
② 변수값에 부여된 숫자는 실제 숫자임	측정된 실제 소득의 숫자는 자연수임
③ 변수값 간에 등간, 즉 배수의 개념이 성립	1만 원, 2만 원, 3만 원이 자연수이므로, 측정된 소득을 더하면(1만 원+2만 원+3만 원) 6만 원이 되어 의미적으로나 내용적으로 배수의 개념이 성립함
④ 모든 비율변수는 사칙연산 가능함	평균, 표준편차, 사분위수 등의 통계량 계산이 가능함

4) 변수의 속성 변화에 따른 정보의 양 변화

지금까지 변수의 속성에 따라서 정보의 양에 어떠한 차이가 있는지를 살펴보았다. 지금까지 배운 것을 되짚어 보면, 네 가지 변수 중 비율변수가 가장 많은 정보를 제공하고 있음을 알 수 있다. 다음에 제시된 [그림 1-4]의 삼각형을 보면 앞서 살펴본 변수의 속성에 따른 정보의 양이 어떻게 다른지를 한눈에 볼 수 있다. 이러한 내용을 다르게 정리하면, **명목변수 형태로 만들어진 변수에서는 서열변수 및 비율변수의 정보를 추출해 낼 수 없지만, 반대로 비율변수 형태로 만든 질문에서 서열변수 및 명목변수가 갖고 있는 정보를 추출**해 낼 수 있다는 것을 그림에서 쉽게 알 수 있다.

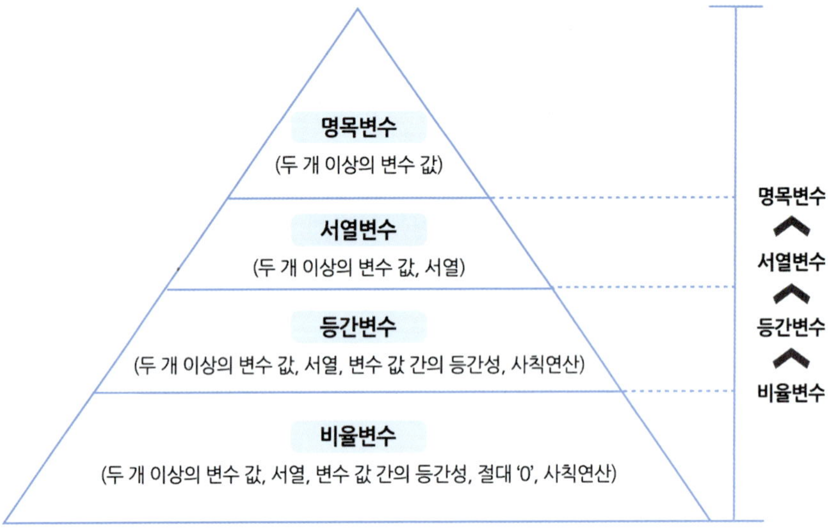

[그림 1-4] 변수의 종류

그렇다면 설문조사 시, 우리는 어떤 변수 형태로 설문을 만드는 것이 좋을 것인가? 정보의 양만을 고려한다면 모든 측정변수를 비율변수 형태로 설문을 만들어야 할 것이다. 다음의 예를 살펴보자. 다음에 제시된 예는 설문조사 시 자주 등장하는 질문 형태이다. 두 질문 모두 동일하게 응답자의 연령을 묻는 질문이다. 그러나 설문 문항 형태를 보면 Q1)은 응답자가 직접 자기의 실제 연령을 기입하도록 만들었고, Q2) 질문은 응답자가 자신의 연령이 속한 연령대를 선택하도록 만들었다. 두 질문 모두 응답자의 연령을 묻고 있지만 분석결과를 통해 제공하는 정보에는 많은 차이가 있다. 그 이유는 그림에서도 나타났듯이, Q1) 질문 형태는 비율변수 형태이고, Q2) 질문 형태는 서열변수 형태의 질문이다. 따라서 지금까지 살펴본 주요 변수의 형태가 제공해 주는 정보의 양 차이를 이해했다면 Q2)보다는 Q1) 형태의 질문이 분석자에게 더 많은 정보를 제공해 주고 있다는 것을 알 수 있다.

표 1-7 변수 속성에 따른 문항 형태의 차이

1. 질문	당신의 연령은 몇 세입니까?	
2. 설문 문항	Q1) 귀하의 연령은 몇 세입니까? (　　　　)세	Q2) 귀하의 연령은 몇 세입니까? ① 10-19세　② 20-29세 ③ 30-39세　④ 40세 이상
3. 변수의 속성	비율변수	서열변수

그렇다면 앞서 언급한 것처럼 Q1) 형태 즉, 비율변수로 측정한 변수에서 서열변수의 정보를 추출해 낼 수 있지만, 반대로 서열변수로 측정한 변수에서 비율변수의 정보를 추출해 낼 수 있는지에 대해 예를 들어 살펴보자. 다음에 제시된 표의 왼쪽에 10명의 응답자의 연령을 부여된 id별로 나열하였다. 이 연령은 〈표 1-8〉에서 나타난 것처럼 비율변수로 측정된 변수이다. 비율변수에서 서열변수의 정보, 즉 순서가 존재하는 변수값을 추출하기 위해서는 개념적으로 다음과 같은 과정을 하게 된다. 제시된 그림 중 가운데에 보면, id가 아닌 연령을 내림차순하여 가장 적은 연령부터 최고 연령까지 정렬이 되었다. 이때 필요한 통계적 과정이 리코드(Recode) 과정이다.[2] 즉 기존의 값들을 내림차순하여 낮은 값에서 높은 값으로 정렬한 다음 10세 단위로 변수값을 재부여하는 것이다. 따라서 12세로 응답한 9번 응답자의 새로운 서열 값은 ①, 3번, 1번, 5번 id를 가진 응답자의 연령 21세, 23세, 24세는 ②값으로 다시 변수값이 부여된다. 이와 같은 과정을 통

2) 리코드(Recode)는 4장의 내용을 참고하기 바란다.

하여 다른 응답자의 기존 실제 연령 값을 서열 형태의 값으로 변화시킨다. 이런 과정이 완료되면, 우리는 드디어 비율변수로 측정된 연령변수에서 서열변수 형태로 변환하여 서열화된 변수값 정보 값을 추출할 수 있다. 이와 같은 과정이 완료되면, 다음의 그림처럼 id별로 원래 자신의 연령 값들이 새롭게 리코드한 연령대 값으로 변경되었다는 것을 확인할 수 있다.

이상의 과정은 비율변수 형태로 측정된 '연령' 변수를 서열변수 형태인 '연령대' 변수로 변경하는 과정을 개념적이고 논리적 과정으로 설명한 것이다. 실제 분석과정에서 비율변수를 서열변수로 변경하는 과정에서 내림차순 또는 오름차순 과정을 할 필요는 없다는 것을 명심하기 바란다.

표 1-8 비율변수의 서열변수로의 변환과정

<table>
<tr><th colspan="2">실제 설문조사 결과</th><th rowspan="2">내림차순 정렬</th><th colspan="2">연령 기준으로 내림차순 정렬한 값</th><th rowspan="2">리코드 작업</th><th>새로운 변수명과 변수값으로 리코드</th><th colspan="2">리코드 후 최종적으로 id 기준으로 오름차순 정렬한 값</th></tr>
<tr><th>id</th><th>연령</th><th>id</th><th>연령</th><th>연령대</th><th>id</th><th>연령대</th></tr>
<tr><td>1</td><td>23</td><td></td><td>9</td><td>12</td><td></td><td>1) 10-19세</td><td>1</td><td>2)</td></tr>
<tr><td>2</td><td>45</td><td></td><td>3</td><td>21</td><td></td><td rowspan="3">2) 20-29세</td><td>2</td><td>4)</td></tr>
<tr><td>3</td><td>21</td><td></td><td>1</td><td>23</td><td></td><td>3</td><td>2)</td></tr>
<tr><td>4</td><td>56</td><td></td><td>5</td><td>24</td><td></td><td>4</td><td>4)</td></tr>
<tr><td>5</td><td>24</td><td></td><td>8</td><td>31</td><td></td><td rowspan="3">3) 30-39세</td><td>5</td><td>2)</td></tr>
<tr><td>6</td><td>43</td><td></td><td>7</td><td>32</td><td></td><td>6</td><td>4)</td></tr>
<tr><td>7</td><td>32</td><td></td><td>10</td><td>35</td><td></td><td>7</td><td>3)</td></tr>
<tr><td>8</td><td>31</td><td></td><td>6</td><td>43</td><td></td><td rowspan="3">4) 40세 이상</td><td>8</td><td>3)</td></tr>
<tr><td>9</td><td>12</td><td></td><td>2</td><td>45</td><td></td><td>9</td><td>1)</td></tr>
<tr><td>10</td><td>35</td><td></td><td>4</td><td>56</td><td></td><td>10</td><td>3)</td></tr>
</table>

이처럼 조사자가 설문 문항을 비율변수로 측정하도록 만들면, 비율변수의 많은 정보 중에 서열화된 변수값들을 추출해 낼 수 있다. 그렇다면, 반대로 서열화된 변수로 측정된 설문 결과에서 비율변수 값을 추출해 낼 수 있을 것인가? 답은 불가능하다. 그 이유는 다음의 예를 살펴보면 보다 쉽게 이해할 수 있다.

예

Q1) 귀하의 연령은 몇 세입니까?

① 10-19세 ② 20-29세 ③ 30-39세 ④ 40세 이상

위의 질문에 대한 10명의 응답자에게 설문을 한 결과 다음의 표와 같다고 하자.

표 1-9 서열변수의 설문조사 결과

id	연령
1	①
2	③
3	②
4	③
5	②
6	③
7	②
8	④
9	②
10	④

제시된 응답 값을 보면, 10명의 연령이 ①~④ 사이의 값을 가진 것을 알 수 있다. 즉, 제시된 ①부터 ④까지 변수에게 부여된 숫자가 커질수록 응답자의 연령도 10세 단위로

커지고 있음을 알 수 있다. 이는 이 변수의 형태가 서열변수임에 따라 서열화된 변수값 정보를 제공하고 있다는 것을 알 수 있다. 그런데 문제는 분석자가 응답자 각 개인의 실제 연령 값이 무엇인지를 알 수 없다는 점이다. 즉, 비율변수 형태로 측정했을 때 알 수 있는 각 개인의 실제 연령 값을 알 수 없게 된다. 서열변수는 비율변수가 제공하는 정보를 갖고 있지 않기 때문이다.

이상의 단적인 예를 통해 알 수 있듯이, 설문에서 연구자 또는 조사자가 설문을 어떤 형태로 만드는가는 조사 후 확보할 수 있는 정보의 양을 정할 뿐만 아니라 분석방법까지 결정한다는 것에 유의해야 한다. 따라서 단순히 기존의 설문을 그대로 따라하거나 고민이 충분히 이루어지지 않고 설문 제작과 조사가 이루어지면, 많은 비용과 시간을 들이고도 원하는 결과를 얻지 못하는 결과를 가져온다는 것에 유의해야 한다.

6. 변수의 수와 형태에 따라 어떤 통계분석을 할 수 있을까?

1) 1개의 변수를 사용하여 분석할 때 분석 방법

자료 분석은 분석하고자 하는 변수의 유형(명목, 서열, 등간/비율)에 따라 분석 방법이 달라진다. 그리고 한 번의 분석에서 변수를 1개 또는 2개 이상 사용할 때마다 분석 방법이 달라진다. 이제는 분석에 사용하는 변수의 개수 그리고 변수의 유형에 따라 분석 방법이 어떻게 달라지는지 살펴보자.

먼저, 1개의 변수를 사용할 때, 변수의 유형에 따라 어떤 분석방법을 기본적으로 사용할 수 있는지 설명하였다. 만약 분석하고자 하는 변수가 명목변수 또는 서열변수라고 한다면, 일반적으로 많이 사용하는 변수는 빈도분석이다. 그리고 빈도분석을 했을 경우, 얻을 수 있는 결과는 빈도와 백분율이다. 이는 가장 기본적인 분석결과 값이지만 동시에 매우 중요한 분석결과이다. 모든 중급 및 고급 분석은 빈도분석에서부터 시작한다고 해도 과언이 아니다. 따라서 분석자는 무턱대고 중급 및 고급 분석을 하려고 하지 말고 가장 기본이 되는 빈도분석을 실행하여 기본적인 각 변수값의 빈도와 백분율을 확인해야 한다.

분석에 투입된 1개의 변수가 등간변수 또는 비율변수라고 한다면, 기본적으로 빈도분석을 사용할 수 있다. 또한 등간변수와 비율변수만을 분석하도록 만들어진 기술분석 방법을 사용하면 된다. 두 방법 모두 분석에 투입된 변수의 빈도, 백분율, 평균, 표준편차 등 사칙연산을 통해 생성할 수 있는 모든 통계량을 확인할 수 있다.

그렇다면, 빈도분석과 기술분석의 차이는 무엇인가?

빈도분석은 말 그대로 빈도와 백분율 그리고 평균과 표준편차 값 등을 제시한다. 그러나 기술분석은 빈도분석과 달리 빈도와 백분율 값을 보여주지 않는다. 기술분석은 분석에 투입된 변수 모두를 등간변수 및 비율변수로 간주하고 분석이 이루어지기 때문이나. 비도분석과 기술분석의 차이를 제대로 이해하고 분석을 진행하면 된다.

표 1-10 1개의 변수를 사용하여 분석할 때 분석방법

변수	분석방법	결과
명목변수	빈도분석	빈도, 백분율
서열변수	빈도분석	빈도, 백분율
등간 / 비율변수	빈도분석 / 기술분석	빈도, 백분율, 평균, 표준편차, 중위값, 최대값, 최소값, 10분위 등

그리고 나중에 더 설명할 기회가 있겠지만, 빈도분석의 중요한 기능이 두 가지 있다.

첫째, 분석하고자 하는 데이터의 결측값이 있는지 확인할 수 있다. 빈도분석을 실행하면, 유효한 응답 케이스 수와 결측값이 있다면, 결측값 케이스 수를 확인할 수 있다. 만약 결측값이 케이스가 확인된다면, 결측의 원인을 찾기 위해 설문지나 원자료를 확인하면 된다.

둘째, 입력된 데이터의 오류가 있는지 확인할 수 있다. 즉, 설문지에는 1번과 2번밖에 없는데 3번이 입력되어 있는지 코딩(데이터 입력) 에러를 찾을 수 있다.

2) 2개의 변수를 사용하여 분석할 때 분석방법

앞서 설명한 내용은 분석에 단 한 개의 변수만을 투입했을 경우이다. 그러나 연구자가 분석하는 과정에서 더 많은 의미 있는 정보를 추출하기 위해서는 변수 간의 관계 속에서 다양한 사실과 의미를 확인해야 한다. 그렇게 하기 위해서는 분석에 2개 이상의 변수를 활용하는 것이다. 분석에 2개의 변수를 활용한다고 했을 때, 분석방법은 달라진다.

먼저, 2개의 변수의 구성이 명목변수(2개, 3개, 4개 이상)×명목변수, 명목변수×서열변수, 서열변수×명목변수, 서열변수×서열변수처럼 된다고 했을 때, 사용할 수 있는 기본적인 분석방법은 교차분석과 카이제곱 검정이다. 교차분석과 카이제곱 검정은 명목변수와 서열변수 간 나타난 분포의 차이가 통계적으로 유의한가를 확인할 수 있는 분석방법이다.

2개의 변수 중 범주가 2개인 명목변수와 등간/비율변수와의 차이를 분석하는 분석방법은 독립표본 t-test이다. 2개의 변수 중 범주가 3개 이상인 명목변수와 3개 이상 범주를 갖는 서열변수와 분석할 때는 일원분산분석을 사용해야 한다.

그리고 2개의 변수 중 하나가 등간변수와 비율변수이고 다른 한 변수 역시 등간변수/비율변수라고 했을 때, 사용할 수 있는 분석방법은 대응표본 t-test, 상관관계분석이다.

표 1-11 2개의 변수를 사용하여 분석할 때 분석방법

<table>
<tr><th colspan="3" rowspan="2"></th><th colspan="3">변수 1</th></tr>
<tr><th>명목변수</th><th>서열변수</th><th>등간/비율변수</th></tr>
<tr><td rowspan="4">변수 1</td><td rowspan="2">명목 변수</td><td>2개 범주</td><td>교차분석
카이제곱검정</td><td>교차분석
카이제곱검정</td><td>독립표본 t-test</td></tr>
<tr><td>3개 이상 범주</td><td>교차분석
카이제곱검정</td><td>교차분석
카이제곱검정</td><td>일원분산분석</td></tr>
<tr><td colspan="2">서열변수</td><td>교차분석
카이제곱검정</td><td>교차분석
카이제곱검정</td><td>일원분산분석</td></tr>
<tr><td colspan="2">등간/비율변수</td><td>독립표본 t-test</td><td>일원분산분석</td><td>대응표본 t-test
상관관계분석</td></tr>
</table>

7. 설문지와 코드북 그리고 분석자료 입력의 관계

대부분의 조사자는 설문지 제작을 완성하면 바로 설문을 시작한다. 그러나 잊지 말아야 할 것은 설문지 제작이 완료되면 동시에 수행해야 할 과정이 코드북 작성이다. 일부 소규모 연구 및 사회복지 현장에서 설문조사가 이루어질 때 코드북을 따로 만들지 않는 경우가 많다. 실제, 때로는 코드북을 만들지 않아도 큰 어려움이 없는 설문조사도 있다. 그러나 기본적으로 설문도구 제작과 함께 코드북을 제작하면, 연구자는 데이터 코딩(입력)과 분석과정에서 매우 유용한 도움을 받게 된다. 한마디로 요약하면, 코드북은 축약된 설문지라고 봐야 할 것이다. 코드북은 방대한 설문지를 축약하여 간단하게 정리하는 것과 함께 조사결과를 통계프로그램에 입력하는 과정에서 중요한 가이드 역할을 수행한다. 다음의 예를 살펴보면 설문지와 코드북의 관계를 보다 쉽게 이해할 수 있을 것이다. 물론 제시된 과정을 굳이 순차적으로 할 필요는 없다. 즉 설문 제작과 코드북을 만들었다면 설문조사 과정에서 미리 코딩 데이터를 만들 수 있다.

[그림 1-5] 설문지, 코드북, 분석자료 입력과정

다음에 제시된 실제 설문 문항과 그것을 바탕으로 만든 코드북을 살펴보자. 제시된 [그림 1-6]의 왼쪽은 대부분의 설문에서 공통적으로 묻는 설문이라는 것을 알 수 있다. 그리고 그것을 바탕으로 오른쪽에 각각 새로운 변수명과 변수값의 길이 그리고 변수값 정의를 정리해 놓았다. 그림에서 알 수 있듯이, 코드북은 복잡한 설문지를 통계프로그램에 투입하기 전에 각각의 설문 문항에 대해 새로운 변수명을 부여하는 중요한 과정이다. 그 이유는 통계프로그램에서 각각의 설문 문항에 대해 변수명을 지정할 때, 설문 문항에서 묻는 질문을 그대로 투입하는 것이 어렵고 비효율적이기 때문이다. 따라서 제시된 예에서도 확인할 수 있듯이, 응답자의 성별을 묻는 긴 문장을 'Gender'로 간단하게 정리하였다. 또는 변수명은 한글로 '성별'로 지정해도 된다. 그와 같은 방식으로 다른 변수들도 변수명이 재정의되었다는 것을 확인할 수 있다.

그리고 〈표 1-12〉에는 변수값의 길이가 제시되었다. 제시된 '변수값의 길이'는 설문 응답자가 응답한 변수값의 범위가 '1'의 자리인지 아니면 '10'의 자리인지를 의미한다. 좀 더 구체적으로 예를 들어 설명하면, 성별은 응답 범주가 ① 또는 ②로서 응답 자리가 '1'의 자리이지만, 연령의 경우 상식적으로 예상되는 값은 1부터 100세 이상까지이므로 최대 자릿수가 3개이다. 이처럼 변수값의 자릿수 지정은 설문 응답자로부터 얻을 수 있는 예상범위를 충분히 고려하여 설정해야 한다.

그렇다면 Q6)의 소득 문항은 어떨 것인가? 응답의 단위가 만 원임을 고려한다면, 일반적으로 소득은 0만 원부터 해서 10,000만 원(1억)이 예상된다면 자릿수는 '5'가 되어야 한다. 만약 응답의 단위가 '원'이라고 했을 때, 예상되는 응답자의 소득이 0원부터 100,000,000원으로 해서 최대 9개의 자릿수를 배정해야 한다. 이와 같은 자릿수 배정은 설문결과를 코딩(입력)하는 과정에서 매우 중요하다고 하겠다. 따라서 조사자는 설문대상의 특성을 대략적으로 판단하여 각 변수별 예상되는 값의 최대치로 변수값 자릿수를 지정해야 한다.

표 1-12 설문 문항에 따른 코드북 작성 예

실제 설문 내용		코드북		
		변수명	변수값 자릿수	변수값
id	→	id	3	설문지에 부여된 번호
Q1) 귀하의 성별은 무엇입니까? ① 남성 ② 여성	→	Gender	1	① 남성 ② 여성
Q2) 귀하의 연령은 몇 세입니까? ( )세	→	Age	3	실제 연령 입력
Q3) 귀하의 학력은 무엇입니까? ① 무학 ② 초졸 ③ 중졸 ④ 고졸 이상	→	Edu	1	① 무학 ② 초졸 ③ 중졸 ④ 고졸 이상

설문 문항		변수명	자리수	값
Q4) 귀하의 종교는 무엇입니까? ① 기독교 ② 불교 ③ 천주교 ④ 기타	→	Reli	1	① 기독교 ② 불교 ③ 천주교 ④ 기타
Q5) 귀하의 직업은 무엇입니까? ① 군인 ② 교사 ③ 공무원 ④ 기타( )	→	Job	1	① 군인 ② 교사 ③ 공무원 ④ 기타
	→	Job_기타	30	기타 직업 입력
Q6) 귀하의 소득은 얼마입니까? 연 ( )만 원	→	Income	5	실제 소득 입력

이와 같은 설문 문항 및 코드북 제작을 완료한 후, 코드북을 바탕으로 통계프로그램에 코딩 데이터를 만들게 되면 [그림 1-6]처럼 될 것이다.

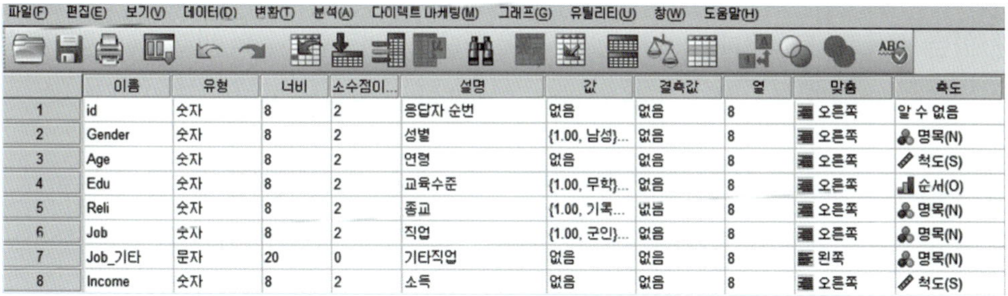

	이름	유형	너비	소수점이...	설명	값	결측값	열	맞춤	척도
1	id	숫자	8	2	응답자 순번	없음	없음	8	오른쪽	알 수 없음
2	Gender	숫자	8	2	성별	{1.00, 남성}...	없음	8	오른쪽	명목(N)
3	Age	숫자	8	2	연령	없음	없음	8	오른쪽	척도(S)
4	Edu	숫자	8	2	교육수준	{1.00, 무학}...	없음	8	오른쪽	순서(O)
5	Reli	숫자	8	2	종교	{1.00, 기독...	없음	8	오른쪽	명목(N)
6	Job	숫자	8	2	직업	{1.00, 군인}...	없음	8	오른쪽	명목(N)
7	Job_기타	문자	20	0	기타직업	없음	없음	8	왼쪽	명목(N)
8	Income	숫자	8	2	소득	없음	없음	8	오른쪽	척도(S)

[그림 1-6] 데이터 입력 자료

그리고 입력 자료가 완성된 파일에 설문자료를 입력하면 [그림 1-7]처럼 될 것이다.

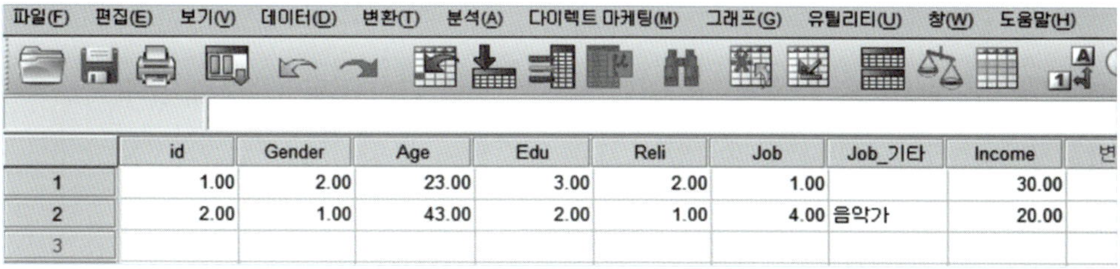

	id	Gender	Age	Edu	Reli	Job	Job_기타	Income	변
1	1.00	2.00	23.00	3.00	2.00	1.00		30.00	
2	2.00	1.00	43.00	2.00	1.00	4.00	음악가	20.00	
3									

[그림 1-7] 데이터 입력 완료 자료

그리고 한 가지 추가로 더 설명할 것은 [그림 1-7]에 나타났듯이, 다른 설문 문항이 각각 1개의 변수명을 갖는 데 반해 Q5)는 변수명이 'Job'와 'Job_기타'로 두 개임을 확인할 수 있다. 그 이유의 답은 설문 개발자가 만든 설문에서 찾을 수 있다. Q5)를 보면 선택 보기 중에 '기타' 변수값이 있다. 이 부분은 Q4)와 비교해 보면 같다는 것을 알 수 있다. 다만 두 문항의 차이는 Q5)는 기타 항목을 만들고 '( )'를 사용했기 때문이다. 이는 설문 응답자가 제시된 선택 보기에서 자신의 직업을 선택할 수 없고, 조사자가 그에 대해 궁금해한다는 의미이다. 따라서 설문에서 기타 항목이 있고 '( )'처럼 제시되어 있다면, 괄호에 대해 새로운 변수명을 제시해 줘야 한다. 이와 같은 분석자료를 만드는 과정에서 '기타'에 대한 새로운 변수를 추가해야만 조사결과를 분석에 포함시킬 수 있다. 이에 대해서는 [그림 1-8]과 [그림 1-9]에서 어떻게 반영되었는지를 확인할 수 있다.

지금까지 살펴본 과정을 한번에 정리해서 볼 수 있는 또 다른 방법이 SPSS 프로그램 내 있는 **'코드북' 분석**이다. 이 분석은 분석에 사용된 모든 변수들의 변수값과 변수값 정의 그리고 변수의 주요 특성들을 한번에 정리해서 보여주는 표이다.

'코드북' 분석을 실행하기 위해서는 **'분석'** 메뉴에서 **'보고서'**를 클릭하면 나오는 **'코드북'**을 선택하여 클릭하면 된다.

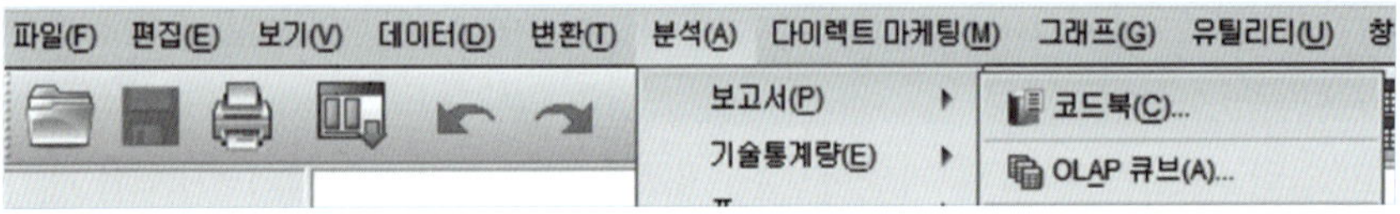

[그림 1-8] 코드북 작성 1

'코드북'을 실행하면, 다음의 그림처럼 새로운 창이 나타난다. 이 창의 왼쪽 '변수' 리스트 창에는 데이터에 입력되어 있는 모든 변수명이 보인다.

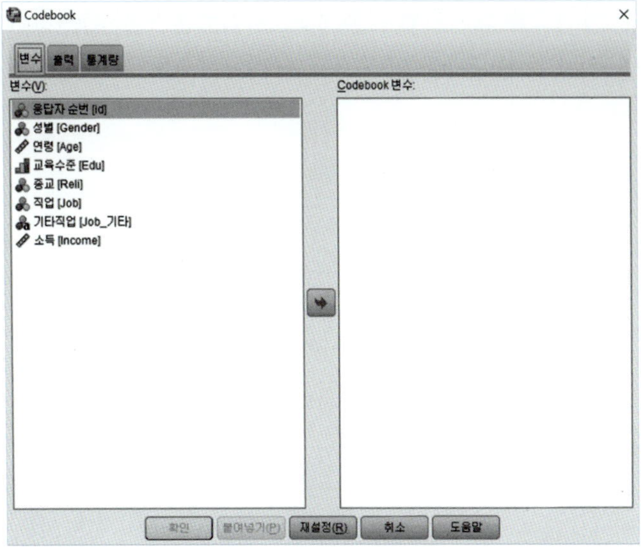

[그림 1-9] 코드북 작성 2

왼쪽에 있는 모든 변수를 클릭하여 'Codebook 변수'로 옮긴다.

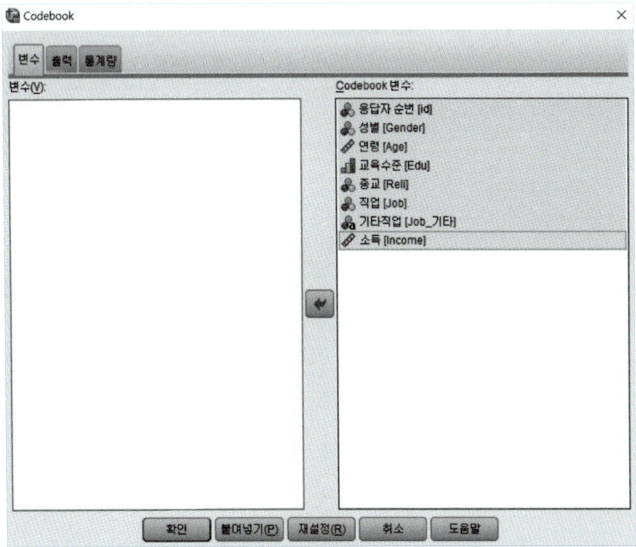

[그림 1-10] 코드북 작성 3

다음으로 '출력' 아이콘을 클릭하면 그림처럼 각 변수에 대해 분석자가 알고 싶어 하는 **'변수 정보'**, **'파일 정보'**를 얻을 수 있다.

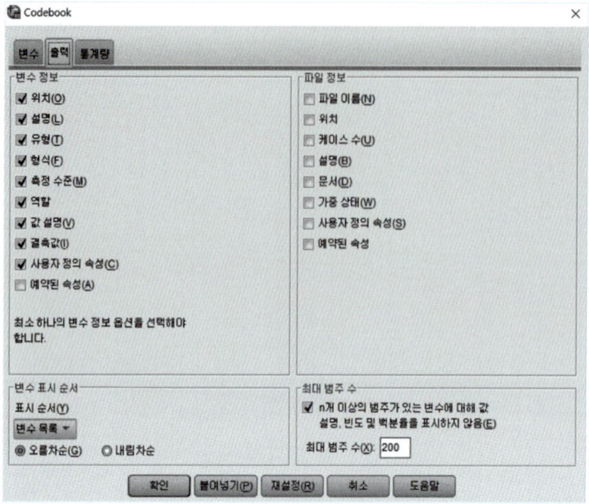

[그림 1-11] 코드북 작성 4

'통계량' 메뉴를 클릭하면, 분석자가 각 변수별로 확인하고자 하는 기본적인 빈도, 백분율, 평균, 표준편차 등의 정보를 간략하게 얻을 수 있다.

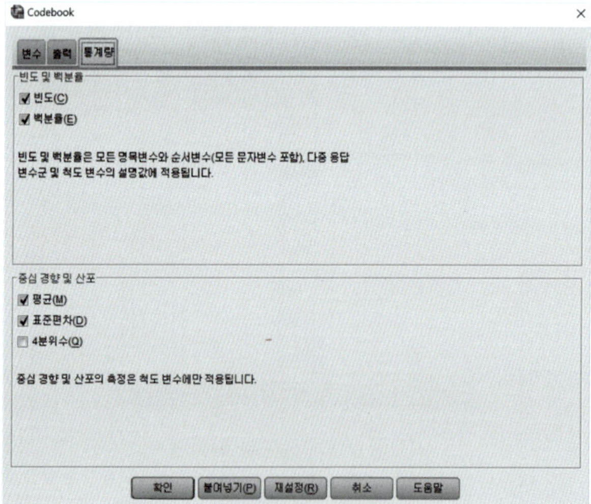

[그림 1-12] 코드북 작성 5

'변수', '출력', '통계량' 메뉴를 클릭하여 얻고자 하는 정보를 모두 확인하여 선택했다면, 마지막으로 '붙여넣기' 아이콘을 클릭하면 명령문 파일이 [그림 1-13]처럼 나타난다. 이렇게 만들어진 명령문을 실행하는 방법은 두 가지가 있다. 다음의 그림처럼 제시된 명령문을 모두 선택한 후, 메뉴 오른쪽의 '삼각형(선택 실행)'을 실행하는 방법과 명령이 선택된 상황에서 'Ctrl+R'을 누르는 방법이 있다.

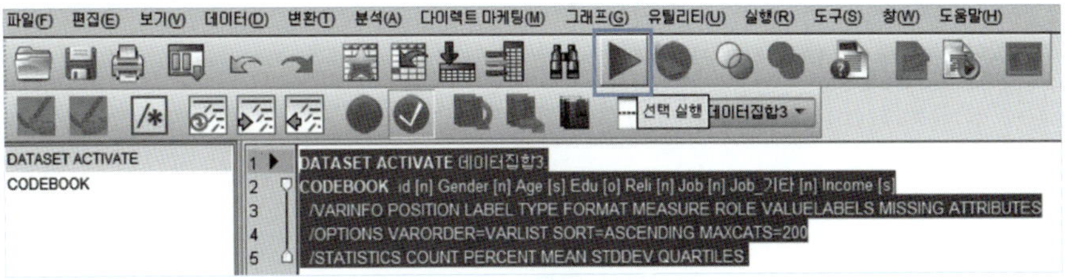

[그림 1-13] 코드북 작성 6

'붙여넣기'를 통해 만들어진 명령문을 실행하면, 다음의 그림처럼 'Gender' 변수와 'Age' 변수에 대한 모든 정보가 정리되어 제시된다. 이와 같은 '코드북' 분석은 앞서 언급했던 설문지 개발, 코드북 작성, 코딩, 분석과정에서 이루어지는 모든 내용을 변수별로 간략하게 정리해서 보여준다는 특징이 있다.

Genger

		값	빈도	퍼센트
표준속성	위치	2		
	레이블	성별		
	유형	숫자		
	형식	F8.2		
	측정	명목		
	역할	입력		
유효한 값	1.00	남성	5	50.0%
	2.00	여성	5	50.0%

[그림 1-14] 코드북 작성 7

Age

		값
표준속성	위치	3
	레이블	연령
	유형	숫자
	형식	F8.2
	측정	척도
	역할	입력
N	유효	10
	결측	0
중심경향 및 산포	평균	37.2000
	표준편차	12.46150
	백분위수 25	23.0000
	백분위수 50	38.5000
	백분위수 75	43.0000

[그림 1-15] 코드북 작성 8

8. 통계분석에서 모수 통계분석과 비모수 통계분석 구분

통계분석에서 중요한 것은 고급통계를 사용하는 것이 아니라 연구의 목적과 상황에 맞는 통계분석방법을 적절히 사용하는 것이다. 보통 통계분석에서 자주 발생하는 실수는 모수 통계분석을 해야 하는 상황에서 비모수 통계분석을 사용하거나 또는 비모수 통계분석을 사용해야 하는 상황에서 모수 통계분석을 사용하는 경우이다. 특히 전자의 경우보다 후자의 경우가 더 많이 발생한다. 즉 자신이 분석하는 데이터의 상황이나 조건들을 충분히 고려하지 않고 기계적으로 모수 통계분석을 하는 경우이다. 〈표 1-13〉은 모수 통계와 비모수 통계를 구분하는 가장 대표적인 분석방법의 차이를 보여주고 있다.

표 1-13 모수 통계분석과 비모수 통계분석 구분

분석대상 및 목적		모수 통계분석 방법		비모수 통계분석 방법
동일 집단 사전사후검정	⇒	대응표본 T-test (Paird Sample t-test)	=	윌콕슨 검정 (Wilcoxon Signed Rank Test)
두 집단 간 평균비교	⇒	독립표본 T-test (Indepedent Sample t-test)	=	맨 휘트니 U 검정 (Mann Whitney U test)
세 집단 간 평균비교	⇒	일원분산분석 (One-way ANOVA)	=	크로스컬 웰리스 검정 (Kruskal-Wallis ANOVA)

그렇다면, 언제 우리는 모수 통계분석과 비모수 통계분석을 사용하는가? 기본적인 가정은 분석하고자 하는 한 집단 또는 두 집단 이상의 집단 내에서의 값의 분포가 정규분포, 즉 정규성을 보이고 있는가이다. 사실 어떤 변수가 정규성 가정을 지키고 있는가를 검정하기 위해서는 다양한 방법을 활용해야 하므로 번거롭기도 하고 어렵기도 하다. 따라서 정밀한 분석이 아니라면, 보통은 분석대상의 규모를 가지고 판단한다. 보통 정규성 검정 없이 표본의 규모만을 가지고 정규성을 판단할 때 사용하는 기준은 '30 케이스'이다. 표본조사를 할 경우, 표본의 규모가 30 케이스 이상이 되면, 우리는 모수 통계분석 방법을 활용해도 된다고 허용하고 있다. 반면에 표본의 규모가 30 케이스가 되지 않았으면, 우리는 비모수 통계분석 방법을 사용해야 한다. 이 가정 및 기준은 매우 중요한 기준이므로 이후 통계분석과정에서 유의해야 할 점이라고 하겠다.

9. 표본조사에서의 조사대상 규모의 중요성

우리는 앞서 모수 통계분석과 비모수 통계분석에 대해 살펴보았다. 그리고 모수 통계분석방법과 비모수 통계분석방법을 사용하는 데 있어서 그 기준을 표본의 크기라고 배운 바 있다.

사회조사에서 조사대상인 표본을 추출하는 방법에는 확률표본추출방법과 비확률표본추출방법이 있다. 두 표본추출방법은 연구결과의 일반화 측면에서 중요한 차이점을 갖고 있다. 그것은 연구대상을 어떻게 선정하고 조사하는지가 연구의 의미나 일반화 측면에서 반드시 심각하게 고려되어야 한다는 것을 의미한다. 그런데 이러한 표본추출방법 못지않게 중요한 것이 연구목적을 달성하기 위한 적절한 분석 사례 수를 확보하는 것이다. 일반적으로 사회과학에서 흔히 표본의 규모를 얘기할 때, 표본은 최소 30 케이스를 넘어야 한다고 말하고 있다. 그리고 이 표본의 개수에 따라서 통계분석방법은 모수 통계분석과 비모수 통계분석으로 구분된다.

그렇다면 왜 이처럼 표본이 최소 30 케이스를 넘어야 하며, 30 케이스를 넘는다는 것이 왜 중요한가?

사회조사에서 항상 고민하는 것은 과연 어느 정도의 표본이 필요한가이다. 실제로 많은 연구와 조사에서 적절한 표본을 구하기 위해 많은 노력을 하고 있다. 실제로 자연과학에서는 G-Power를 통한 적절한 오차를 고려한 표본 규모를 통계적으로 추출하기도 한다. 반면, 사회과학에서는 G-Power 외에도 중앙극한정리에 따라 표본을 쉽게 설정하기도 한다.

본 저서에서는 중앙극한정리 이론(Central limit theorem)을 통해 표본의 적정 규모에 대해 설명하고자 한다. 표본의 규모가 30 케이스 이상인 설문조사에서 결과를 얻게 되면, 연구자가 여러 가지 이유로 조사하지 못한 조사대상 전체 집단(이하, 모집단)에게까지 그 결과를 일반화할 수 있다고 정리하였다. 모든 사회통계는 중앙극한정리에 따라 분석결과의 일반화 여부를 정하고 있다.

표본조사에서 표본의 크기가 최소 30 케이스에서 최대 400 케이스 이상으로 수집되었을 경우, 그것이 왜 연구에 유용한가에 대해 살펴보자. [그림 1-16]에 제시된 것처럼, 전제 연구대상인 모집단을 기준으로 했을 때 표본 1〈 표본 2〈 표본 3 순으로 표본의 개수가 커질수록 표본을 통해 알 수 있는 정보 또는 진실의 양과 정도는 더 모집단에 가까워지고 있음을 확인할 수 있다. 이처럼 표본이 점점 커질수록 표본을 통해 얻을 수 있는 정보의 양은 점점 많아지고 결국 전체 모집단에 가까워지면 모집단의 특성을 그대로 반영하게 된다. 표본을 통해 얻은 정보와 지식이 모집단에 가까워진다는 것은 연구결과 일반화의 가능성과 정확성이 높아진다는 것을 의미한다. 따라서 우리는 표본조사의 대상을 왜 확대해야 하는지 쉽게 이해할 수 있을 것이다.

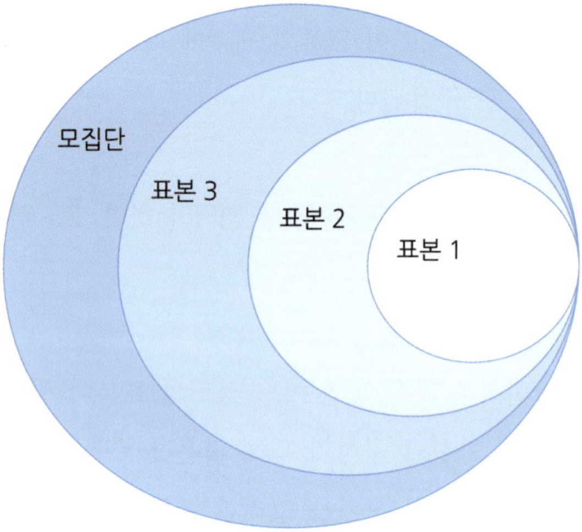

[그림 1-16] 표본의 크기에 따른 정보의 양 변화

그리고 표본의 크기를 확대한다는 것은 분석대상 간 특성의 차이에도 영향을 준다. 제시된 [그림 1-17]의 예를 살펴보면, 표본의 크기가 분석결과에 어떤 영향을 미치는지를 쉽게 확인할 수 있다. 제시된 예는 영국에서 조사된 성별 간 스마트폰 보유비율을 추정한 그래프이다. 그래프 결과, 전체 분석대상이 100명인 표본조사와 1,000명인 표본조사일 때의 신뢰구간의 차이를 한눈에 비교할 수 있다. 즉, 표본의 크기가 100명 이하이면 남성과 여성의 신뢰구간(길이)이 중복됨을 확인할 수 있다. 이 결과의 의미는 성별 간에 스마트폰 보유비율에 큰 차이가 없음을 의미하거나 그 차이를 확신할 수 없다는 것을 의미한다. 반면, 표본의 크기가 1,000명인 표본조사의 추정결과를 살펴보면, 성별 간에 스마트폰 보유비율과 신뢰구간에 뚜렷한 차이가 있음을 볼 수 있다. 이는 표본의 크기가 클수록 분석하고자 하는 대상 간의 특성 차이를 보다 간명하고 정확하게 보여줄 수 있다는 것을 의미한다. 이렇듯 표본의 크기는 연구결과의 유의성, 대표성 그리고 일반화 차원에서 중요할 뿐만 아니라 분석대상 간의 주요한 특성의 차이를 보이는 데 있어서 중요한 영향을 미친다는 것을 알 수 있다.

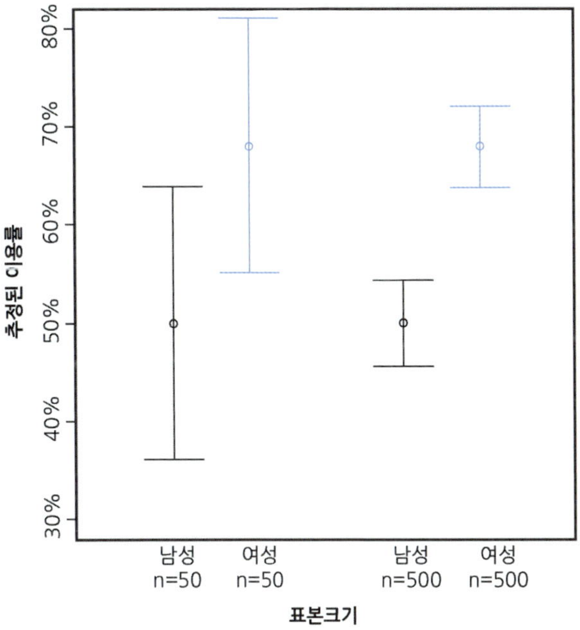

[그림 1-17] 표본의 크기에 따른 95% 신뢰구간에서의 성별에 따른 스마트폰 사용률 추정[3]

3) 자료: https://select-statistics.co.uk/blog/importance-effect-sample-size/
또는 http://www.sample-size.net/

표본의 크기를 정할 때 고민하게 되는 또 하나는 과연 표본을 어느 정도로 확보해야만 하는가이다. 본 저서에서는 표본이 크면 클수록 모집단에 가까워지고, 표본이 모집단에 가까워지면 정확한 정보를 얻을 수 있으므로 가능한 많은 표본을 확보하기를 권한다.

그렇다면 표본이 무한정으로 많다면 좋은 것인가?

사회조사에서 연구목적 달성을 위해 적정한 표본을 확보하는 것은 매우 중요하다. 반면에 너무 많은 표본을 확보하는 것은 오히려 통계분석 결과에 과대추정 또는 오류를 가져오기도 한다. 사실 적절한 규모의 표본을 추출한다는 것은 쉽지 않다. 앞서 언급했듯이, 자연과학에서는 적절한 표본추출을 위해 신뢰수준과 표준오차를 고려하여 적정한 표본을 추출하는 G-Power 프로그램을 자주 활용한다. 이 프로그램은 온라인에서 누구나 쉽게 사용할 수 있다.

그렇다면, 통상적으로 사회조사에서 적절한 분석규모는 어느 정도인가? 일반적으로 최소 30 케이스를 넘으면서 100, 200... 으로 연구자 및 책마다 다양한 기준을 제공하고 있다. 사실 정확하게 분석목적에 맞는 규모를 추정하기 위해서는 신뢰구간, 표준오차 등의 요소들을 고려한 통계학적 공식을 활용하여 추정할 수 있다. 다만 현실적으로 사회과학에서 이러한 과정을 통해 적정 규모를 추정하는 것이 어려운 것이 현실이다. 그럼에도 불구하고 가능하면 수리적인 방법을 활용한 정확한 표본 규모를 추정하기를 제안함과 동시에 가능한 많은 표본을 확보해야 할 것이다.

Chapter

02

SPSS 통계프로그램의 개요와 분석의 기초

1. SPSS 프로그램의 파일 구성

PASW 통계프로그램은 흔히 SPSS 프로그램으로 알려져 있다. SPSS 통계프로그램은 데이터 파일(Data File), 명령문 파일(Syntax File), 결과 파일(Output File)로 구성되어 있다. 다음의 그림에서 확인할 수 있다. 이제 각각의 파일을 살펴보도록 하자.

본 저서에서는 SPSS 통계프로그램의 다양한 버전과 무관하게 사용할 수 있는 기본적인 내용만을 설명하고 있다는 것을 참고하기 바란다.

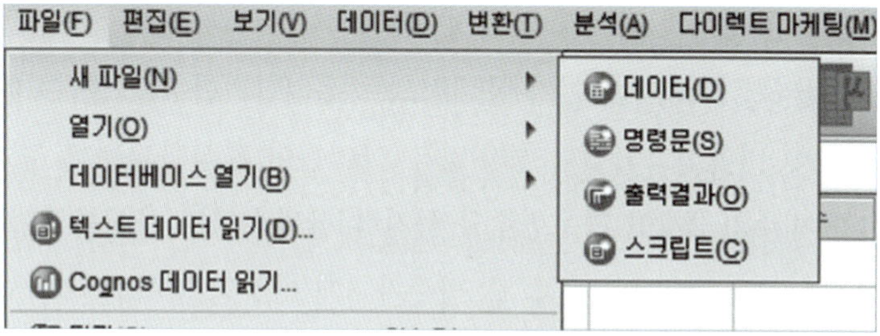

[그림 2-1] SPSS 파일 종류

1) 데이터 파일

데이터 파일(Data File)은 SPSS 프로그램의 가장 기본이 되는 파일로서, 데이터 입력과 분석이 가능한 파일 형식이다.

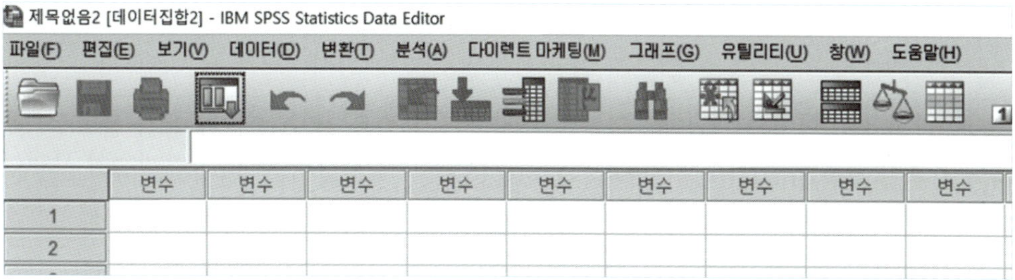

[그림 2-2] 데이터 파일

2) 명령문 파일

명령문 파일(Syntax File)은 잘 알려지지 않은 중요한 파일이다. SPSS 프로그램은 SAS 및 STATA 등과 달리 사용자에게 매우 편하게 만들어졌다. 즉 SPSS 프로그램은 마우스로 몇 번의 클릭을 하면 원하는 결과를 언제든지 얻을 수 있다는 점에서 많이 활용된다. 또한 SPSS 프로그램은 단순한 마우스 클릭 말고도 분석자가 자신이 분석하고 싶은 분석방법 및 마우스 클릭을 명령문으로 생성하여 기록을 남길 수 있다. 다만, 이 명령문은 통계프로그램에서 자동적으로 제시해 주는 것이 아니라, 분석자가 필요에 따라 명령문 파일을 생성하여야만 볼 수 있고 저장할 수 있다.

예를 들면, [그림 2-3]에서 성별에 대한 빈도분석을 위해 변수를 클릭하여 오른쪽으로 옮기는 것과 동시에 비활성화되었던 '붙여넣기' 아이콘이 활성화되는 것을 확인할 수 있다. '붙여넣기' 아이콘을 클릭하면 [그림 2-3]처럼 창이 생성된 것을 확인할 수 있다.

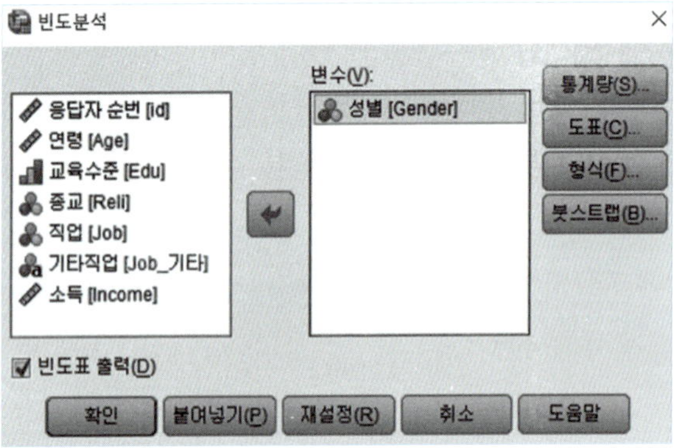

[그림 2-3] 명령문 생성방법

'붙여넣기' 아이콘을 클릭하면, [그림 2-4]가 새롭게 만들어진 것을 확인할 수 있다. 제시된 그림을 살펴보면, 분석자가 빈도분석을 위해 어떤 파일을 사용하고, 분석방법이 무엇이고, 변수가 무엇인지 기록된 것을 확인할 수 있다. 이처럼 명령문은 일종의 분석 일기장이라고도 볼 수 있을 정도로 분석과정에서 일어난 모든 과정을 기록해 놓은 것이다.

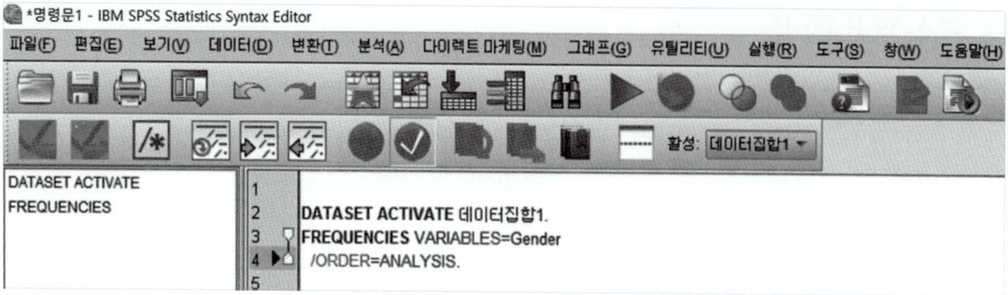

[그림 2-4] 명령문 파일

그렇다면 명령문은 왜 사용해야 하는가? 명령문 파일을 생성하는 것은 두 가지 측면에서 매우 유용할 뿐만 아니라 분석의 고수로 가는 지름길 중 하나이다. 명령문 파일을 생성하고 사용해야 하는 이유는 크게 두 가지가 있는데 동일한 분석을 반복할 때와 다양한 분석을 시도할 때 유용하다고 하겠다.

① 동일한 분석을 반복할 때 유용하다.	→	동일한 분석을 반복으로 할 경우, 동일한 과정을 마우스로 클릭하지 않아 시간적으로 매우 효율적이다. 설명했듯이, 명령문은 파일을 생성하면, 분석자가 했던 모든 분석과정이 기록된다. 따라서 시간적 차이를 두고 동일한 분석을 여러 번 많이 해야 하는 상황이 발생할 경우, 분석자가 매번 분석 메뉴에 들어가지 않아도 되기 때문이다. 따라서 분석자료와 명령문 파일만 있으면, 10년이 지나도 동일한 분석결과를 간편하게 실시하여 결과를 얻을 수 있다.
② 다양한 분석을 실시할 때 오류와 시간을 줄일 수 있다.	→	명령문 파일을 모든 분석과정에서 생성하여 저장한다면, 동일한 분석에서 여러 변수를 변경하여 사용할 경우, 어떤 변수를 사용한 분석을 했는지를 정확하게 확인할 수 있다. 실제로 회귀분석 이상의 고급분석 방법에서는 하나의 종속변수를 설명하는 데 필요한 다양한 독립변수를 활용한다. 이때 다양한 독립변수를 사용하는 과정에서, 분석자가 어떤 상황에서 어떤 변수들을 조합하여 분석을 시도했었는지를 기록하지 않으면 동일한 작업을 반복하게 된다. 만약 분석자가 명령문 파일을 생성하여 사용한다면, 이러한 과정에서 소모되는 수고와 노력을 줄일 수 있게 된다.

3) 분석결과 파일

분석결과 파일(Output File)은 분석자가 분석을 실행하면 [그림 2-5]처럼 생성된다. 결과창은 일반적으로 사용하는 한글 프로그램처럼 저장과 출력을 할 수 있다.

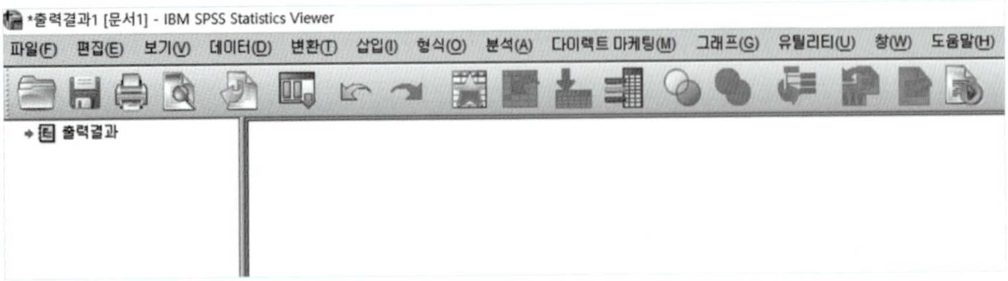

[그림 2-5] 분석결과 파일

2. SPSS 프로그램의 주요 메뉴

각 메뉴에 대한 설명은 기초 통계분석에서 주로 활용하는 메뉴를 중심으로 설명하였다. 그리고 각 하위 메뉴의 세세한 설명은 추후 각 분석 영역에서 보다 구체적으로 설명하고 있다.

1) 파일

SPSS 통계프로그램에 가장 기본이 되고 많이 사용하는 메뉴가 '파일' 메뉴이다. 세부 파일 메뉴에 대해 살펴보면 [그림 2-6]과 같다.

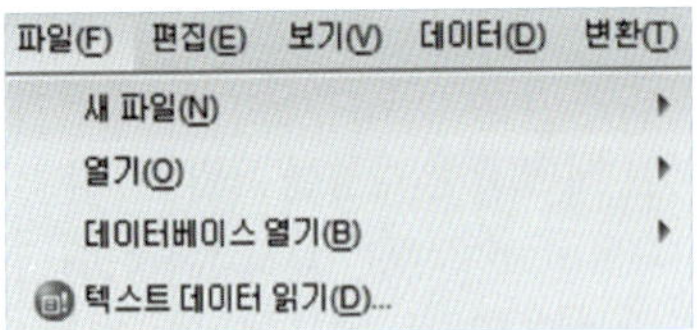

[그림 2-6] 파일 메뉴 설명

'새 파일'은 새로운 데이터 파일, 명령문 파일, 출력결과 파일을 만들 때 사용하는 메뉴이다.

'열기'는 기존의 데이터 파일, 명령문 파일, 출력결과 파일을 새롭게 불러올 때 사용한다.

'데이터베이스 열기'는 엑셀 및 엑세스 형태로 된 데이터베이스를 SPSS로 불러올 때 사용한다.

'텍스트 데이터 읽기'는 한글 파일 및 텍스트파일(*.text)을 SPSS로 불러올 때 사용한다.

2) 편집

'편집' 메뉴는 **'복구'**, **'잘라내기'**, **'복사'**, **'붙여넣기'**의 단축키가 한컴오피스의 단축키와 같다.

'변수 삽입' 메뉴는 기존 입력된 변수들 사이에 새로운 변수를 추가할 때 사용한다. 메뉴를 사용하지 않더라도 마우스 오른쪽을 누르면 동일한 메뉴를 확인할 수 있다.

'케이스 삽입'은 기존 입력된 케이스들 사이에 새로운 케이스를 추가할 때 사용한다. 메뉴를 사용하지 않더라도 마우스 오른쪽을 누르면 동일한 메뉴를 확인할 수 있다.

'찾기' 메뉴는 불러들인 데이터에서 찾고자 하는 변수값을 입력하면 찾아내서 보여준다.

'옵션' 메뉴는 SPSS 통계프로그램 운영체제에 있어서 운용자의 특성에 맞게 프로그램의 언어, 글자 크기, 글자체 등을 조정할 수 있다.

[그림 2-7] 편집 메뉴 설명

3) 데이터

'다중응답 변수군 정의'는 설문 문항 중 선호도 및 기호도를 측정하는 문항(1순위, 2순위 등)을 분석할 때 사용한다.

'파일 합치기'는 두 개 이상의 데이터에 있는 변수를 하나의 데이터에 합쳐서 하나의 데이터로 만드는 **'변수 추가'** 기능이 있다. 이 기능은 패널 데이터처럼 각기 다른 데이터를 하나의 데이터로 만들 때 유용하다. 그리고 하나의 데이터에 여러 케이스를 추가하는 **'케이스 추가'** 기능이 있다. 이 기능은 한 조사에서 여러 사람이 각자 입력했을 때, 최종 하나의 데이터로 만들 때 유용하다.

'구조변환'은 데이터의 구조, 즉 데이터의 행과 열을 상호 바꿀 수 있는 기능이다.

'파일분할'은 분석하고 있는 데이터의 특정 변수를 정하고, 그 변수에 따라서 데이터를 분할하는 기능이다.

'케이스 선택'은 분석하는 데이터에서 특정 조건을 충족하는 케이스만을 선택하여 분석하는 기능이다. 잘 이용하면 다양한 분석결과를 얻을 수 있는 유용한 기능이다.

'가중 케이스'는 분석자료에 가중치 변수가 있거나, 가중치 변수를 만들어 전체 분석자료에 가중치를 부여할 때 사용한다.

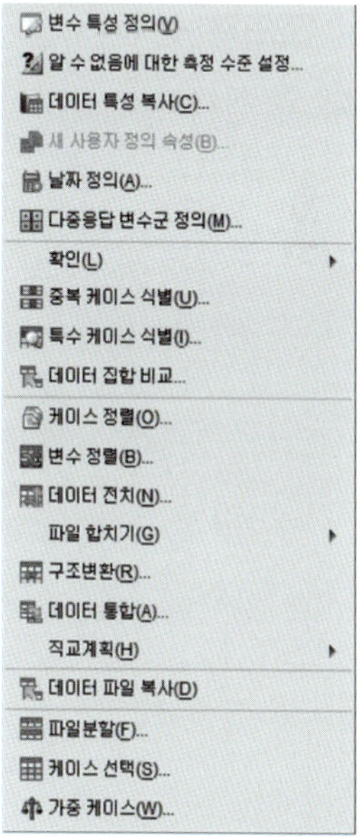

[그림 2-8] 데이터 메뉴 설명

4) 변환

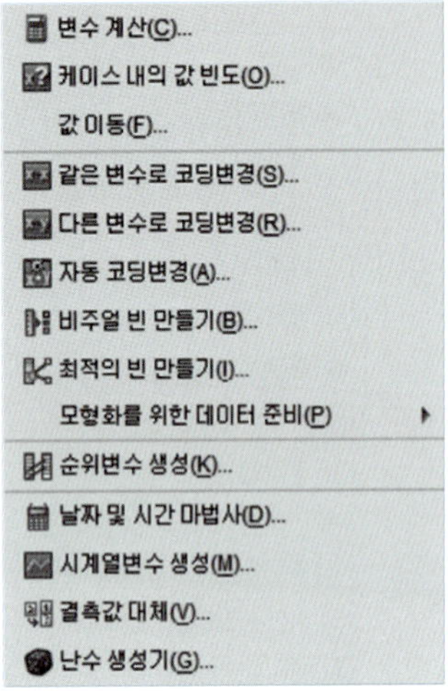

[그림 2-9] 변환 메뉴 설명

'변수 계산'은 기존 변수값에 대해서 사칙연산 기능을 적용하여 변수의 속성을 연구목적에 맞게 변환하는 기능이다. 쉽게 말하면 일종의 계산기라고 보면 된다.

'같은 변수로 코딩변경'은 기존에 코딩된 변수에 새로운 변수값을 부여하는 것이다. 이 기능을 사용하면 기존에 입력된 값이 사라지고 새로운 값이 부여된다. 따라서 가능하면 이 기능은 사용하지 않기를 권한다.

'다른 변수로 코딩변경'은 기존에 코딩된 변수에 새로운 값을 부여하되, 기존 변수가 아닌 새로운 변수를 만들어 새로운 변수값을 부여한다. 그리고 가능하면 '같은 변수로 코딩변경'보다는 '다른 변수로 코딩변경' 메뉴를 활용하여 원자료의 훼손이 없도록 해야 한다.

'결측값 대체'는 설문 응답 시 무응답이 발생한 경우, 무응답에 새로운 값을 부여하는 것으로, 다양한 보정방법이 제시된다.

5) 분석

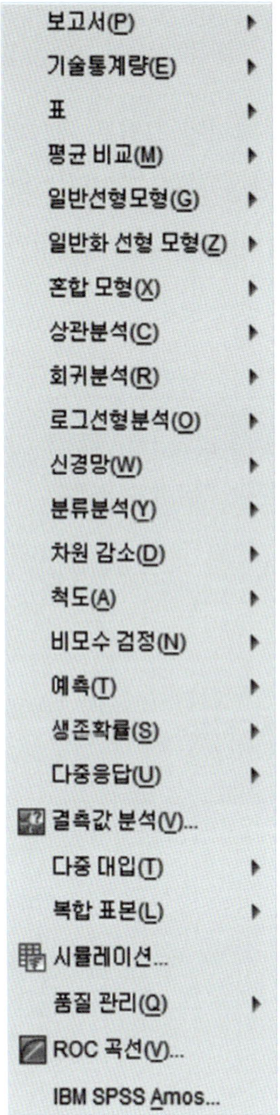

[그림 2-10] 분석 메뉴 설명

'기술통계량'은 빈도분석, 기술분석, 탐색분석, 교차분석 메뉴가 있다. 모든 통계분석에서 가장 기본이 되는 통계량 값들을 얻을 수 있는 분석이다.

'평균 비교'는 일표본 T 검정, 독립표본 T 검정, 대응표본 T 검정, 일원분산분석 메뉴가 있다.

'상관분석'은 이변량 상관관계 분석을 할 수 있다. 일반적으로 가장 많이 사용하는 상관관계분석은 피어슨 상관관계분석이다.

'회귀분석'은 다중회귀분석을 포함한 회귀분석의 원리를 이용한 다양한 분석을 할 수 있다.

'차원 감소' 메뉴는 탐색적 요인분석을 할 수 있다.

'척도'는 척도를 분석할 경우 척도의 신뢰도를 계산할 수 있다.

'비모수 검정'은 표본조사 시 표본이 수가 적음에 따라 정규성을 확보하기 어려울 때, 비모수적 T 검정과 분산분석을 할 수 있다.

'다중응답'은 설문 문항 중 응답자의 기호 및 선호도 조사 등 질문 유형이 1순위, 2순위 등의 형태일 때 사용하는 분석이다. 또한 이 외에도 응용할 수 있는 방법이 많은 메뉴이다.

'IBM SPSS Amos' 메뉴는 구조방정식을 활용한 분석을 할 때 사용한다.

3. SPSS 프로그램 데이터 입력창

1) 데이터 보기

SPSS 통계프로그램의 가장 기본적인 창은 [그림 2-11]과 같다. 제시된 그림은 데이터를 입력하기 전의 초기 화면이다. 이 데이터 파일 창에서 왼쪽 하단을 보면 '데이터 보기' 메뉴가 있다. 데이터 보기는 설문조사 결과를 통계프로그램에 입력하게 되면 데이터가 입력된 상황을 볼 수 있는 창이다.

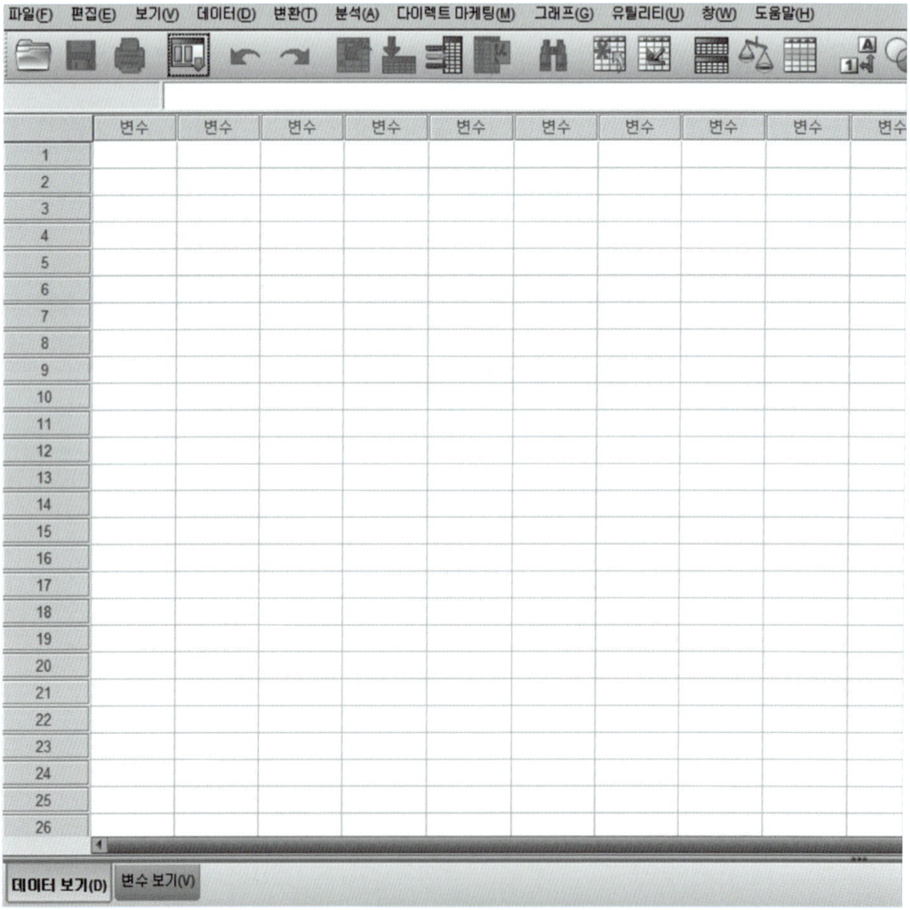

[그림 2-11] 데이터 보기

2) 변수 보기

데이터 보기 창에 이어, 그 옆에는 **'변수 보기 창'**이 있다. 변수 보기 창은 [그림 2-12]와 같다. 변수 보기 창을 클릭하면 데이터 보기와 달리 **'이름', '유형', '너비', '소수점', '설명', '값', '결측값'** 등을 볼 수 있다. 변수 보기 창은 설문지에 기초하여 만들어진 '코드북'을 따라서 코드북의 내용을 그대로 통계프로그램에 입력할 수 있도록 돕는 창이라고 할 수 있다. 즉, 설문 문항에 대한 변수 이름을 입력하고, 변수의 유형과 변수값을 입력할 수 있도록 각 변수의 특성을 반영하여 데이터 입력 파일을 세팅할 수 있도록 돕는다고 보면 된다.

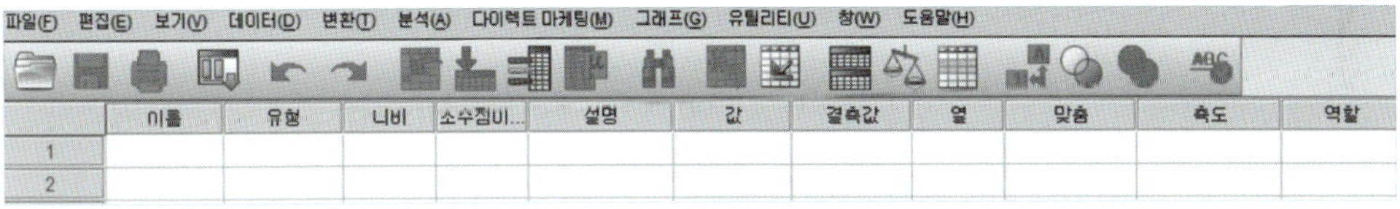

[그림 2-12] 변수 보기

[그림 2-13]은 코드북에 기초하여 설문 내용을 입력할 수 있도록 데이디 입력 파일을 각 변수의 특성에 맞게 세팅해 놓은 사례이다.

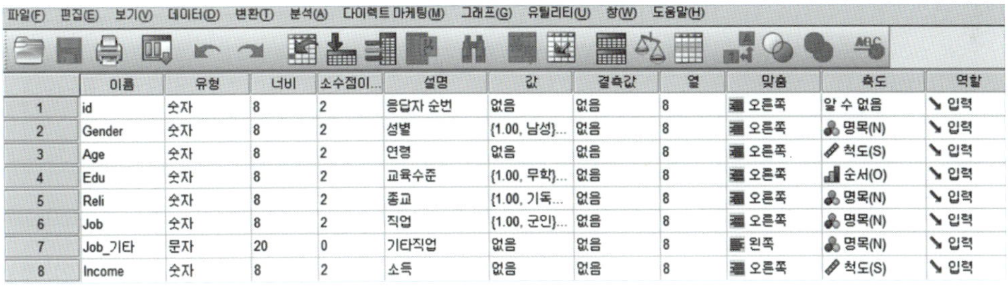

파일(F) 편집(E) 보기(V) 데이터(D) 변환(T) 분석(A) 다이렉트 마케팅(M) 그래프(G) 유틸리티(U) 창(W) 도움말(H)

	이름	유형	너비	소수점이...	설명	값	결측값	열	맞춤	측도	역할
1	id	숫자	8	2	응답자 순번	없음	없음	8	오른쪽	알 수 없음	입력
2	Gender	숫자	8	2	성별	{1.00, 남성}...	없음	8	오른쪽	명목(N)	입력
3	Age	숫자	8	2	연령	없음	없음	8	오른쪽	척도(S)	입력
4	Edu	숫자	8	2	교육수준	{1.00, 무학}...	없음	8	오른쪽	순서(O)	입력
5	Reli	숫자	8	2	종교	{1.00, 기독...	없음	8	오른쪽	명목(N)	입력
6	Job	숫자	8	2	직업	{1.00, 군인}...	없음	8	오른쪽	명목(N)	입력
7	Job_기타	문자	20	0	기타직업	없음	없음	8	왼쪽	명목(N)	입력
8	Income	숫자	8	2	소득	없음	없음	8	오른쪽	척도(S)	입력

[그림 2-13] 변수 보기 예

다음은 '변수 보기'의 주요 아이콘에 대한 설명과 설정 시 유의사항에 대해 설명하고자 한다.

(1) 이름

'이름(변수명)'은 코딩북에 기초하여 동일하게 설정해야 한다.

'변수명'의 첫 자리는 반드시 한글 또는 영어처럼 문자로 표기되어야 한다. 숫자나 특수 기호는 변수명의 첫 자리에 표시될 수 없다.

변수명의 문자 간에 공간이 있어서는 안 되며, 변수명의 끝자리에도 공간이 있으면 변수명 설정이 완료되지 않는다.

※ SPSS 통계프로그램에서 변수명을 구성하는 문자의 자릿수를 '칼럼(column)'이라고 한다. 이 칼럼이 한글인 경우, 한 글자당 '2개의 칼럼'을 차지하며, 영어는 '1개의 칼럼'을 차지한다. 따라서 변수명을 길게 하려고 하면 변수명 자릿수를 최대 20자리 및 30자리 이상으로 설정해야 한다.

	이름
1	id
2	Gender
3	Age
4	Edu
5	Reli
6	Job
7	Job_기타
8	Income

[그림 2-14] 변수명 메뉴 설명

(2) 유형

'변수 유형'은 입력하고자 하는 변수값의 형태를 결정한다.

'숫자 유형'은 가장 많이 활용하면서도 기본적으로 설정된 유형이다. 즉, 설문지에서 응답자로 하여금 숫자를 선택하거나 숫자를 입력하도록 만들었다면, '숫자' 유형을 기본으로 사용하면 된다.

'문자 유형'은 숫자 유형 다음으로 많이 활용되는 유형이다. 즉, 설문지에서 응답자로 하여금 숫자가 아닌 문자 형태로 응답하도록 만들었다면, '문자' 유형으로 변경해서 사용해야 한다.

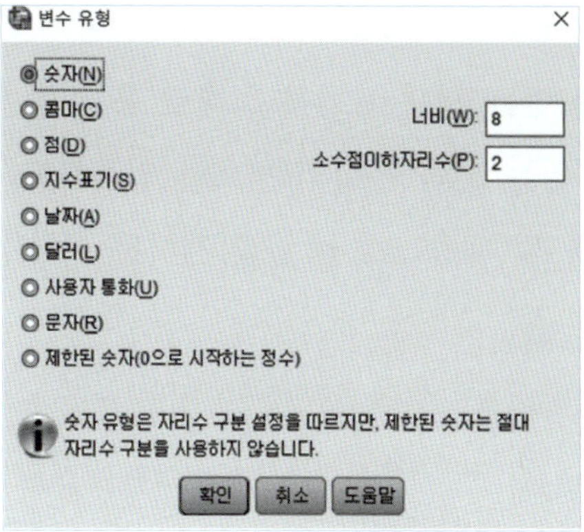

[그림 2-15] 변수 유형 설명

'너비'는 입력되는 숫자나 문자의 길이를 의미한다. 따라서 코딩 입력자는 설문의 특성에 따라서 숫자나 문자의 너비를 수정해야 한다.

※ SPSS 통계프로그램에서는 한글의 경우 너비를 '2'자리, 영어의 경우는 '1'자리를 차지한다는 것에 유의해야 한다. 기본적으로 너비가 '8'이라면 한글은 '4글자', 영어는 '8'자 그대로 사용할 수 있다. **'소수점이하자릿수'**는 입력되는 데이터의 유형이 숫자일 때, 소수점 이하 자리를 몇 번째 자리까지 보여줄지를 결정한다.

(3) 설명

'설명'은 설문지의 긴 문항을 단 몇 개의 단어로만 축약한 이름, 즉 변수명에 대해 문장으로 자세하게 설명하는 기능이다.

※ 분석자가 기존 변수의 형태를 변경했을 때, 분석자가 어떻게 변수를 변형했는지 기록을 남겨서 시간이 지나도 잊지 않을 수 있다.

이름	유형	너비	소수점이하자리	설명
id	숫자	8	2	응답자 순번
Gender	숫자	8	2	성별
Age	숫자	8	2	연령
Edu	숫자	8	2	교육수준
Reli	숫자	8	2	종교
Job	숫자	8	2	직업
Job_기타	문자	20	0	기타직업
Income	숫자	8	2	소득

[그림 2-16] 설명 기능

(4) 값

'값(변수값)'은 설문지에 있는 선택 보기를 그대로 옮겨 놓는 것이라고 보면 된다.

'기준값'에는 설문지에 있는 선택 문항의 번호를 입력하고, '설명'은 각 선택 문항의 번호(1, 2..)에 부여된 설명 및 내용(남성, 여성)을 제시된 그림처럼 입력하면 된다.

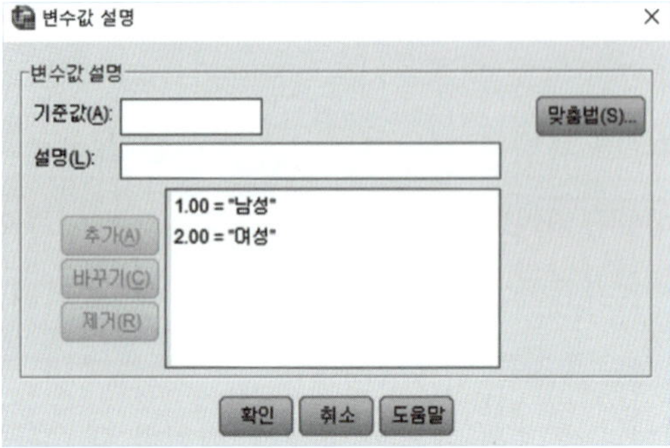

[그림 2-17] 변수값 메뉴 설명

(5) 결측값

'결측값' 지정은 분석에 매우 중요하다. 데이터에서 결측값이 발생할 수 있는 이유는 실제 응답자의 무응답 또는 코딩하는 과정에서의 미입력 때문일 가능성이 높다.

'결측값' 지정을 하게 되면 실제 무응답인지 아니면 코딩과정에서의 미입력인지를 구분할 수 있다. '결측값' 지정은 최대 3개의 값을 지정할 수 있다. 제시된 예처럼 '9'를 활용하는 것이 일반적이다. '결측값'을 9, 99, 999 중 어떤 것을 사용할지는 각 변수의 예상되는 응답값보다는 커야 한다.

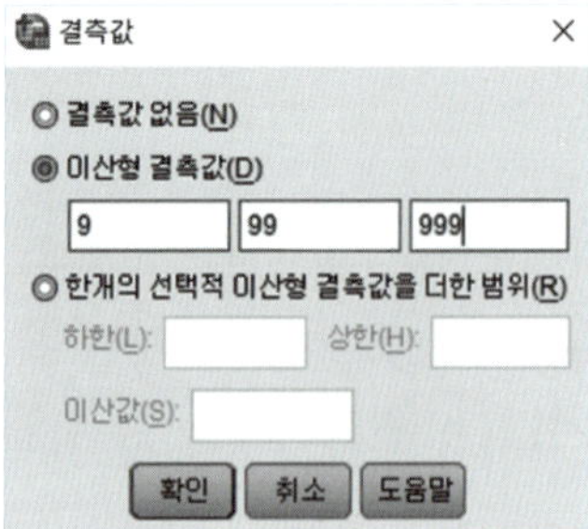

[그림 2-18] 결측값 메뉴 설명

※ 예를 들어, 연령이라고 한다면, 99세는 응답자에 따라서 응답될 수 있는 값이므로 '999세', '99999세' 처럼 발생하기 불가능한 값을 결측값으로 지정해야 한다.
만약 결측값과 예측되는 변수의 값이 중복되면, 통계프로그램은 실제 응답값을 결측값으로 계산하는 오류가 발생한다.

(6) 측도

'측도(척도의 속성)'는 변수의 속성을 지정하는 기능이다. 회귀분석 이전까지는 측도를 따로 정하지 않아도 분석하는 데 문제가 되지 않으나, 회귀분석 이후의 고급통계분석을 할 때 문제가 발생하는 경우가 있다.

'명목'은 말 그대로 명목변수를 의미한다.

'순서'는 말 그대로 서열변수를 의미한다.

'척도'는 말 그대로 비율변수를 의미한다.

※ 등간변수가 따로 제시되지 않는 이유는 비율변수와 거의 모든 속성이 동일하기 때문에 같이 사용해도 문제가 되지 않기 때문이다.

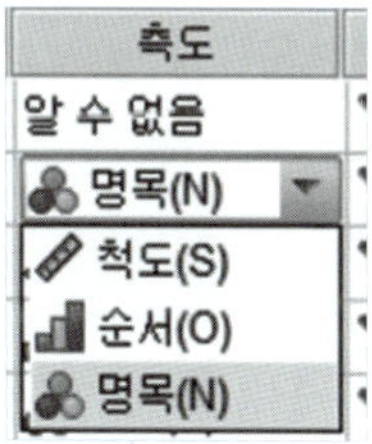

[그림 2-19] 측도 메뉴 설명

4. 다른 형태의 데이터를 SPSS 데이터로 불러오기

1) 엑셀 데이터를 SPSS 데이터로 불러오기

엑셀 형식으로 입력된 설문조사 자료를 SPSS 자료로 변환하기 위해서는 [그림 2-20]과 같은 엑셀 데이터를 사용하되, 먼저 수행해야 할 과정은 입력된 자료의 유형을 '일반'

에서 '숫자'로 변경을 한 후 '저장'을 해야만 변환과정에 문제가 발생하지 않는다. 물론 어떤 경우에는 이와 같은 유형 변경과정을 하지 않아도 데이터가 변화되는 데 문제가 발생하지 않기도 한다.

	A	B	C	D	E	F	G
1	id	Gender	Age	Edu	Reli	Job	Income
2	1	1	45	1	2	1	45
3	2	2	34	2	1	2	34
4	3	2	23	3	3	3	56
5	4	1	43	4	1	2	54
6	5	2	21	3	2	3	100
7	6	1	23	2	2	1	56
8	7	1	56	3	3	3	34
9	8	2	76	2	3	1	32
10	9	2	32	4	1	4	34
11	10	1	45	1	1	2	32

[그림 2-20] 엑셀 데이터를 SPSS 데이터로 변환 1

엑셀 데이터를 불러오기 위해서는 메뉴에서 '파일' 메뉴의 '데이터베이스 열기'를 클릭하면 나오는 '새 쿼리'를 클릭하면 된다.

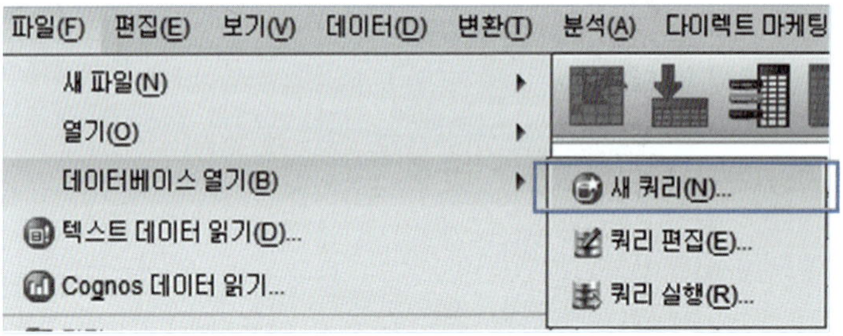

[그림 2-21] 엑셀 데이터를 SPSS 데이터로 변환 2

'새 쿼리'를 클릭하면 [그림 2-22]처럼 데이터베이스 마법사가 실행된다. [그림 2-22]는 변환 단계 중 1단계로서 불러올 데이터의 유형을 선택하는 과정이다. 우리는 엑셀 데이터를 불러와야 하므로 'Excel Files'를 클릭하고 '다음'을 클릭하면 된다.

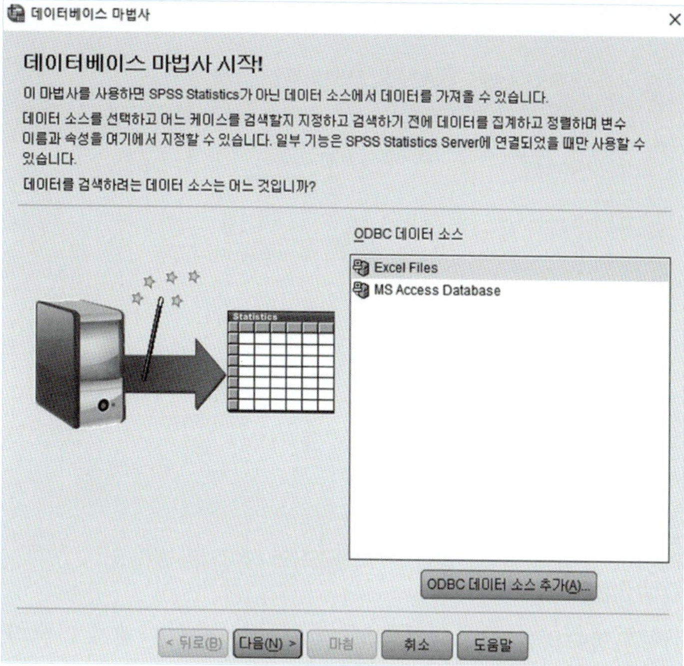

[그림 2-22] 엑셀 데이터를 SPSS 데이터로 변환 3

'Excel Files'를 클릭하면 다음의 그림처럼 불러오고자 하는 엑셀 파일이 있는 경로를 설정하여 해당되는 파일을 클릭하고 확인을 누르면 된다.

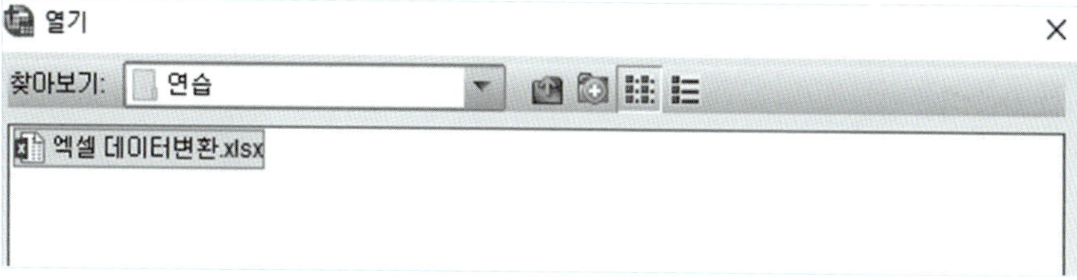

[그림 2-23] 엑셀 데이터를 SPSS 데이터로 변환 4

불러올 엑셀 데이터를 클릭하면, 다음의 [그림 2-24]처럼 데이터 선택 단계가 나타난다. 데이터 선택 창 왼쪽의 '사용가능 표'에는 현재 불러올 데이터에 포함된 변수들이 포함되어 있는 'Sheet1$'이 있다. 이 'Sheet1$'를 클릭하면 세부 변수명이 보이는데 모든 변수를 클릭하여 오른쪽의 '이 순서로 필드 검색'으로 옮기고 '다음'을 누른다.

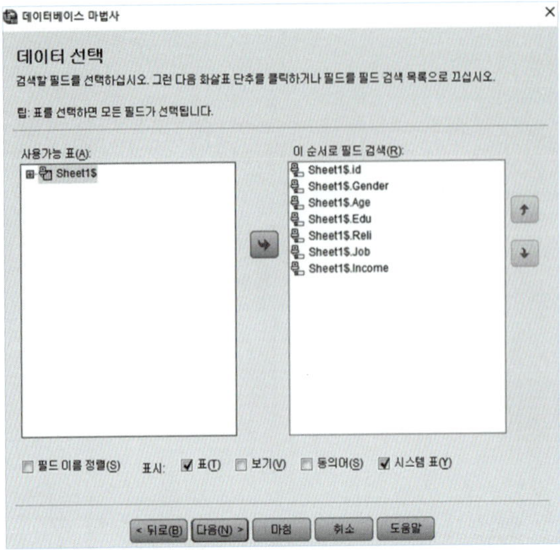

[그림 2-24] 엑셀 데이터를 SPSS 데이터로 변환 5

불러올 데이터의 변수명을 확인하면, 검색된 케이스 제한 단계가 나온다. 이 단계에서는 특별히 어떤 함수를 사용하지 않거나 표본추출방법에 대해 수정하지 않는다면, 바로 '다음'을 눌러 다음 단계로 넘어간다.

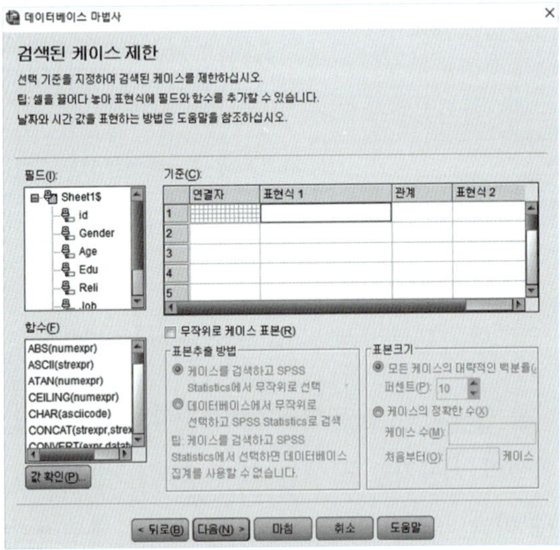

[그림 2-25] 엑셀 데이터를 SPSS 데이터로 변환 6

이번 단계는 변수의 이름이나 유형을 변경하는 과정이다. 일반적으로 이 단계에서 특별히 변수명을 변경하지는 않는다. 다만, 데이터 유형을 변경하기도 한다. 데이터 유형을 변경하는 경우는, 변화하고자 하는 엑셀 자료에 문자로 입력된 변수가 있는 경우이다. 즉, 설문조사 문항 중 문자를 입력해야 하는 주관식 문항이 있는 경우, 이 **'데이터 유형'**의 **'문자'**로 되어 있는 것에서 **'숫자로 코딩변경'**을 클릭해 주면 된다. 이 과정을 하게 되면, 문자로 입력된 변수의 값들에 숫자를 부여해 변경해서 분석자가 더 쉽게 주관식 문항들을 분석할 수 있도록 도와준다. 예를 들면, 주관식 문항 중 '기타 직업'을 주관식으로 '기타 문항'으로 설정했을 경우, 기타 문항 중 중복된 직업에 대해 동일한 숫자를 부여하면서 다른 기타 직업과 다른 번호를 임의로 부여해 준다. 따라서 분석자가 기타 문항들을 다시 코딩하는 어려움을 해결해 주기도 한다. 잘 활용하면 큰 도움이 되는 기능이라고 할 수 있다. 모든 과정을 마치면 **'다음'**을 누르면 된다.

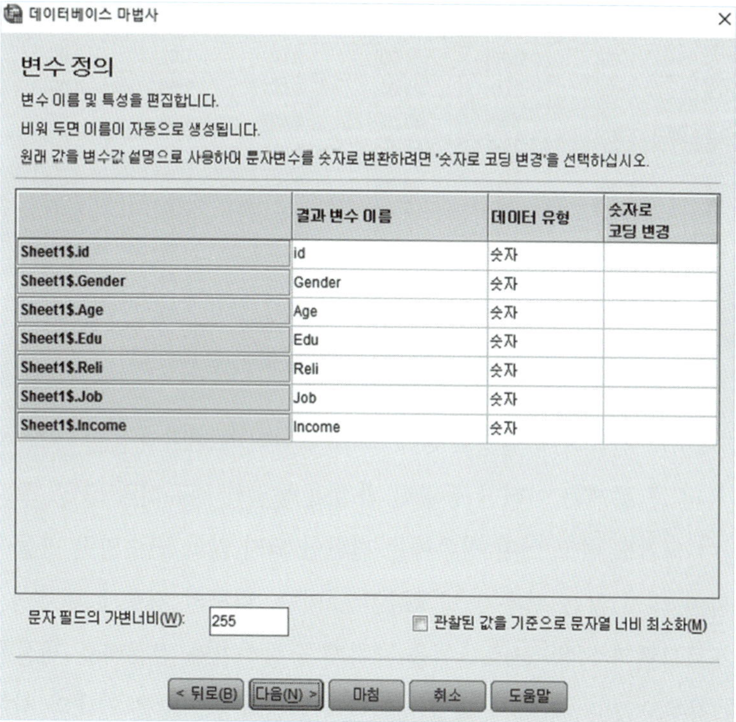

[그림 2-26] 엑셀 데이터를 SPSS 데이터로 변환 7

변수 정의가 완료되어 '다음'을 누르면 [그림 2-27]처럼 변화하고자 하는 변수명이 정리되어 제시된다. 변수명을 확인한 후, '확인'을 누르면 데이터 변환과정이 완료된다.

[그림 2-27] 엑셀 데이터를 SPSS 데이터로 변환 8

지금까지 했던 엑셀 데이터의 SPSS 데이터로의 변환과정이 오류 없이 이루어지면, [그림 2-28]처럼 완벽한 변환 자료를 SPSS 데이터 파일 형식으로 확인할 수 있다.

	id	Gender	Age	Edu	Reli	Job	Income
1	1.00	1.00	45.00	1.00	2.00	1.00	45.00
2	2.00	2.00	34.00	2.00	1.00	2.00	34.00
3	3.00	2.00	23.00	3.00	3.00	3.00	56.00
4	4.00	1.00	43.00	4.00	1.00	2.00	54.00
5	5.00	2.00	21.00	3.00	2.00	3.00	100.00
6	6.00	1.00	23.00	2.00	2.00	1.00	56.00
7	7.00	1.00	56.00	3.00	3.00	3.00	34.00
8	8.00	2.00	76.00	2.00	3.00	1.00	32.00
9	9.00	2.00	32.00	4.00	1.00	4.00	34.00
10	10.00	1.00	45.00	1.00	1.00	2.00	32.00

[그림 2-28] 엑셀 데이터를 SPSS 데이터로 변환 9

앞서 설명에서도 간략하게 설명했듯이, 엑셀 데이터의 변환과정은 다소 복잡한 면이 있다. 그러나 더 큰 문제는 이러한 동일한 과정이 동일한 컴퓨터와 SPSS 프로그램에 문제없이 변환이 되기도 하고 어떤 경우에는 변환이 되지 않고 변수명만 만들어지거나 또는 아예 변환이 되지 않는 경우가 발생하는 것이다. 필자의 경우에 비추어 보면, 그런 경우 엑셀 프로그램과 SPSS 프로그램을 새롭게 구동하거나 컴퓨터를 재실행해서 변환이 이루어진 경우도 있다. 따라서 엑셀 데이터의 변환과정은 많은 인내와 시행착오가 필요할 것으로 보인다.

2) 텍스트 데이터를 SPSS로 불러오기

일반적으로 텍스트 파일 형식의 데이터는 소규모 설문조사에서 생성하지 않는다. 보통은 대규모 설문조사 및 패널조사 그리고 사회조사분석사 작업형 실기 문제에서나 볼 수 있다(특히 사회복지공무원 및 연구기관 그리고 대학원을 준비하거나 공부하는 학생들에게 있어서 사회조사분석사 자격증은 인기가 있는 시험이다). 이에 본서에서는 텍스트 파일로 된 통계자료를 어떤 과정을 거쳐서 SPSS 파일로 변환하는지에 대해 간략하게 살펴보았다.

텍스트 형식으로 된 파일을 불러오기 위해서는 '**파일**' 메뉴의 하위 메뉴인 '**텍스트 데이터 읽기**' 메뉴를 클릭한다.

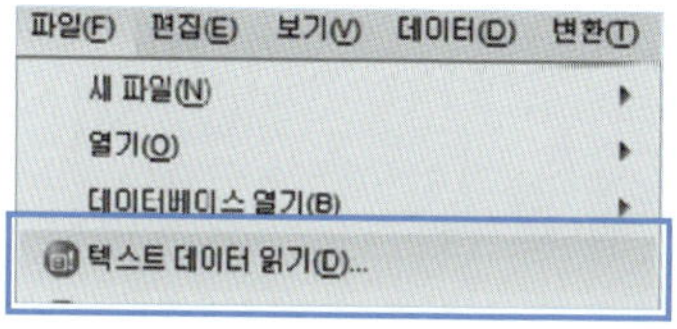

[그림 2-29] 텍스트 파일을 SPSS 파일로 불러오기 과정 1

'**텍스트 데이터 읽기**' 메뉴를 클릭하면 그림처럼 불러들일 텍스트 파일이 위치한 경로를 찾는 창이 나타난다. 따라서 불러오고자 하는 파일이 저장된 곳으로 경로를 설정하여 원하는 텍스트 파일을 클릭한다.

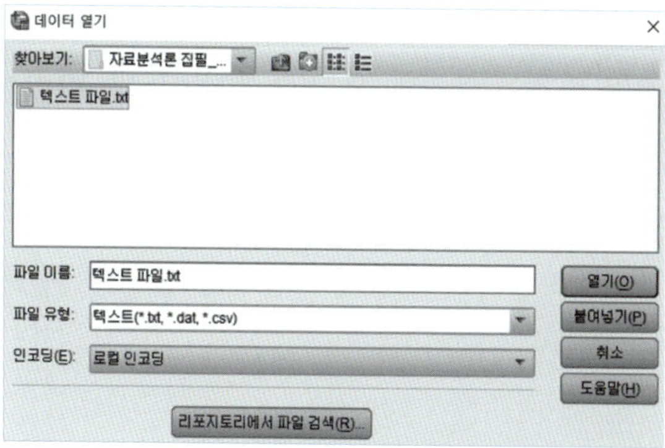

[그림 2-30] 텍스트 파일을 SPSS 파일로 불러오기 과정 2

불러들일 텍스트 파일을 클릭하면 제시된 그림이 나타난다.

제시된 그림을 보면, 첫 줄에 변수명이 있고, 두 번째 줄부터 설문결과가 있음을 확인할 수 있다. 확인 후 '다음'을 클릭한다.

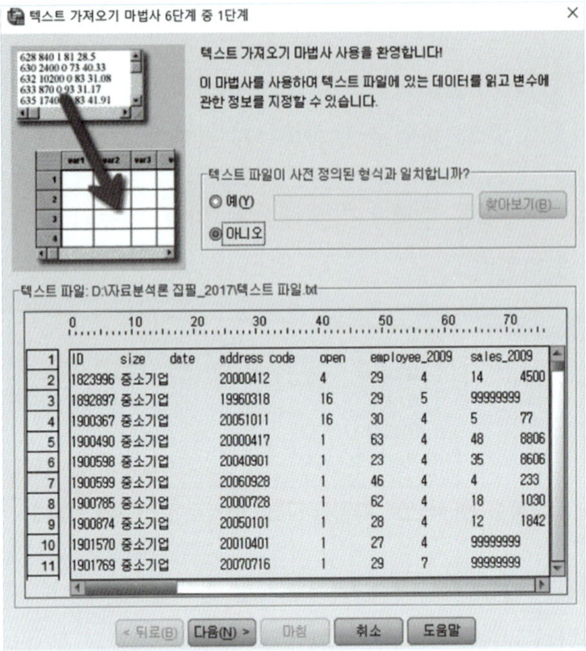

[그림 2-31] 텍스트 파일을 SPSS 파일로 불러오기 마법사 1단계

현재 변수의 배열이 어떻게 되어 있는지를 살펴보면, 제시된 그림에서 볼 수 있듯이, 변수별로 일정한 간격이 있음을 확인할 수 있다. 이는 현재 '탭'으로 데이터 간 구분이 만들어졌음을 의미한다.

변수명이 포함되어 있으면 '예', 텍스트 파일에 변수명이 없으면 '아니오'를 클릭한다. 본 데이터의 경우 텍스트 파일에 변수명이 포함되어 있어서 '예'를 클릭한다. '다음'을 클릭한다.

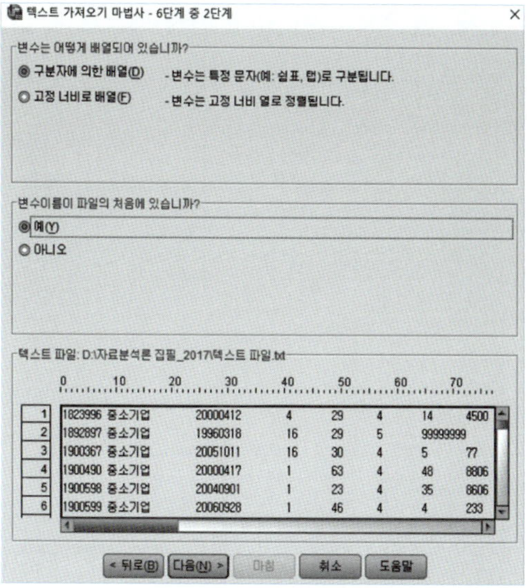

[그림 2-32] 텍스드 파일을 SPSS 파일로 불러오기 마법사 2단계

보통의 경우, 텍스트 파일에 변수명이 포함되어 있으면, 실제 케이스는 '2'번째 줄에서 시작한다. 특별한 경우가 아니라면, 불러오고자 하는 데이터의 '모든 케이스'를 그대로 유지하여 데이터를 불러오면 된다. '다음'을 클릭한다.

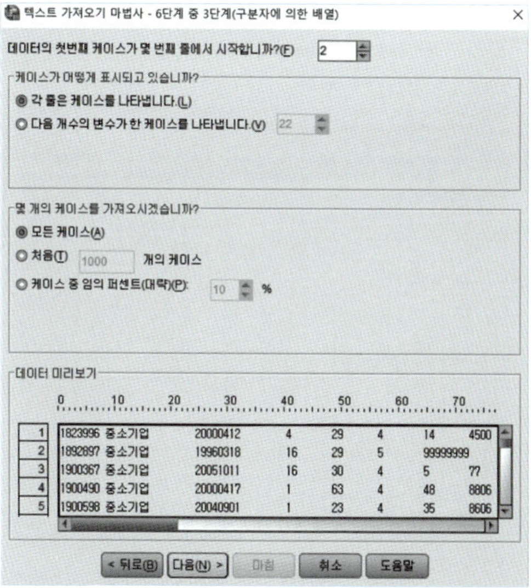

[그림 2-33] 텍스트 파일을 SPSS 파일로 불러오기 마법사 3단계

변수 사이의 구분자는 현재 '탭'으로 되어 있다. 만약 텍스트 파일에 단순한 공간을 비워두거나 '공백' 또는 '콤마' 등으로 구분했다면 해당되는 구분자로 변경한다. '다음'을 클릭한다.

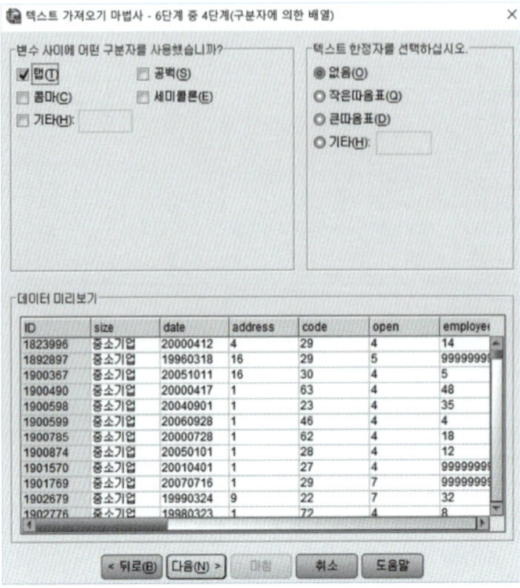

[그림 2-34] 텍스트 파일을 SPSS 파일로 불러오기 마법사 4단계

만들고자 하는 데이터의 형식을 지정하는 것으로 '데이터 미리보기'에 나타난 변수를 일일이 클릭하여 변수명을 바꾸거나 형식을 바꿀 수 있다. '다음'을 클릭한다.

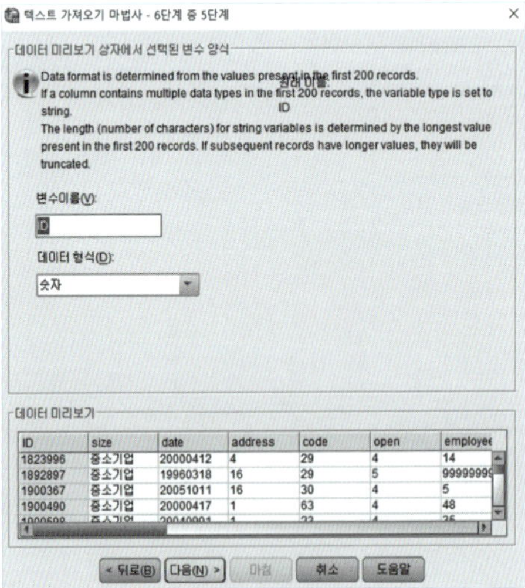

[그림 2-35] 텍스트 파일을 SPSS 파일로 불러오기 마법사 5단계

텍스트 파일 가져오기의 마지막 단계로서 전 단계에 문제가 없다면, 마지막 6단계에서는 '마침'을 클릭한다.

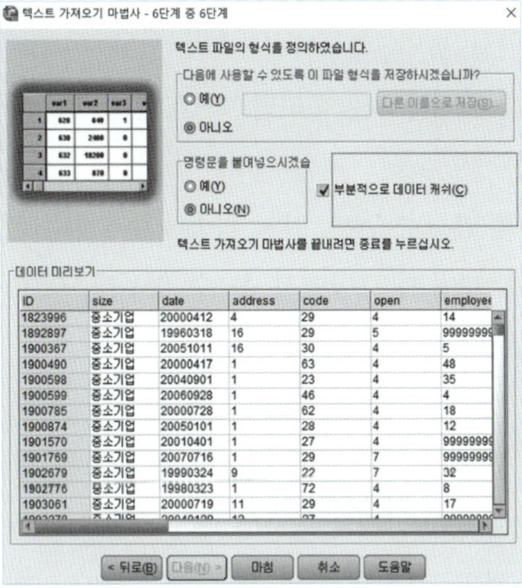

[그림 2-36] 텍스트 파일을 SPSS 파일로 불어오기 마법사 6단계

지금까지 살펴봤던 텍스트 파일을 SPSS 파일로 전환하는 모든 과정이 잘 이루어지면 아래의 완성된 자료를 확인할 수 있다. 다만, 여기서 모든 과정이 끝나는 것이 아니라 '변수보기' 창을 열어서 각각의 변수명에 해당하는 '변수 설명'과 '변수값' 지정 그리고 '결측값' 역시 지정해야만 데이터의 전환 작업이 완벽하게 완료된다는 것을 잊지 말아야 한다.

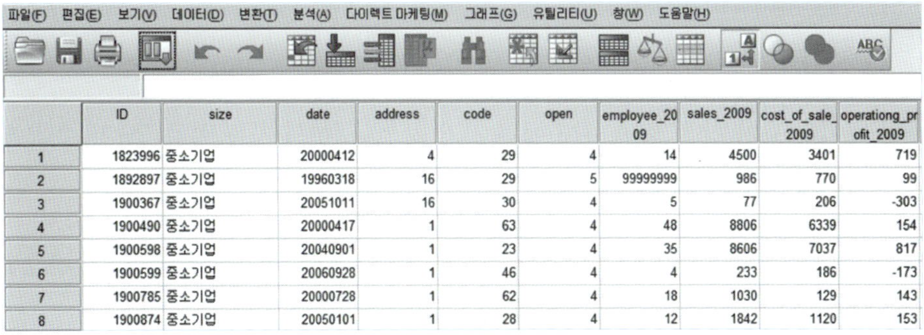

	ID	size	date	address	code	open	employee_2009	sales_2009	cost_of_sale_2009	operationg_profit_2009
1	1823996	중소기업	20000412	4	29	4	14	4500	3401	719
2	1892897	중소기업	19960318	16	29	5	99999999	986	770	99
3	1900367	중소기업	20051011	16	30	4	5	77	206	-303
4	1900490	중소기업	20000417	1	63	4	48	8806	6339	154
5	1900598	중소기업	20040901	1	23	4	35	8606	7037	817
6	1900599	중소기업	20060928	1	46	4	4	233	186	-173
7	1900785	중소기업	20000728	1	62	4	18	1030	129	143
8	1900874	중소기업	20050101	1	28	4	12	1842	1120	153

[그림 2-37] 텍스트 파일을 SPSS 파일로 불러온 최종 파일

5. 새로운 변수 만들기

1) 데이터 파일 구성 이해

SPSS 프로그램을 통해 통계분석을 하려면, 가장 먼저 해야 하는 것이 변수를 만들어야 한다.

통계프로그램에 변수를 만들기 위해, 먼저 익숙해져야 하는 것이 바로 데이터 파일의 구조를 이해하는 것이다. 다음에 그림에서 볼 수 있듯이, 데이터 파일은 '데이터 보기 창'과 '변수 보기' 창으로 구성되어 있다.

데이터 보기 창 = 설문에 응답한 숫자나 문자 등 정보를 입력하는 창
변수 보기 창 = 각 설문 문항에 대한 변수명, 변수유형(숫자, 문자 등), 변수값 설명, 변수값 정의, 결측값 정의 등을 할 수 있는 창

위에서 정의된 데이터 보기와 변수 보기를 잘 이해하고 활용해야 한다.

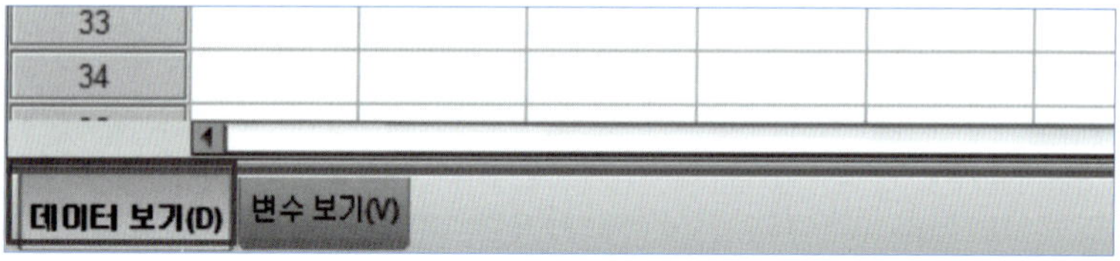

[그림 2-38] 데이터 보기 1

먼저 데이터 보기 창을 보면, 왼쪽에 숫자가 보인다. 이 숫자는 설문응답자 수를 알려주는 숫자이다. 그리고 '변수'는 설문 문항이라고 보면 된다.

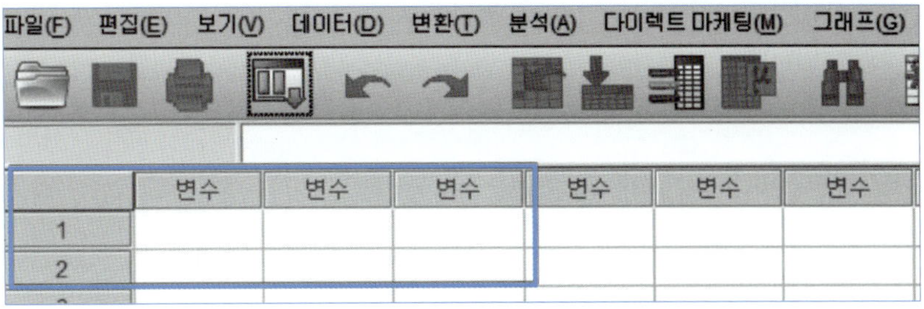

[그림 2-39] 데이터 보기 2

다음으로 '변수 보기'를 클릭하면 다음과 같은 창이 보인다. 앞서 설명했듯이, 변수 보기에서는 설문 문항에 있는 내용들을 축약해서 입력하는 것이라고 봐도 된다. 거의 설문지는 복사하는 수준으로 봐도 된다.

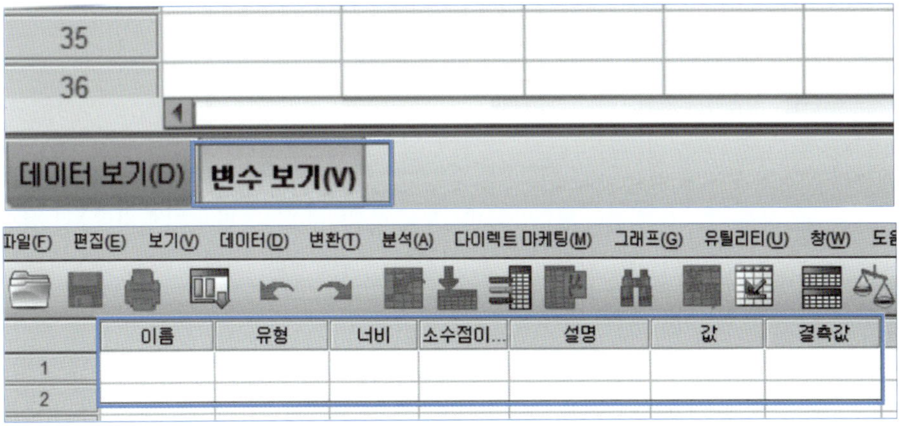

[그림 2-40] 데이터 보기 3

2) 변수명 생성 시 주의사항

통계를 처음 배우는 학생들이 자주 실수하는 것이 바로 변수명 생성이 제대로 안 되는 경우이다. 이는 시작부터 문제에 직면하게 되는 것을 의미한다. 따라서 이하에 기술된 주의사항은 변수명 작성 시 중요하므로 반드시 기억하고 변수를 만들기 바란다.

주의사항

변수명 만들 때의 주의할 점이 있다. 이는 이 통계프로그램이 모든 변수를 만들 때 공통적으로 적용되는 주의사항이다.

첫째, 변수명의 첫 글자는 반드시 문자로 만들어져야 한다. 한글 또는 영문으로 문자가 만들어져야 한다. 반대로 숫자나 특수기호가 첫 변수명으로 만들 수 없다.

예) 올바른 변수명 예 → 성별, 연령, 학력
옳지 않은 변수명 예 → $성별, 1연령, &학력

둘째, 변수명을 구성하는 문자 사이에는 공간이 있어서는 안 된다.

예) 성 별, 학 력

셋째, 변수명 마지막에도 공간이 있어서는 안 된다.

예) 성별 ,

넷째, 변수명은 만들 때, 변수명 자릿수를 주의해야 한다. 이 통계프로그램은 변수명을 만들 때 자릿수를 고려하면서 변수명을 만들도록 설정되어 있다. 만약 기본 자릿수로 설정된 '8' 자리보다 길게 만들려면 '너비'를 조정해야 한다. 그리고 이 자릿수는 변수명이 한글일 때와 영문일 때 자릿수 계산법이 달라진다. 따라서 이 점을 유의해야 한다.

예) 한글명으로 변수명 설정할 때,
SPSS 통계프로그램은 변수병 자릿수를 계산할 때, 한글은 한 글자에 두 자리를 계산한다. 따라서 기본으로 설정된 8자리를 고려하면, 한글은 기본적으로 네 글자만 입력이 가능하다.

예) 영문으로 변수명 정할 때,
SPSS 통계프로그램은 변수병 자릿수를 계산할 때, 영문 한 글자에 한 자리를 계산한다. 따라서 기본으로 설정된 8자리를 고려하면, 영문은 기본적으로 여덟 글자만 입력이 가능하다.

3) 숫자로 입력되는 변수 생성 방법

숫자로 입력되는 변수란 응답자가 설문에 응답할 때, 문자가 아닌 숫자로 자신의 상황을 입력하도록 만들어 있는 변수를 의미한다.

① 변수명을 만든다.

② '너비'와 '소수점이하자리수'를 확인한다. 입력하고자 하는 변수값이 예상되는 자리가 기본 설정값이 8자리보다 길다면 만드시 이 자리수를 더 크게 올려 조정해야 한다.

다음의 예는 대표적인 변수인 '성별' 변수를 어떻게 만드는지를 보여주고 있다. 성별 변수명을 입력하고 '유형'을 확인하면 '숫자'로 되어 있으며, 너비는 8, 소수점 이하 자릿수는 2로 설정되어 있다. 이것은 SPSS 프로그램에서 변수를 새롭게 만들면 기본적으로 설정된 값들이다. 필요에 따라 조정하면 된다.

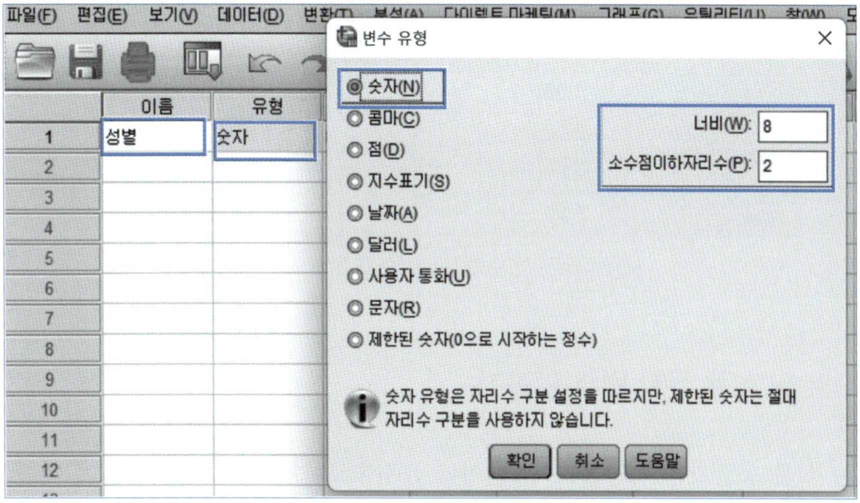

[그림 2-41] 변수보기 - 변수유형

다음으로 '변수값 설명'을 클릭하고 다음의 그림처럼 설문지에 있는 남성과 여성의 값을 다음처럼 입력하면 된다.

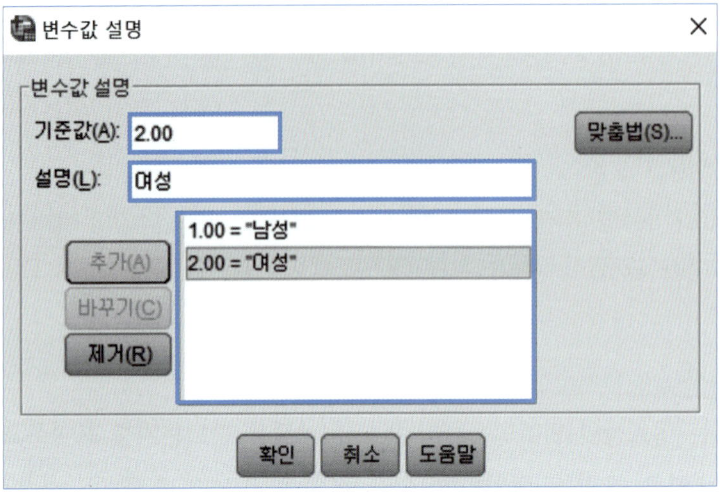

[그림 2-42] 변수보기 – 변수값 정의 1

'변수 보기' 창에서 변수에 대한 구체적인 내용들을 입력한 후, '데이터 보기' 창으로 이동하여 다음의 그림처럼 설문에 있는 내용들을 입력하면 된다.

	성별	변수	변수	변수
1	1.00			
2	2.00			
3	2.00			
4	1.00			

[그림 2-43] 변수보기 – 변수값 정의 2

4) 문자로 된 설문 문항 변수 만들기

이번에는 설문 응답자가 숫자가 아닌 단어나 문장으로 입력해야 하는 문항에 대한 변수를 만들어 보자.

이 과정 역시 앞에서 언급한 변수 만들 때 주의할 점에 대해서 다시 한번 살펴보고 연습해 보기 바란다.

이제 응답자의 '이름' 변수를 활용해서 연습해 보자. 이름은 응답자가 숫자가 아닌 문자로 입력해야 하는 변수이다. 이처럼 문자로 입력된 값을 통계프로그램에 입력하게 하려면 변수명을 그림처럼 '이름'으로 먼저 만든다.

다음으로 '유형'을 클릭하여 입력되는 변수값이 '숫자'가 아니라 '문자'라고 프로그램에 명령을 주면 된다. 그리고 이때, 문자 자릿수는 '8'로 되어 있을 것이다. 일반적으로 이름을 한글로 입력한다고 할 때, 8자리는 한글, 네 글자를 입력할 수 있다. 다음의 그림은 예시로 '10'으로 조정하였다. 그리고 '확인'을 클릭하면 변수를 만드는 과정이 완료된다.

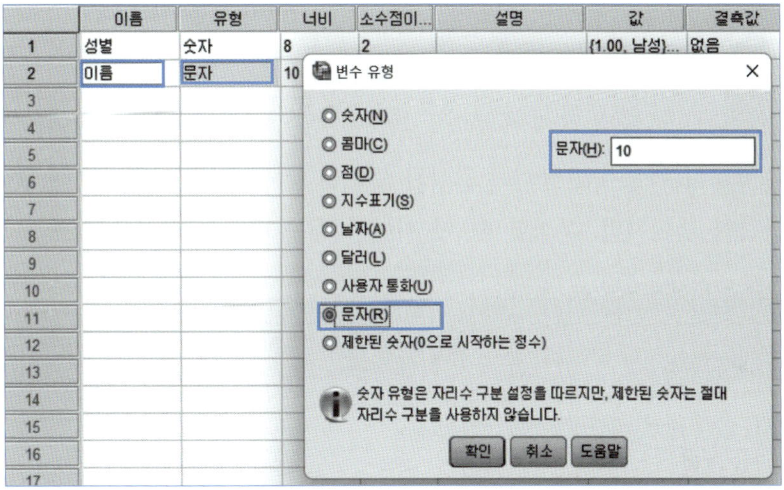

[그림 2-44] 변수보기 – 변수유형(문자 1)

변수 유형을 '문자'로 변경한 후, '데이터 보기'로 이동하여 다음의 그림처럼 응답자의 이름을 입력하면, 이름이 잘 입력된다는 것을 확인할 수 있다.

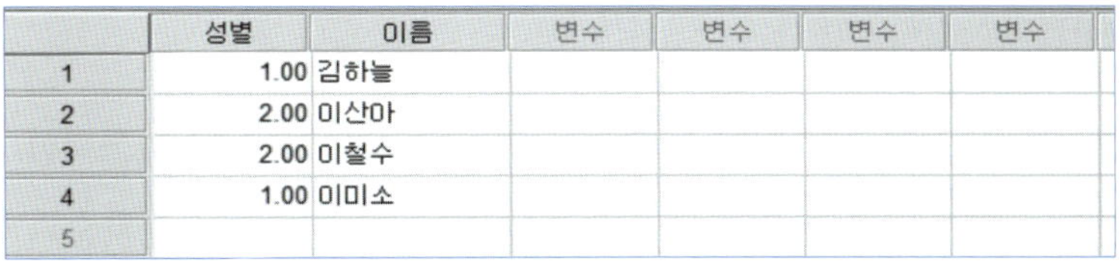

	성별	이름	변수	변수	변수	변수
1	1.00	김하늘				
2	2.00	이산아				
3	2.00	이철수				
4	1.00	이미소				
5						

[그림 2-45] 변수보기 – 변수유형(문자 2)

(1) 변수값이 숫자가 아닌 변수 설명이 보이게 하는 방법은?

변수에 입력한 변수값들이 기본적으로 아래의 그림처럼 숫자로 보인다. 이 숫자는 설문지에 응답 번호를 그대로 입력한 숫자이다.

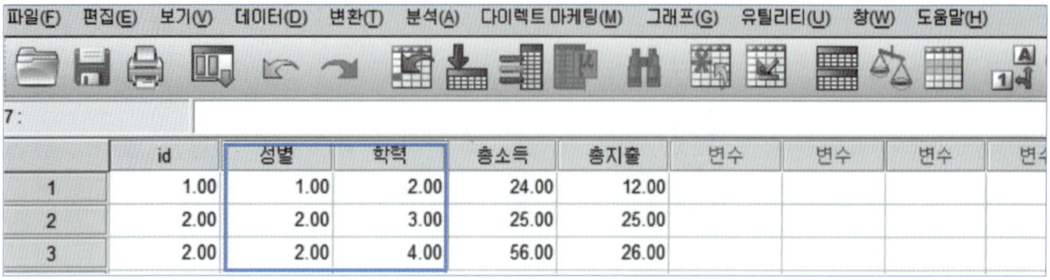

[그림 2-46] 데이터 보기 – 변수

숫자로 입력된 변수값을 숫자에 부여된 '변수 설명'을 '데이터 보기' 창에서 보이게 하는 기능은 아래의 메뉴처럼 박스로 표시된 부분을 클릭하면 간단하게 변수값들이 보일 것이다. 간단한 팁이지만, 분석할 때 이 기능이 매우 유용하게 사용될 때가 있다.

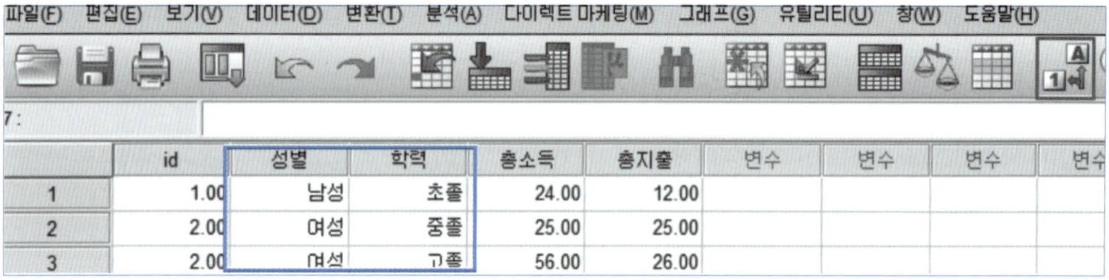

[그림 2-47] 데이터 보기 – 변수

(2) 변수의 내림차순, 오름차순은 어떻게 할까?

데이터의 정리하다 보면, 엑셀에서 작업하는 것처럼 어떤 변수를 오름차순 또는 내림차순으로 정리해야 할 때가 있다.

마약 오름차순과 내림차순 정렬을 하고자 한다면 해당 변수명을 클릭한 후 '마우스 오른쪽'을 클릭하면 그림과 같은 창이 보인다. 이때 필요에 따라 오름차순과 내림차순으로 정렬하면 된다.

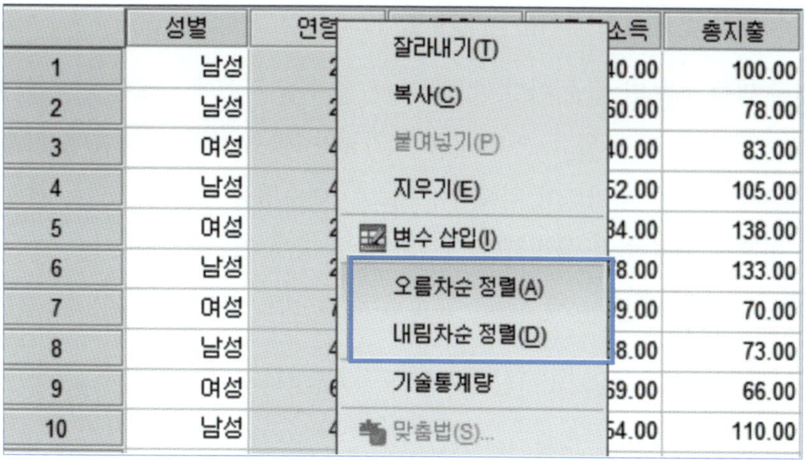

[그림 2-48] 데이터 보기 - 오차순 정리

다음의 그림우 연령 변수를 오름차순으로 정렬한 결과이다.

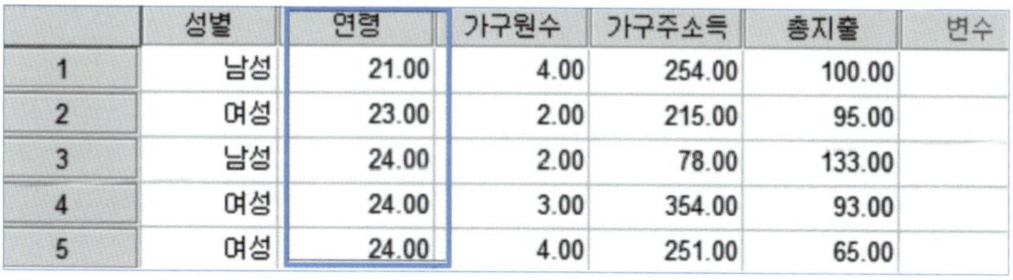

	성별	연령	가구원수	가구주소득	총지출	변수
1	남성	21.00	4.00	254.00	100.00	
2	여성	23.00	2.00	215.00	95.00	
3	남성	24.00	2.00	78.00	133.00	
4	여성	24.00	3.00	354.00	93.00	
5	여성	24.00	4.00	251.00	65.00	

[그림 2-49] 데이터 보기 - 오름차순

다음의 그림은 연령 변수를 내림차순으로 정렬한 결과이다.

	성별	연령	가구원수	가구주소득	총지출
1	여성	78.00	5.00	99.00	70.00
2	남성	78.00	2.00	240.00	105.00
3	여성	68.00	1.00	169.00	66.00
4	여성	65.00	3.00	359.00	65.00
5	남성	63.00	2.00	265.00	101.00

[그림 2-50] 데이터 보기 - 내림차순

(3) 변수 추가 및 케이스 추가는 어떻게 할까?

데이터를 만들다 보면 종종 이미 만들어 놓은 변수들 사이에 새로운 변수를 추가해야 하는 작업이 필요할 때가 있다. 이때 유용한 기능이 '변수 삽입' 기능이다. 기존 변수들 사이에 새로운 변수를 추가하기 위해서는 새로운 변수명을 삽입하고 있는 변수명을 클릭한 후 '마우스 오른쪽'을 클릭하면 그림과 같은 창이 보인다.

새롭게 나타난 창의 매뉴 중 '변수 삽입'을 클릭하면 된다.

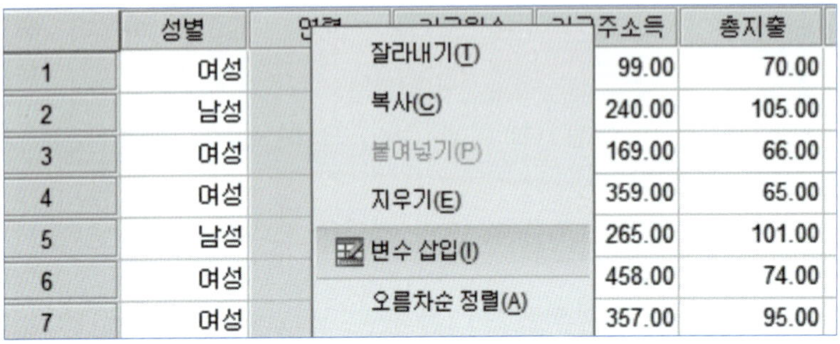

[그림 2-51] 데이터 보기 – 변수추가 1

'변수 삽입'을 클릭하며 다음의 그림처럼 성별 변수와 연령 변수 사이에 새로운 변수가 만들어진다는 것을 확인할 수 있다.

	성별	VAR00001	연령	가구원수	가구주소득	총지출
1	여성	.	78.00	5.00	99.00	70.00
2	남성	.	78.00	2.00	240.00	105.00
3	여성	.	68.00	1.00	169.00	66.00
4	여성	.	65.00	3.00	359.00	65.00
5	남성	.	63.00	2.00	265.00	101.00

[그림 2-52] 데이터 보기 – 변수추가 2

이번에는 변수가 아니라 케이스를 추가하고자 한다면, 추가하고자 하는 위치에 해당하는 케이스의 번호를 클릭하고, '마우스 오르쪽'을 클릭하면 다음과 같은 창이 나타난다. 이 창의 '케이스 삽입' 메뉴를 클릭하면 된다.

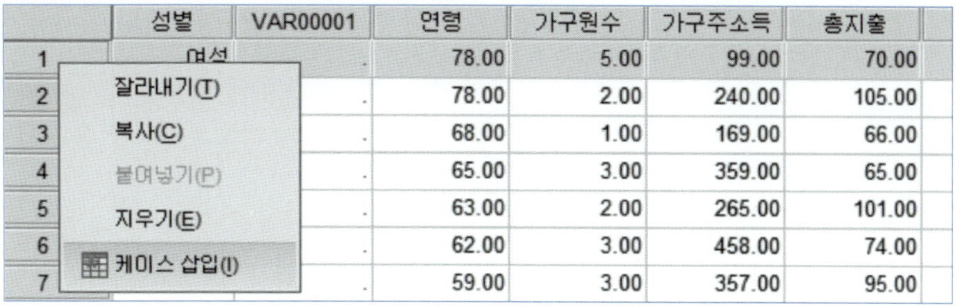

[그림 2-53] 데이터 보기 - 케이스 추가 1

'케이스 삽입' 메뉴를 클릭하면, 다음의 그림처럼 기존 케이스 앞에 새로운 케이스가 추가된 것을 확인할 수 있다. 매우 간단한 팁이지만, 종종 코딩하거나 분석을 할 때 매우 유용한 팁이라고 할 수 있다.

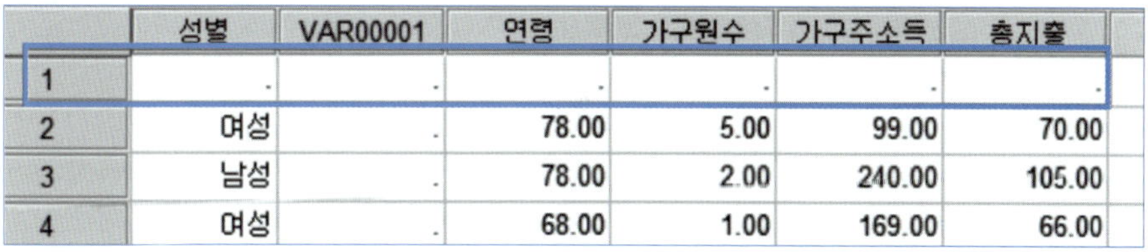

[그림 2-54] 데이터 보기 - 케이스 추가 2

Chapter 03

SPSS 통계프로그램을 활용한 기초분석

1. 자료 분석에서 기초분석의 중요성과 기초분석의 종류

설문조사와 코딩 작업이 완료된 자료를 분석하는 데 있어서, 중요한 것은 고급분석이 아니라 기초분석이다. 기초분석은 몇 가지 이유에서 매우 중요하다. 그중에 하나가 입력된 자료의 질적 상태를 점검하기 위해서이다. 만약 분석자가 코딩된 자료를 충분한 검토와 오류 체크 없이 분석을 하게 되면, 분석과정에서 발견되는 오류를 정확히 확인할 수 없을뿐더러 분석과정에서 발견된 오류를 확인하고 재분석하는 과정에 더 많은 시간과 비용을 낭비할 수 있다. 이러한 오류가 분석 초기에 발견되면 그나마 다행이다. 만약 모든 분석과정이 완료된 상황에서 데이터 입력 오류가 발견된다면, 분석자는 정말 상상하기도 싫은 대참사에 직면하게 된다. 이와 같은 입력 오류를 초반에 점검하고 바로 잡을 수 있는 기회이자 방법이 바로 기초분석이다. 기초분석에는 가장 기본이 되는 빈도분석, 기술분석, 탐색분석 그리고 교차분석이 있다. 이들 분석은 각각 나름의 분석원리와 방법에 따라 우리에게 다양하면서도 고유한 정보를 제공하고 있다. 따라서 분석자는 코딩이 완료된 자료를 분석할 때 기초분석을 적절히 실시해야 하며, 이때 반드시 함께 점검해야 할 것이 분석자료의 결측값 현황이다. 즉, 코딩이 완료된 원자료를 그대로 분석하기보다 기초분석과 결측값 점검과정을 통해 완벽한 자료를 만들어야 한다.

1) 기초분석과 결측값 점검의 중요성

입력자는 입력된 자료에 대하여 반드시 결측값 여부 확인 및 결측값 지정을 해야 한다. 보통 사회복지기관 및 시설에서 이루어지는 설문조사는 크게 기관 및 시설을 이용하거나 잠재적인 서비스 대상자의 욕구나 만족도를 조사하거나 사회복지사가 진행한 프로그램에 대한 결과 등을 분석할 때 주로 사용한다. 설문대상자의 규모는 작게는 수십 명에서 수백 명을 넘지 않는 것이 일반적이다. 이렇게 작은 규모의 설문이라고 하더라도, 조사결과를 통계프로그램에 입력하는 과정에서 흔히 발생하는 것이 결측값 처리 문제이다.

보통 설문지에 결측값이 발생하는 원인은 응답자의 무응답이 대부분이다. 그러나 SPSS 통계 파일 내에서 결측값이 발생하는 원인은 응답자의 무응답뿐만 아니라 데이터 입력자의 입력 오류이다. 즉 제시된 [그림 3-1]처럼 Age 변수의 빈칸이 보이는데, 이것이 SPSS 통계프로그램에서의 결측값이 발생한 상황이다.

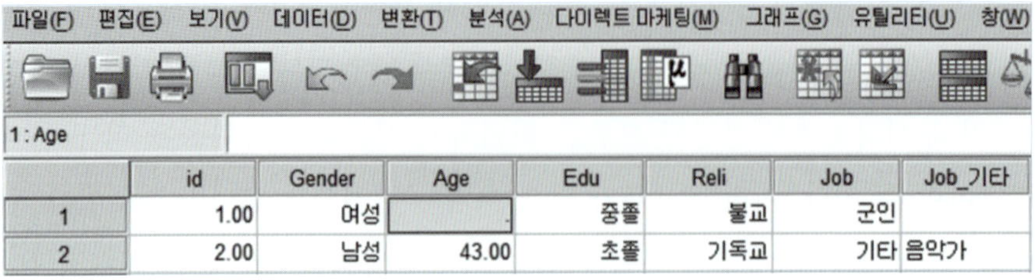

[그림 3-1] 결측값의 원인

그렇다면 [그림 3-1]의 결측값은 왜 발생한 것일까? 앞서 언급한 것처럼, 결측값이 응답자의 무응답 때문인가? 아니면 데이터를 입력한 입력자의 실수인가? 현재 상황에서는 결측값이 왜 발생했는지를 알 수 없다.

이와 같은 상황에서 가장 먼저 해야 할 것은 해당 응답자의 설문지를 확인해야 한다. 그러나 자료 입력이 완료된 상황에서 일일이 개별 설문지를 확인해 가며 입력자의 실수 여부를 찾아가는 것은 시간적으로 매우 비효율적이다. 따라서 자료를 입력하는 사람은 코드북에 기초하여 무응답이 발생할 경우, 무응답에 반드시 '9', '99', '999' 등의 방식으로 결측값을 지정해야 한다. 결측값 지정 방식에 대해서는 앞서 2장에서 살펴보았다. 따라서 시간이 다소 소요되더라도, 입력자는 반드시 입력 초반에 코드북에 기초하여 결측값을 지정한다. 그래야만, SPSS 통계프로그램상 비어 있는 변수의 값이 **'무응답'**인지 아니면 **'입력자의 실수'**인지를 쉽게 구분할 수 있다.

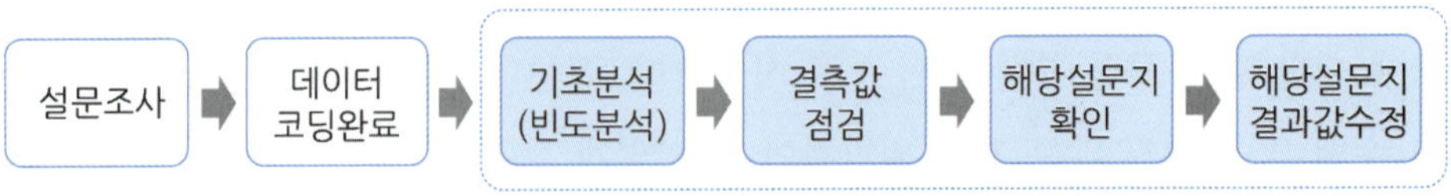

[그림 3-2] 기초분석과 결측값 수정과정

정리하면, 분석자는 [그림 3-2]의 과정처럼 입력이 완료된 자료에 대해 먼저 기초분석, 그중에서도 **'빈도분석을 실시하여 각 변수별 결측값 여부'**를 확인해야 한다.

빈도분석 결과 변수별 결측값이 있을 경우, 분석자는 결측값이 발생한 사례의 원설문지를 확인하여 결측값이 실제 발생한 것인지 아니면 입력자의 실수인지를 확인해야 한다.

2) 결측값의 발생 원인과 대안

(1) 결측값은 왜 발생할까?

결측값이 발생하는 원인은 크게 두 가지가 있다. 하나는 설문 내적인 원인이 있고, 다른 하나는 설문 외적인 원인이다.

설문 내적인 원인으로 가장 큰 것은 응답자의 무응답이다. 보통 설문 응답자들은 설문의 내용이 자신에게 민감한 정보라고 판단하거나 설문 내용이 너무 어렵거나, 설문 내용이 많으면, 해당 문항에 대해 거부를 하는 의미로 응답하지 않는다. 예를 들면, 응답자의 연령, 몸무게, 소득, 자산, 지출 등과 같은 변수들이 여기에 해당된다.

결측값이 발생하는 설문 외적인 원인으로는 설문이 완료된 자료를 통계프로그램으로 옮기는 과정에서 응답자가 데이터를 제대로 입력하지 않았을 때 발생한다. 이 경우 역시 자주 발생하는 상황이다.

그렇다면, 첫 번째 설문 내적인 원인으로 인해 발생하는 결측값을 줄이기 위해서는 어떤 방법을 사용해야 할 것인가?

설문 문항을 구성할 때 조심해야 할 것이 설문 내용의 민감성, 난이도, 분량, 구조 등이다. 그중에서도 분석자가 신경써야 할 것은 설문 문항의 민감성이다. 실제 조사를 진행하다 보면, 종종 응답자에게 "아니 이런 것까지 대답해야 하나요?" 하는 질문을 받곤 한다. 예를 들면, 소득 및 지출 등 개인의 민감한 정보를 측정할 때 자주 듣는 질문이다. 이런 상황을 피하고자 연구자 대부분은 질문 문항 속에 응답자의 익명성을 보장하기 위해 직접적인 소득을 묻는 것이 아니라 보기로 제시된 선택 보기에 소득 구간을 설정한다. 그럴 경우, 응답자 자신의 소득이 정확하게 드러나지 않기 때문에 응답률이 높아진다. 몸무게 변수도 같은 방식으로 물으면 응답률이 높아지고 자연히 결측값은 줄어들 것이다.

다만! 여기서 주의할 것은 연구자에게 있어서 정말 중요한 변수 즉, 독립변수나 종속변수라고 할 때, 과연 변수의 값이 정확도와 응답률 간에 무엇을 선택할 것인지에 대해서는 충분한 고민이 필요하다. 그 이유는 대부분의 중급 및 고급 분석에 해당하는 통계분석들은 비율변수 즉, 개개인의 정확한 값이 필요하다. 따라서 구간으로 측정된 변수값들은 중급 및 고급분석에서 유용하게 사용하기가 쉽지 않다. 따라서 연구자는 자신의 연구에서 중요한 변수를 제외하고는 가능한 응답자 처지에서 문항을 만들어야 한다.

표 3-1 결측값 발생 내적 원인에 대한 대안

결측값 발생 내적 원인	대안
설문 내용의 민감성	민감한 질문은 가능한 응답이 편한 형태로 우회하여 질문하도록 함. 즉 직접적인 소득을 묻는 방법보다는 소득구간을 설정한 문항으로 출제
설문 내용의 난이도	설문 대상자의 특성(연령, 학력, 이해도 등)을 고려하여 질문의 형식과 내용을 쉽게 작성
설문 내용의 분량	일반적으로 설문지는 4~5페이지를 넘지 않도록 구성
설문 문항의 구조	문항 배치 시, 쉬운 질문을 앞에 배치함

둘째, 설문 내용의 난이도는 설문 응답자의 특성 특히, 연령, 학력, 건강 상태, 장애 여부 등에 따라 그에 맞는 설문 문항으로 구성해야 한다. 예를 들면, 고령의 저학력자를 대상으로 하는 설문의 경우, 설문 문항이 매우 쉽게 구성되어야 한다는 것은 당연할 것이다. 또한 장애인의 경우, 장애의 종류나 등급에 따라 설문 방식 및 내용이 달라야만 한다.

셋째, 설문 내용의 분량은 언제나 해결되지 않는 숙제이다. 그 이유는 연구자로서는 어렵게 조사를 진행하는 상황에서 가능한 한 많은 정보를 얻기 원한다. 그런 관점에서 설문 문항을 만들면, 자연히 설문은 길어지고, 분량도 많아진다. 필자의 경험을 공유하면, 석사과정 때 설문조사를 진행했을 때, 개발한 설문지의 분량이 20페이지를 넘었다.

설문 시간도 한 사람당 약 2시간 30분을 소요했다. 정말 긴 시간이다. 이럴 경우, 조사자나 응답자 모두 매우 힘든 시간이 아닐 수 없다.

그렇다면, 어느 정도의 분량이 좋을까? 사실 어느 정도가 적당하다는 기준은 없다. 실제적으로는 연구목적에 따라 질문 내용이나 분량이 정해지기 때문이다. 그런데도, 경험적으로 적당한 분량은 표지를 제외한 4~5페이지 정도이다. 사실, 이에 대해서는 관점에 따라 의견이 분분할 수 있다.

넷째, 설문 문항의 구조는 어떻게 하면 응답률이 높아질까? 설문 문항 배치에도 다양한 의견이 있다. 필자의 경우, 보통은 쉬운 문항을 앞에 배치하고 뒤로 갈수록 어려운 문항을 배치한다. 그래야만 응답자가 설문에 대한 적응도를 점차 높이면서 질문에 빠져들게 할 수 있기 때문이다. 만약 반대로, 설문 초반에 어려운 문항을 배치한다면, 아마도 그 순간 설문 응답을 중단할 가능성이 크다.

마지막으로 설문의 응답률을 높이고 결측값을 낮추기 위해서는 조사답례품도 매우 중요하다. 안타깝게도 설문 응답자 역시 설문에 대한 학습(경험)이 많이 이루어져서 웬만한 조사답례품으로 유인하기 어렵다. 또한 최근 연구윤리가 강화되면서 조사답례품 지급도 조건이 까다로워졌다. 조사답례품이 필요한 것은 사실이나 그 적정성은 조사 내용과 분량에 따라 달라지기 때문에 충분한 고민이 필요하다고 하겠다.

(2) 결측값 확인 방법

설문조사가 완료되어 통계프로그램에 입력된 코딩(입력)된 자료를 통해서 결측값이 있는 자료와 없는 자료를 분석했을 때의 분석결과를 비교해 보도록 하자. 다음의 그림을 보면, 두 개의 변수는 같은 성별을 묻는 문항의 코딩 결과이다. 이해를 돕기 위해 두 번째 변수 중 2번 응답자와 7번 응답자의 성별이 '.'만 찍혀 있다는 것을 알 수 있다. 이것은 정보가 입력되지 않았다는 것을 의미한다. 그렇다면 실제 빈도분석을 실행하면 어떤 결과가 나오는지 확인해 보도록 하자.

실제 빈도분석을 진행하면, '성별' 변수와 '성별_결측값 포함' 변수 통계량 표를 살펴보면, 결측값이 없는 '성별' 변수는 10명의 응답값이 모두 유효한 값으로 분석되었다. 결측값이 포함된 성별 변수의 통계량 분석결과는 유효값 8개, 결측값 2개로 나타났다.

	성별	성별_결측값 포함	변수
1	1.00	1.00	
2	2.00	.	
3	1.00	1.00	
4	2.00	2.00	
5	2.00	2.00	
6	2.00	2.00	
7	1.00	.	
8	1.00	1.00	
9	2.00	2.00	
10	1.00	1.00	

통계량

		성별	성별_결측값 포함
N	유효	10	8
	결측	0	2

[그림 3-3] 결측값 확인 방법 1

이제 실제 빈도분석표를 살펴보자. 다음에서 보듯이, 결측값이 없는 성별 변수의 분석결과는 총 빈도가 10으로 제시되었다. 그리고 퍼센트도 남성과 여성이 각각 50%씩 분석되었다. 그리고 분석변수에 결측값이 없다면, 아래의 표처럼 퍼센트, 유효 퍼센트가 같다는 것을 알 수 있다. 따라서 이때는 두 개의 퍼센트 중 하나만 선택해서 분석하면 된다. 누적퍼센트는 잘 쓰지 않지만, 의미와 용도는 알아두어야 한다. 쉽게 이해하기 위해 다음의 예를 들어 설명하면, 남성 50%에 여성 50%를 누적해서 더하면 100%라는 것을 의미한다. 누적퍼센트는 변수값이 여러 개일 때, 가장 낮은 값부터 높은 값까지 가면서 누적되는 비율을 계산하는 데 쉽다.

성 별

		빈도	퍼센트	유효 퍼센트	누적퍼센트
유효	남성	5	50.0	50.0	50.0
	여성	5	50.0	50.0	100.0
	합계	10	100.0	100.0	

[그림 3-4] 결측값 확인 방법 2

다음은 결측값이 포함된 변수에 대한 빈도분석 결과를 살펴보자. 다음에 제시된 표를 보면, 남성 4명, 여성 4명으로 총 8명의 값이 유효한 것으로 분석되었다. 그리고 시스템 결측값이 2명으로 분석되었다. 그리고 퍼센트를 보면 남성 40%, 여성 40% 그리고 결측값 20%로 총 100%이다. 유효 퍼센트는 남성 50%, 여성 50%로 분석되었다. 그렇다면, 우리는 결측값이 포함된 빈도분석표에서 어떤 퍼센트를 사용해야 하는가? 그것은 유효한 퍼센트를 사용해야 한다. 즉, 표에 제시된 퍼센트는 결측값이 퍼센트로서 분석결과에 의미가 없는 퍼센트이다. 따라서 실제 설문에 참여한 사람 중에 남성 비율과 여성 비율을 계산하는 것이 더 정확한 분석이다.

성별_결측값 포함

		빈도	퍼센트	유효 퍼센트	누적퍼센트
유효	남성	4	40.0	50.0	50.0
	여성	4	40.0	50.0	100.0
	합계	8	80.0	100.0	
결측	시스템 결측값	2	20.0		
합계		10	100.0		

[그림 3-5] 결측값 확인 방법 3

이처럼 분석하고자 하는 변수에 결측값이 포함되어 있을 때, 우리가 점검해야 하는 것은 무엇인가? 또는 결측값이 발생할 수 있는 원인은 무엇인가? 일반적으로 설문한 내용을 통계프로그램에 코딩하는 과정에서 발생하는 원인은 크게 두 가지 경우이다.

경우 1: 응답자가 설문 문항에 실제 응답하지 않았을 경우

경우 2: 응답자는 설문 문항에 응답하였으나, 통계프로그램에 코딩하는 과정에서 입력자의 실수가 발생하는 경우

이상의 두 경우 중 어느 것이 나의 자료에 해당하는 경우인지를 확인하는 방법은 다음과 같다. 위에서 언급한 두 가지 경우 모두 반드시 설문지를 확인해야 한다. 설문지를 확인하기 위해서는 설문 코딩하기에 앞서 반드시 설문지에 순번을 부여해야 한다. 설문

대상이 많아질수록 힘들겠지만, 반드시 해야 할 과정은 설문지에 번호를 부여함으로써 나중에 데이터의 오류를 확인하고자 하거나 원자료를 분식했을 때 유용하게 활용할 수 있다.

표 3-2 결측값 발생 원인 및 확인 방법

경우	확인 방법
응답자가 설문 문항에 실제 응답하지 않았을 경우	결측값이 발생한 변수에 해당하는 케이스 설문지를 확인하는 방법
응답자는 설문 문항에 응답하였으나, 통계프로그램에 코딩하는 과정에서 입력자의 실수가 발생하는 경우	

만약 결측값이 발생한 변수에 해당하는 설문지를 확인한 결과, 설문자가 응답했지만, 코딩하는 과정에서 발생한 실수라고 한다면 확인 내용을 정확히 입력하면 된다. 그런데, 실제로 응답자가 설문에 무응답한 것이 확인일 경우라면 '결측값 지정'이란 과정을 거쳐야 한다.

결측값을 지정하기 위해서는 통계프로그램의 '변수 보기'를 클릭하면 보이는 다음의 화면 중 '결측값'이라고 표기된 부분을 클릭해야 한다.

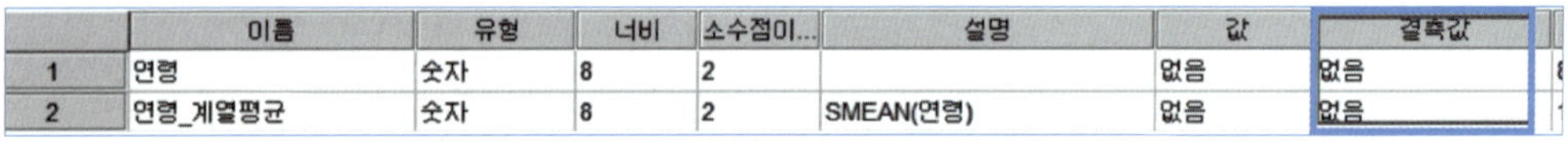

[그림 3-6] 결측값 확인 방법 4

'결측값' 아이콘을 클릭하면 다음과 같은 결측값을 지정할 수 있는 새로운 창이 나타난다. 처음에는 '결측값 없음'이 기본으로 설정되어 있다는 것을 확인할 수 있다. 결측값 지정을 위해서는 '이산형 결측값' 메뉴을 클릭한다. 이산형이란 결측값을 지정할 때 연속하는 값 또는 구간을 지정한다는 것이 아니라 한 개씩 결측값을 입력한다는 의미이다. 이산형 결측값을 클릭한 후 '999'를 입력한 것을 확인할 수 있다. 여기에 입력하는 숫자는 보통 '9'를 자주 활용한다. 아마도 통계분야에서 암묵적인 합의라고 보면 될 것이다. 만약 본인이 변경하고 싶으면 변경해도 문제되지 않는다.

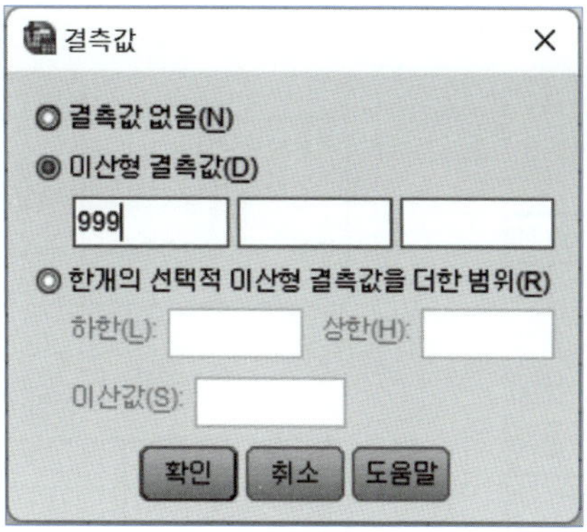

[그림 3-7] 결측값 확인 방법 5

다만, 결측값을 지정할 때 결측값이 실제 응답이 예상되는 응답값과는 구분되어야 한다. 예를 들면, 연령에 대한 설문 결과에서, 결측값 즉, 99를 입력했을 때 실제 응답자 연령이 99세가 나오게 되면 그 실제값까지 결측값으로 인식하라고 명령하는 상황이 발생한다. 따라서 만약 연령 변수라고 한다면, 결측값 지정에 '999' 또는 '99999' 이런 식으로 해서 발생하기 어려운 숫자로 결측값을 지정해야 한다는 점을 잊지 않아야 한다. '999'로 입력된 숫자는 모두 결측값으로 인식하라고 명령을 주었으니 실제 어떻게 데이터가 변화되는지 확인해 보자. 다음의 그림은 결측값을 지정하고 '확인'을 누르면 나오는 모습을 보여주고 있다.

이름	유형	너비	소수점이...	설명	값	결측값	열
성별	숫자	8	2		{1.00, 남성}...	999.00	8
성별_결측...	숫자	8	2		{1.00, 남성}...	999.00	8

[그림 3-8] 결측값 확인 방법 6

결측값 지정을 '999'로 한 후, 해야 할 과정은 실제 변수에 결측값으로 지정한 '999'를 입력하면 된다. 이 작업은 가능하면 분석자가 수기로 해야 한다. 입력하면 다음의 그림처럼 될 것이다.

	성별	성별_결측값 포함	변수
1	1.00	1.00	
2	2.00	999.00	
3	1.00	1.00	
4	2.00	2.00	
5	2.00	2.00	
6	2.00	2.00	
7	1.00	999.00	
8	1.00	1.00	
9	2.00	2.00	
10	1.00	1.00	

성별_결측값 포함

		빈도	퍼센트	유효 퍼센트	누적퍼센트
유효	남성	4	40.0	50.0	50.0
	여성	4	40.0	50.0	100.0
	합계	8	80.0	100.0	
결측	시스템 결측값	2	20.0		
합계		10	100.0		

↓

성별_결측값 포함

		빈도	퍼센트	유효 퍼센트	누적퍼센트
유효	남성	4	40.0	50.0	50.0
	여성	4	40.0	50.0	100.0
	합계	8	80.0	100.0	
결측	999.00	2	20.0		
합계		10	100.0		

[그림 3-9] 결측값 확인 방법 7

데이터 창에 결측값을 지정하고, 다시 해당 변수에 대한 빈도분석을 실시하면, 빈도분석 결과가 어떻게 변경되었는지 쉽게 확인할 수 있다. 분석결과를 보면, 위에 있는 빈도에서는 결측값이 '시스템 결측값'으로 되어 있던 것이 아래 표에서는 '999'로 변경되어 있다는 것을 확인할 수 있다.

'시스템 결측값' → '9999'

이런 변화가 의미하는 것은 해당 변수에서 발생한 결측값은 응답자가 설문에 실제 응답하지 않았기 때문에 발생했다는 것을 의미한다.

(3) 결측값 보정 방법

설문결과 결측값이 발생하고, 그로 인해 원만한 분석이 어려운 경우 어떻게 해야 하는가? 사실 결측값이 발생했을 때 이것을 어떻게 바라봐야 하고, 처리해야 하는지는 의견이 다양하다.

일부 연구자는 결측값 자체도 하나의 현상이기 때문에 인위적으로 데이터를 수정하거나 삭제하는 것은 적절하지 않다는 의견이 있지만, 일부 연구자는 해당 변수의 결측값이 전체 5%, 10%, 30%를 넘어서면 통계적 방법을 활용해도 문제되지 않는다고 하기도 한다. 이처럼 통계에서 결측값 보정은 다양한 이슈가 존재한다. 따라서 결측값을 통계적인 방법을 활용하여 대체하고자 할 때는 데이터일 상황과 여건에 대한 고민이 전체적으로 이루어져야 한다.

만약 결측값을 보정한다고 했을 때, 어떤 변수에 대해서 해야 할 것인가? 이 시점에서 우리는 변수의 속성(명목, 서열, 등간/비율)을 충분히 이해한 상황에서 보정 작업을 수행해야 한다. 명목변수와 서열변수는 기본적으로 사칙연산이 불가능한 변수이다. 따라서 명목변수와 서열변수는 결측값 보정을 할 수 없다. 반면, 등간변수 또는 비율변수는 결측값 보정이 가능하다. 그 이유는 결측값 보정과정이 평균 및 중위값의 원리를 바탕으로 산출되기 때문이다.

표 3-3 변수의 속성에 따른 통계적 결측값 보정 가능 여부

구분	통계적 보장 가능 여부
명목변수	불가능
서열변수	불가능 (단, 여러 문항이 척도로 구성된 리커트 서열변수라면 예외적으로 가능)
등간변수/비율변수	가능

그럼 이제 결측값 보정을 배워보도록 하자. 결측값 방법에는 여러 가지가 있다. 결측값 보정은 간편한 방법과 좀 복잡한 방법이 있다. 간편한 방법은 PASW 통계프로그램의 '변환-결측값 대체' 메뉴에서 산출하는 방법과 다소 복잡한 방법은 '분석-다중대체-패턴분석'이다. 두 가지 방법 중 어느 것을 하더라도 연구자의 판단으로 진행하면 된다. 본 연구에서는 전자로 소개한 '변환-결측값 대체' 방법을 소개하고자 한다. 이 방법이 비교적 쉽다고 생각된다.

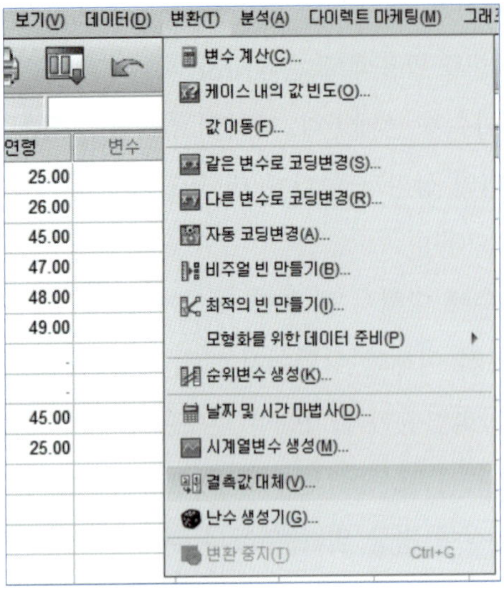

결측값 보정을 위해서는 '변환 → 결측값 대체' 메뉴를 클릭하면 된다.

[그림 3-10] 결측값 확인 방법 8

이후 나타나는 창의 왼쪽 변수 리스트 중 보정된 결측값을 생성하고자 하는 변수를 클릭해서 '새 변수'로 옮기면 된다. 그리고 다음의 그림에서 보듯이, 다양한 보정 방법들을 확인할 수 있다. 이 통계프로그램에서는 기본적으로 '계열 평균' 산출 방법이 설정되어 있다.

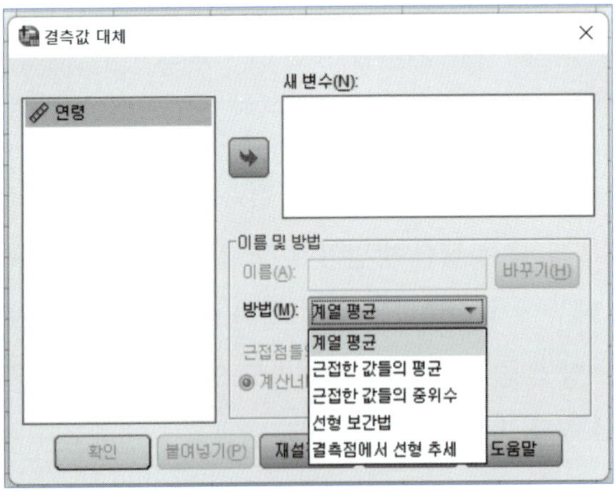

[그림 3-11] 결측값 확인 방법 9

위 그림에서 제시된 다양한 보정 방법에 대해 간략하게 설명하면 〈표 3-4〉와 같다. 다음의 표에 제시된 5가지 방법 중 어떤 방법을 활용할 것인지는 분석자의 몫이다. 이 중 일반적으로 많이 활용하는 방법은 '계열 평균' 방법과 '선형 보간법'이다. 계열 평균값은 단순히 해당 변수에 응답된 값들의 평균값을 계산하는 방식이다. 이 방법은 활용하기 쉽지만 다른 변수값에 영향을 많이 받는다는 한계가 있다. 특히, 만약 다른 응답된 값 중 극단치(매우 크거나 작은 값)가 있다면 전체 평균값이 낮아지거나 높아지는 영향을 고스란히 받아서 만들어진 결측값이 생성될 가능성이 있다. 이러한 단점을 보완하고자 많이 사용하는 방법은 '선형 보간법'이다. 이는 회귀분석 원리를 적용하여 결측값을 추정하는 것이다.

표 3-4 결측값 추정 방법

추정 방법	내용
계열 평균	결측값을 전체 계열에 대한 평균
근접한 값들의 평균	결측값에 근접한 유효값의 평균으로 계산. 근접값의 범위는 평균 계산에 사용된 결측값의 위 아래에 있는 유효한 값의 수가 됨
근접한 값들의 중위수	결측값을 근접한 유효값의 중앙값으로 계산. 근접값의 범위는 중위수 계산에 사용된 결측값의 위 아래에 있는 유효값의 수가 됨
선형 보간법	선형 보간을 사용하여 결측값을 계산. 보간에는 결측값 앞의 마지막 유효값과 결측값 뒤의 처음 유효값을 모두 사용함. 계열에서 첫 번째 케이스와 마지막 케이스에 결측값이 있으면 이는 바뀌지 않음
결측점에서 선형 추세	해당 결측점에 대한 선형 추세를 사용하여 결측값을 계산. 기존 계열이 1부터 n까지의 지수 변수로 회귀되고 결측값은 예측값으로 대체됨

이상에서 언급한 5가지의 결측값 보정 방법을 적용하여 실제값이 어떻게 다른지 예를 제시하였다. 다음의 제시된 예처럼 연령 변수에 결측값이 발생하여 5가지 보정 방법을 적용한 결과이다.

	연령	연령_계열평균	연령_근접한값들의평균	연령_근접한값들의중위수	연령_선향보...	연령_결측점에서선형추세
1	25.00	25.00	25.00	25.00	25.00	25.00
2	26.00	26.00	26.00	26.00	26.00	26.00
3	45.00	45.00	45.00	45.00	45.00	45.00
4	47.00	47.00	47.00	47.00	47.00	47.00
5	48.00	48.00	48.00	48.00	48.00	48.00
6	49.00	49.00	49.00	49.00	49.00	49.00
7	.	38.75	41.75	46.50	47.67	39.83
8	.	38.75	41.75	46.50	46.33	40.38
9	45.00	45.00	45.00	45.00	45.00	45.00
10	25.00	25.00	25.00	25.00	25.00	25.00

[그림 3-12] 결측값 확인 방법 10

분석결과를 보면 전체적으로 다음과 같은 순으로 보정 방법 간에 차이를 보이고 있다.

계열 평균 〈 결측점에서 선형 추세 〈 근접한 값들의 평균 〈 근접한 값들의 중위값 〈 선형 보간법

순으로 값이 다르다는 것을 알 수 있다. 얼핏 보면 큰 차이가 아닌 것처럼 보이지만, 실제 평균의 차이 분석(T-test, ANOVA)이나 회귀분석에서는 이런 차이가 매우 크게 나타날 수도 있다. 저자의 경험상 제시하고자 하는 방법은 결측값 보정 전의 분석결과와 다양한 결측값 보정 후의 분석결과를 종합적으로 비교·분석하면서 결과값을 도출하면 더 의미 있는 결과를 얻을 것이다.

3) 기초분석의 종류와 정보의 양 비교

1장에서 우리는 분석하고자 하는 변수의 속성에 따라서 우리가 얻을 수 있는 정보의 양이나 내용이 달라진다는 것을 배운 바 있다. 그에 못지않게 중요한 것은 변수의 속성에 따라서 사용할 수 있는 통계분석 방법이 조금씩 다르다는 사실과 다양한 분석을 통해 얻을 수 있는 정보의 양 또한 다르다는 점이다. 다음의 [그림 3-13]을 살펴보면, 왼쪽의 기초분석들과 변수의 속성에 따라 얻을 수 있는 정보의 양이 다르다는 것을 확인할 수 있다.

먼저 **빈도분석**(Frequency Analysis)을 보면, 빈도분석은 기본적으로 모든 변수를 분석할

수 있다. 그리고 빈도분석을 통해 얻어진 결과 중 명목변수 및 척도가 아닌 서열변수에 대해서는 빈도와 백분율 정보를 알 수 있다. 예를 들면, 성별을 분석했을 때, 확인할 수 있는 남성과 여성의 빈도와 백분율이 대표적이라고 할 수 있다. 그리고 척도가 아닌 서열변수의 대표적인 예로 학력이 있을 수 있는데, ① 무학부터 ⑤ 대학교 졸업 이상까지의 순서로 된 비 척도(none-scale value) 변수이다. 빈도분석은 동시에 척도 서열변수에 대해서는 평균과 표준편차 그리고 백분위 값 등을 통계량 값으로 동시에 제공해 준다. 또한 빈도분석은 척도화된 서열변수처럼 비율변수에 대해서 동일하게 평균과 표준편차 등의 값을 제공해 준다.

둘째, **기술분석**(Descriptive Analysis)은 빈도분석과 달리 **빈도표**(빈도와 백분율이 포함된 표)를 보여주지 않고 오로지 **통계량표**(평균, 표준편차 등의 값이 포함된 표)만 제시해 준다. 이것은 SPSS 통계프로그램 중 기술분석에 투입된 변수를 모두 비율변수로 상정하고 분석한다는 것을 의미한다. 그렇기 때문에 개별 변수에 대한 빈도와 백분처럼 명목변수일 경우 의미 있는 값을 제시해 주지 않는 것이다.

셋째, **데이터 탐색분석**(Data Explore Analysis)은 앞서 살펴본 빈도분석 또는 기술분석과는 다른 분석이다. 중요한 차이점으로 앞서 살펴본 빈도분석과 기술분석은 오로지 한 개

<table>
<tr><th rowspan="2"></th><th rowspan="2">명목변수</th><th colspan="2">서열변수</th><th rowspan="2">비율변수</th><th rowspan="2">가설검정 여부</th></tr>
<tr><th>비-척도
(학력, 연령대 등)</th><th>척도
(우울, 삶의 만족 등)</th></tr>
<tr><td>빈도분석</td><td>빈도
백분율</td><td>빈도
백분율</td><td rowspan="3">평균
표준편차</td><td rowspan="3">평균
표준편차
분위</td><td>×</td></tr>
<tr><td>기술분석</td><td>×</td><td>×</td><td>×</td></tr>
<tr><td>데이터
탐색분석</td><td>×</td><td>×</td><td>×
(단, 두 변수 간
분포만 보여줌)</td></tr>
<tr><td>교차분석</td><td>빈도
백분율</td><td>빈도
백분율</td><td>×</td><td>×</td><td>두 변수 간의 분포
차이검정 가능(χ^2 검정)</td></tr>
</table>

'×' 표시는 해당 변수(명목변수, 서열변수, 비율변수)를 사용할 수 없거나 가설검정이 불가능하다는 것을 의미함.

[그림 3-13] 기초분석별 사용 가능한 변수의 종류와 정보의 양 비교

의 변수에 대한 빈도와 백분율 그리고 평균과 표준편차 값을 보여주는 데 반해, 데이터 탐색분석은 두 개의 변수를 조합한 다양한 통계값을 제시해 준다. 여기서 말한 두 개의 변수란 종속변수는 연속형 비율변수이고, 독립변수는 명목변수 또는 서열변수를 의미한다.[4] 다시 말해서 명목변수 값을 이루는 변수값에 따른 종속변수의 차이를 보여주는 것이다. 단, 여기서 보여주는 차이는 통계적인 가설검정에 따른 차이가 아니라, 단순한 수치적 차이를 의미한다. 예를 들면, 남성 집단과 여성 집단 간 단순한 소득의 분포를 비교하고자 했을 때 사용하면 적절하다. 다시 말하지만, 여기서의 독립변수에 투입된 명목변수와 서열변수 간 종속변수에 대한 차이는 통계적 차이 검정이 아니라 단순한 숫자의 차이를 비교하는 수준이라는 것을 명시해야 한다.

넷째, **교차분석**(Crostabs Analysis)은 앞서 살펴본 탐색분석처럼, 분석을 할 때 두 개의 변수를 사용한다. 이때 두 변수는 명목변수와 서열변수, 명목변수와 명목변수, 서열변수와 서열변수로만 구성할 수 있다. 즉, 교차분석을 할 때, 비율변수 사용은 적절하지 않다. 교차분석은 명목변수와 척도가 아닌 서열변수만을 사용할 수 있으므로, 분석자는 빈도와 백분율에 대한 정보를 얻을 수 있다.

마지막으로, 앞서 언급한 네 가지 기초분석 방법 중에 **가설검정이 가능한 통계분석은 '교차분석'**이다. 이는 자료분석에서 매우 중요한 의미와 차이를 갖는다. 앞서 살펴본, 빈도분석, 기술분석, 탐색분석은 투입된 변수에 대한 단순한 빈도, 백분율, 평균, 표준편차 등의 값을 제시해 주는 수준에서 그치지만, 교차분석은 분석에 투입된 두 변수(명목변수와 서열변수) 간의 차이를 통계적 검정과정을 거쳐, 과학적 차이를 보여준다. 일반적으로 통계수업을 수강하는 학생들은 빈도분석, 기술분석, 탐색분석까지는 잘 이해하다가도 교차분석을 배우면서부터 자료분석을 어렵게 생각하거나 포기하는 경우가 많다. 따라서 교차분석 과정은, 교수자와 학습자 모두에게 중요한 시작이라고 할 수 있다. 이상의 설명에 대해서는 이후 각 분석 방법에서 보다 자세하게 설명하고 있다.

---

4) 일반적으로 독립변수는 결과에 영향을 미치는 요인을 의미하며, 종속변수는 독립변수에 영향을 받아 변하는 요인을 의미한다. 독립변수와 종속변수에 대한 보다 자세한 설명은 이후 관련 분석 방법에서 설명하고 있다.

2. 빈도분석

1) 빈도분석 방법과 변수의 종류에 따른 해석

빈도분석을 하기 위해서는 먼저 [그림 3-14]처럼 분석 메뉴에서 **'기술통계량'** 하위 메뉴를 클릭한다. 기술통계량을 클릭한 후, 첫 번째 메뉴인 **'빈도분석'**을 클릭한다.

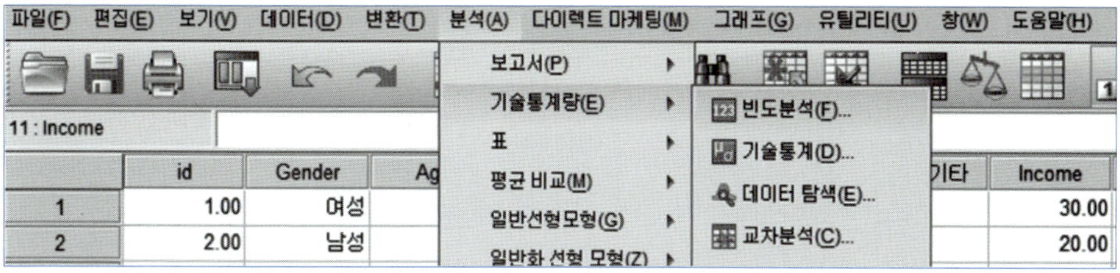

[그림 3-14] 빈도분석 과정 1

빈도분석 메뉴를 클릭하면, [그림 3-15]처럼 변수 창이 나타난다. 왼쪽에 있는 변수 리스트는 데이터 파일에 있는 모든 변수가 보인다. 이 중 빈도분석하고자 하는 변수들을 [그림 3-15]처럼 오른쪽으로 클릭하여 옮긴다. 이때 모든 변수를 한번에 옮기려면 'Ctrl+ A'를 클릭하면 된다.

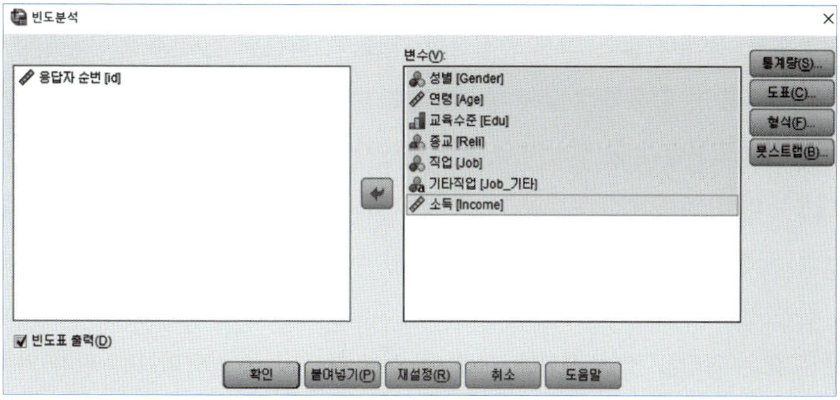

[그림 3-15] 빈도분석 과정 2

분석하고자 하는 변수들을 오른쪽으로 옮긴 후, **'통계량'** 아이콘을 클릭하면 [그림 3-16]이 나타난다.

보통 빈도분석을 통해 얻을 수 있는 다양한 통계량 값이 [그림 3-16]과 같다.

본 장에서는 평균, 중위수, 최빈값, 표준편차, 최소값, 최대값을 클릭한 후 **'계속'** 아이콘을 클릭한다.

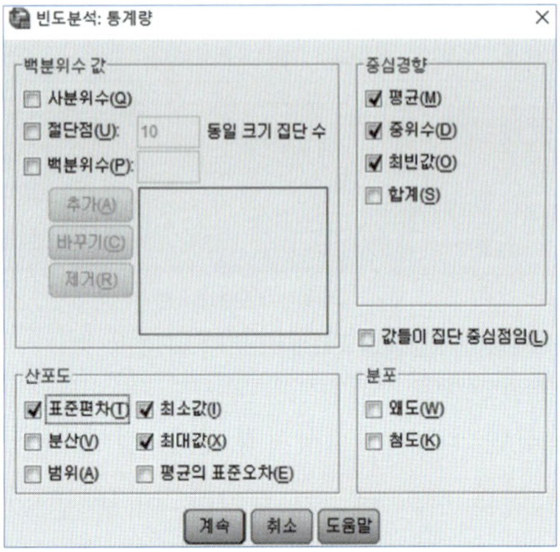

[그림 3-16] 빈도분석 과정 3

앞서 제시한 [그림 3-16]에 나타난 여러 통계량 값에 대한 종류와 정의에 대해 간략하게 살펴보자. 통계량 값은 크게 중심경향, 산포도, 백분위수, 분포로 구분된다. 이 중에 일반적으로 많이 활용하는 값이 중심경향을 나타내는 평균과 변수값의 분포를 의미하는 산포도의 표준편차 값이다. 평균과 표준편차가 모든 비율변수의 기본 통계량 값으로서, 대부분의 사회현상을 설명할 때 평균 그리고 표준편차는 함께 사용되고 있다. 특히 평균을 사용할 때 반드시 표준편차 값을 함께 사용해야 한다. 그 이유는 서로 다른 집단이 같은 변수에 대한 평균값이 같더라도, 두 집단의 표준편차 값이 크게 다르다면 두 집단은 같은 특성을 갖는 집단으로 볼 수 없기 때문이다. 평균과 표준편차 외에도 많이 활용되는 통계량 값은 최소값, 최대값, 중위값 그리고 사분위수이다.

표 3-5 통계량의 종류와 정의

통계량 종류		정의
중심경향	평균	한 변수의 응답된 모든 값의 합을 사례수로 나눈 값
	중위수	한 변수에 응답된 모든 값을 최소값에서 최대값으로 나열한 후 정확히 1/2(50%)에 해당하는 값
	최빈값	한 변수에 응답된 모든 값 중 응답 빈도가 가장 많은 값
	합계	한 변수에 응답된 모든 값의 합
산포도	표준편차	한 변수에 응답된 모든 값의 평균을 중심으로 개별 값들이 떨어져 있는 정도를 알려주는 값
	최소값	가장 작은 값
	최대값	가장 큰 값
	범위	최대값에서 최소값을 뺀 값
백분위수 값	사분위수	한 변수에 응답된 모든 값을 크기대로 나열한 후 25% 이하(1/4분위), 50% 이하(2/4분위), 75% 이하(3/4분위), 76% 이상(4/4분위)을 의미함
	절단점	한 변수에 응답된 모든 값을 크게 순서대로 나열한 수 10% 또는 임의 퍼센트로 나눈 값
분포	첨도	한 변수의 분포에서 분포의 빈도에 따라 나타나는 높이의 정도
	왜도	한 변수의 분포에 따라 분포의 퍼짐을 나타내는 정도

빈도분석을 통해 얻고자 하는 통계량 값을 클릭한 후 **'계속'** 아이콘을 클릭하면, [그림 3-17] 창이 나타난다. 일반적으로 대부분의 분석자는 **'확인'** 아이콘을 클릭한다. 그러나 본 장에서는 **'붙여넣기'**를 권하고 있다. 그 이유는 앞서 **'명령문'** 파일을 설명했듯이, **'붙여넣기'**를 클릭하면 연구자가 빈도분석을 위해 했던 모든 과정이 기록된 명령문 파일이 [그림 3-18]처럼 나타나기 때문이다.

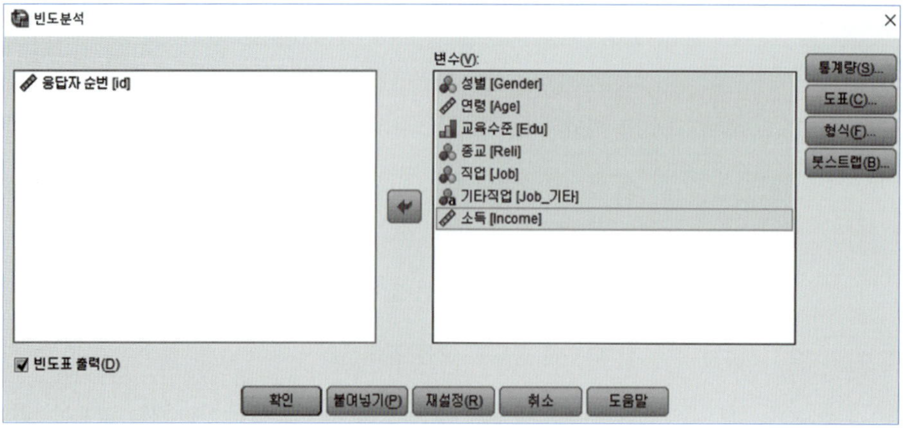

[그림 3-17] 빈도분석 과정 4

'붙여넣기' 아이콘을 클릭하면, 명령문 파일이 [그림 3-18]처럼 나타난다. 명령문 파일은 두 개의 창으로 구성이 된다. 이때 왼쪽은 분석자가 실행한 '분석 방법' 이름이 보이고, 오른쪽 창은 **'빈도분석'** 과정에서 분석자가 활용한 데이터명, 분석 방법 이름, 분석 변수명, 통계량 값들이 영어로 쓰여 있음을 확인할 수 있다. 명령문에서 나타난 명령문을 실행시키는 방법은 두 가지가 있는데, 하나는 메뉴 바에 제시된 **삼각형**(선택실행) 아이콘을 실행시키는 것이고, 다른 하나는 [그림 3-18]처럼 세부 명령문을 블록을 한 후 'Ctrl + R'을 동시에 클릭하면 명령이 실행되어 [그림 3-19]와 같은 '결과창'이 새롭게 나타난다.

[그림 3-18] 빈도분석 과정 5

명령문을 실행하면, [그림 3-19]처럼 분석결과 창 및 파일이 새롭게 나타난다. 결과창 역시 두 파트로 구성이 되는데, 하나는 왼쪽의 분석방법에 따른 통계량표와 주요 빈도분석표가 나타난다. 다른 하나는 결과창의 오른쪽 부분의 세부 분석 결과표이다. 즉 결과창의 오른쪽 부분은 구체적인 통계량표와 빈도표가 투입된 순서대로 제시된다.

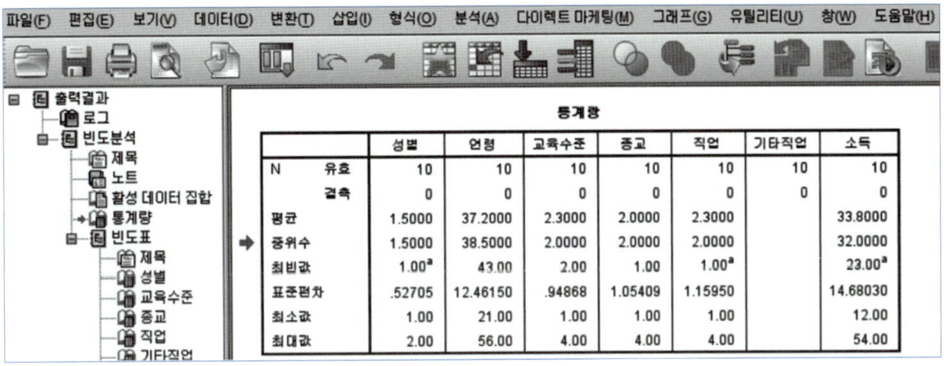

		성별	연령	교육수준	종교	직업	기타직업	소득
N	유효	10	10	10	10	10	10	10
	결측	0	0	0	0	0	0	0
평균		1.5000	37.2000	2.3000	2.0000	2.3000		33.8000
중위수		1.5000	38.5000	2.0000	2.0000	2.0000		32.0000
최빈값		1.00[a]	43.00	2.00	1.00	1.00[a]		23.00[a]
표준편차		.52705	12.46150	.94868	1.05409	1.15950		14.68030
최소값		1.00	21.00	1.00	1.00	1.00		12.00
최대값		2.00	56.00	4.00	4.00	4.00		54.00

[그림 3-19] 빈도분석 과정 6

그리고 [그림 3-19]처럼 빈도분석을 실시하면, 가정 먼저 제시되는 표는 통계량 표이다. 위에 제시된 [그림 3-19]에서 통계량 표를 살펴보면, 분석에 투입된 모든 변수에 대한 통계량 값이 제시되고 있다는 것을 확인할 수 있다. 그렇다면 이 모든 값을 해석해야 하는가? 앞서 언급했듯이, 답은 그렇지 않다. 즉 분석에 투입된 변수 중 비율변수가 아닌 명목변수 및 척도가 아닌 서열변수에 대해서는 수치적인 의미가 없다. 따라서 명목변수인 성별, 종교, 지업, 기타 직업 변수와 서열변수인 교육수준 변수가 보이고 있는 통계량 값은 아무런 의미가 없다. 그 이유는 명목변수와 척도가 아닌 서열변수는 사칙연산이 불가능하기 때문에 평균과 표준편차처럼 사칙연산을 해야만 얻을 수 있는 정보는 해석할 수 없다.

[그림 3-20]은 빈도분석을 실시하게 되면, 기본적으로 나타나는 빈도분석표이다.

성별과 교육수준의 빈도표에는 빈도, 퍼센트, 유효 퍼센트, 누적퍼센트 값이 포함되어 있다.

성별이 명목변수, 교육수준이 서열변수임을 고려한다면, 앞서 살펴본 통계량 표에 제시된 값보다는 [그림 3-20]의 빈도표에 제시된 빈도와 퍼센트가 보다 설명해 주고 있음을 알 수 있다.

성 별

		빈도	퍼센트	유효 퍼센트	누적퍼센트
유효	남성	5	50.0	50.0	50.0
	여성	5	50.0	50.0	100.0
	합계	10	100.0	100.0	

교육수준

		빈도	퍼센트	유효 퍼센트	누적퍼센트
유효	무학	2	20.0	20.0	20.0
	초졸	4	40.0	40.0	60.0
	중졸	3	30.0	30.0	90.0
	고졸이상	1	10.0	10.0	100.0
	합계	10	100.0	100.0	

[그림 3-20] 빈도분석 과정 7

그리고 만약 분석 데이터에 결측값, 즉 무응답이 존재한다면 빈도분석표는 어떻게 달라질 것인가? 결측값이 존재할 때 빈도표가 어떻게 변화하는지 살펴보고, 결측값을 지정했을 때의 차이를 간단하게 살펴보도록 하자.

[그림 3-21]처럼 성별 빈도표에 **'시스템 결측값'**이 나타나는 경우가 있다. 이럴 때 해석 자체는 **'빈도 값'**과 **'유효 퍼센트'** 값만을 해석하면 된다.

성 별

		빈도	퍼센트	유효 퍼센트	누적퍼센트
유효	남성	5	50.0	55.6	55.6
	여성	4	40.0	44.4	100.0
	합계	9	90.0	100.0	
결측	시스템 결측값	1	10.0		
합계		10	100.0		

[그림 3-21] 빈도분석 과정 8

그리고 [그림 3-21]처럼 결측이 '시스템 결측'으로 나타난 것은 '분석 데이터에 성별 문항에 응답하지 않은 사례가 있다는 것을 의미함과 동시에 결측값 처리를 하지 않았다는 것을 의미'한다.

성 별

		빈도	퍼센트	유효 퍼센트	누적퍼센트
유효	남성	5	50.0	55.6	55.6
	여성	4	40.0	44.4	100.0
	합계	9	90.0	100.0	
결측	9.00	1	10.0		
		10	100.0		

[그림 3-22] 빈도분석 과정 9

따라서 이런 경우 분석 데이터에서 ① 성별에 무응답한 사례의 번호를 찾고, ② 해당 설문지를 확인하여 실제 무응답인지 아니면 데이터 입력자의 오류인지를 점검해야 한다. 만약 무응답이 있었다면, 결측값 '9'와 같은 방식으로 입력하여, 빈도분석을 다시 하면 [그림 3-22]처럼 변경될 것이다. 그림에서 보면 알 수 있듯이, '시스템 결측값'이 '9' 값으로 변경되었음을 확인할 수 있다. 이러한 변경은 설문지 확인 결과 성별에 대해 한 명의 응답자가 무응답했음을 최종 확인했다는 것을 의미한다.

2) 변수의 속성에 따른 간단한 그래프 만들기

그래프를 작성하는 데 있어서 변수의 종류(명목변수, 서열변수, 비율변수)에 따라 사용할 수 있는 그래프가 다르다. 따라서 분석을 할 때, 분석하고자 하는 변수의 속성에 맞게 그래프를 활용해야 한다. 빈도분석을 할 때, 그래프를 만들려면 [그림 3-23]처럼 빈도분석 창에서 '도표' 아이콘을 클릭한다.

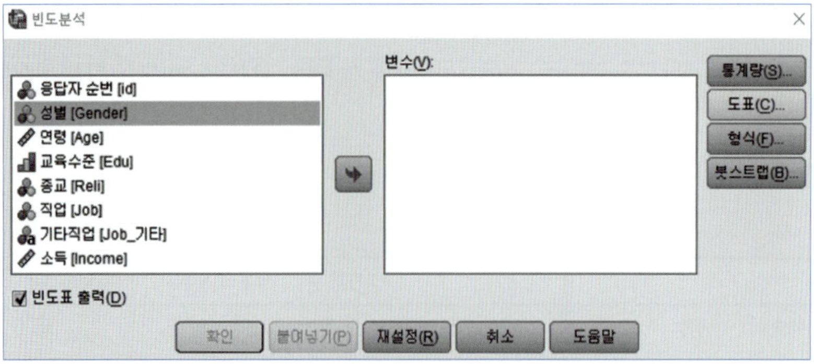

[그림 3-23] 빈도분석에서 도표 그리기 1

'도표' 아이콘을 클릭하면 [그림 3-24]처럼 그래프를 그릴 수 있는 도표 창이 새롭게 나타난다. [그림 3-24]를 보면 알 수 있듯이, 현재는 '없음'에 표시되어 있음을 볼 수 있다.

빈도분석은 세 종류의 그래프를 보여주고 있다. 변수의 속성에 따른 사용할 수 있는 그래프를 정리하면 다음과 같다.

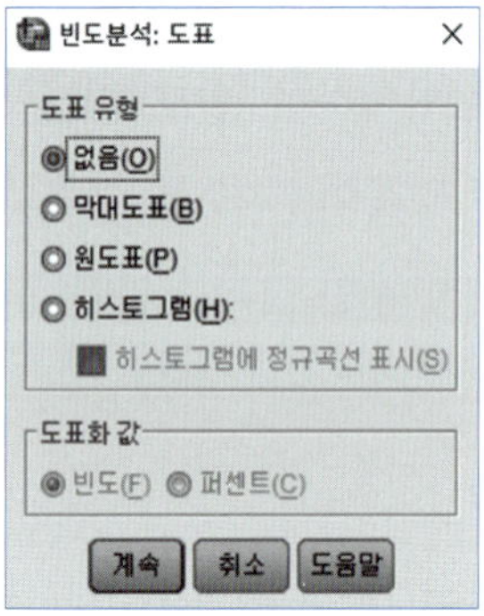

[그림 3-24] 빈도분석에서 도표 그리기 2

- **막대도표:** 명목변수, 서열변수
- **원도표:** 명목변수, 서열변수
- **히스토그램:** 비율변수

(1) 명목변수와 서열변수에 맞는 그래프

앞서 언급했듯이, 명목변수와 서열변수에 적합한 그래프는 '막대도표'와 '원도표'이다. 단, 막대도표와 원도표를 활용하여 명목변수와 서열변수에 대한 그래프를 만들 때 유의해야 할 것은 변수값이 너무 많아서는 안 된다는 것이다. 만약 변수값의 범위가 5~7개가 아니라 마치 비율변수처럼 10~20개 수준이 된다고 한다면 막대도표와 원도표를 사용해도 변수값에 대해 잘 전달되지 않는다는 것을 유의해야 한다.

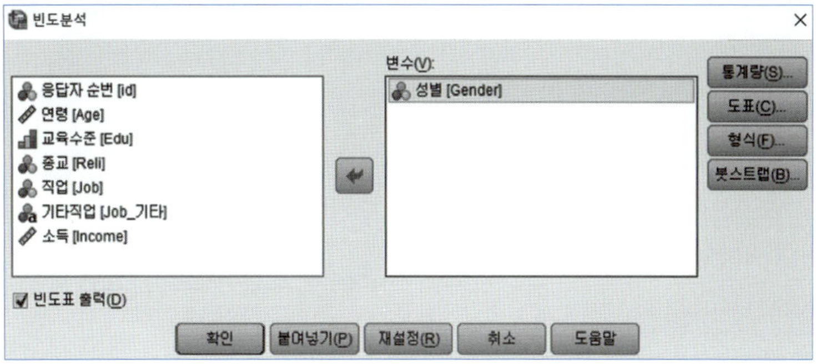

[그림 3-25] 빈도분석에서 도표 그리기 3

'막대도표'와 '원도표'를 그리려면, 제시된 [그림 3-26]과 [그림 3-28]처럼 해당하는 메뉴를 클릭한다. 그리고 이러한 과정을 마친 후 '계속'을 클릭하고, '확인'을 클릭하면 결과 창에 [그림 3-27], [그림 3-29]처럼 분석결과가 제시된 것을 확인할 수 있다.

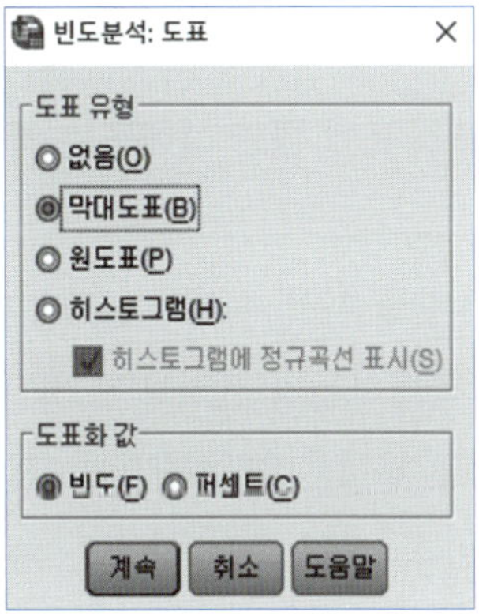

[그림 3-26] 빈도분석에서 도표 그리기 4

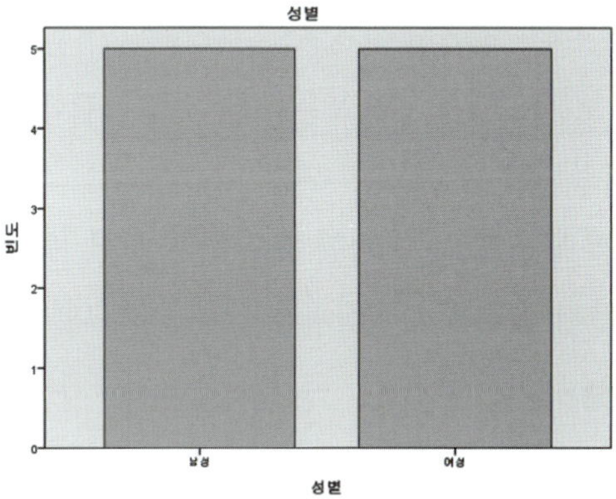

[그림 3-27] 빈도분석에서 도표 그리기 5

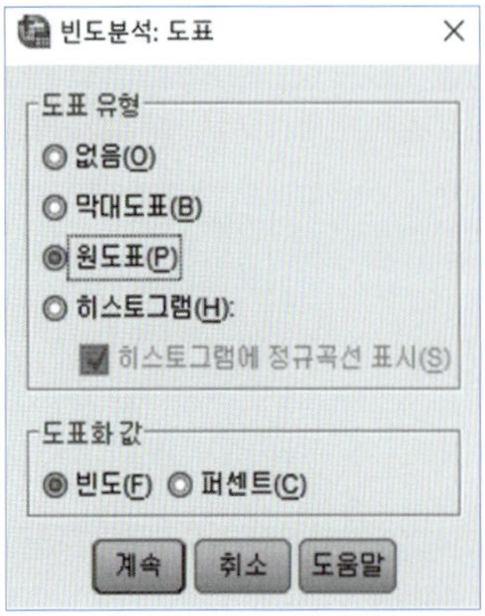

[그림 3-28] 빈도분석에서 도표 그리기 6

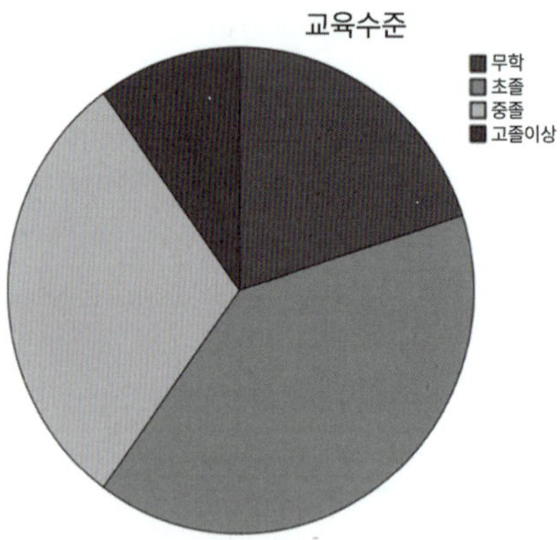

[그림 3-29] 빈도분석에서 도표 그리기 7

(2) 비율변수에 적합한 그래프

위의 그래프에서 볼 수 있듯이, 명목변수와 서열변수는 막대도표 및 원도표를 사용하는 것이 보다 명확하게 분석 내용을 전달하는 데 용이하다는 것을 알 수 있다. 다만 SPSS 프로그램에서 그래프의 시각화는 엑셀의 시각화보다 전달력이 충분하지 않다. 따라서 보통의 경우 빈도표는 SPSS 프로그램에서 만들고, 빈도표에 대한 그래프는 엑셀에서 작업하여 제시한다.

이제 남은 것은 분석한 파일을 한글 및 워드 프로그램에 옮겨서 해석하는 과정이다. 지금부터 어떻게 분석결과를 한글 프로그램으로 옮겨서 작업하는지 살펴보자. SPSS 프로그램 실행결과를 한글 프로그램으로 옮겨서 작업하기 위한 방법은 다음의 내용처럼 두 가지가 있다.

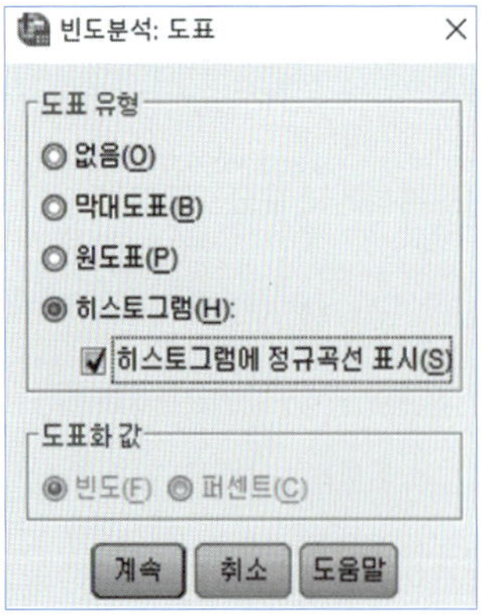

[그림 3-30] 빈도분석에서 도표 그리기 8

분석하고자 하는 변수가 비율변수라고 한다면, [그림 3-30]처럼 **'히스토그램'** 메뉴와 **'히스토그램에 정규곡선 표시'** 메뉴를 클릭한 후, **'계속'** 아이콘을 클릭한다.

히스토그램 그래프를 실행시키면, [그림 3-31]처럼 그래프가 분석된다. 히스토그램 그래프는 앞서 살펴본 막대도표와 원도표가 갖는 차이점을 쉽게 찾을 수 있다.

첫째, 히스토그램 상단에 평균과 표준편차 값이 제시된다. 이는 분석에 투입된 연령변수를 비율변수로 인식하여 사칙연산을 했다는 것을 의미한다.

둘째, 그래프에 제시된 막대들이 모두 붙어 있다는 것이다. 이는 앞서 살펴본 막대도표와 비교해 보면 그 차이를 확연히 구분할 수 있다. 막대도표는 제시된 막대들이 변수값에 따라 구분되어 떨어져 제시되었다. 이는 투입된 변수가 명목변수 또는 서열변수로 인식했기 때문이다.

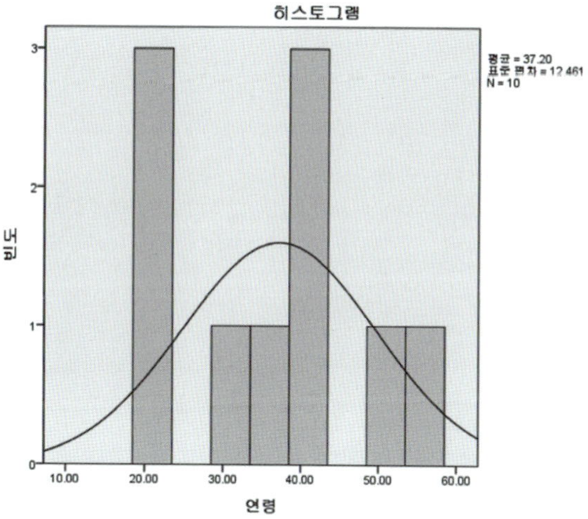

[그림 3-31] 빈도분석에서 도표 그리기 9

3. 기술통계 분석

[그림 3-32]처럼 **'분석'** 메뉴에서 기술통계량을 클릭하면 나오는 **'기술통계'** 메뉴를 클릭하면 [그림 3-33]처럼 기술통계 분석을 위한 창이 나타난다.

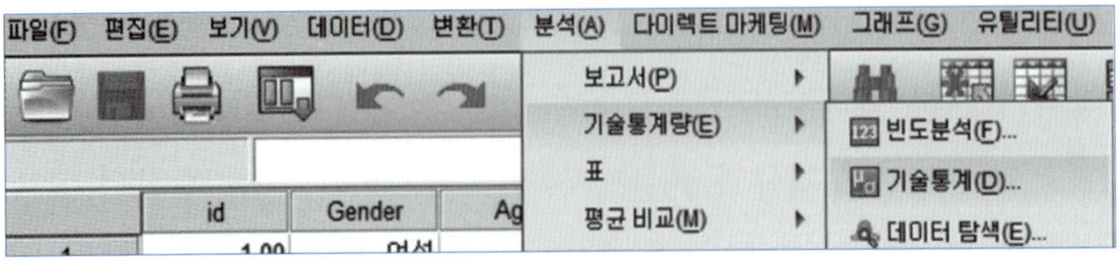

[그림 3-32] 기술분석 1

기술통계 분석 메뉴를 클릭하면 [그림 3-33]처럼 새로운 창이 나타난다. 이때 왼쪽에 있는 변수 리스트 중 '연령', '소득' 변수를 클릭하여 옮긴다.

이때 연령과 소득변수만을 클릭한 이유는 기술통계 분석이 분석에 투입된 모든 변수를 비율변수로 인식하기 때문이다. 따라서 명목변수 및 척도가 아닌 서열변수는 기술통계 분석에 투입해서는 안 된다.

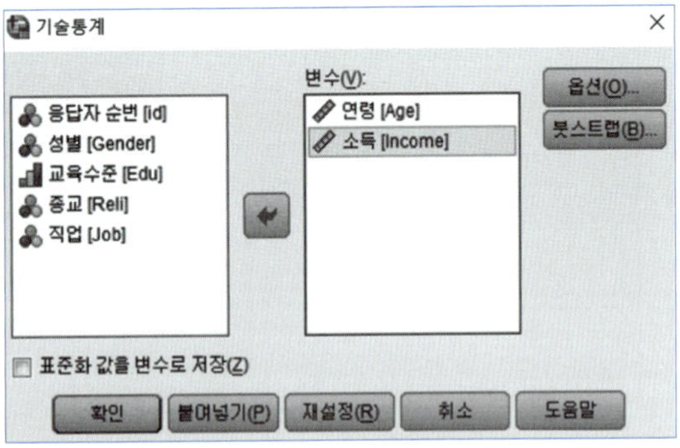

[그림 3-33] 기술분석 2

분석하고자 하는 변수를 클릭하여 옮긴 후, '붙여넣기' 메뉴를 클릭하여 [그림 3-34]처럼 명령문을 생성한다. 앞서 언급했듯이, 명령문 파일 생성이 자료분석 초기에는 사용하기에 익숙하지 않겠지만, 자신이 작업한 모든 것을 기록할 수 있어 분석이 잘못되거나, 반복적인 분석작업을 할 때 매우 유용하다. 따라서 초기부터 사용하는 것을 권한다. 생성된 명령문을 [그림 3-34]처럼 블록을 해서 'Ctrl + R' 또는 삼각형 모형의 '선택실행' 아이콘을 클릭하면 분석이 실행된다.

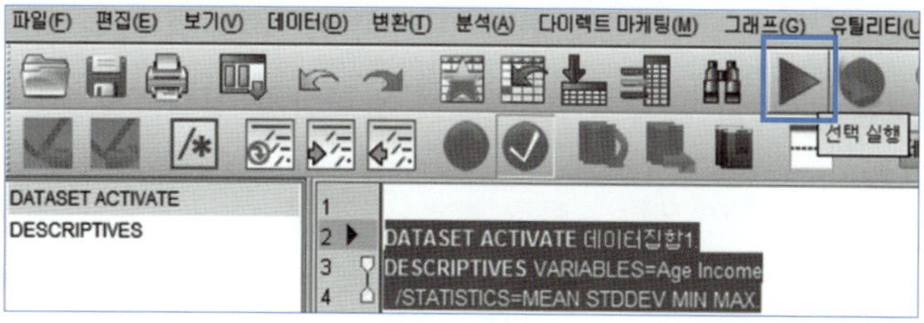

[그림 3-34] 기술분석 3

기술통계 분석 명령문을 실행시키면 [그림 3-35]처럼 기술통계량 표가 제시된다. 제시된 통계량 표를 살펴보면, 연령과 소득변수에 대한 평균, 표준편차, 최소값, 최대값이 기본적으로 제시되고 있음을 알 수 있다. 만약 이외의 통계량 값을 추가로 얻고자 한다면, 앞에 제시된 [그림 3-33]의 '옵션' 아이콘을 클릭하면 좀 더 다양한 통계량 값을 얻을 수 있다.

앞에서 기술되었듯이, 기술통계 분석 프로그램은 분석에 투입된 모든 변수를 비율변수로 인식하여 분석자가 통계량을 클릭하지 않더라도 기본적으로 평균과 표준편차를 제시해 준다. 따라서 분석자가 기본적으로 변수의 속성 네 가지를 충분히 이해하지 못한다면, 기술통계 분석에 적절한 변수를 사용하지 못하는 실수를 범하기도 한다. 이 점에 대해 유의해야 한다.

기술통계량

	N	최소값	최대값	평균	표준편차
연령	10	21.00	56.00	37.2000	12.46150
소득	10	12.00	54.00	33.8000	14.68030
유효수(목록별)	10				

[그림 3-35] 기술분석 4

4. 데이터 탐색 분석

데이터 탐색 분석은 앞서 살펴본 빈도분석 및 기술통계 분석과는 제공하는 정보량의 차이가 크다. 빈도분석과 기술통계 분석은 각 개별 변수의 빈도와 백분율 그리고 평균과 표준편차 값을 제시하는 수준이지만, 데이터 탐색 분석은 기초분석임에도 두 개의 변수를 활용하여 좀 더 다양한 정보를 제공해 준다.

데이터 탐색 분석을 위해서는 [그림 3-36]처럼 '분석' 메뉴의 하위 메뉴인 '기술통계량'을 클릭하면 나오는 '데이터 탐색 분석' 메뉴를 클릭하면 된다.

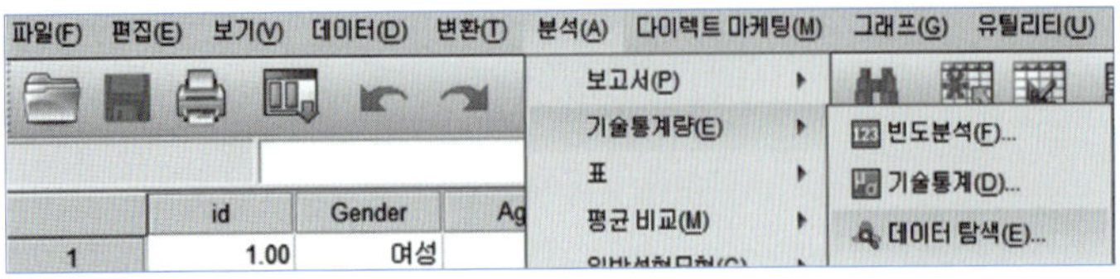

[그림 3-36] 데이터 탐색분석 1

데이터 탐색 분석 메뉴를 클릭하면 [그림 3-37]처럼 새로운 창이 나타난다. 이때 종속변수와 요인이 나타나는데,

- **종속변수: 비율변수=소득**
- **요인: 명목 및 서열변수=성별**

을 클릭해서 옮겨 놓는다.

종속변수에는 반드시 비율변수, 요인에는 명목변수 및 서열변수를 투입해야 한다.

변수를 모두 투입한 후 '붙여넣기' 아이콘을 클릭하면 [그림 3-38]처럼 데이터 탐색 분석 명령이 생성된다.

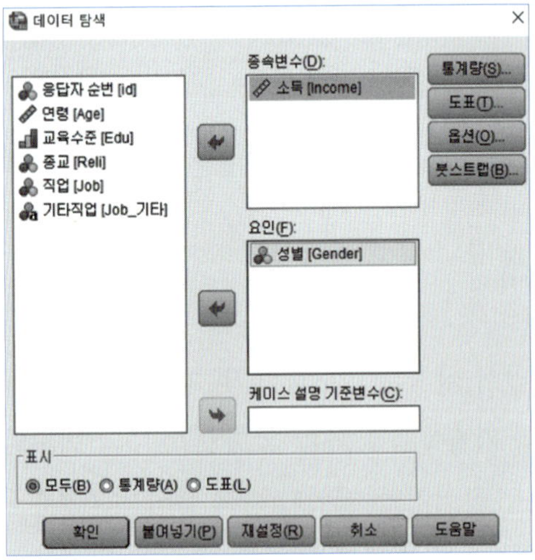

[그림 3-37] 데이터 탐색 분석 2

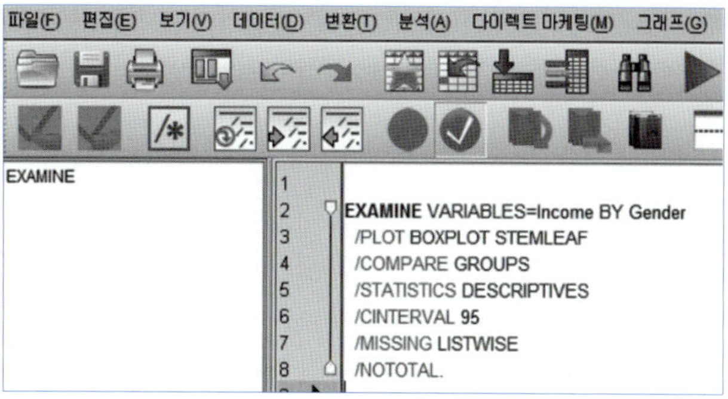

[그림 3-38] 데이터 탐색 분석 3

명령을 실행하면 [그림 3-39]처럼 분석결과가 결과 창에 나타난다. 제시된 데이터 탐색 분석결과를 살펴보면, 지금까지 분석한 빈도분석 및 기술통계 분석결과와 매우 다르다는 것을 알 수 있다.

즉, '요인' 변수에 투입한 성별 변수의 변수값인 '남성' 집단과 '여성' 집단을 구분한 후 종속변수에 투입한 '소득' 변수에 대해 다양한 통계량 값을 제시해 주고 있다. 남성 집단의 소득에 대한 통계량과 여성 집단의 소득에 대한 통계량을 구분하여 분석한다.

따라서 데이터 탐색 분석 방법은 다양한 집단에 대한 종속변수에 어떤 분포의 차이가 있는지를 간편하게 보여주는 방법이라고 하겠다.

다만, 주의할 것은 [그림 3-39]처럼 남성 집단과 여성 집단을 구분하여 제시된 통계량 값이 통계적인 차이 및 의미를 갖지 않는다는 점이다. 즉, 데이터 탐색 분석은 투입되는 집

기술통계

성별				통계량	표준오차
소득	남성	평균		30.4000	7.80128
		평균의 95% 신뢰구간	하한	8.7402	
			상한	52.0598	
		5% 절삭평균		30.1111	
		중위수		23.0000	
		분산		304.300	
		표준편차		17.44420	
		최소값		12.00	
		최대값		54.00	
		범위		42.00	
		사분위수 범위		32.50	
		왜도		.580	.913
		첨도		-1.727	2.000
	여성	평균		37.2000	5.50818
		평균의 95% 신뢰구간	하한	21.9069	
			상한	52.4931	
		5% 절삭평균		37.0556	
		중위수		34.0000	
		분산		151.700	
		표준편차		12.31666	
		최소값		23.00	
		최대값		54.00	
		범위		31.00	
		사분위수 범위		23.00	
		왜도		.434	.913
		첨도		-1.112	2.000

[그림 3-39] 데이터 탐색 분석 4

단 간 차이를 보여주기는 하나 그 차이가 가설적 검정과정을 거치지 않아서 두 집단 간에 차이 여부를 정확하게 판단할 수 없다는 것을 의미한다.

5. 집단별 평균분석

빈도분석, 기술통계는 하나의 변수에 대한 평균, 표준편차 등의 통계량을 알 수 있는 기초 통계분석 방법이다. 이와 달리 집단별 평균분석은 두 개의 변수, 즉 종속변수(영향을 받는 변수)와 독립변수(영향을 미치는 변수)를 사용하여 여러 집단 간의 평균의 차이를 보여 주되, 빈도분석과 기술통계에서는 불가능한 여러 집단 간의 평균을 비교해 주면서, 나중에 배울 독립표본 T 검정과 분산분석에서 제시해 주지 않는 다양한 통계량 값을 집단별로 비교해 준다는 특징이 있다. 이상의 내용들을 간략하게 정리한 표가 다음의 〈표 3-6〉이다. 표에 제시되었듯이, 빈도분석과 기술통계 분석은 어떤 현상에 대한 인과관계를 살펴볼 수 있는 가설검정과 독립변수에 해당하는 주요 집단과 종속변수 간의 차이를 볼 수 없지만 각각 변수의 평균, 표준편차, 최소값, 최대값 등을 제시해 준다. 독립표본 T 검정 및 분산분석과 같은 분석 방법은 집단 간 평균의 차이를 볼 수 있는 가설 검정이 가능하지만, 평균과 표준편차를 제외한 다른 통계량(최소값, 최대값, 왜도, 첨도 등)의 통계량 값을 한 번에 집단 간 비교해 주지는 못한다. 반면에 집단별 평균분석은 앞서 살펴본 빈도분석과 기술통계 분석 그리고 독립표본 T 검정과 대응표본 T 검정, 그리고 분산분석에서 제공해 주지 못하는 모든 정보를 한번에 얻을 수 있다는 특징을 갖고 있다.

표 3-6 기초통계 분석별 특성 차이 분석

특징	빈도분석/ 기술통계 분석	집단별 평균분석	독립표본 T 검정 / 대응표본 T 검정 / 분산분석
가설검정 가능 여부	×	○	○
집단 간 비교	×	○	○
평균, 표준편차 이외의 통계량 제시	○	○	×

그럼 이제부터 집단별 평균분석 방법에 대해 알아보도록 하자. 집단별 평균분석을 위해서는 [그림 3-40]처럼 '**분석**' 메뉴의 하위 메뉴인 '**평균비교**'를 클릭하면 나오는 '**집단별 평균분석**' 메뉴를 클릭하면 된다.

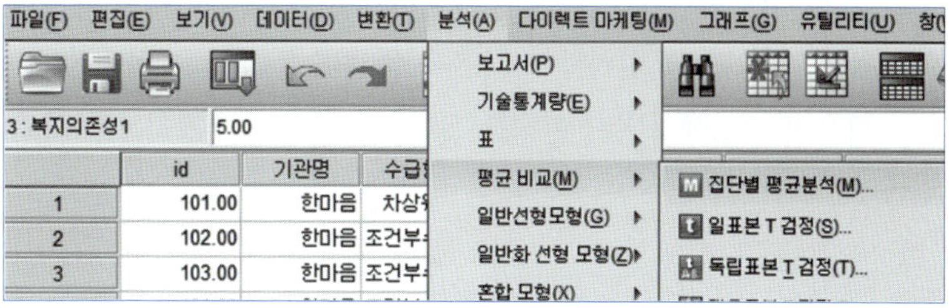

[그림 3-40] 집단별 평균분석 1

집단별 평균분석 메뉴를 클릭하면 [그림 3-41]처럼 새로운 창이 나타난다. 이때 종속변수와 요인이 나타나는데,

- **종속변수: 비율변수 = 연령, 수급기간**
- **독립변수: 명목 및 서열변수 = 수급형태**

을 클릭해서 옮겨 놓는다. 종속변수에는 반드시 비율변수, 요인에는 명목변수 및 서열변수를 투입해야 한다.

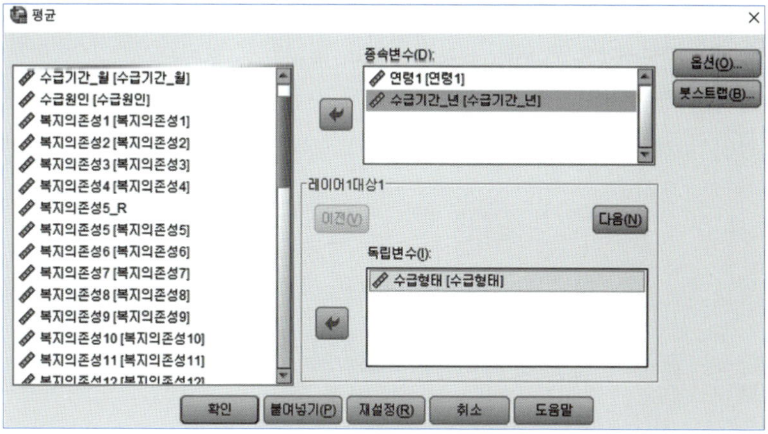

[그림 3-41] 집단별 평균분석 2

분석하고자 하는 변수를 옮겨 놓은 후, 오른쪽 상단에 있는 **'옵션'** 메뉴를 클릭하면 다음의 그림처럼 다양한 통계량 값을 선택할 수 있는 창이 새롭게 나타난다. 제시된 그림에도 제시되었듯이, 기본적으로 오른쪽 공간에 평균, 케이스 수, 표준편차 값이 기본 통계량 값으로 선정되어 있다. 이때 분석자가 추가적으로 다른 통계량 값을 집단별로 비교를 원한다면 왼쪽의 제시된 통계량 값 중 선택하여 오른쪽 **'셀 통계량'** 칸으로 옮겨 놓으면 된다. 이번 분석에서는 다음의 그림에서 **'분산분석표 및 에타'** 메뉴를 추가적으로 클릭하였다.

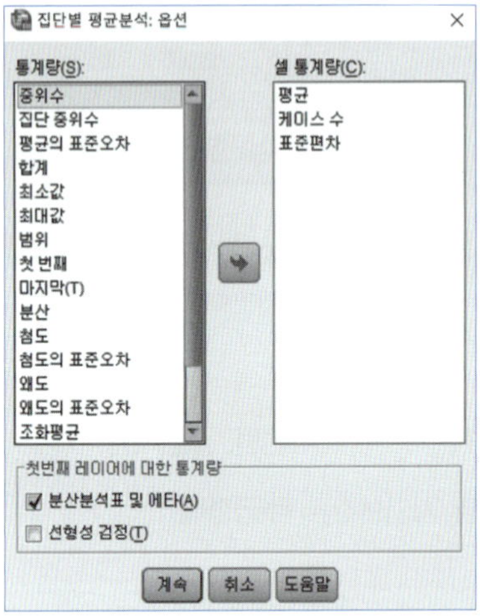

[그림 3-42] 집단별 평균분석 3

변수를 모두 투입했으면, **'붙여넣기'** 아이콘을 클릭하면 [그림 3-43]처럼 데이터 탐색 분석 명령이 생성된다. 이렇게 만들어진 명령문을 실행하는 방법은 두 가지가 있다. 다음의 그림처럼 제시된 명령문을 모두 선택한 후, 메뉴 오른쪽의 **'삼각형**(선행 실행)'을 실행하는 방법과 명령이 선택된 상황에서 'Ctrl + R'을 누르면 명령문이 실행되는 방법이 있다.

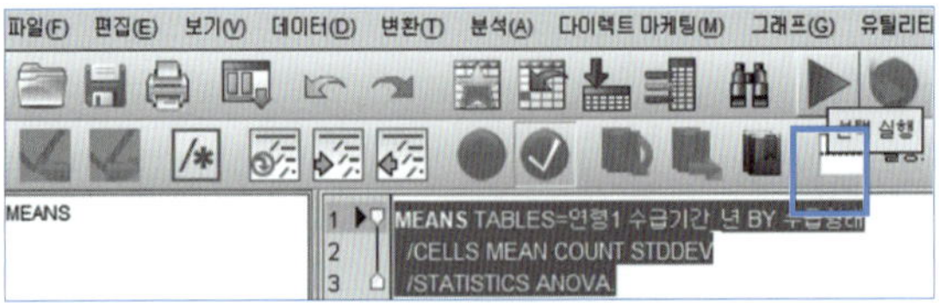

[그림 3-43] 집단별 평균분석 4

위의 명령문을 실행하면, 다음의 그림처럼 몇 개의 결과 창이 제시된다. 먼저 첫 번째로 나타난 표는 케이스 처리 요약표로서 쉽게 말하면, 분석에 포함된 케이스 수와 결측값이 발생한 사례 수로 인해 분석에서 제외된 사례 수를 의미한다.

케이스 처리 요약

	케이스					
	포함		제외		합계	
	N	퍼센트	N	퍼센트	N	퍼센트
수급형태 * 수급기간_년	205	94.0%	13	6.0%	218	100.0
수급형태 * 연령1	205	94.0%	13	6.0%	218	100.0%

[그림 3-44] 집단별 평균분석 5

다음의 결과표는 수급 형태, 즉 분석대상의 수급 형태에 따라 연령, 수급기간에 대해 평균과 표준편차를 제시해 준 값이다. 이 결과 표를 통해 우리는 독립변수인 수급 형태에 따라서 종속변수인 연령, 수급기간 변수의 평균과 표준편차의 차이에 대해 알 수 있다. 다만, 이 표를 해석할 때 주의가 필요하다. 그것은 비교의 수준이 단순비교라는 것이다. 즉, 제시된 수급기간별 평균 연령과 평균 수급기간을 단순히 집단별로 구분해서 평균과 표준편차를 제시한 것뿐이지 어떤 통계적 가설과정을 거친 차이를 의미하는 것은 아니라는 점이다.

보고서

수급형태		연령1	수급기간_년
일반수급자	평균	41.1050	4.2673
	N	13	13
	표준편차	3.49576	1.19346
조건부수급자	평균	44.4120	4.5466
	N	116	116
	표준편차	7.03602	1.77724
자활특례자	평균	59.8000	4.4125
	N	5	5
	표준편차	15.62690	.00000
차상위계층	평균	48.9353	4.1481
	N	71	71
	표준편차	7.62266	.97938
합계	평균	46.1442	4.3876
	N	205	205
	표준편차	7.99743	1.49291

[그림 3-45] 집단별 평균분석 6

만약 분석자가 집단 간 평균비교 분석에서 기술통계 분석을 넘어서 집단 간 평균 차이에 대한 가설검정을 통한 집단 간 차이가 실제 존재하는가를 살펴보기를 원한다면 앞서 클릭한 옵션 메뉴의 하단에 존재한 **'분산분석표 및 에타'** 메뉴를 선택해야 한다. 이 값의 기능은 앞서 살펴본 집단을 구분하여 연령과 수급기간의 평균과 표준편차를 제시해준 것에 더하여 집단 간 연령과 수급 기간 간에 통계적 차이가 존재하는지를 검정해 주는 분산분석 결과를 의미한다. 따라서 '분산분석표 및 에타' 메뉴를 클릭하면 다음의 [그림 3-46]이 제시된다.

사실, [그림 3-46]은 아직 우리가 배우지 않은 부분이다. 이 부분에 대한 구체적인 설명과 이해는 추후 6장에서 다루어진 내용들에 대해 충분히 이해한 후 다시 살펴보면 이해가 될 것이다. 따라서 이 장에서 가설검정은 더 설명하지 않기로 하겠다.

분산분석표

			제곱합	자유도	평균제곱	F	유의확률
연령1*수급형태	집단-간	(조합)	2163.682	3	721.227	13.319	.000
	집단-내		10883.934	201	54.149		
	합계		13047.616	204			
수급기간_년*수급형태	집단-간	(조합)	7.196	3	2.399	1.077	.360
	집단-내		447.473	201	3.226		
	합계		454.669	204			

[그림 3-46] 집단별 평균분석 7

앞서 제시된 [그림 3-45]와 [그림 3-46]의 내용을 하나의 표로 간략하게 정리하면 다음과 같다.

표 3-7 집단별 평균분석

수급형태	연령1		F	유의확률	수급기간_년		F	유의확률
일반 수급자	평균	41.1050	13.319	.000	평균	4.2673	1.077	.360
	N	13			N	13		
	표준편차	3.49576			표준편차	1.19346		
조건부 수급자	평균	44.4120			평균	4.5466		
	N	116			N	116		
	표준편차	7.03602			표준편차	1.77724		

수급형태	연령1		F	유의확률	수급기간_년		F	유의확률
자활 특례자	평균	59.8000			평균	4.4125		
	N	5			N	5		
	표준편차	15.62690			표준편차	.00000		
차상위 계층	평균	48.9353			평균	4.1481		
	N	71			N	71		
	표준편차	7.62266			표준편차	.97938		
합계	평균	46.1442			평균	4.3876		
	N	205			N	205		
	표준편차	7.99743			표준편차	1.49291		

6. 다중응답 분석

다중응답 분석은 설문 문항의 선택 보기 중에서 2개 이상을 선택하도록 만든 문항을 분석할 때 사용하는 방법이다. 통계분석을 처음 하는 경우, 많은 초보 분석자들이 어려워하는 부분이다. 정확하게 어려워하는 이유는 다중응답 문항의 종류가 여러 가지이기 때문이다.

1) 다중응답 질문 유형에 따른 정보

응답자로 하여금 하나의 질문에 두 개 이상의 답을 선택하도록 하는 문항의 형태가 어떻게 다르고, 얻을 수 있는 정보가 무엇인지 살펴보도록 하자.

먼저 다음에 제시된 표 중 Q1) 문항을 보면, 제시된 4개의 선택 보기 중 자신이 원하는 모든 것을 선택하는 문항이다. 이런 경우 응답자마다 최소 1개의 선택에서 최대 4개의 선택까지 다양한 경우가 발생한다. 문항을 이렇게 구성했다는 것은 최대한 4개까지의 모든 응답에 대해 분석을 하겠다는 의미이다. 따라서 이와 같은 문항을 구성하게 되면, ①번 보기부터 ④번 보기까지 응답자들이 어떤 선호도를 갖고 있는지에 대한 빈도와 백분율을 알 수 있다.

Q2) 질문 형태는 제시된 4개의 선택 보기 중 2개만을 선택하도록 요구하고 있다. 따라서 응답자가 응답할 수 있는 것은 최소 1개에서 최대 2개의 응답이므로 변수는 두 개만 만들고 이에 대한 빈도와 백분율을 파악하면 된다.

Q3) 질문 형태는 제시된 4개의 문항 중에서 가장 선호하는 문항 3개를 선택하되, 1순위, 2순위, 3순위를 정하라고 요구하고 있다. 따라서 응답자는 최소 1개의 선호도에서 최대 3개의 선호도를 우선순위를 적용하여 선택할 수 있다. 따라서 데이터 입력 변수는 3개를 만들어 분석하면 각각의 변수에 대한 빈도와 백분율을 파악할 수 있다.

표 3-8 다중응답 질문 유형에 따른 정보

질문 형태	얻을 수 있는 정보
Q1) 다음의 보기 중에서 귀하께서 <u>선호하는 것을 모두 선택</u>하십시오. ① 인문학 강좌 ② 여행 프로그램 ③ 취미 프로그램 ④ 영화감상	제시된 모든 선택 보기에 대한 빈도와 백분율
Q2) 다음의 보기 중에서 귀하께서 <u>선호하는 2개를 선택</u>하십시오. ① 인문학 강좌 ② 여행 프로그램 ③ 취미 프로그램 ④ 영화감상	제시된 선택 보기 중 가장 선호하는 2개에 대한 빈도와 백분율
Q3) 다음의 보기 중에서 귀하가 <u>선호하는 것을 1순위, 2순위, 3순위</u>로 선택하십시오. ① 인문학 강좌 ② 여행 프로그램 ③ 취미 프로그램 ④ 영화감상	제시된 선택 보기 중 세 가지를 선택하고, 그중에 우선순위에 따른 빈도와 백분율

2) 다중응답 질문 유형에 따른 변수 생성 및 데이터 코딩 방법

다음의 〈표 3-9〉는 다중응답 질문 유형에 따라 변수를 몇 개 생성하고, 생성된 변수에 데이터를 어떤 방식으로 코딩(입력)해야 하는지를 설명한 것이다.

Q1)은 응답자에게 최소 1개의 응답에서 최대 4개의 응답을 요구하고 있다. 따라서

생성할 변수는 응답 범주만큼 4개의 변수를 만들고, 각각 변수값에 대하여 '1=선호', '0=비선호' 값을 동일하게 입력한다. 즉, 각각의 보기에 대한 해당변수를 이항변수 (Dummy, 두 개의 변수값을 가진 변수) 형태로 변수값을 정의하면 된다.

Q2)는 제시된 문항 중 가장 선호하는 것 2개를 선택하도록 하고 있다. 따라서 응답자는 최소 1개에서 최대 2개의 문항을 선택하게 된다. 따라서 생성할 변수는 두 개이고, 각각의 변수값은 표에서 나온 바와 같이 ① 인문학 강좌, ② 여행 프로그램, ③ 취미 프로그램, ④ 영화감상 값으로 정의하면 된다. 이때 주의할 것은 응답자가 두 개의 답을 선택할 때, 선택된 두 개의 답에는 우선순위가 없다는 것이다.

Q3)는 제시된 4개의 문항 중에서 가장 선호하는 3개의 답을 선택하도록 하고 있다. 이때 응답자는 최소 1개에서 최대 3개의 선택을 할 수 있다. 따라서 생성되는 변수는 세 개이고, 각각의 변수값은 표에서 나온 바와 같이 ① 인문학 강좌, ② 여행 프로그램, ③ 취미 프로그램, ④ 영화감상 값으로 정의하면 된다.

표 3-9 다중응답 질문 유형에 따른 변수 생성 및 데이터 코딩 방법

질문 형태	데이터 코딩 방법	
	변수명	변수값 정의
Q1) 다음의 보기 중에서 귀하께서 선호하는 것을 모두 선택하십시오. ① 인문학 강좌 ② 여행 프로그램 ③ 취미 프로그램 ④ 영화감상	선호프로그램1_인문학	1=선호 0=비선호
	선호프로그램2_여행	1=선호 0=비선호
	선호프로그램3_취미	1=선호 0=비선호
	선호프로그램4_영화	1=선호 0=비선호
	변수명	변수값 정의
Q2) 다음의 보기 중에서 귀하께서 선호하는 2개를 선택하십시오. ① 인문학 강좌 ② 여행 프로그램 ③ 취미 프로그램 ④ 영화감상	선호프로그램_1	1=인문학강좌 2=여행 프로그램 3=취미 프로그램 4=영화감상
	선호프로그램_2	

<table>
<tr><th>질문 형태</th><th colspan="2">데이터 코딩 방법</th></tr>
<tr><td rowspan="4">Q3) 다음의 보기 중에서 귀하가 선호하는 것을 1순위, 2순위, 3순위로 선택하십시오.
① 인문학 강좌 ② 여행 프로그램
③ 취미 프로그램 ④ 영화감상</td><th>변수명</th><th>변수값 정의</th></tr>
<tr><td>선호프로그램_1</td><td rowspan="3">1 = 인문학강좌
2 = 여행 프로그램
3 = 취미 프로그램
4 = 영화감상</td></tr>
<tr><td>선호프로그램_2</td></tr>
<tr><td>선호프로그램_3</td></tr>
</table>

3) 다중응답 질문 유형에 따른 분석 방법

다중응답이라고 해서 모든 다중응답 질문 유형이 같은 통계분석 방법을 사용하는 것은 아니다. 다음의 제시된 표를 보면 알 수 있듯이, Q1)과 Q2)의 질문 형태는 다중응답 분석 방법을 활용한다. Q1)은 제시된 선택 보기 중에서 해당하는 것을 모두 선택하라는 의미이고, Q2)는 제시된 선택 보기 중에서 가장 선호하는 2개만을 선택하라는 의미이다. 그리고 Q3)는 제시된 선택 보기 중에서 우선순위를 적용하여 가장 선호하는 1순위부터 3순위까지 정해서 순서대로 선택하라는 의미이다.

이처럼 같은 선택 보기이지만 묻고 있는 질문의 형태에 따라 변수의 생성, 코딩 방법 그리고 통계분석 방법까지 다르다는 점을 유의해야 한다.

표 3-10 다중응답 질문 유형에 따른 변수 생성 및 데이터 코딩방법

질문 형태	통계분석방법
Q1) 다음의 보기 중에서 귀하께서 선호하는 것을 모두 선택하십시오. ① 인문학 강좌 ② 여행 프로그램 ③ 취미 프로그램 ④ 영화감상	다중응답 분석
Q2) 다음의 보기 중에서 귀하께서 선호하는 2개를 선택하십시오. ① 인문학 강좌 ② 여행 프로그램 ③ 취미 프로그램 ④ 영화감상	다중응답 분석
Q3) 다음의 보기 중에서 귀하가 선호하는 것을 1순위, 2순위, 3순위로 선택하십시오. ① 인문학 강좌 ② 여행 프로그램 ③ 취미 프로그램 ④ 영화감상	빈도분석

4) 다중응답 분석의 실제

(1) 유형1: 선택 보기 중 해당되는 것을 모두 선택하도록 하는 다중응답 분석

응답자에게 하나의 질문에 여러 응답을 요구하도록 하는 설문 문항을 만들었을 경우, 질문형의 형태는 다음의 〈표 3-11〉의 Q1)처럼 질문을 구성해야 한다. 그리고 질문을 통해 얻을 수 있는 정보는 제시된 모든 선택 보기에 대한 선호 빈도와 백분율이다.

새롭게 만들어야 하는 변수는 선택 보기 수만큼 만들어져야 한다. 제시된 예처럼 선택 보기가 4개인 경우 최대 응답자가 4개를 모두 응답할 수 있으므로 변수 역시 4개를 만들어야 한다. 변수를 만드는 방식은 표에 제시된 바와 같이 변수명은 각각 변수값대로 구분지어 정의하고, 변수값은 '1' 선호, '0' 비선호 식으로 정의하면 된다. 다만, 변수명을 정의하는 방식은 특별한 규칙은 없으니 분석자가 편의대로 만들면 된다.

이와 같은 질문 형식에 대한 통계분석 방법은 '다중응답 분석' 방법을 사용하면 된다.

표 3-11 유형1: 선택 보기 중 해당되는 것을 모두 선택하도록 하는 다중응답 분석

<table>
<tr><td>질문 형태</td><td>Q1) 다음의 보기 중에서 귀하께서 선호하는 것을 모두 선택하십시오.
① 인문학 강좌 ② 여행 프로그램
③ 취미 프로그램 ④ 영화감상</td></tr>
<tr><td>얻을 수 있는 정보</td><td>제시된 모든 선택 보기에 대한 빈도와 백분율</td></tr>
<tr><td>새롭게 만들어진 변수 수</td><td>질문의 선택 보기 문항 수만큼 변수가 만들어져야 함</td></tr>
<tr><td>변수 코딩 방법</td><td><table>
<tr><th>변수명</th><th>변수값 정의</th></tr>
<tr><td>선호프로그램1_인문학</td><td>1=선호/0=비선호</td></tr>
<tr><td>선호프로그램2_여행</td><td>1=선호/0=비선호</td></tr>
<tr><td>선호프로그램3_취미</td><td>1=선호/0=비선호</td></tr>
<tr><td>선호프로그램4_영화</td><td>1=선호/0=비선호</td></tr>
</table></td></tr>
<tr><td>통계분석 방법</td><td>다중응답 분석</td></tr>
</table>

주어진 선택 보기 중 해당되는 모든 것을 선택하도록 만든 다중응답 분석을 실시하기 위해서는 [그림 3-47]처럼 **'분석'** 메뉴의 하위 메뉴인 **'다중응답'**을 클릭하면 나오는 **'변수군 정의'** 메뉴를 클릭하면 된다.

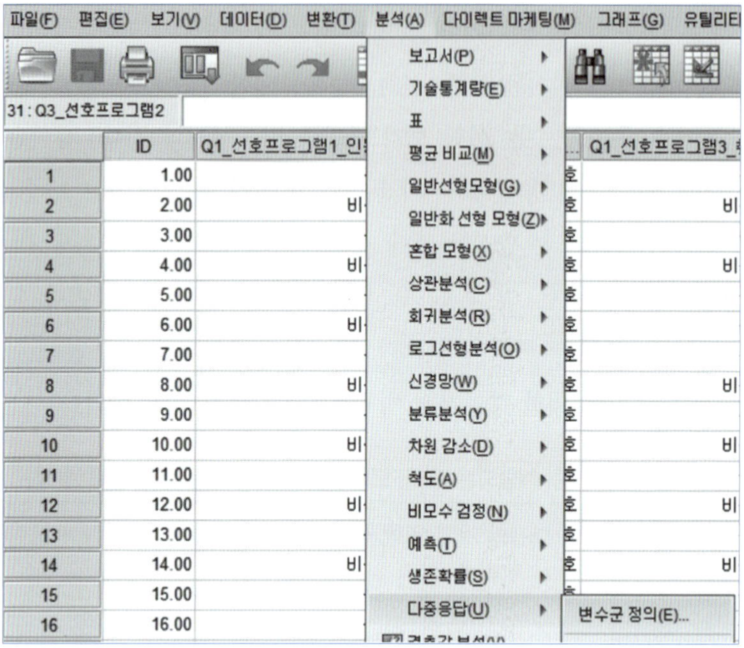

[그림 3-47] 다중응답 1

'변수군 정의'를 클릭하면, [그림 3-48]처럼 분석한 변수를 정의할 수 있는 창이 새롭게 나타난다. 이때 변수군 정의를 하고 싶은 변수를 **'변수군에 포함된 변수'**에 클릭하여 옮겨 놓는다. 다음으로 '변수들의 코딩형식'에서 **'이분형 빈도화값'**에 '1' 값을 입력한다. 이때 값을 '1'은 응답자가 제시된 모든 선택 보기 중에서 해당되는 모든 것을 선택한 값에 대해서만 분석에 포함시키라는 의미이다. 그리고 하단에 있는 '이름'에 **'선호프로그램 종류'**라는 새로운 변수명을 정의한다. 그리고 **'닫기'**를 클릭한다.

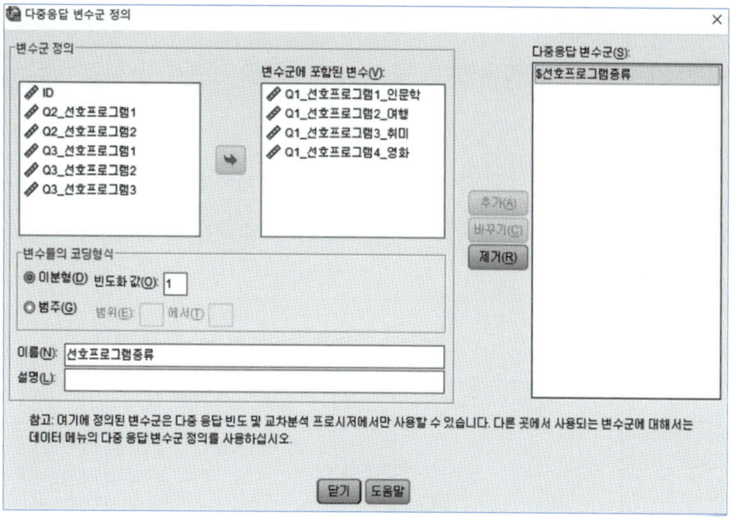

[그림 3-48] 다중응답 2

다중응답할 변수에 대한 정의를 마친 후, 다시 [그림 3-49]처럼 **'분석'** 메뉴의 하위 메뉴인 **'다중응답'**을 클릭하면 위의 [그림 3-47]과 달리 **'빈도분석'** 아이콘이 활성화되었다는 것을 알 수 있다. **'빈도분석'** 메뉴를 클릭한다.

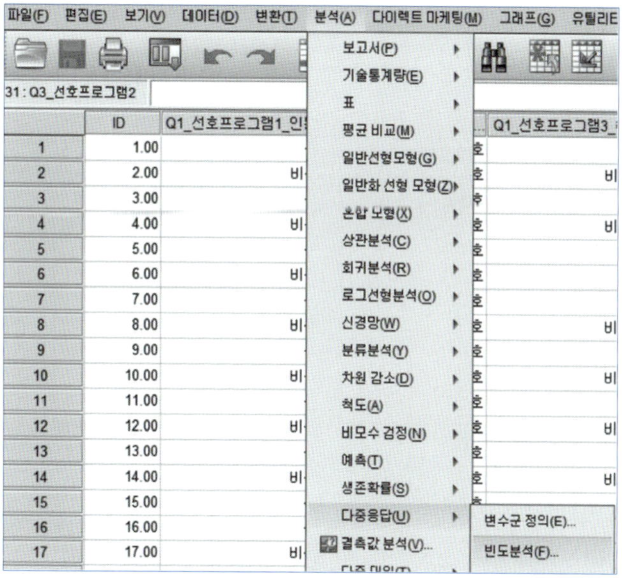

[그림 3-49] 다중응답 3

'빈도분석' 메뉴를 클릭하고, 다중응답 분석을 실시하기 위해서 [그림 3-47]처럼 **'분석'** 메뉴의 하위 메뉴인 **'다중응답'**을 클릭하면 나오는 **'변수군 정의'** 메뉴를 클릭하면 된다.

'빈도분석' 메뉴를 클릭하면 [그림 3-50]처럼 [그림 3-48]에서 정의한 변수명 **'선호프로그램종류'**가 **'다중응답 변수군'**에 있는 것을 확인할 수 있다.

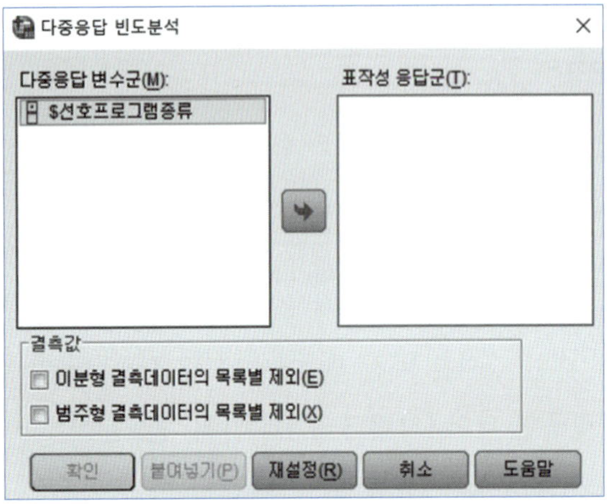

[그림 3-50] 다중응답 4

이 변수를 **'표작성 응답군'**으로 클릭하여 옮겨 놓고 **'붙여넣기'**를 클릭한다.

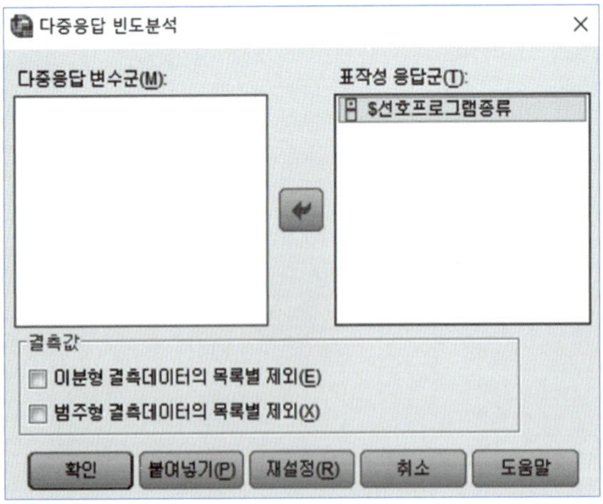

[그림 3-51] 다중응답 5

변수를 옮겨 놓은 후 '붙여넣기' 아이콘을 클릭하면 [그림 3-52]처럼 다중응답 분석 명령이 생성된다. 이렇게 만들어진 명령문을 실행하는 방법은 두 가지가 있다. 다음의 그림처럼 제시된 명령문을 모두 선택한 후, 메뉴의 오른쪽 '삼각형(선택 실행)'을 실행하는 방법과 명령이 선택된 상황에서 'Ctrl + R'을 누르면 명령문이 실행되는 방법이 있다.

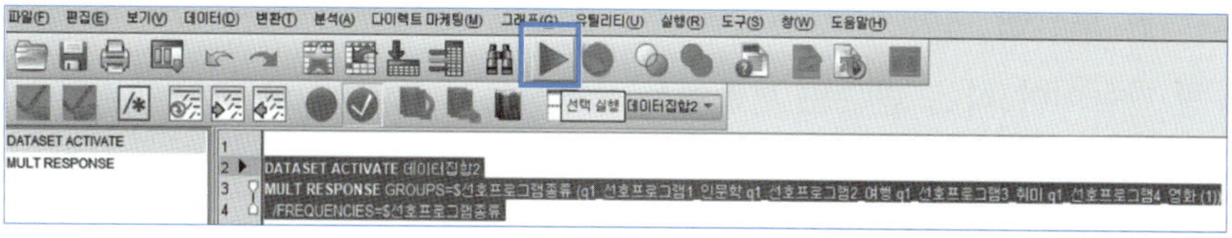

[그림 3-52] 다중응답 5

'붙여넣기'를 실행하면, 다음의 결과처럼 분석결과가 제시된다.

$선호프로그램종류 빈도

		응답		케이스 퍼센트
		N	퍼센트	
$선호프로그램종류[a]	Q1_선호프로그램1_인문학	16	24.2%	61.5%
	Q1_선호프로그램2_여행	14	21.2%	53.8%
	Q1_선호프로그램3_취미	16	24.2%	61.5%
	Q1_선호프로그램4_영화	20	30.3%	76.9%
합계		66	100.0%	253.8%

a. 값 1에서 표로 작성된 이분형 집단입니다.

[그림 3-53] 다중응답 6

제시된 결과를 보다 간략하게 표로 정리하면 다음에 제시된 〈표 3-12〉처럼 요약정리 할 수 있다.

표 3-12 선택 보기 중 해당되는 것을 모두 선택하도록 하는 다중응답 분석 요약정리

	빈도	백분율
Q1_선호프로그램1_인문학	16	24.2%
Q1_선호프로그램2_여행	14	21.2%
Q1_선호프로그램3_취미	16	24.2%
Q1_선호프로그램4_영화	20	30.3%
합계	66	100.0%

(2) 유형2: 선택 보기 중 가장 선호하는 두 가지만 선택하는 다중응답 분석

응답자에게 여러 선택 보기 중에 선호하는 2개 또는 3개의 질문에 여러 응답을 요구하도록 하는 설문 문항을 만들었을 경우, 질문형의 형태는 다음의 〈표 3-13〉의 Q2)처럼 질문을 구성해야 한다. 그리고 질문을 통해 얻을 수 있는 정보는 제시된 보기 중 가장 많이 선택된 보기에 대한 선호 빈도와 백분율이다.

새롭게 만들어야 하는 변수는 질문에서 요구하는 선택의 수(예, 2가지만 선택하시오 등) 만큼 만들어져야 한다. 제시된 예처럼 선택을 요구한 수가 2개인 경우 응답자가 최대 2개를 응답할 수 있으므로 변수 역시 2개를 만들어야 한다. 변수를 만드는 방식은 표에 제시된 바와 같이 변수명은 '선호프로그램_1'과 '선호프로그램_2'로 구분지어 정의하고, 변수값은 제시된 선택 보기 '1'부터 '4'까지 모두 입력하여 정의한다. 다만, 변수명을 정의하는 방식은 특별한 규칙은 없으니 분석자가 편의대로 만들면 된다.

이와 같은 질문 형식에 대한 통계분석 방법은 '다중응답 분석' 방법을 사용하면 된다.

표 3-13 유형2: 선택 보기 중 가장 선호하는 두 가지만 선택하는 다중응답 분석

<table>
<tr><td>질문 형태</td><td colspan="2">Q2) 다음의 보기 중에서 귀하께서 선호하는 2개를 선택하십시오.
① 인문학 강좌 ② 여행 프로그램
③ 취미 프로그램 ④ 영화감상</td></tr>
<tr><td>얻을 수 있는 정보</td><td colspan="2">제시된 선택 보기 중 가장 선호하는 2개에 대한 빈도와 백분율</td></tr>
<tr><td rowspan="3">변수 생성 수 및 코딩방법</td><td>변수명</td><td>변수값 정의</td></tr>
<tr><td>선호프로그램_1</td><td rowspan="2">1 = 인문학강좌
2 = 여행프로그램
3 = 취미프로그램
4 = 영화감상</td></tr>
<tr><td>선호프로그램_2</td></tr>
<tr><td>통계분석방법</td><td colspan="2">다중응답 분석</td></tr>
</table>

주어진 선택 보기 중 해당되는 모든 것을 선택하도록 만든 다중응답 분석을 실시하기 위해서는 [그림 3-54]처럼 '분석' 메뉴의 하위 메뉴인 '다중응답'을 클릭하면 나오는 '변수군 정의' 메뉴를 클릭하면 된다.

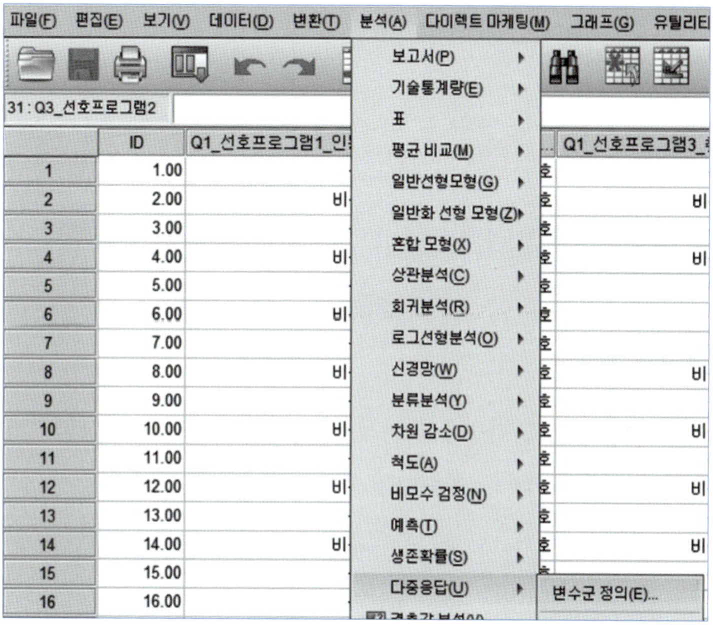

[그림 3-54] 다중응답 7

'변수군 정의'를 클릭하면, [그림 3-55]처럼 분석한 변수를 정의할 수 있는 창이 새롭게 나타난다. 이때 변수군 정의를 하고 싶은 변수를 '변수군에 포함된 변수'에 클릭하여 옮겨 놓는다. 다음으로 '변수들의 코딩형식'에서 '범주'에 범위는 '1'에서 '4' 값을 입력한다. 이때 값을 '1'에서 '4'를 입력한 것은 '응답자에게 주어진 선택 보기가 4개이기 때문'이다. 그리고 하단에 있는 '이름'에 '선호프로그램_2개'라는 새로운 변수명을 정의한다. 그리고 '닫기'를 클릭한다.

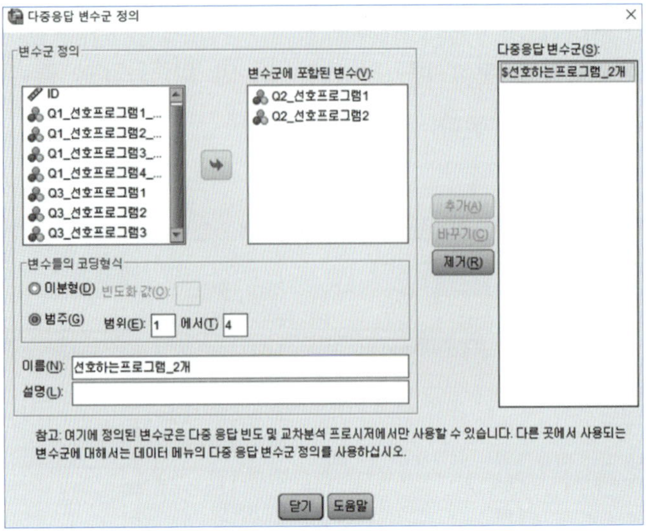

[그림 3-55] 다중응답 8

'**빈도분석**' 메뉴를 클릭하고, 다중응답 분석을 실시하기 위해서는 [그림 3-56]처럼 '**분석**' 메뉴의 하위 메뉴인 '**다중응답**'을 클릭하면 나오는 '**변수군 정의**' 메뉴를 클릭하면 된다.

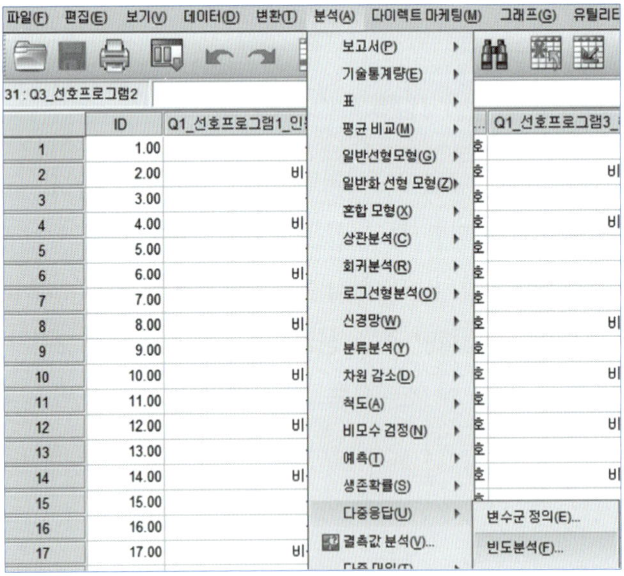

[그림 3-56] 다중응답 9

'**빈도분석**' 메뉴를 클릭하면 [그림 3-57]처럼 [그림 3-55]에서 정의한 변수명 '**선호프로그램종류**'가 '**다중응답변수군**'에 있는 것을 확인할 수 있다. 이 변수를 '**표작성 응답군**'으로 클릭하여 옮겨 놓고 '**붙여넣기**'를 클릭한다.

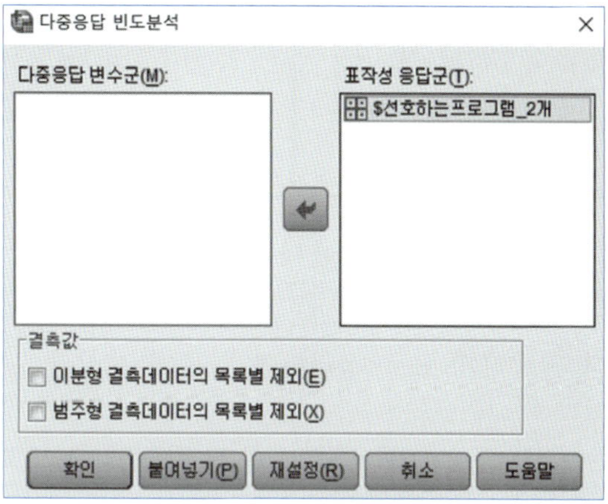

[그림 3-57] 다중응답 10

변수를 옮겨 놓은 후 '**붙여넣기**' 아이콘을 클릭하면 [그림 3-58]처럼 다중응답 분석 명령이 생성된다. 이렇게 만들어진 명령문을 실행하는 방법은 두 가지가 있다. 다음의 그림처럼 제시된 명령문을 모두 선택한 후, 메뉴 오른쪽의 '**삼각형**(선택 실행)'을 실행하는 방법과 명령이 선택된 상황에서 'Ctrl + R'을 누르면 명령문이 실행되는 방법이 있다.

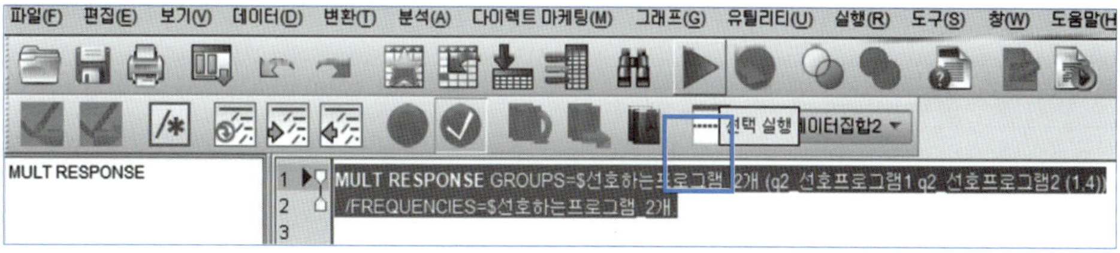

[그림 3-58] 다중응답 11

'붙여넣기'를 실행하면, 다음의 결과처럼 분석결과가 제시된다.

$선호하는 프로그램_2개 빈도

		응답		케이스 퍼센트
		N	퍼센트	
$선호하는 프로그램_2개[a]	인문학	17	28.3%	56.7%
	여행 프로그램	22	36.7%	73.3%
	취미 프로그램	11	18.3%	36.7%
	영화감상	10	16.7%	33.3%
합계		60	100.0%	200.0%

a. 집단 설정

[그림 3-59] 다중응답 12

제시된 결과를 보다 간략하게 표로 정리하면 다음에 제시된 〈표 3-14〉과 같다.

표 3-14 가장 선호하는 프로그램 2가지를 선택하도록 한 다중응답 분석 표 요약

	빈도	백분율
인문학	17	28.3%
여행 프로그램	22	36.7%
취미 프로그램	11	18.3%
영화감상	10	16.7%
합계	60	100.0%

(3) 유형3: 선택 보기 중에서 우선순위를 정해서 3가지만을 선택하도록 하는 다중응답 분석

응답자에게 여러 선택 보기 중에 가장 선호하는 보기에 대해 우선순위를 적용한 응답을 요구하도록 하는 설문 문항을 만들었을 경우, 질문형의 형태는 다음 〈표 3-15〉의 Q3)처럼 질문을 구성해야 한다. 그리고 질문을 통해 얻을 수 있는 정보는 제시된 보기 중 가장 많이 선택된 보기에 대한 선호 빈도와 백분율이다.

새롭게 만들어야 하는 변수는 질문에서 요구하는 선택의 수(예, 우선순위 3가지만 선택하시오 등)만큼 만들어져야 한다. 제시된 예처럼 선택을 요구한 수가 3개인 경우 응답자가 최대 3개를 응답할 수 있으므로 변수 역시 3개를 만들어야 한다. 변수를 만드는 방식은 표에 제시된 바와 같이 변수명은 1순위에 해당하는 '선호프로그램_1', 2순위 '선호프로그램_2', 3순위 '선호프로그램_3'으로 구분지어 정의하고, 변수값은 제시된 선택 보기 '1'부터 '4'까지 모두 입력하여 정의한다. 다만, 변수명을 정의하는 방식은 특별한 규칙은 없으니 분석자가 편의대로 만들면 된다.

이와 같은 질문 형식에 대한 통계분석 방법은 **'빈도분석'** 방법을 사용하면 된다.

표 3-15 유형3: 선택 보기 중에서 우선순위를 정해서 3가지만을 선택하도록 하는 다중응답 분석

<table>
<tr><td>질문 형태</td><td colspan="2">Q3) 다음의 보기 중에서 귀하가 선호하는 것을 1순위, 2순위, 3순위로 선택하십시오.
① 인문학 강좌 ② 여행 프로그램
③ 취미 프로그램 ④ 영화감상</td></tr>
<tr><td>얻을 수 있는 정보</td><td colspan="2">제시된 선택 보기 중 세 가지를 선택하고, 그중에 우선순위에 따른 빈도와 백분율</td></tr>
<tr><td rowspan="4">변수 생성 수 및 코딩방법</td><td>변수명</td><td>변수값 정의</td></tr>
<tr><td>선호프로그램_1</td><td rowspan="3">1 = 인문학강좌
2 = 여행프로그램
3 = 취미프로그램
4 = 영화감상</td></tr>
<tr><td>선호프로그램_2</td></tr>
<tr><td>선호프로그램_3</td></tr>
<tr><td>통계분석방법</td><td colspan="2">빈도분석</td></tr>
</table>

제시된 선택 보기 중 우선순위를 적용하고 1순위부터 3순위까지 선택한 경우, 앞서 분석한 다중응답 분석 방법을 사용하는 것이 아니라 기술통계 분석 방법 중 하나인 **'빈도분석'**을 사용하면 된다. **'빈도분석'**은 '분석' 메뉴를 클릭하면 나오는 **'기술통계량'** 분석 중 하나인 **'빈도분석'**을 클릭하면 된다.

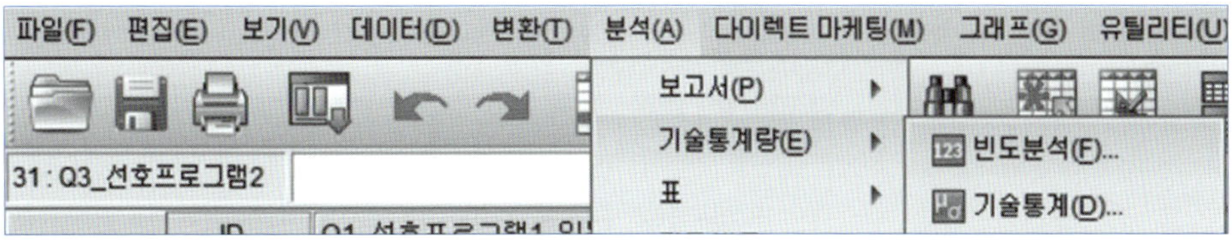

[그림 3-60] 다중응답 13

'**빈도분석**'을 실시하기 위해서는 [그림 3-61]처럼 '**분석**' 메뉴의 하위 메뉴인 '**빈도분석**'을 클릭하면 나오는 왼쪽의 변수 리스트에서 분석할 변수를 선택하여 오른쪽 '**변수**'로 옮기면 된다.

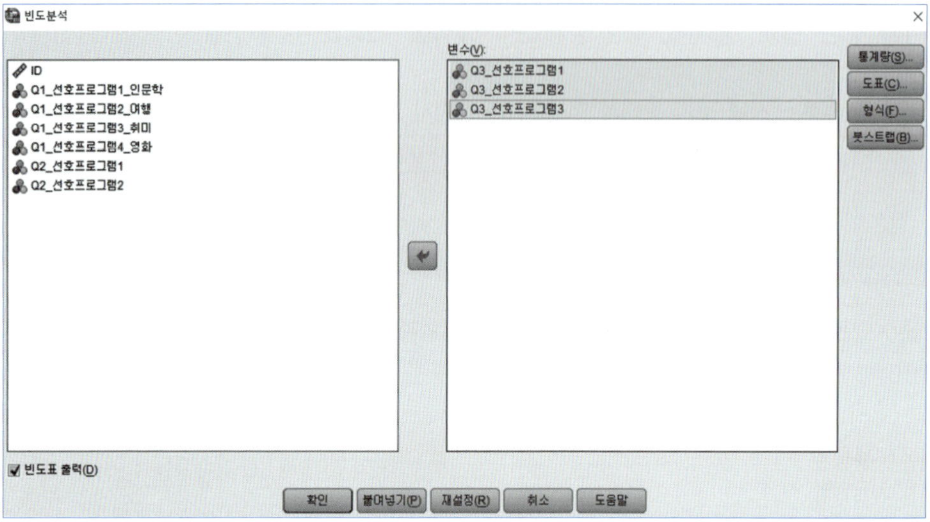

[그림 3-61] 다중응답 14

변수를 옮겨 놓은 후 '**붙여넣기**' 아이콘을 클릭하면 [그림 3-62]처럼 빈도분석 명령이 생성된다. 이렇게 만들어진 명령문을 실행하는 방법은 두 가지가 있다. 다음의 그림처럼 제시된 명령문을 모두 선택한 후, 메뉴의 오른쪽 '**삼각형**(선택 실행)'을 실행하는 방법과 명령이 선택된 상황에서 'Ctrl + R'을 누르면 명령문이 실행되는 방법이 있다.

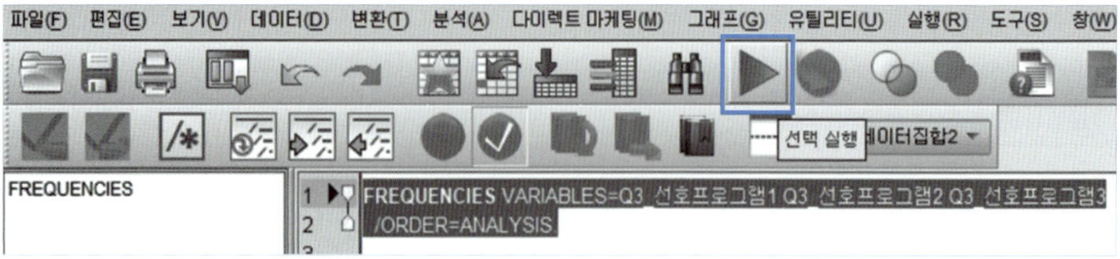

[그림 3-62] 다중응답 15

'붙여넣기'를 실행하면, 다음의 결과처럼 분석결과가 제시된다.

Q3_선호프로그램1

		빈도	퍼센트	유효 퍼센트	누적퍼센트
유효	인문학	5	11.9	16.7	16.7
	여행 프로그램	12	28.6	40.0	56.7
	취미 프로그램	6	14.3	20.0	76.7
	영화감상	7	16.7	23.3	100.0
	합계	30	71.4	100.0	
결측	시스템 결측값	12	28.6		
합계		42	100.0		

Q3_선호프로그램2

		빈도	퍼센트	유효 퍼센트	누적퍼센트
유효	인문학	13	31.0	43.3	43.3
	여행 프로그램	9	21.4	30.0	73.3
	취미 프로그램	5	11.9	16.7	90.0
	영화감상	3	7.1	10.0	100.0
	합계	30	71.4	100.0	
결측	시스템 결측값	12	28.6		
합계		42	100.0		

Q3_선호프로그램3

		빈도	퍼센트	유효 퍼센트	누적퍼센트
유효	인문학	10	23.8	33.3	33.3
	여행 프로그램	6	14.3	20.0	53.3
	취미 프로그램	7	16.7	23.3	76.7
	영화감상	7	16.7	23.3	100.0
	합계	30	71.4	100.0	
결측	시스템 결측값	12	28.6		
합계		42	100.0		

[그림 3-63] 다중응답 16

위와 같은 우선순위 3개의 빈도분석 결과표를 간략하게 요약하면 다음 〈표 3-16〉과 같다.

표 3-16 우선순위를 적용한 다중응답 분석 결과표 요약

	1순위		2순위		3순위	
	빈도	퍼센트	빈도	퍼센트	빈도	퍼센트
인문학	5	16.7	13	43.3	10	33.3
여행 프로그램	12	40.0	9	30.0	6	20.0
취미 프로그램	6	20.0	5	16.7	7	23.3
영화감상	7	23.3	3	10.0	7	23.3
합계	30	100.0	30	100.0	30	100.0

5) 다중응답에서의 교차분석

지금까지 여러 형태의 다중응답 질문에 대한 분석 방법에 대해 배웠다. 이제는 다중응답 분석 방법에서 교차분석 방법을 배워보기로 하자.

다중응답에서의 교차분석은 앞서 배웠던 다중응답 분석 유형1과 유형2의 과정과 유사하다. 먼저 **'분석'** 메뉴에서 **'다중응답'** 메뉴를 클릭하여 변수군 정의를 해야 한다. 지금은 앞서 살펴본 유형1에 해당하는 분석 방법을 기초로 하여 배워보도록 하자.

주어진 선택 보기 중 해당되는 모든 것을 선택하도록 만든 다중응답 분석을 실시하기 위해서는 [그림 3-64]처럼 **'분석'** 메뉴의 하위 메뉴인 **'다중응답'**을 클릭하면 나오는 **'변수군 정의'** 메뉴를 클릭하면 된다.

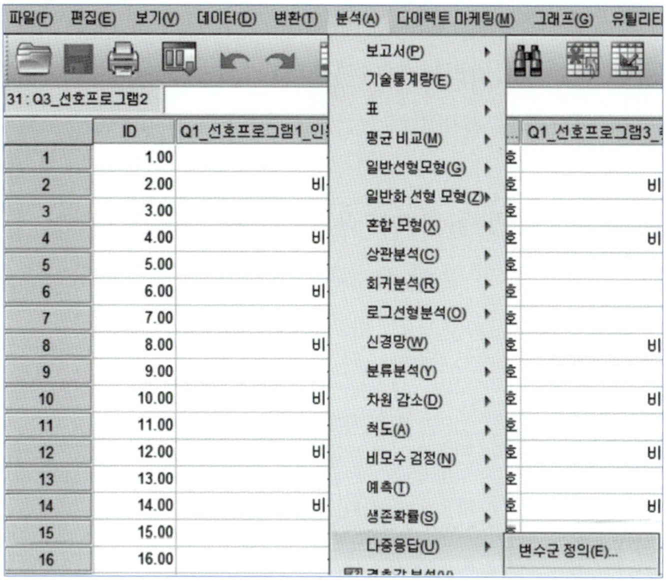

[그림 3-64] 다중응답 17

'변수군 정의'를 클릭하면, [그림 3-65]처럼 분석한 변수를 정의할 수 있는 창이 새롭게 나타난다. 이때 변수군 정의를 하고 싶은 변수를 '변수군에 포함된 변수'에 클릭하여 옮겨 놓는다. 다음으로 '변수들의 코딩형식'에서 '이분형 빈도화값'에 '1' 값을 입력한다.

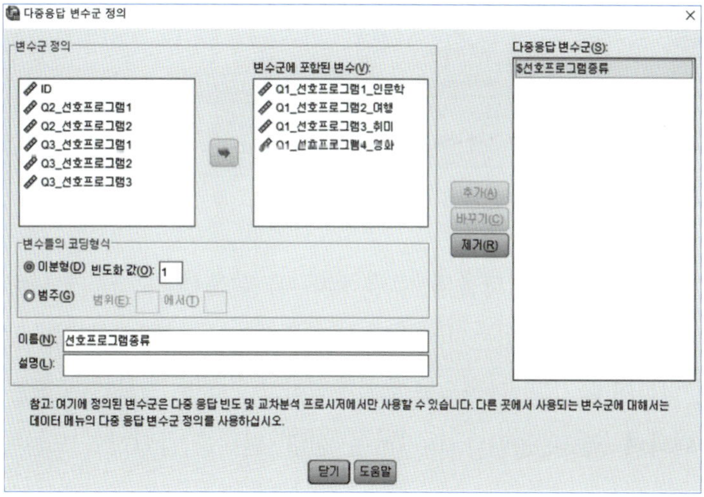

[그림 3-65] 다중응답 18

이때 값을 '1'은 응답자가 제시된 모든 선택 보기 중에서 해당되는 모든 것을 선택한 값에 대해서만 분석에 포함시키라는 의미이다. 그리고 하단에 있는 '이름'에 '**선호프로그램종류**'라는 새로운 변수명을 정의한다. 그리고 '닫기'를 클릭한다.

변수군 정의를 마치고 '**닫기**'를 클릭한 후, 다시 '**분석**' 메뉴의 하위 메뉴인 '**다중응답**' 메뉴를 클릭하면, '변수군 정의' 할 때 활성화되지 않았던 '**교차분석**' 메뉴가 활성된 것을 확인할 수 있다. 다음으로 '**교차분석**'을 클릭한다.

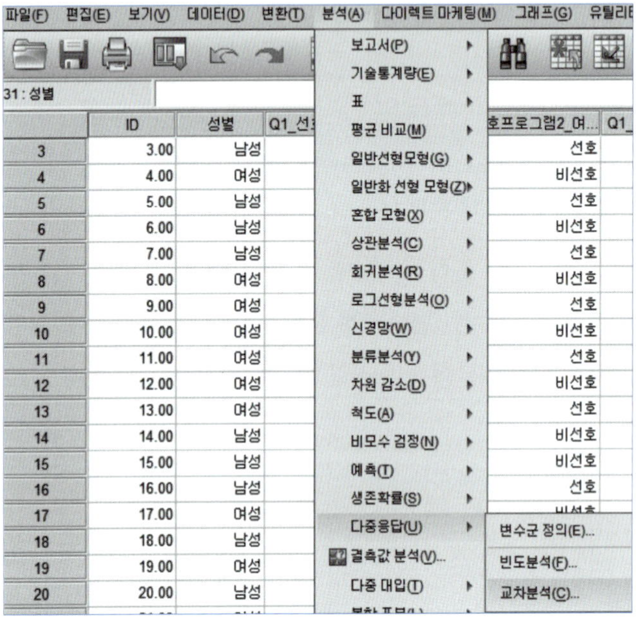

[그림 3-66] 다중응답 19

'**교차분석**' 메뉴를 클릭하면 다음의 [그림 3-67]과 같은 창이 새롭게 나타난다. 왼쪽의 변수 리스트 중 왼쪽 하단에 있는 '**다중응답 변수군**'에 있는 '**선호프로그램**' 변수를 오른쪽의 '**행**'으로 클릭하여 옮기고, 다음으로 교차분석하고자 하는 명목변수 또는 서열변수 중에 하나를 클릭하여 '열'로 옮긴다. 여기서는 '**성별**' 변수를 클릭하여 오른쪽의 '**열**'로 옮긴다.

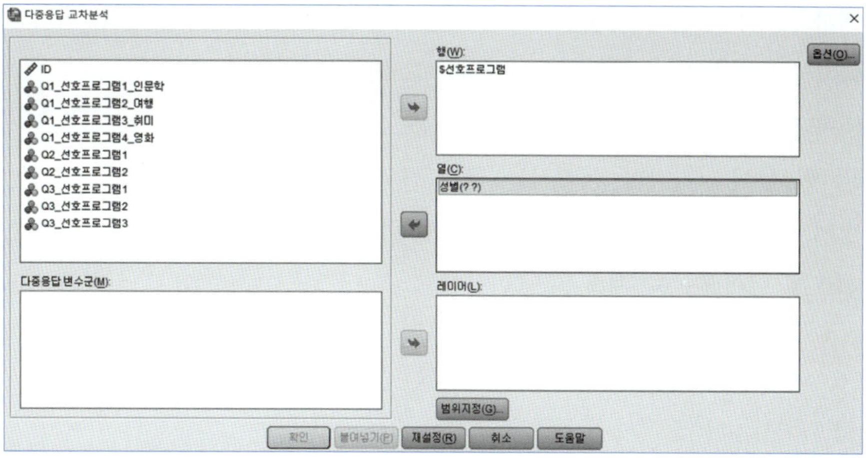

[그림 3-67] 다중응답 20

'열'로 '성별' 변수를 클릭하여 옮기면 위의 그림처럼 '성별(?,?)' 표시가 나타난다. 이 표시의 물음표는 '성별 변수가 어떤 숫자로 입력되어 있는지를 입력하라'는 뜻이다. 따라서 분석자는 분석자료에 입력되어 있는 남성과 여성에게 부여된 숫자를 입력하면 된다. 따라서 이러한 숫자를 입력하기 위해서는 위의 그림 중에서 '범위지정'을 클릭해야 한다.

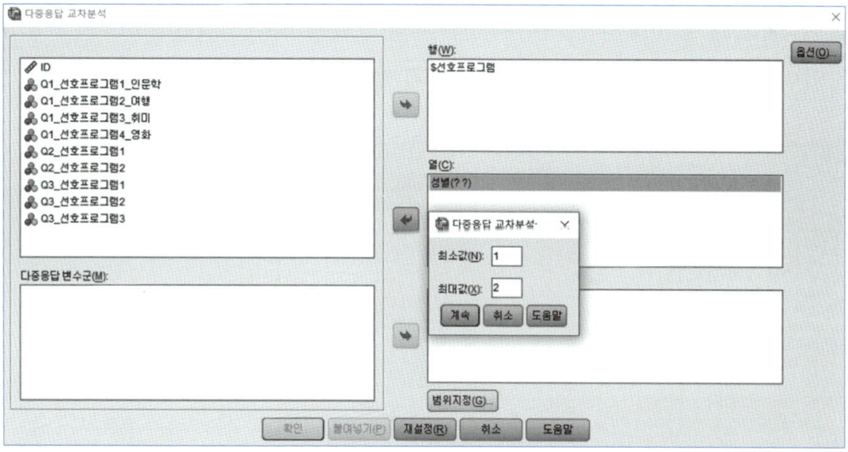

[그림 3-68] 다중응답 21

'범위지정'을 클릭하면 위의 [그림 3-68]처럼 조그마한 창이 하나 나타난다. 새롭게 나타난 창을 살펴보면, 최소값과 최대값이 있다. 최소값에는 응답범주에 부여된 가장 작은 값을 입력하고, 최대값에는 응답범주에 부여된 가장 큰 값을 입력하면 된다. 여기서는 최소값에 '1', 최대값에 '2'를 입력하면 된다. 그리고 '계속'을 클릭한다.

'옵션'을 클릭하면 [그림 3-69]처럼 추가적으로 분석자가 보고자 하는 비율을 선택할 수 있는 메뉴들이 나타난다. 여기서는 '열'을 클릭하였다. 그 이유는 앞서 [그림 3-67]에서 성별에 따라 선호도의 차이를 보고자 성별 변수를 '열'에 위치시켰기 때문이다. 원하는 퍼센트를 선택했으면 '계속'을 클릭한다.

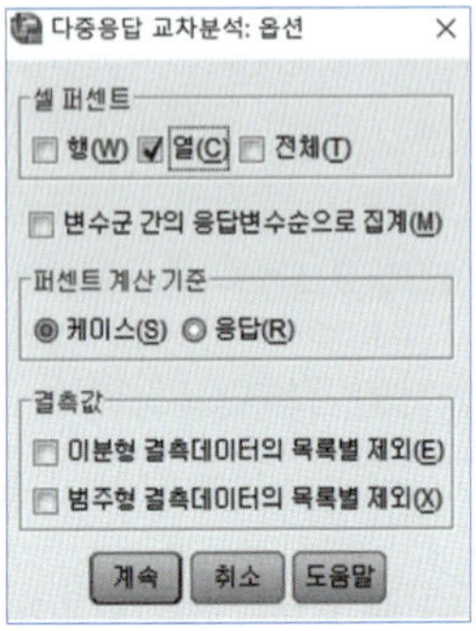

[그림 3-69] 다중응답 22

'옵션'에 대한 확인이 완료된 후, 최종적으로 다음의 [그림 3-70]처럼 다중응답 교차분석 작업이 완료된 것이 확인되면 '붙여넣기'를 클릭한다.

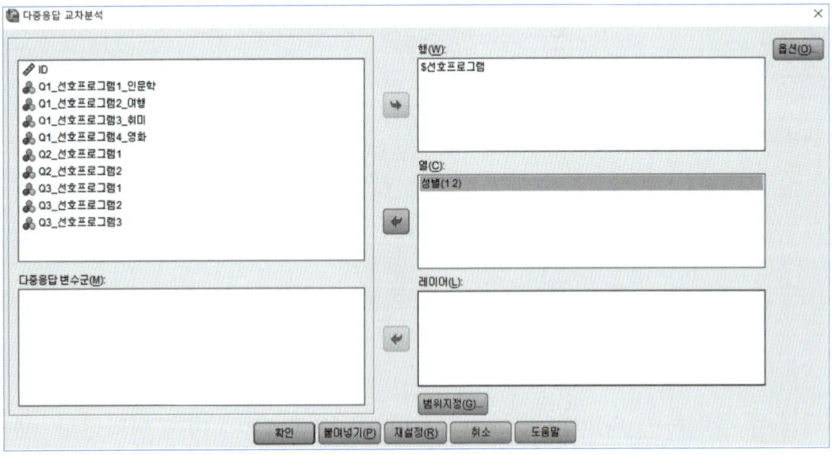

[그림 3-70] 다중응답 23

변수를 옮겨 놓은 후 '붙여넣기' 아이콘을 클릭하면 [그림 3-71]처럼 다중응답 교차분석 명령이 생성된다. 이렇게 만들어진 명령문을 실행하는 방법은 두 가지가 있다. 다음의 그림처럼 제시된 명령문을 모두 선택한 후, 메뉴의 오른쪽 '삼각형(선택 실행)'을 실행하는 방법과 명령이 선택된 상황에서 'Ctrl + R'을 누르면 명령문이 실행되는 방법이 있다.

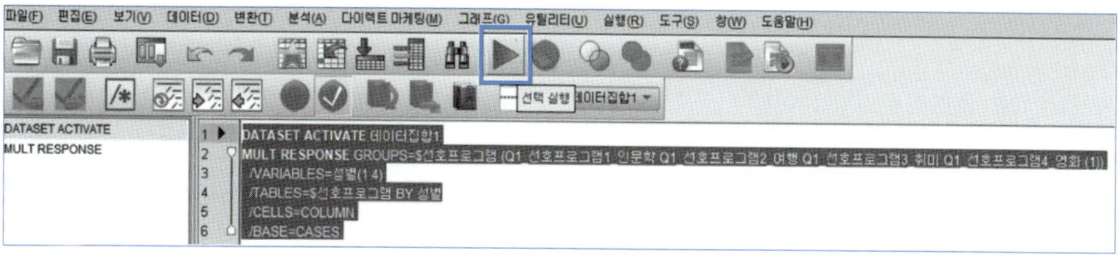

[그림 3-71] 다중응답 24

'붙여넣기'를 실행하면, 다음의 결과처럼 분석결과가 제시된다.

$선호프로그램*성별 교차표

			성별		합계
			남성	여성	
$선호프로그램[a]	Q1_선호프로그램1_인문학	총계	10	6	16
		성별 중 %	83.3%	42.9%	
	Q1_선호프로그램2_여행	총계	7	7	14
		성별 중 %	58.3%	50.0%	
	Q1_선호프로그램3_취미	총계	7	9	16
		성별 중 %	58.3%	64.3%	
	Q1_선호프로그램4_영화	총계	10	10	20
		성별 중 %	83.3%	71.4%	
합계		총계	12	14	26

퍼센트 및 합계는 응답자수를 기준으로 합니다.
a. 값 1에서 표로 작성된 이분형 집단입니다.

[그림 3-72] 다중응답 25

위와 같은 우선순위 3개의 빈도분석 결과표를 간략하게 요약하면 다음과 같다.

표 3-17 다중응답에서의 교차분석 표 요약

	성별	
	남성	여성
Q1_선호프로그램1_인문학	10	6
	83.3%	42.9%
Q1_선호프로그램2_여행	7	7
	58.3%	50.0%
Q1_선호프로그램3_취미	7	9
	58.3%	64.3%
Q1_선호프로그램4_영화	10	10
	83.3%	71.4%
합계	12	14

7. 신뢰도 분석

신뢰도 분석은 척도로 구성된 변수를 분석에 사용하기에 앞서 척도가 측정하고자 하는 개념을 제대로 측정하고 있는지를 알 수 있는 값이다. 일반적으로 많은 설문 문항에 여러 선행연구에서 개발되고 측정되어 신뢰도가 높은 척도들을 사용한다. 이처럼 신뢰도가 높은 척도를 설문에 포함시키고, 실제 조사에 적용했을 때에 선행연구처럼 동일 또는 비슷한 신뢰수준을 보이는가를 확인해야 한다. 그래야만 앞서 언급한 것처럼 설문 문항이 의도했던 개념과 방향으로 제대로 조사가 이루어졌는지를 확인할 수 있기 때문이다. 이와 같은 확인 작업을 하기 위해서는 신뢰도 분석을 해야 한다.

신뢰도 분석을 하기 위해서는 **'분석'** 메뉴 중에서 **'척도'**를 클릭하면 나오는 하위 메뉴인 **'신뢰도 분석'** 메뉴를 클릭하면 된다.

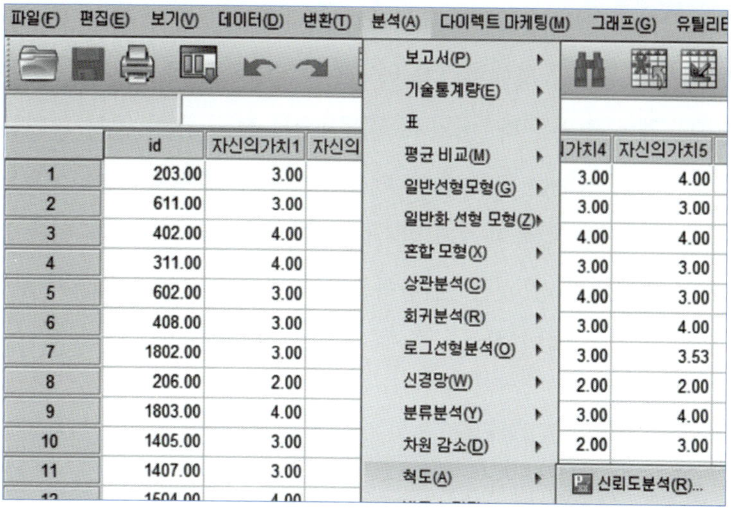

[그림 3-73] 신뢰도 분석 1

'신뢰도분석'을 클릭하면, 왼쪽의 변수 리스트 중 신뢰도 분석을 해야 하는 변수를 오른쪽 '항목'으로 클릭하여 옮겨 놓는다.

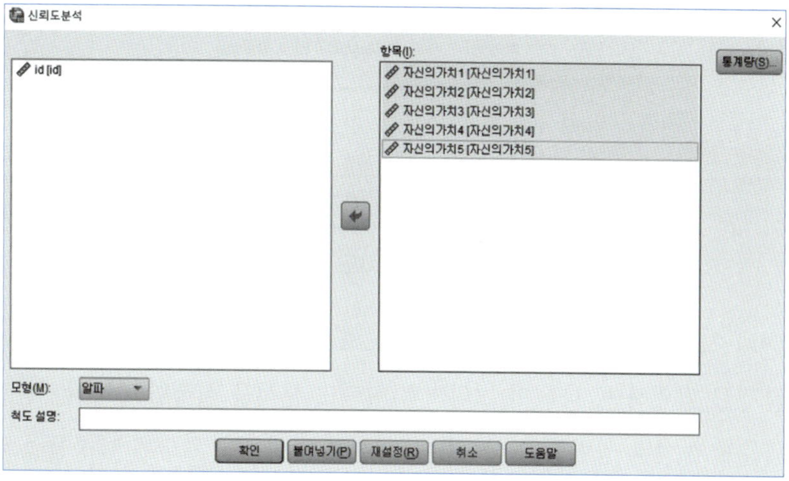

[그림 3-74] 신뢰도 분석 2

그리고 우측 상단에 있는 **'통계량'**을 클릭하면 다음의 그림과 같은 새로운 창이 나타난다. 새롭게 제시된 통계량 창에서 **'다음에 대한 기술통계량'**의 값 중에 **'항목제거시 척도'** 값을 클릭한 후, **'계속'**을 누른다. 여기서 **'항목제거시 척도'** 값이 주는 의미는 신뢰도 분석에 투입된 척도를 구성하는 항목 중에 다른 항목들과 달리 유독 큰 신뢰도 계수를 보이거나 낮은 값을 보이는 항목이 무엇인지를 보여준다. 이것은 유독 다른 항목과 달리 신뢰도 계수가 크거나 낮다는 것은 이 항목으로 인해 전체적인 신뢰도에 부정적인 영향을 미칠 수 있다는 것을 의미한다.

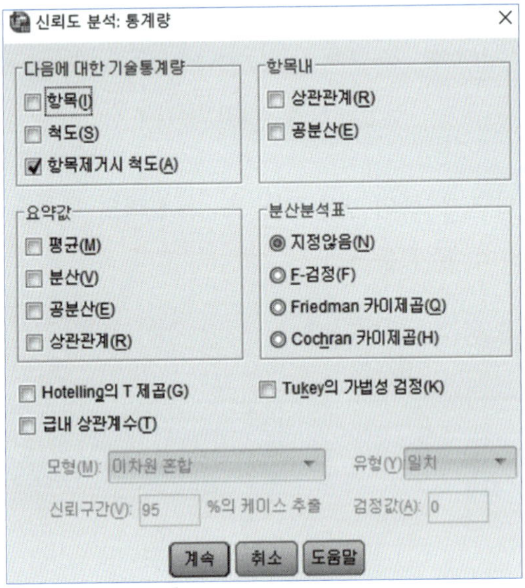

[그림 3-75] 신뢰도 분석 3

'항목제거시 척도'를 클릭한 후 **'계속'**을 누르고, 마지막으로 **'붙여넣기'**를 클릭하면 된다. **'붙여넣기'**를 클릭하면, 다음의 그림처럼 신뢰도 분석을 실행할 수 있는 명령문이 생성된다. 새롭게 형성된 명령문을 실행하기 위해서 명령문에 기술된 내용들을 살펴보면, 지금까지 분석자가 프로그램에 입력하고 클릭한 내용들이 동일하게 기술되어 있다는 것을 확인할 수 있다. 이제 명령문을 마우스로 드래그하여 블록을 설정한 후, 'Ctrl + R' 또는 메뉴에 있는 **'삼각형**(선택 실행)'을 클릭하면 명령문이 실행된다.

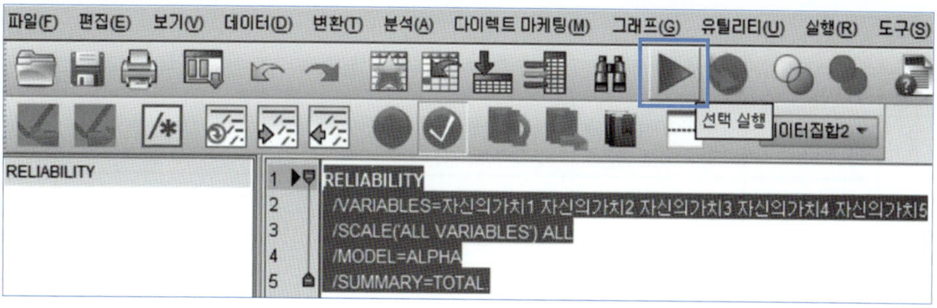

[그림 3-76] 신뢰도 분석 4

명령문을 실행하면, 다음의 그림과 같은 분석결과가 실행된 것을 확인할 수 있다.

신뢰수준을 알려주는 값은 'Cronbach의 알파'라고 한다. 보통은 '크론바흐의 알파'라고도 한다. 제시된 표의 내용을 살펴보면, 분석에 투입된 변수는 5개이고, 5개 변수가 측정하고 있는 '자신의 가치' 척도의 일관성, 즉 신뢰계수는 .913으로서 매우 높은 수준의 신뢰수준을 보이고 있다.

보통 신뢰도 분석에서 안정적인 신뢰수준을 확보하려면, 0.0 ~ 1.0의 값의 범위에서 0.8 이상의 값을 확보해야 한다. 신뢰도가 높다는 것은 단순히 수치가 높다는 것만을 의미하는 것이 아니라 연구자의 분석에 사용된 척도가 측정하고자 하는 개념에 대해 일관성이 높다는 것을 의미한다.

신뢰도 통계량

Cronbach의 알파	항목 수
.913	5

[그림 3-77] 신뢰도 분석 5

우리는 앞서 '통계량' 메뉴에서 '항목제거시 척도' 값을 클릭하였다. 다음의 표는 '항목제거시 척도' 통계량 값이 포함된 추가적인 분석표이다. 제시된 다음의 분석표 중 마지막에 제시된 '항목이 삭제된 경우 Chronbach 알파' 값이다. 예를 들어 설명하면, '자신의 가치1' 변수를 신뢰도 분석에서 제거하면, 전체 신뢰도는 '.894'가 된다는 의미이다.

항목 총계 통계량

	항목이 삭제된 경우 척도 평균	항목이 삭제된 경우 척도 분산	수정된 항목 전체 상관관계	항목이 삭제된 경우 Cronbach 알파
자신의 가치1	13.6015	9.243	.780	.894
자신의 가치2	13.9083	9.072	.748	.900
자신의 가치3	13.7688	8.608	.813	.886
자신의 가치4	13.9862	8.964	.732	.904
자신의 가치5	13.7081	8.538	.826	.884

[그림 3-78] 신뢰도 분석 6

지금 제시된 예의 경우, 전체적으로 신뢰도가 높기 때문에 특정 변수를 분석에서 제외할 필요는 없다. 그러나 분석결과가 언제나 이렇게 만족할 만한 수준을 얻기 어려운 것이 현실이다. 따라서 만약 전체적인 신뢰도 수준이 낮다면, **'항목이 삭제된 경우 Cronbach 알파'** 값이 각 변수별로 어떻게 변화하는지를 면밀하게 살펴봐야 한다.

8. 주관식 문항 분석 방법

설문조사 문항을 만들 때, 종종 개방형 질문(생각이나 의견을 주관식 작성)을 만들어야 할 때가 있다. 그러나 일반적으로 설문 제작자는 주관식 문항을 만들지 않으려고 한다. 주된 이유는 주관식 문항에 대한 응답률이 낮기도 하고, 응답결과도 의미 없는 때도 있기 때문이다.

그러나 주의할 것은 응답자에게 숫자만을 입력하도록 만든 양적 설문 결과는 전적으로 양적인 결과로서 각 숫자가 가지고 있는 구체적인 의미는 전혀 알 수 없다는 것이다. 다음의 예에서 보자.

예

Q1. 귀하는 강의에 대해서 어느 정도 만족하십니까?
① 매우 불만족 ② 불만족 ③ 보통 ④ 만족 ⑤ 매우 만족

Q2. 귀하께서 강의에 대해 만족하는 이유는 무엇입니까?
( )

위의 질문에서 Q1은 만족의 정도를 묻고 있고, Q2는 만족의 내용을 묻는 질문이다. 숫자로 입력되는 Q1은 분석과 해석에 큰 문제가 없으나 Q2는 응답자들이 어떤 응답을 할지 전혀 예측이 어렵다. 그래서 설문을 만들 때, 개방형이 아닌 Q1과 같은 **폐쇄형**(보기 중 선택하는 질문 형식)을 선호한다.

그렇지만, 분명한 것은 개방형 질문을 하지 않을 수 없다는 점이다. 설문지를 작성하다 보면, 응답자의 구체적인 생각이나 의견을 물어야 할 때가 반드시 있기 때문이다. 위의 질문을 바탕으로 설문조사가 이루어져 다음과 같은 자료가 있다고 하자.

그림에서 볼 수 있듯이, 만족하는 이유가 다양하다는 것을 알 수 있다.

	id	만족도	만족하는이유	변
1	1.00	1.00	강의시설이 좋다	
2	2.00	2.00	강의시설	
3	3.00	1.00	강의내용	
4	4.00	4.00	강사전달력	
5	5.00	3.00	강의내용이 좋아서	
6	6.00	5.00	강사가 좋다	

[그림 3-79] 주관식 문항 분석법 1

이처럼 주관식 문항을 분석하려면 다음과 같은 순서로 진행하면 분석 시간을 줄일 수 있을 것으로 생각된다.

① 빈도분석을 실시한다.
② 의미가 같거나 같은 문장이나 단어를 요약한다.
③ ②번에서 축약된 단어나 유형들을 기준으로 자료를 다시 코딩한다.
④ ③번에서 만들어진 코딩 변경된 자료를 바탕으로 빈도분석을 실시한다.

1) 주관식 문항에 대한 빈도분석 실시

만족하는 이유에 대한 빈도분석을 실시한다. 빈도분석 결과를 보면, 30명이 생각하는 만족 이유가 한눈에 요약되어 보인다. 이때 해야 할 것인 변수값 간 묶는 작업이다.

예를 들면, 빈도표에서 처음 응답자가 만족도 이유는 '강사'이고, 두 번째 응답자의 만족도 이유는 '강사가 좋다'이다. 응답자가 어떤 의미에서 강사가 좋다고 명확하게 쓰지 않았지만, 최소한 '강사' 자체에 대해 만족한다는 공통점이 있다. 이처럼 이후에 제시된 의견들을 자세히 살펴보고 유형화를 해야 한다.

만족하는 이유

		빈도	퍼센트	유효 퍼센트	누적퍼센트
강사	강사	2	6.7	6.7	6.7
	강사가 좋다	1	3.3	3.3	10.0
	강사전달력	1	3.3	3.3	13.3
	강의교재가 좋아서	1	3.3	3.3	16.7
	강의내용	3	10.0	10.0	26.7
	강의내용이 좋다	2	6.7	6.7	33.3
	강의내용이 좋아서	1	3.3	3.3	36.7
	강의내용이 충실	1	3.3	3.3	40.0
	강의부대시설	1	3.3	3.3	43.3
	강의부대시설이 좋아서	1	3.3	3.3	46.7
	강의시간	4	13.3	13.3	60.0
	강의시간대	2	6.7	6.7	66.7
	강의시설	5	16.7	16.7	83.3
	강의시설이 좋다	1	3.3	3.3	86.7
	강의시설이 좋아서	1	3.3	3.3	90.0
	강의전달기술	1	3.3	3.3	93.3
	강의전달력	1	3.3	3.3	96.7
	분위기	1	3.3	3.3	100.0
	합계	30	100.0	100.0	

[그림 3-80] 주관식 문항 분석법 2

2) 기존 주관식 문항 응답 결과 유형화

그럼 위에 제시된 내용을 몇 가지로 요약해 보자. 다음에 제시된 〈표 3-18〉의 내용 중 왼쪽의 내용은 위의 빈도표에 제시된 변수값을 비슷한 의미나 내용을 중심으로 묶은 것이다. 이때, 주의할 것은 너무 서로 다른 개념이나 의미를 갖는 단어나 문장을 억지로 묶을 필요는 없다. 만약 그렇게 되면, 나중에 이루어지는 빈도분석 결과를 해석할 때 애매한 상황이 발생하기도 한다. 따라서 기존 주관식 문항들을 유형화할 때는 반드시 유형화된 변수값 간에 중복된 개념이 존재해서는 안 된다. 다음의 표에서 확인할 수 있듯이, 예제로서 다음처럼 기존 30개의 응답을 6개로 범주화하였다.

표 3-18 기존 주관식 문항 응답 결과 유형화 방법

기존 주관식 문항 응답 결과 유형화	새로운 변수로 만들 변수값
강사, 강사가 좋다	① 강사
강사전단력 강의전달기술 강의전달력	② 강의 전달기술
강의교재	③ 강의교재
강의내용 강의내용이 좋다 강의내용이 좋아서 강의내용 충실	④ 강의내용
부대시설 부대시설이 좋아서 강의시설 강의시실이 좋다 강의시설이 좋아서 강의 분위기	⑤ 강의환경 및 시설
강의시간 강의시간대가 좋아서	⑥ 강의시간

3) 새로운 변수값으로 코딩

30명의 주관식 응답을 6개로 범주화하여 정리한 후, '변수 보기' 창에서 새로운 변수 '만족하는 이유_선택'을 만들었다. 그리고 '변수값 설명'에 1번부터 6번까지의 변수값 설명을 그림처럼 넣고 '확인'을 클릭한다.

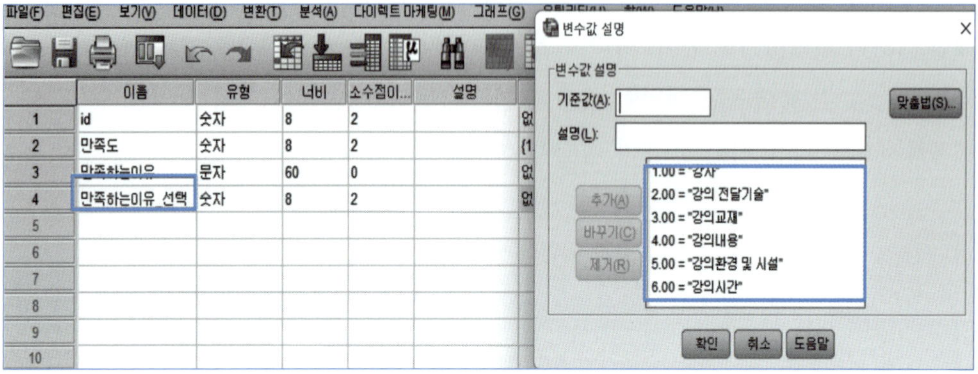

[그림 3-81] 주관식 문항 분석법 3

새로 만든 변수에 대한 변수값 설명을 마치면, '데이터 보기' 창으로 이동하여 30명의 주관식 응답을 6개의 범주 즉, 〈표 3-18〉의 내용을 참고하여 새로운 변수를 만들면 된다. 다음의 그림처럼 값을 입력하면 된다.

	id	만족도	만족하는이유	만족하는이유_선택
1	1.00	매우 불만족	강의시설이 좋다	강의환경 및 시설
2	2.00	불만족	강의시설	강의환경 및 시설
3	3.00	매우 불만족	강의내용	강의내용
4	4.00	만족	강사전달력	강의 전달기술
5	5.00	보통	강의내용이 좋아서	강의내용
6	6.00	매우 만족	강사가 좋다	강사

[그림 3-82] 주관식 문항 분석법 4

30개의 응답을 6개로 유형화하여 변수를 만들고 데이터를 입력한 후 빈도분석을 실시하면 다음과 같은 표를 확인할 수 있다. 다음의 빈도분석 결과와 30명이 응답한 주관식 문항 30개 빈도분석 결과를 비교해 보면, 어떤 빈도표가 더 의미 있는 정보를 제공하고 있는지 쉽게 판단할 수 있다.

만족하는 이유_선택

		빈도	퍼센트	유효 퍼센트	누적퍼센트
유효	강사	3	10.0	10.0	10.0
	강의 전달기술	3	10.0	10.0	20.0
	강의교재	1	3.3	3.3	23.3
	강의내용	7	23.3	23.3	46.7
	강의환경 및 시설	10	33.3	33.3	80.0
	강의시간	6	20.0	20.0	100.0
	합계	30	100.0	100.0	

[그림 3-83] 주관식 문항 분석법 5

이러한 분석과정을 적용 가능한 상황은 설문 보기 중 자주 등장하는 '기타'이다. 설문지 대부분에서 설문 개발자가 예상하지 못한 응답을 확인하기 위해 또는 응답자가 어떤 답이든 응답할 수 있도록 '기타(　　)'란 칸을 만들어 놓는다. 물론 많은 응답자가 이 빈칸에 자기 생각을 굳이 응답하지 않는 것도 사실이다.

그러나 만약 많은 응답자가 '기타(　　)'에 무엇인가를 응답했다면, 분석자는 위에서 언급하는 과정과 같은 방법으로 '기타'에 응답한 내용을 정리하여 재분석해야 할 필요가 있다는 점을 잊지 말아야 한다. 비록 '기타'란에 응답한 내용이라고 하더라도, 그 내용이 1~2가지로 묶이고, 그 빈도가 높다면 그것은 더 이상 기타가 아니라 하나의 선택 보기로 간주하고 분석해야 하기 때문이다. 이 점 유의하기를 바란다.

9. 내보내기 기능을 활용한 분석결과 문서 편집 방법

지금까지 배운 다양한 분석 방법의 분석결과를 한글문서 및 마이크로소프트 워드 문서 형태로 작업하기 위해서는 '내보내기(Export)' 기능을 사용하면 된다. **'내보내기'** 작업을 하기 위해서는 다음의 순서대로 진행하면 된다.

첫 번째 방법은 프로그램에서 [그림 3-84]처럼 **'내보내기'** 아이콘을 클릭하면 된다.

[그림 3-84] 분석결과 내보내기 1

두 번째 방법은 한글 프로그램으로 옮기고자 하는 결과를 클릭한 후, 마우스 오른쪽을 누르면, [그림 3-85]처럼 새로운 창이 나타난다. 이 창에 있는 **'내보내기'** 메뉴를 클릭하면 된다.

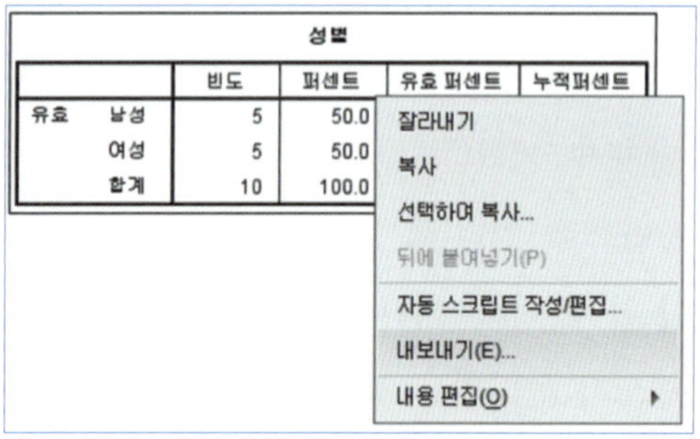

[그림 3-85] 분석결과 내보내기 2

내보내기 메뉴를 클릭하면 [그림 3-86]처럼 내보내려는 파일의 형식과 저장경로를 설정할 수 있는 창이 나타난다. 내보내기 창에 대한 구체적인 설명은 다음과 같다.

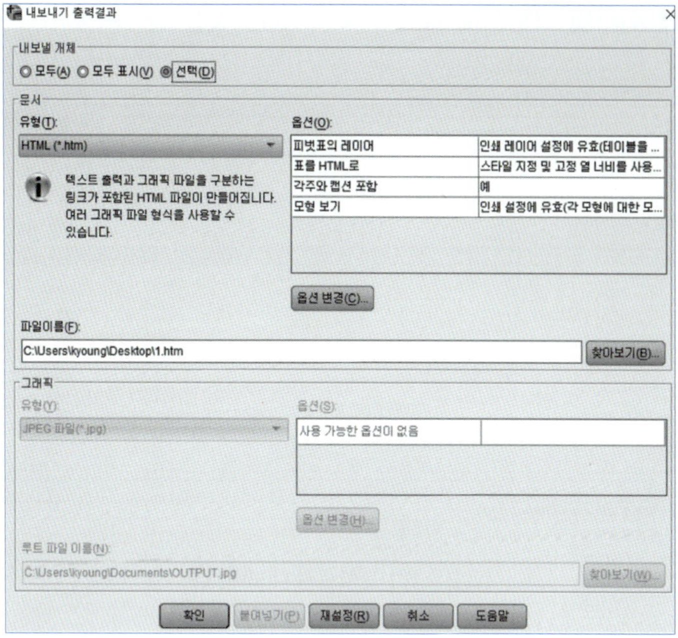

[그림 3-86] 분석결과 내보내기 3

'**내보낼 개체**'에는 '**모두**', '**선택**' 메뉴가 있는데, '**모두**'는 분석 창에 있는 모든 결과를 외부로 보내겠다는 의미이고, '**선택**'은 개별 분석결과만을 외부로 내보내겠다는 의미이다.

'**유형**'에는 SPSS 프로그램 분석결과를 외부로 내보낼 때, 보내는 파일 형식을 지정하는 것으로서 일반적으로 인터넷문서 양식인 'HTML(*.html)'을 선택한다.

'**파일이름**'은 분석결과를 외부로 내보낼 때, 새로운 파일명과 저장경로를 지정하면 된다. 마지막으로 '**확인**'을 클릭하면 지정한 저장경로에 의해 저장이 된다.

SPSS 프로그램의 결과 창에서 내보내기를 마친 후, 한글 프로그램을 실행시키고 앞서 저장경로를 지정하면 [그림 3-87]처럼 저장한 파일을 볼 수 있다. 단 여기서 주의할 것은 파일 형식이다. 앞서 SPSS 프로그램에서 외부로 해당 표를 내보내기를 할 때, 파일 유형을 '**인터넷문서**(HTML)' 형식으로 내보낸 것을 잊지 말아야 한다. 따라서 파일 형식을 한글(hwp)에서 인터넷문서 형식으로 변경해야 한다. [그림 3-87]에서 확인할 수 있듯이, '1'파일명에 인터넷 그림으로 파일이 되어 있는 것을 알 수 있다.

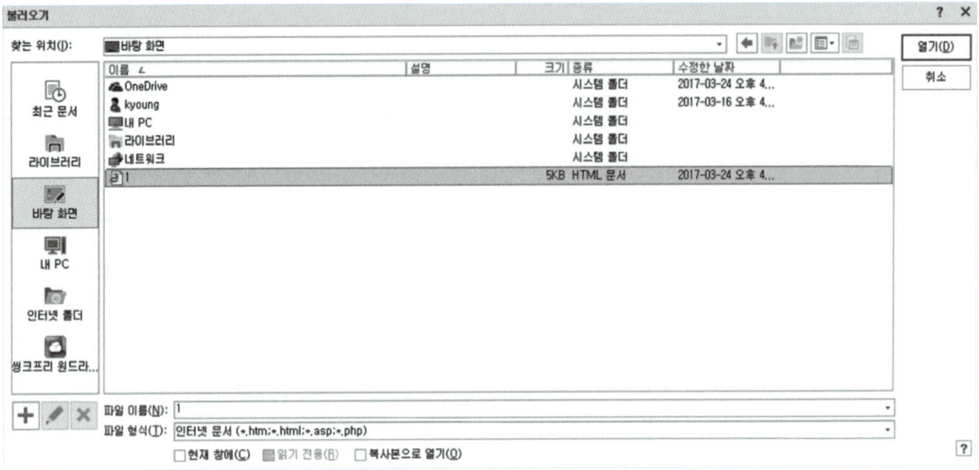

[그림 3-87] 분석결과 내보내기 4

해당 파일인 '1' 인터넷 문서를 클릭하면 [그림 3-88]과 같은 그림이 나타난다. 이때 '확인'을 클릭하면 불러오기 과정이 완료되어 [그림 3-89]와 같은 표가 옮겨 온 것을 볼 수 있다.

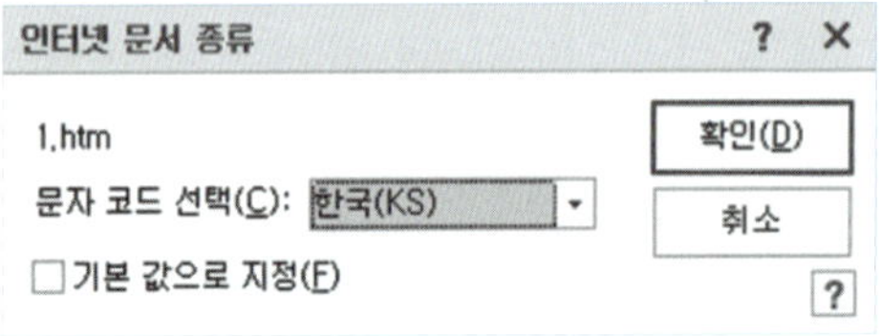

[그림 3-88] 분석결과 내보내기 5

성별

		빈도	퍼센트	유효퍼센트	누적퍼센트
유효	남성	5	50.0	50.0	50.0
	여성	5	50.0	50.0	100.0
	합계	10	100.0	100.0	

[그림 3-89] 분석결과 내보내기 6

이상의 과정에서 불러온 빈도 표를 간단하게 정리하면 다음의 〈표 3-19〉처럼 간단하게 정리하면 모든 과정이 완료된다.

표 3-19 빈도분석 표 정리 예

	빈도	유효 퍼센트
남성	5	50.0
여성	5	50.0
합계	10	100.0

Chapter 04

데이터와 변수 형태의 변환

SPSS 프로그램에서 데이터 및 변수의 형태를 연구자의 필요에 따라 변형하여 새로운 변수를 만들거나 새로운 데이터를 만드는 것은 쉽지 않다. 그렇다고 이와 같은 방법이 매우 어려운 것은 아니다. [그림 4-1]에 따르면 변수 및 데이터 형태를 변환하는 기본적인 방법은 크게 세 가지이다.

첫 번째로 변수 형태를 변환하는 방법에는 **'변수계산'**과 **'코딩변경'** 방법이 있다. 이 두 방법은 통계분석에서 매우 중요하다. 분석자는 이 두 기능을 활용하기 위해서 많은 연습을 해야 한다. 변수 형태의 변환에는 두 가지가 있는데 하나는 '변수계산'이고 다른 하나는 '코딩변경'이다. 그림에도 간략하게 설명되었듯이, **'변수계산'**은 한 개 이상의 변수를 활용하여 변수에 대한 사칙연산 기법을 적용하여 기존 변수를 연구자의 필요에 따라 새로운 형태의 변수로 만드는 데 활용된다. 예를 들면, 여러 문항이 척도화된 서열변수를 합쳐서 총점 및 평균 점수를 만들거나 아니면 연 소득을 12개월로 나누어 월 소득 변수를 만들 때 꼭 필요한 기능이다.

'코딩변경'은 기존에 입력된 데이터에 부여된 변수값의 다른 형태로 변환할 때 사용한다. 예를 들면, 비율변수로 측정된 연령 및 소득 변수를 연령대 또는 소득구간 등과 같은 서열변수로 변환할 때 사용할 수 있다. 또한 척도로 된 서열변수 중 역코딩을 해야 하는 변수가 있다면, 역코딩할 때도 유용한 기능이다.

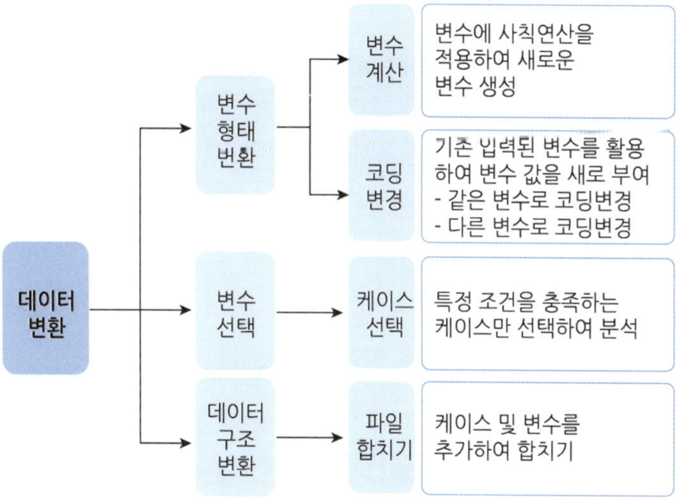

[그림 4-1] 데이터 변환 종류

다음으로 변수 선택 방법 중 '케이스 선택' 방법은 잘 알아두면 유용할 때가 많다. 이 방법은 분석하고자 하는 데이터 중 특정 조건을 충족하는 케이스만을 선택하여 분석을 실시할 수 있도록 도와주는 방법이다. 예를 들면, 데이터 중 '여성이면서 학력이 대졸 이상'인 응답자의 특성 등을 분석하고자 할 때 사용하면 유용하다. 이처럼 '케이스 선택'은 잘 활용하면 전체 데이터를 분석할 때와 다른 더 많은 정보를 생성할 수 있도록 돕는다.

마지막으로 '데이터 구조 변환'은 두 개의 데이터를 하나의 데이터로 합치고자 할 때 유용한 방법이다. 이때 합치기의 종류는 두 가지가 있는데, 하나는 '케이스 합치기'와 다른 하나는 '변수 합치기'이다. 즉 '케이스 합치기'는 두 개 이상의 동일한 데이터가 있을 경우, 이 두 데이터를 하나의 데이터로 만드는 데 도움을 준다. 그리고 '변수 합치기'는 두 개의 데이터가 각기 다른 변수로 구성이 되어 있을 때, 이 두 데이터를 하나의 데이터로 만드는 데 도움을 준다. 이 두 방법은 많은 데이터를 여러 명이 입력했을 때 하나의 데이터로 만들 때 유용하거나 또는 패널 데이터처럼 여러 해 데이터 중 서로 다른 변수명을 갖는 데이터를 하나로 만들고자 할 때 유용한 기능이다.

1. 변수 변환(코딩변경)

1) 코딩변경을 활용한 비율변수를 서열변수 형태로 변환

설문조사를 하면, 많은 비율변수가 조사된다. 그리고 이와 같은 비율변수는 분석에서 매우 중요한 의미를 갖는다. [그림 4-2]처럼 응답자의 소득에 대해 빈도분석을 실행시켰다고 하자. 비율변수 형태로 측정된 소득변수는 [그림 4-2]처럼 빈도분석을 하게 되면 개별 값들에 대한 빈도와 퍼센트가 제시된다. 제시된 그림은 전체 응답자의 일부분임을 고려한다면, 응답자가 많아질수록 소득의 빈도표는 매우 길어질 것이라는 것을 짐작할 수 있다. 이와 같은 빈도표를 보고서 및 논문에 그대로 활용하는 것은 매우 비효율적이라고 할 수 있다. 따라서 이와 같은 빈도표를 그대로 활용하기보다는 내용은 함축적이면서도 표의 길이도 줄여야 하는데, 이런 상황에서 유용한 방법이 '코딩변경'이다.

소득

		빈도	퍼센트	유효 퍼센트	누적퍼센트
유효	21.00	1	.5	.5	.5
	26.00	1	.5	.5	.9
	33.00	3	1.4	1.4	2.3
	34.00	2	.9	.9	3.2
	36.00	1	.5	.5	3.7
	37.00	5	2.3	2.3	6.0
	38.00	2	.9	.9	6.9
	39.00	4	1.8	1.8	8.7

[그림 4-2] 코딩변경 1

코딩변경을 위해서는 '**변환**' 메뉴를 클릭하면 된다. '**변환**' 메뉴를 클릭하면 [그림 4-3]처럼 두 개의 코딩변경 방법이 나온다. 먼저 첫 번째 방법인 '**같은 변수로 코딩변경**'은 기존에 입력된 변수에 대해서 입력 값을 변경할 때, 동일한 변수에다가 기존 변수값을 새로운 변수로 변경하는 방법이다. 이 방법을 사용하면, 원래 입력된 원자료가 사라지고 새로운 값이 입력된다. 따라서 특별한 목적이 있지 않다면, '**같은 변수로 코딩변경**'은 권하지 않는다. 두 번째 방법인 '**다른 변수로 코딩변경**'은 앞서 살펴본 방법과 달리 기존 변수와 변수값은 그대로 두어 새로운 변수를 만들고, 새로 만들어진 변수에 변환하고자 하는 변수값을 생성하는 방법이다. 따라서 분석자는 전자의 방법보다는 후자의 방법을 사용하여 어렵게 입력한 원자료가 사라지지 않도록 해야 한다.

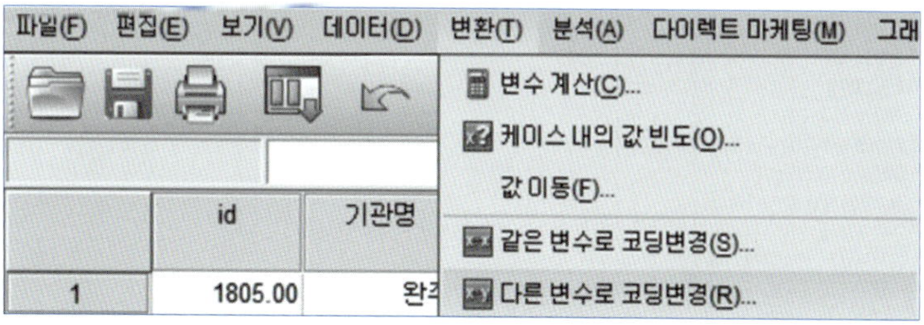

[그림 4-3] 코딩변경 2

'다른 변수로 코딩변경' 메뉴를 클릭하면 [그림 4-4]가 나타난다. 이때 왼쪽의 변수 리스트 중 변경하고자 하는 '소득'변수를 클릭하여 오른쪽에 옮겨 놓는다.

변수를 옮겨 놓으면 [그림 4-4]처럼 '소득→?' 표시가 나타난다. 이것은 기존 소득변수명을 대체할 수 있는 새로운 변수명을 지정하라는 의미이다.

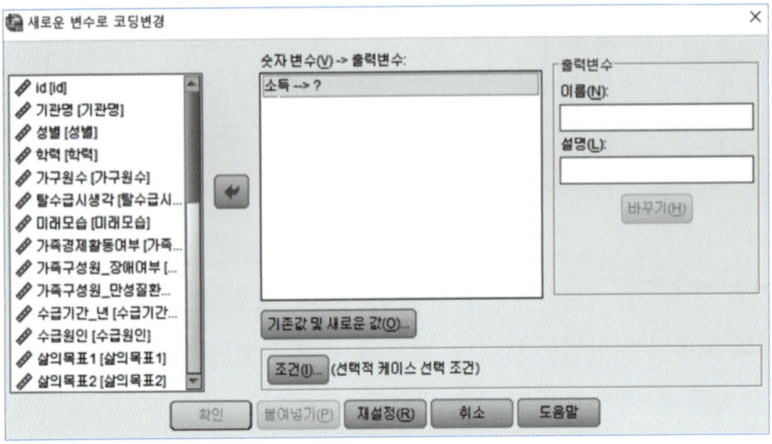

[그림 4-4] 코딩변경 3

[그림 4-5]처럼 새로운 변수명과 설명을 부여하고 '바꾸기' 아이콘을 클릭하면 좀 전까지 물음표였던 것이 새로운 변수명인 '소득구분'으로 변경된 것을 볼 수 있다.

다음으로 [그림 4-5]의 중간에 있는 '기존값 및 새로운 값' 아이콘을 클릭한다.

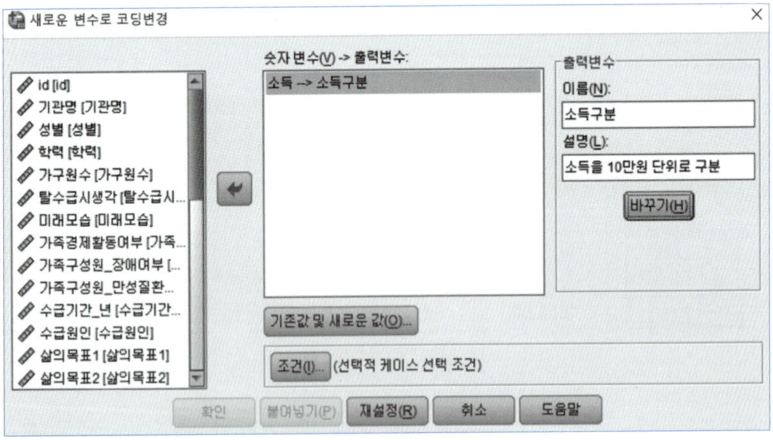

[그림 4-5] 코딩변경 4

'기존값 및 새로운 값' 창에서는 기존의 변수값을 새로운 값으로 변경시킬 수 있다.

현재 제시된 예는 비율변수로 측정된 소득변수를 소득구분, 즉 소득구간별로 코딩을 변경하는 과정이다.

소득을 구간별로 코딩변경하기 위해서는 [그림 4-6]처럼 **'범위'** 기능을 사용해야 한다.

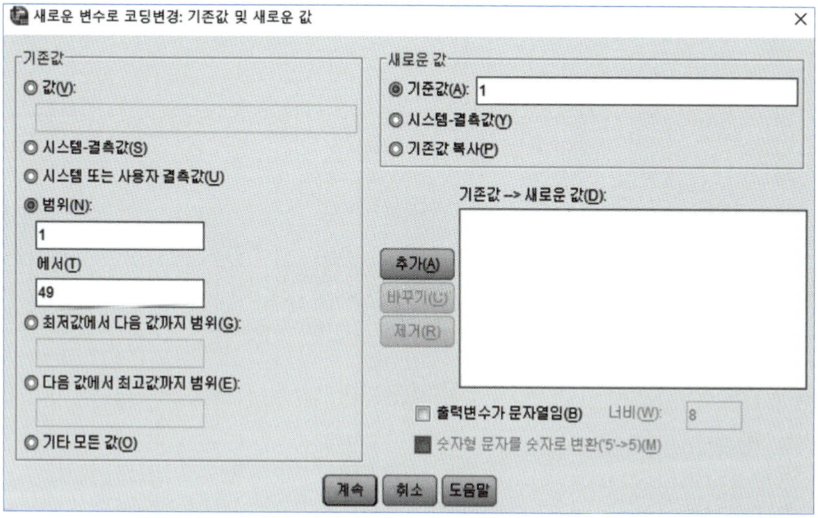

[그림 4-6] 코딩변경 5

이때 분석자는 먼저 소득을 구분하기 위해 필수적으로 해야 하는 과정이 있다. 그것은 과연 소득을 어떤 기준으로 구분하고, 구분하고자 하는 구간은 몇 개로 할 것인지이다. 이 과정에서 절대적인 기준은 없다. 다만, 연구자는 구간을 구분할 때, (1) 구간의 길이는 같아야 하며, (2) 구간과 구간이 겹쳐서는 안 된다는 두 가지 기준을 지켜야 한다. [그림 4-6]의 예에서는 소득을 50을 기준으로 구분하고 있다. [그림 4-6]은 소득을 구분하기 위해 **'범위'** 기능을 활용하여 **'기존값'** 중에 '1'에서 '49'로 응답된 사람들 모두 새로운 값에서 '기준값'에 '1'로 변경하라는 명령을 하고 있다. 다음으로 **'추가'**를 클릭하면 [그림 4-7]처럼 '1 thru 49 → '1'이 추가된 것을 확인할 수 있다.

이상과 같은 과정을 반복적으로 하여 [그림 4-7]처럼 세 개의 범주로 구분이 되었음을 확인할 수 있다.

단, 여기서 보다 쉽게 비율변수를 서열변수로 코딩을 변경하고자 한다면, 먼저 빈도분석을 실시한 후 최소값과 최대값을 파악하는 것이 좋다. 그래야만 보다 쉽게 구간의 길이와 수를 정할 수 있기 때문이다.

구간설정이 완료되면, '계속' 아이콘을 클릭한다.

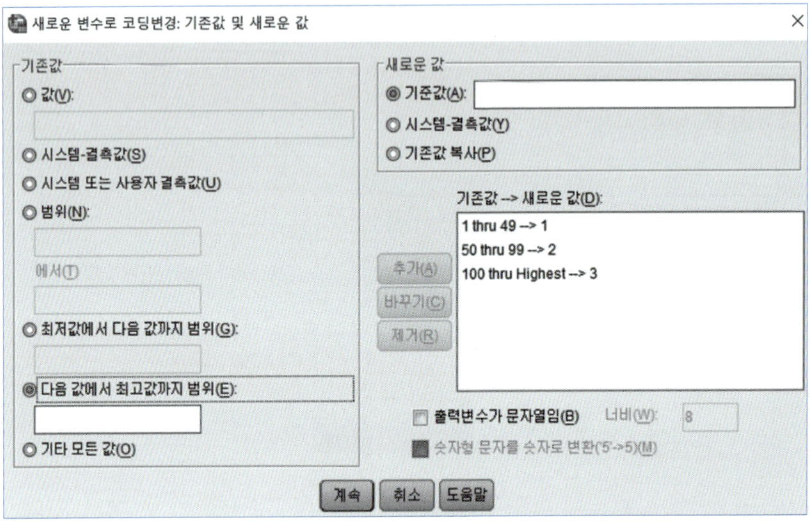

[그림 4-7] 코딩변경 6

지금까지 코딩변경을 위해 필요한 모든 과정을 마쳤다. 이제 남은 것은 '붙여넣기' 아이콘을 클릭하여 [그림 4-8]처럼 명령문을 생성하는 작업이다. 제시된 명령문을 살펴보면, 첫 줄에 분석 데이터 파일 이름이 제시되고, 두 번째 줄에 작업한 과정인 'RECODE'가 있다. 이것은 코딩을 변경하라는 의미이다. 그 뒤에 제시된 명령문은 50만 원 단위로 구간을 나누되 세 개로 구분하라는 것을 의미한다.

그리고 'INTO 소득구분'은 새로운 변수명을 소득구분으로 하라는 명령이다. 세 번째 줄에는 코딩변경하여 새롭게 만든 변수에 대한 설명이다. 제시된 명령문 전체를 블록으로 하여 "삼각형 모형"의 '선택 실행' 클릭 또는 'Ctrl + R'을 클릭하면 실행된다.

[그림 4-8] 코딩변경 7

명령문을 실행시키면 [그림 4-9]처럼 데이터 보기 마지막 부분에 '소득구분'이라는 없던 변수가 새롭게 만들어진 것을 확인할 수 있다. 이렇게 만들어진 새로운 변수는 그 변수의 성격이 명목변수 및 서열변수라면 한 가지 작업을 더 해야 한다. 그것은 바로 새롭게 만들어진 변수를 구성하는 변수값에 대한 설명을 붙여주는 작업이다.

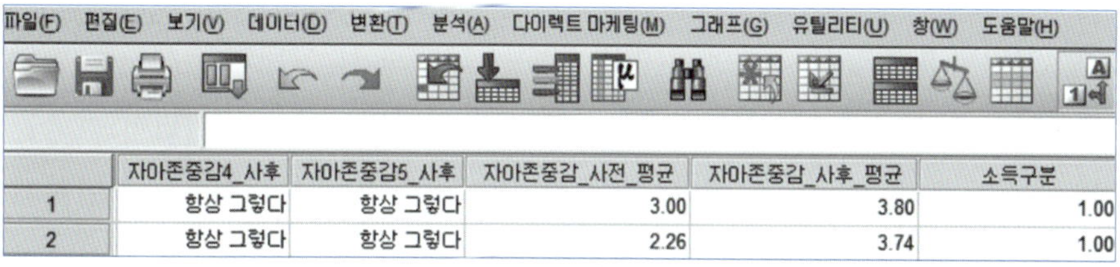

[그림 4-9] 코딩변경 8

새로 만들어진 변수의 변수값 설명은 [그림 4-10]처럼 '기준값'에 '숫자'를 입력하고, 설명은 구간을 구분한 '숫자나 내용'을 입력하면 된다.

모든 과정이 완료되면 '확인'을 클릭한다.

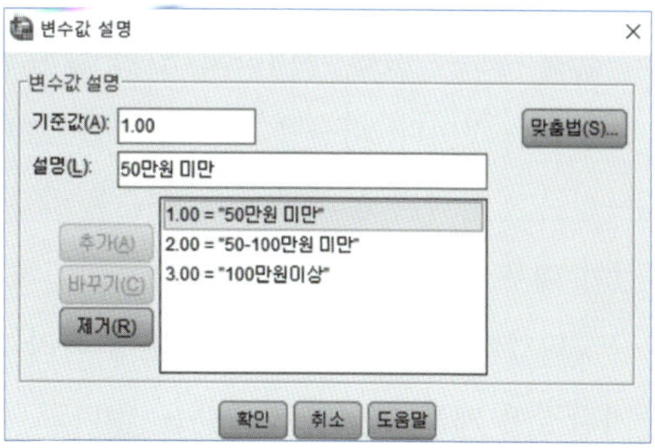

[그림 4-10] 코딩변경 9

코딩변경에 대한 모든 과정이 완료된 후, '소득구간'에 대한 빈도분석을 실시하면 [그림 4-11]처럼 간단명료한 빈도표를 확인할 수 있다. 앞서 제시된 코딩변경이 되기 전의 비율변수 형태의 소득변수와 다음에 제시된 서열변수 형태의 소득변수는 매우 다르다는 것을 쉽게 알 수 있다.

소득을 10만원 단위로 구분

		빈도	퍼센트	유효퍼센트	누적퍼센트
유효	50만원 미만	100	45.9	45.9	45.9
	50-100만원 미만	91	41.7	41.7	87.6
	100만원 이상	27	12.4	12.4	100.0
	합계	218	100.0	100.0	

[그림 4-11] 코딩변경 10

이처럼 코딩변경 기능은 기존에 입력된 변수는 그대로 둔 상태에서 새로운 형태의 변수를 생성함과 동시에 복잡해 보이던 변수를 보다 간단명료하게 줄이면서 정보를 제공해 주는 아주 유용한 기능이다. 이와 같은 코딩변경 기능은 빈도분석표를 간단하게 줄이는 정도의 활용에서 시작하여 이후에 배울 교차분석과 독립표본 T 검정, 분산분석 그리고 회귀분석에서 매우 유용하게 사용할 수 있다. 따라서 코딩변경은 언제든지 잘 활용할 수 있도록 꾸준한 연습이 필요하다.

2) 코딩변경을 활용한 척도의 역코딩

기존에 입력된 변수의 값에 새로운 값을 부여하되, 앞서 살펴본 '범위'를 활용하지 않고 변수값을 1 대 1로 변경하는 것이다. 다음에 제시된 예를 살펴보면 좀 더 쉽게 이해할 수 있다. 제시된 예는 설문 응답자의 삶의 만족도 수준을 측정하는 5점 리커트 척도이다. 리커트 척도는 1점이 매우 불만족, 5점이 매우 만족으로 점수가 커질수록 만족도의 수준이 높아지도록 구성되었다. 제시된 Q1, Q2 질문에 따라 ⑤번을 응답했다면, 현재 응답자는 자신의 주거환경이 매우 깨끗하고 소득도 많다고 응답했다는 것을 알 수 있다. 반면에 만약 Q3에서 ⑤번을 응답했을 때, 응답자의 의미는 무엇인가? 아마도 응답자는 자신을 괴롭히는 사람이 매우 많다라는 의미로 응답했을 것이다. 이처럼 Q1, Q2, Q3 질문에 대해 응답자가 동일하게 ⑤번을 응답했지만, 그 의미는 완전히 다르다는 것을 알 수 있다. 이처럼 Q3과 같은 문항을 '역문항'이라고 한다.

※ 다음은 귀하의 현재 삶의 만족도 수준을 측정하는 질문입니다.

	① 매우 그렇지 않다	② 그렇지 않다	③ 보통	④ 그렇다	⑤ 매우 그렇다
Q1. 주거환경에 대해 깨끗합니까?					√
Q2. 소득은 많다고 생각하십니까?					√
Q3. 힘들게 하는 사람이 많습니까?					√
:					
Q20 :					

[그림 4-12] 역코딩 변경 1

이와 같은 상황에서 응답자의 삶의 만족도 수준을 측정하기 위해, Q1부터 Q20번까지의 응답값을 모두 더해서 합계를 구하고, 그것을 다시 문항수로 나누어 평균 만족도 수준 점수를 얻었다면, 과연 그 평균값이 정확하게 측정된 값이라고 할 수 있는가?

답은 그렇지 않다. 앞서 언급했듯이, Q3번처럼 질문 자체가 다른 문항들과 달리, 부정적인 의미로 기술되었다면 이에 대해서는 반드시 점수의 역코딩 작업을 실시해야 한다. 여기서 말하는 '역코딩'은 다음의 내용을 의미한다. [그림 4-13]에서 제시된 것처럼, 기존에 입력된 값 ①, ②, ③, ④, ⑤를 역으로 ⑤, ④, ③, ②, ①순으로 값을 변경하면 된다. 이때 주의할 것은 변수값 설명을 동일하게 정의하는 것이다.

기존 값		코딩변경 과정		변경 값
① 매우 그렇지 않다	→	코딩변경 과정	→	⑤ 매우 그렇지 않다
② 그렇지 않다	→		→	④ 그렇지 않다
③ 보통	→		→	③ 보통
④ 그렇다	→		→	② 그렇다
⑤ 매우 그렇다	→		→	① 매우 그렇다

[그림 4-13] 역코딩 변경 2

역문항 변수를 역코딩할 때, 어떤 변수를 역코딩해야 하는가를 정하는 문제가 발생한다. 이때 가장 먼저 확인해야 할 것이 자신이 사용하고자 하는 원척도에서 정한 문항이나 방법들이 있는가이다. 원척도를 확인해도 명확하게 설명이 되어 있지 않다면, 관련 선행연구에서 어떻게 역코딩되었는지를 확인하면 된다. 마지막으로 앞서 언급한 두 가지 경우에도 해당되지 않는다면, 척도를 구성하는 전체 문항들을 꼼꼼히 확인하면 된다. 분석자는 20개 문항으로 구성된 척도에서 일부 문항만 부정 또는 긍정으로 기술이 되었는지를 확인해야 한다. 그 후에 개별 문항들을 확인한 후, 역코딩의 방향을 정하면 된다.

'다른 변수로 코딩변경' 메뉴를 클릭하면 [그림 4-14]와 같이 나타났다. 이때 왼쪽의 변수 리스트 중 변경하고자 하는 '삶의만족도3'변수를 클릭하여 오른쪽에 옮겨 놓는다.

변수를 옮겨 놓으면 [그림 4-14]처럼 '삶의만족도3 →?' 표시가 나타난다. 이것은 기존 삶의만족도3 변수를 대체할 수 있는 새로운 변수명을 지정하라는 의미이다.

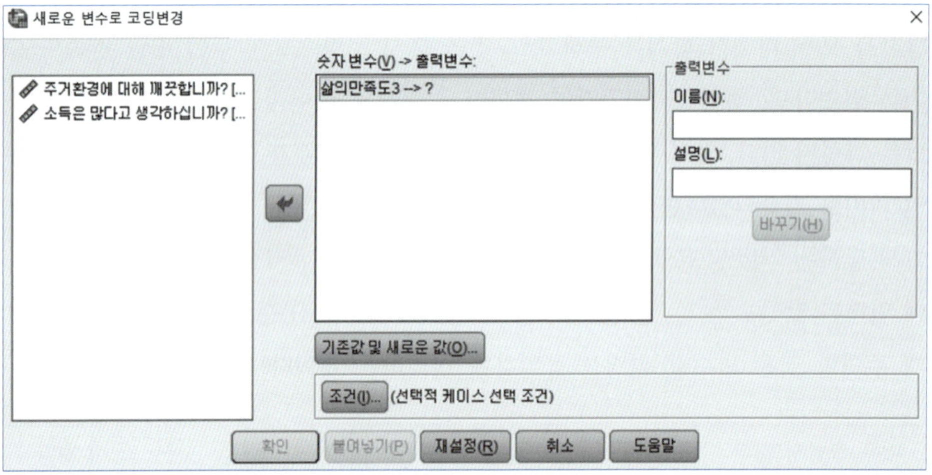

[그림 4-14] 역코딩 변경 3

[그림 4-15]처럼 새로운 변수명과 설명을 부여하고 '바꾸기' 아이콘을 클릭하면 좀 전까지 물음표였던 것이 새로운 변수명인 '삶의만족도3_R'로 변경된 것을 볼 수 있다.

다음으로 [그림 4-15]의 중간에 있는 '기존값 및 새로운 값' 아이콘을 클릭한다.

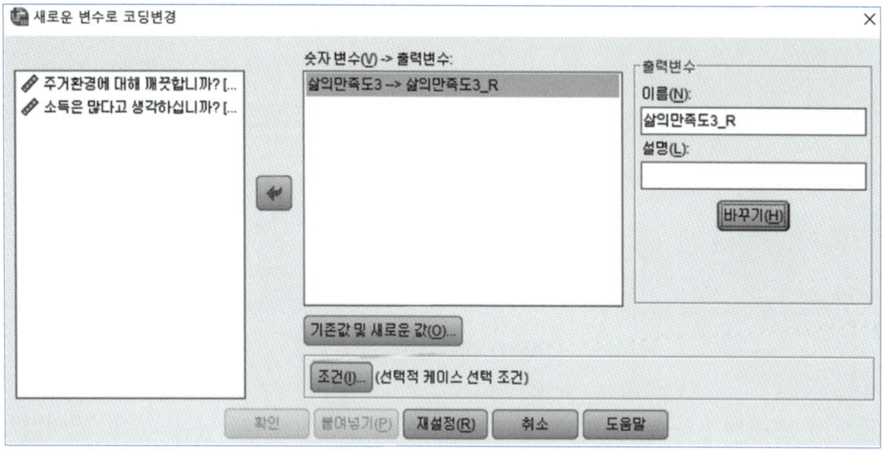

[그림 4-15] 역코딩 변경 4

코딩변경을 위해서는 '변환' 메뉴를 클릭하면 된다. '변환' 메뉴를 클릭하면 [그림 4-3]처럼 두 개의 코딩변경 방법이 나온다. '다른 변수로 코딩변경'은 앞서 살펴본 방법과 달리 기존 변수와 변수값은 그대로 두고 새로운 변수를 만들고, 새로 만들어진 변수에 변환하고자 하는 변수값을 생성하는 방법이다. 따라서 분석자는 전자의 방법보다는 후자의 방법을 사용하여 어렵게 입력한 원자료가 사라지지 않도록 해야 한다.

이때 분석자는 먼저 삶의만족도3 변수를 역코딩 위해 필수적으로 해야 하는 과정이 있다. [그림 4-16]처럼 기존값에 '값'에 '1', 새로운 값에 '5'를 입력하고 '추가' 아이콘을 누르면 된다. 이와 같은 과정을 '5'를 '1'로 변경하고 '추가' 아이콘을 클릭하면 된다.

이상과 같은 과정을 반복적으로 하여 [그림 4-16]처럼 '5'번까지 반복하면 된다. 역코딩 과정이 완료되면, '계속' 아이콘을 클릭한다.

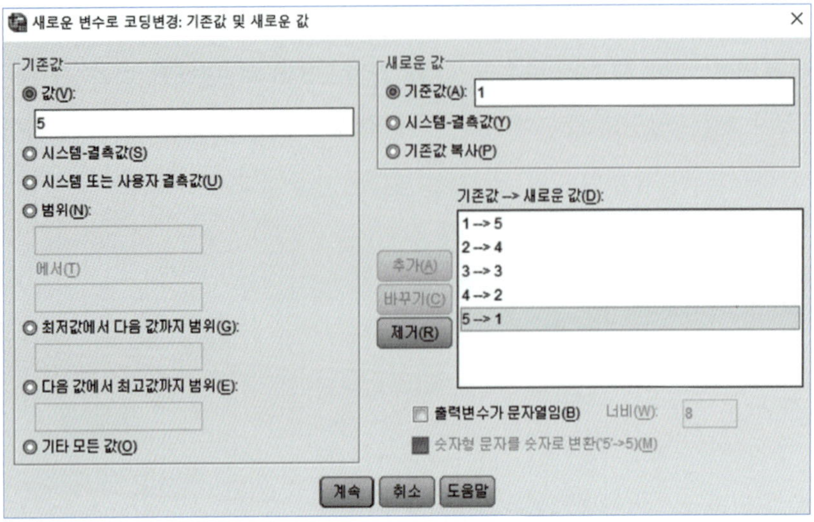

[그림 4-16] 역코딩 변경 5

지금까지 코딩변경을 위해 필요한 모든 과정을 마쳤다. 이제 남은 것은 '붙여넣기' 아이콘을 클릭하여 [그림 4-17]처럼 명령문을 생성한다. 제시된 명령문을 살펴보면, 첫 줄에 분석 데이터 파일 이름이 제시되고, 두 번째 줄에 작업한 과정인 'RECODE'가 있다. 이것은 코딩을 변경하라는 의미이다. 그리고 'INTO 삶의만족도3_R'은 새로운 변수명을 '삶의만족도3_R'로 하라는 명령이다. 세 번째 줄에는 코딩변경하여 새롭게 만든 변수에 대한 설명이다. 제시된 명령문 전체를 블록으로 하여 삼각형 모형의 '선택 실행' 아이콘을 클릭하면 실행된다.

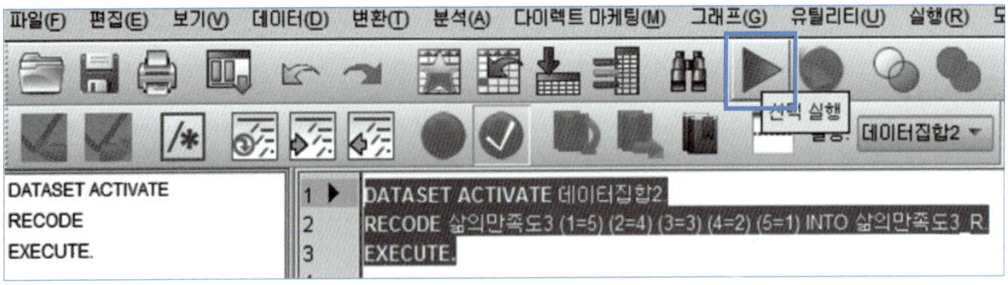

[그림 4-17] 역코딩 변경 6

역코딩 명령문을 실행하면, [그림 4-8]처럼 '삶의만족도3_R' 변수가 새롭게 생성된 것을 확인할 수 있다. 이렇게 변수가 이상 없이 만들어지고 나면, 역코딩하기 전 원래 변수와 역코딩된 변수를 비교해서 숫자가 제대로 변경되었는지를 확인해야 한다. 제시된 [그림 4-18]을 살펴보면 '삶의만족도3' 변수의 값 중 '2'값이 '삶의만족도3_R' 변수의 값 중 '4'로 변경되었다는 것을 알 수 있다. 이와 같은 방식으로 확인 작업을 함으로써, 역코딩이 제대로 이루어졌는지를 확인해야 한다.

	삶의만족도1	삶의만족도2	삶의만족도3	삶의만족도3_R
1	1.00	2.00	3.00	3.00
2	2.00	3.00	2.00	4.00
3	2.00	4.00	3.00	3.00
4	2.00	5.00	4.00	2.00
5	3.00	4.00	1.00	5.00

[그림 4-18] 역코딩 변경 7

추가적으로 만약 위의 [그림 4-18]처럼 숫자가 제대로 변경되었다면, 메뉴 중 을 클릭하여 다음의 [그림 4-19]처럼 의미 역시 변경되었는지도 확인해야 한다. 이러한 과정을 완벽하게 마쳐야만, 역코딩 작업이 완료되었다고 할 수 있다. 완료된 역코딩 변수와 다른 척도 변수들을 활용하여 전체 척도의 합 또는 평균을 구해야만 제대로 된 통계량 값, 즉 응답자의 생각을 정확히 측정할 수 있다.

	삶의만족도1	삶의만족도2	삶의만족도3	삶의만족도3_R
1	매우 그렇치 않다	그렇치 않다	보통	보통
2	그렇치 않다	보통	그렇치 않다	그렇다
3	그렇치 않다	그렇다	보통	보통
4	그렇치 않다	매우 그렇다	그렇다	그렇치 않다
5	보통	그렇다	매우 그렇치 않다	매우 그렇다

[그림 4-19] 역코딩 변경 8

2. 변수 계산

1) 기본적인 사칙연산

코딩이 완료되어 분석하다 보면, 종종 기존 입력된 변수를 다른 형태로 변환해야 할 때가 있다. 예를 들면, 기존 변수들을 합하거나 기본적인 사칙연산 기능을 활용하여 새로운 변수를 만들 필요가 있다. 또한 더 나아가 보다 간편하게 새로운 변수를 만들 수 있는 함수기능도 있다. 이처럼 새로운 변수는 연구를 진행하다 보면, 필수적으로 해야 하는 경우가 있다.

기존 입력된 변수를 변형시키려면, "변환→변수계산" 메뉴를 클릭하면 된다.

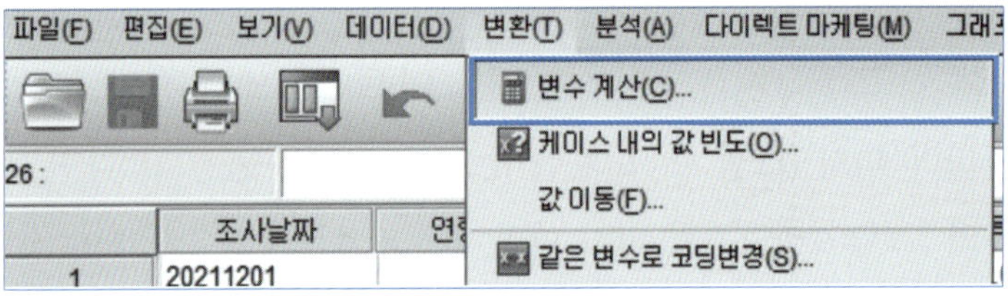

[그림 4-20] 사칙연산 1

(1) 더하기

가장 기본적인 기능이면서 자주 사용하는 '+' 기능을 살펴보자. 다음의 그림을 보면, 변수 지출1, 지출2, 지출3을 합하여 새로운 변수 '총지출' 변수를 만드는 명령문을 확인할 수 있다.

첫 번째 예는 단순한 '+' 기능을 활용한 방법이고, 두 번째 방법은 'SUM'이란 함수 명령문을 활용한 예이다. 두 예 모두 총지출을 만드는 명령이다. 따라서 얼핏 보면, 두 명령문에 따라 분석이 진행되면 같은 결과가 나올 것으로 기대한다.

'+' 기능 사용

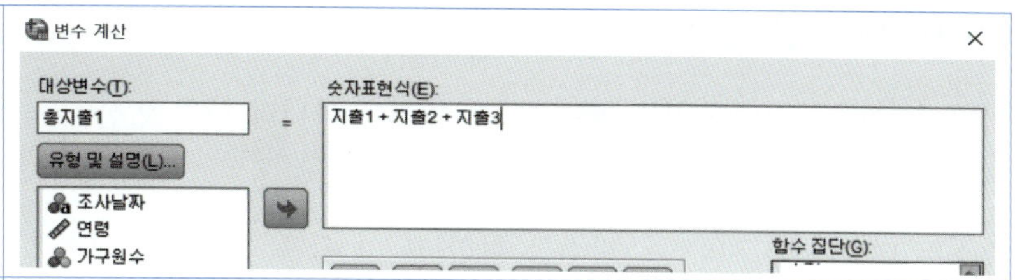

SUM 함수 사용

[그림 4-21] 사칙연산 2

위에서 언급한 두 명령문을 실행한 결과를 다음 데이터에서 확인할 수 있다. 총지출1과 총지출2 변수값이 전체적으로 비슷하나 지출3 변수값 중 1개의 케이스 값이 결측값으로 되어 있다. 그리고 그 결측값에 해당하는 총지출1 변수값은 계산되지 않았으며, 'SUM' 명령문을 사용한 총지출2 변수의 값에는 '70'이란 값이 계산되어 있는 것을 알 수 있다.

지출1	지출2	지출3	총지출1	총지출2
23.00	32.00	45.00	100.00	100.00
26.00	26.00	26.00	78.00	78.00
24.00	24.00	35.00	83.00	83.00
54.00	25.00	26.00	105.00	105.00
58.00	56.00	24.00	138.00	138.00
56.00	41.00	36.00	133.00	133.00
25.00	45.00	.	.	70.00
35.00	23.00	15.00	73.00	73.00

[그림 4-22] 사칙연산 3

이러한 결과는 여러 개의 변수를 '더하기' 또는 '빼기'를 할 경우, 그 값이 제대로 계산되어 입력되어 있는지 반드시 확인해야 한다. 또한, 변수 변환 과정을 거쳐 생성되는 모든 새로운 변수에 대해서, 과연 변환이나 계산이 제대로 되었는지를 확인하고 분석에 사용하기를 바란다.

(2) 사칙연산 중복 활용

이번에 단순히 더하기 또는 빼기를 하는 것이 아니라 다른 연산 기능을 활용해 보도록 하자. 예를 들면, 주어진 데이터에서 가구원 1인당 소득을 계산해 보자. 이를 위해 가구주소득 변수와 가구원소득 변수를 합한 후 그 값을 다시 가구원수로 나누고자 한다.

다음의 그림처럼 변수계산 기능을 활용하여 숫자표현식을 구성하고 확인을 클릭하면, [그림 4-23]처럼 '가구원1인당소득' 변수가 생성된 것을 확인할 수 있다.

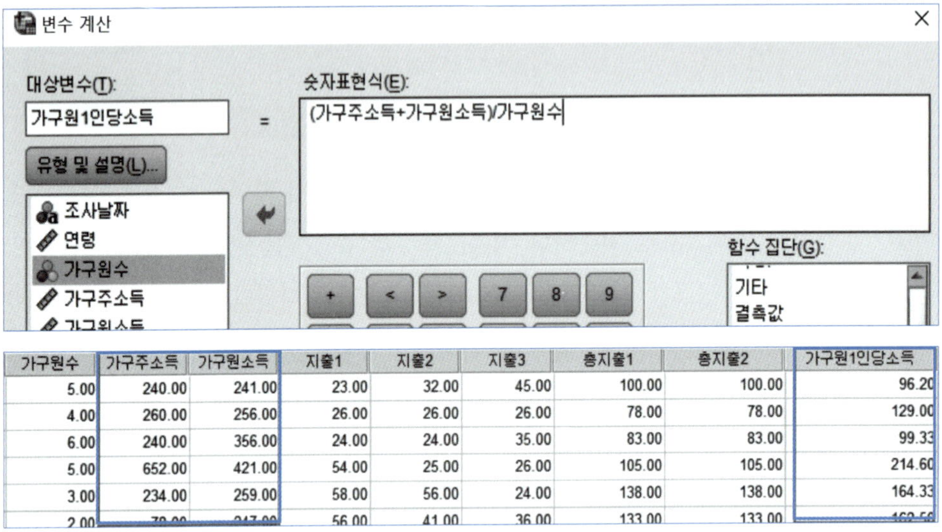

[그림 4-23] 사칙연산 4

이처럼 변수계산 기능은 투입된 변수들을 다양한 형태로 변환시킬 수 있다. 다만, 변수를 변형할 때는 변수의 속성에 주의해야 한다. 변환이 가능한 변수는 리커트척도 서열변수, 등간변수, 비율변수라는 것을 명심해야 한다.

2) 유용한 함수식

변수계산 기능에는 숫자표현식을 분석자가 편의대로 입력할 수 있다. 그러나 좀 더 효율적으로 분석하도록 제공하는 다양한 함수기능이 있다. 이 함수기능은 아래의 그림에서 표시된 것처럼 '함수집단'에 제시된 다양한 범주들이 함수들을 확인할 수 있다. 그리고 '모두' 메뉴를 클릭하면 '함수 및 특수변수' 모든 것들이 알파벳 순서대로 제시된 것을 확인할 수 있다.

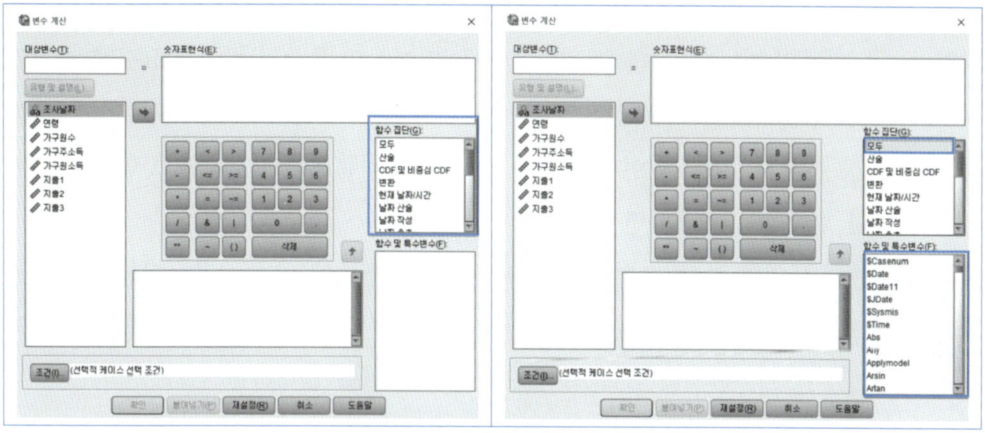

[그림 4-24] 사칙연산 5

다음은 변수계산에서 제공하는 다양한 함수 중 많이 사용하는 함수들을 추출하여 간단하게 정리하였다. 분석자가 아래의 표현식에 익숙해진다면, 시간적으로나 노력 면에서 효율적인 분석작업을 진행할 수 있다.

표 4-1 함수 숫자표현식

함수	함수 및 특수변수	숫자표현식	기능
산술	Mean	Mean(변수1, 변수 2..)	변수들의 평균값 계산
	Median	Medan(변수1, 변수 2)	변수들의 중위값 계산
	Sum	Sum(변수1, 변수 2..)	변수들의 합계
	Abs	A bs(변수)	소수점 있는 변수값을 절대값으로 변환
	Lg10	Lg10(변수)	변수를 상용로그로 변환. 0보다는 큰 변수값이어야 함
	Ln	Ln(변수)	변수를 자연로그로 변환. 0보다는 큰 변수값이어야 함
	Sqrt	Sqrt(변수)	변수를 제곱근 값으로 변환. 0보다는 큰 변수값이어야 함

3. 원자료 변수분포의 변환은 어떻게 할까?

'로그변환(Lg10, Ln), Sqrt'는 변수의 분포를 변환할 때 사용하는 함수이다. 변수의 분포를 변환한다는 것은 분석하고자 하는 변수가 정규분포를 갖지 못할 때, 변수의 분포를 변화시키는 방법의 하나다. 특히, 회귀분석이나 그 이상의 분석 방법에서 요구하는 정규성(정규분포)을 충족해야만 하는 경우 유용하게 사용할 수 있다. 따라서 회귀분석을 포함한 중급 이상 분석과정에서 데이터 변화를 통해 변수의 분포를 정규분포로 만들려면 위에서 언급한 함수들을 활용하면 된다.

사례를 통해 확인해 보자. 분석변수 중 가구원소득 변수에 대해 상용로그를 해보도록 하자. 상용로그를 하기 위해서는 함수집단에서 'LG10'을 클릭하면 표현식으로 만들고 물음표에 가구원소득 변수를 클릭하여 옮겨 놓고 확인을 클릭하면 된다.

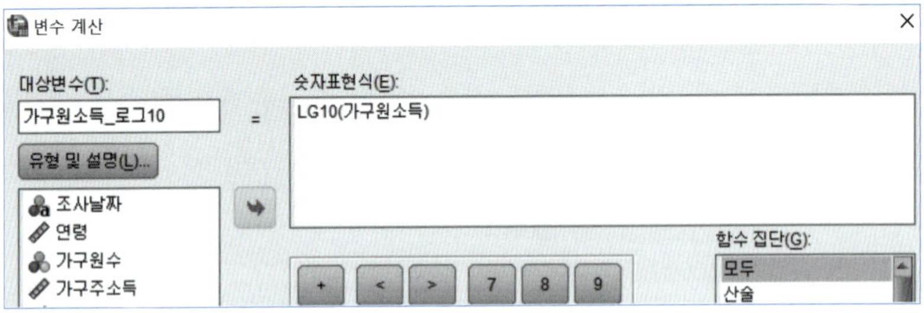

[그림 4-25] 로그변환 1

원자료인 가구원소득 변수값과 로그 변환한 '가구원소득_로그10' 변수값을 비교해 보면, 가구원소득에서 발생하는 응답자 간 가구원소득 변수값이 0보다 큰 값으로 변환되었다는 것을 알 수 있다. 또한 로그변환된 값을 보면, 대부분이 2점대 값을 갖고 있다는 것을 알 수 있다. 이는 원자료에서 발생하는 개인 간 소득편차로 인해 유사한 정규분포를 나타내지 못하고 있다. 그것은 아래 히스토그램 도표를 보면 확인할 수 있다. 막대도표 높이와 그 사이에 있는 정규분포곡선이 크게 일치하지 않는다는 것을 알 수 있다.

반면, 가구원소득 원자료를 로그변환한 새로운 변수값을 보면, 대부분 자료가 2점대로 로그변환하면서 큰 소득편차가 사라졌다. 그러한 소득편차가 2점대 값으로 변환된 것을 도표화한 아래의 그래프를 보면 정규분포 비슷하게 막대그래프의 높이와 곡선이 보인다는 것을 알 수 있다. 특히 그래프에 제시된 표준편차만 보더라도 매우 작게 변환되었다는 것을 알 수 있다.

이처럼 로그변환을 포함한 '제곱 변환' 역시 원자료 변수가 갖는 비정규성 등의 문제를 통계적으로 해결하는 방법으로 종종 사용된다. 특히, 소득, 자산, 지출, 부채 등과 같은 비율변수이면서 큰 값들이 나오거나 그로 인해 편차가 크게 나타날 가능성이 큰 변수에 대해서는 매우 유효한 방법이라고 할 수 있다. 이 방법은 적절하게 사용하면 많은 도움이 될 것이다.

가구원소득
241.00
256.00
356.00
421.00
259.00
247.00
263.00

가구원소득_로그10
2.38
2.41
2.55
2.62
2.41
2.39
2.42

↓ ↓

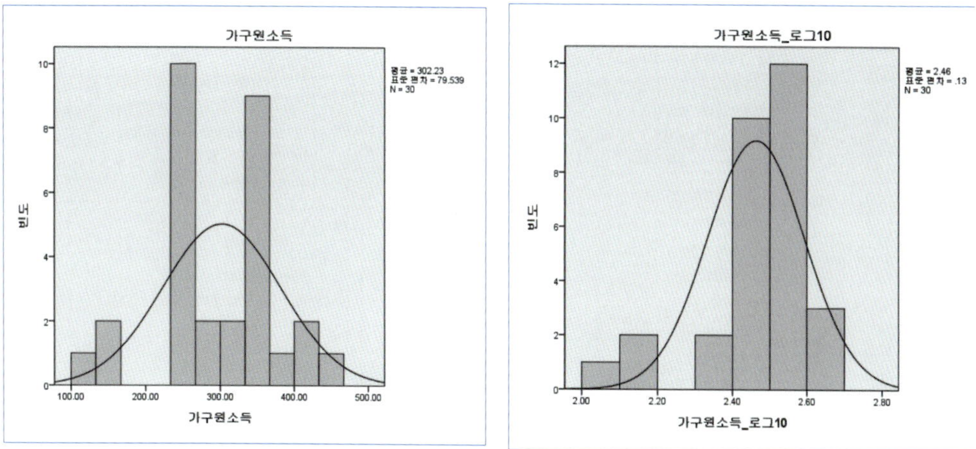

[그림 4-26] 로그변환 2

4. 케이스 선택

1) 단일 조건 적용 방법

일반적으로 자료분석은 주어진 상태에서 빈도분석, 교차분석 등을 진행한다. 하지만, 종종 특정 집단만을 선택해서 분석해야 하는 경우가 발생한다. 예를 들면, 응답자 중 남성만 추출해서 남성에 대한 특성 분석을 하거나 남성이면서 연령이 40대 이상인 사람들은 어느 정도의 소득수준을 가졌는지 등 대표적이라고 할 수 있다.

이처럼 자료분석에 있어서 연구자의 분석목적이나 상황에 맞는 대상을 추출하여 분석을 할 때 유용한 방법이 될 수 있는 것이 '케이스 선택'이다.

케이스 선택을 하기 위해서는 메뉴 중 '데이터 → 케이스 선택'을 클릭하면 된다. 케이스 선택 메뉴를 클릭하면 아래의 그림처럼 '모든 케이스' 메뉴가 활성화되어 있다. 이제 조건을 부여하기 위해서는 '조건을 만족하는 케이스' 메뉴를 클릭하면, '조건'이란 메뉴가 활성화된다. '조건' 아이콘을 클릭하면 된다.

[그림 4-27] 데이터 → 케이스 선택

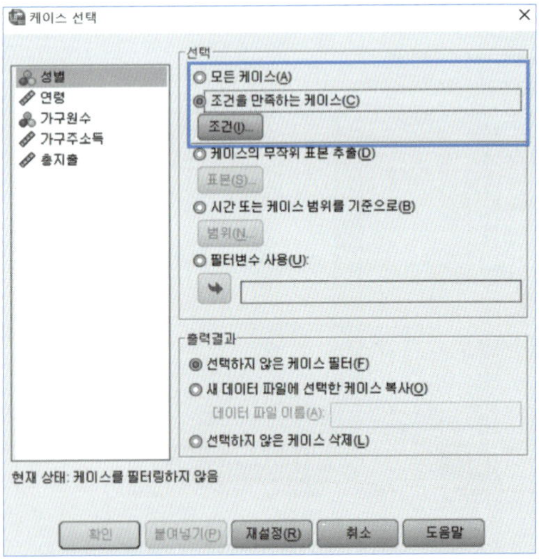

[그림 4-28] 단일 조건 적용 시 케이스 선택 1

'케이스 선택' 메뉴를 클릭하면 아래와 같은 창이 새롭게 보인다. 새롭게 나타난 창의 왼쪽에는 현재 데이터에 있는 변수 리스트가 보인다. 그중에 조건을 부여하고 있는 변수를 클릭하면 오른쪽 빈칸으로 옮기면 된다.

예를 들면, 성별 중 남성 참여자만 선택하겠다고 하면, 성별 변수를 클릭해서 오른쪽 빈칸으로 옮기고 '성별=1' 명령문을 만든다. 이 명령문 의미는 성별 변수에 '1'로 입력된 케이스만을 선택하라는 의미이다. 이 명령문을 완성한 후, '계속'을 누르고, 다시 '확인'을 클릭하면 명령문이 실행된다.

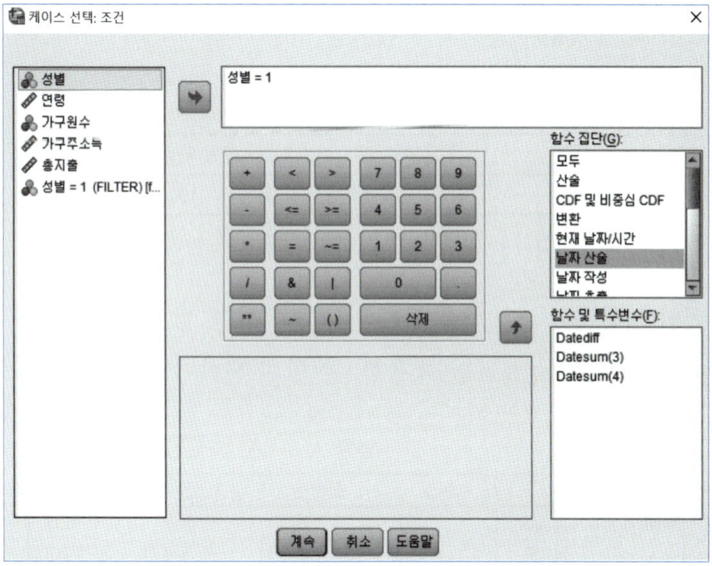

[그림 4-29] 단일 조건 적용 시 케이스 선택 2

위 명령문을 실행하면, 다음의 그림과 같은 변화가 데이터에 일어난다. 새롭게 나타난 변화는 왼쪽 숫자에 빗금이 생긴 순번과 그렇지 않은 순번이 나온다. 이는 '성별=1'인 케이스는 빗금이 없으며 반대로 빗금이 있는 케이스는 여성이라는 의미이다. 다른 변화는 변수 맨 마지막 줄에 새로운 변수 'filter_$'가 만들어진 것을 확인할 수 있다. 그리고 이 변수에 '1'과 '0'이 부여되었는데, 이 중 '1'은 조건문에 부합하는 케이스라는 의미이다. 따라서 새롭게 만들어진 변수 중 '1'로 입력된 케이스는 모두 남성이라는 의미이다.

	성별	연령	가구원수	가구주소득	총지출	filter_$
1	1.00	25.00	5.00	240.00	100.00	1
2	1.00	28.00	4.00	260.00	78.00	1
3	2.00	45.00	6.00	240.00	83.00	0
4	1.00	49.00	5.00	652.00	105.00	1
5	2.00	26.00	3.00	234.00	138.00	0

[그림 4-30] 단일 조건 적용 시 케이스 선택 3

성별 중 남성 케이스만 선택하라는 명령을 실행한 후, 빈도분석을 실행하면 전체 응답자 30명 중 15명만 즉, 남성만 추출되었다는 것을 다음의 빈도표에서 확인할 수 있다. 이렇듯 케이스 선택 명령문은 분석자의 특별한 연구목적을 달성하는 데 큰 도움이 된다.

성별

		빈도	퍼센트	유효 퍼센트	누적퍼센트
유효	남성	15	100.0	100.0	100.0

[그림 4-31] 단일 조건 적용 시 케이스 선택 4

남성만 선택한 상황에서 연령을 추가로 빈도 분석하면, 남성만 추출하여 다음의 표와 같은 남성의 연령에 대한 빈도표만 추출할 수 있게 된다.

연령

		빈도	퍼센트	유효퍼센트	누적퍼센트
유효	21.00	1	6.7	6.7	6.7
	24.00	1	6.7	6.7	13.3
	25.00	2	13.3	13.3	26.7
	28.00	1	6.7	6.7	33.3
	35.00	1	6.7	6.7	40.0
	45.00	3	20.0	20.0	60.0
	47.00	1	6.7	6.7	66.7
	49.00	1	6.7	6.7	73.3
	56.00	1	6.7	6.7	80.0
	58.00	1	6.7	6.7	86.7
	63.00	1	6.7	6.7	93.3
	78.00	1	6.7	6.7	100.0
	합계	15	100.0	100.0	

[그림 4-32] 단일 조건 적용 시 케이스 선택 5

다만, 한 가지 주의할 것은 만약 조건문을 사용한 분석의 목적을 이루었다면, 다시 데이터를 원래 상태, 즉 '모든 케이스' 상태로 돌려놔야 한다. 만약 그렇지 않으면, 의도하지 않게 전체 응답자를 분석해야 함에도 계속 남성 참여자만 선택해서 분석하게 된다. 따라서 조건문 적용이 끝났으면, 자료를 '모든 케이스'로 돌려놔야 한다.

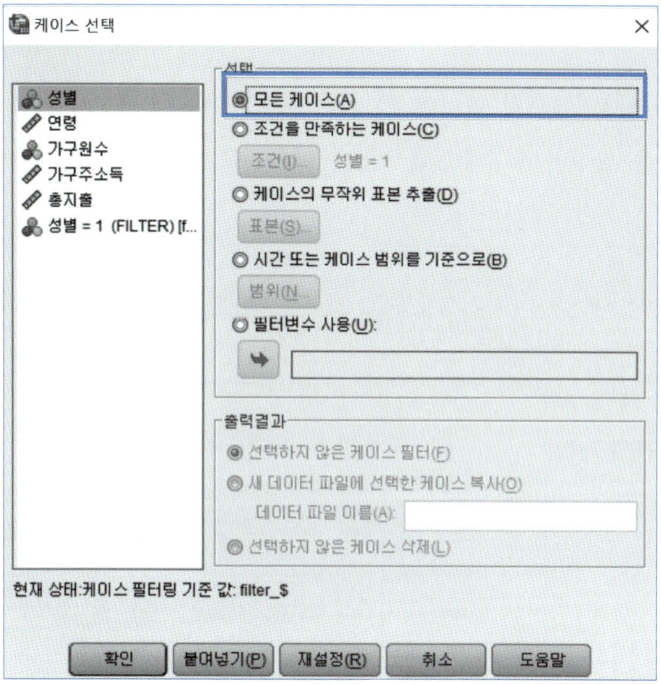

[그림 4-33] 단일 조건 적용 시 케이스 선택 6

2) 중복 조건 적용 방법

(1) A And B

앞서 하나의 조건문을 사용하여 하나의 조건만을 충족한 케이스만 추출하는 것을 배웠다. 이제는 조건이 두 개 이상 필요할 때는 어떻게 해야 할지에 대해서 배워보도록 하자.

먼저 'And(&)'에 대해서 살펴보도록 하자. 자료분석 명령에서 And 는 '그리고' 의미이다. '그리고'란 두 개상의 조건을 모두 충족한다는 의미이다. 따라서 만약

A And B는 A와 B 조건을 모두 충족한다

라는 의미이다. 따라서 이제 두 조건을 모두 충족한 케이스를 추출하는 방법을 살펴보자. 아래의 조건문을 보면,

성별=1 And(&) 연령〉=40

즉 성별이 '1(남성)'이면서 연령이 40대 이상인 사람 모두를 선택하라는 명령문이다. 이렇게 명령문을 완성한 후 '계속'과 '확인' 아이콘을 클릭하면 명령문이 실행된다.

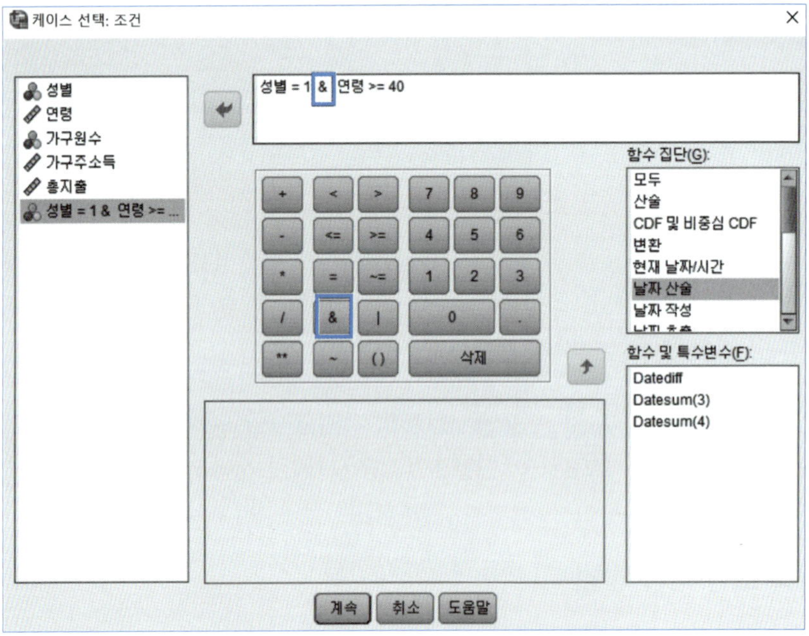

[그림 4-34] 중복 조건 적용 시 케이스 선택 1

성별이 남성이면서 40대 이상인 사람을 추출하라고 명령문을 실행하면 다음의 표와 같은 데이터 보기 창에 변화가 생긴다. 케이스 번호 4번, 8번, 10번, 12번, 13번을 제외한 다른 케이스 번호에는 빗금이 생겼다. 이는 빗금이 생긴 케이스를 제외하고는 다른 케이스들은 두 조건을 충족하지 못하고 있다는 것을 의미한다. 그리고 앞에서 설명했듯

이, 'filter_$' 변수가 만들어졌고, 두 조건을 충족한 케이스에만 '1'이 입력된 것을 확인할 수 있다.

	성별	연령	가구원수	가구주소득	총지출	filter_$
1	1.00	25.00	5.00	240.00	100.00	0
2	1.00	28.00	4.00	260.00	78.00	0
3	2.00	45.00	6.00	240.00	83.00	0
4	1.00	49.00	5.00	652.00	105.00	1
5	2.00	26.00	3.00	234.00	138.00	0
6	1.00	24.00	2.00	78.00	133.00	0
7	2.00	78.00	5.00	99.00	70.00	0
8	1.00	45.00	3.00	158.00	73.00	1
9	2.00	68.00	1.00	169.00	66.00	0
10	1.00	45.00	4.00	254.00	110.00	1
11	2.00	54.00	2.00	298.00	90.00	0
12	1.00	56.00	5.00	350.00	125.00	1
13	1.00	58.00	3.00	258.00	82.00	1

[그림 4-35] 중복 조건 적용 시 케이스 선택 2

성별 조건과 연령조건, 즉 남성이면서 40대 이상인 사람만 추출하라고 명령문을 실행한 후 성별에 대해 빈도분석을 실행하면, 남성은 9명만 분석에 투입되었다.

성별

		빈도	퍼센트	유효 퍼센트	누적퍼센트
유효	남성	9	100.0	100.0	100.0

[그림 4-36] 중복 조건 적용 시 케이스 선택 3

또한 연령 변수에 대해서도 빈도분석을 실시한 결과 두 조건을 충족한 9명의 연령만 분석되었다. 다음의 표에서 확인할 수 있듯이, 연령이 45세 이상만 분석에 투입되었다는 것을 다시 확인할 수 있다.

연령

		빈도	퍼센트	유효퍼센트	누적퍼센트
유효	45.00	3	33.3	33.3	33.3
	47.00	1	11.1	11.1	44.4
	49.00	1	11.1	11.1	55.6
	56.00	1	11.1	11.1	66.7
	58.00	1	11.1	11.1	77.8
	63.00	1	11.1	11.1	88.9
	78.00	1	11.1	11.1	100.0
	합계	9	100.0	100.0	

[그림 4-37] 중복 조건 적용 시 케이스 선택 4

(2) A Or B

두 개의 조건 중 어느 한 조건 하나만이라도 충족하는 케이스만을 추출하는 방법에 대해 배워보도록 하자. 이 명령문은 'Or(|)'에 대해서 살펴보도록 하자. 자료분석 명령에서 Or는 '또는' 의미이다. '또는'이란 두 개 이상의 조건 중 하나만을 충족해도 선택하라는 의미이다. 따라서 만약

A Or B는 A와 B 중 하나만 충족한다

라는 의미이다. 따라서 이제 두 조건을 하나만 충족해도 선택하라는 조건문을 보면,

성별=1 'Or(|)' 연령>=40

즉 성별이 '1(남성)'이거나 연령이 40대 이상인 사람 모두를 선택하라는 명령문이다. 이렇게 명령문을 완성한 후 '계속'과 '확인' 아이콘을 클릭하면 명령문이 실행된다.

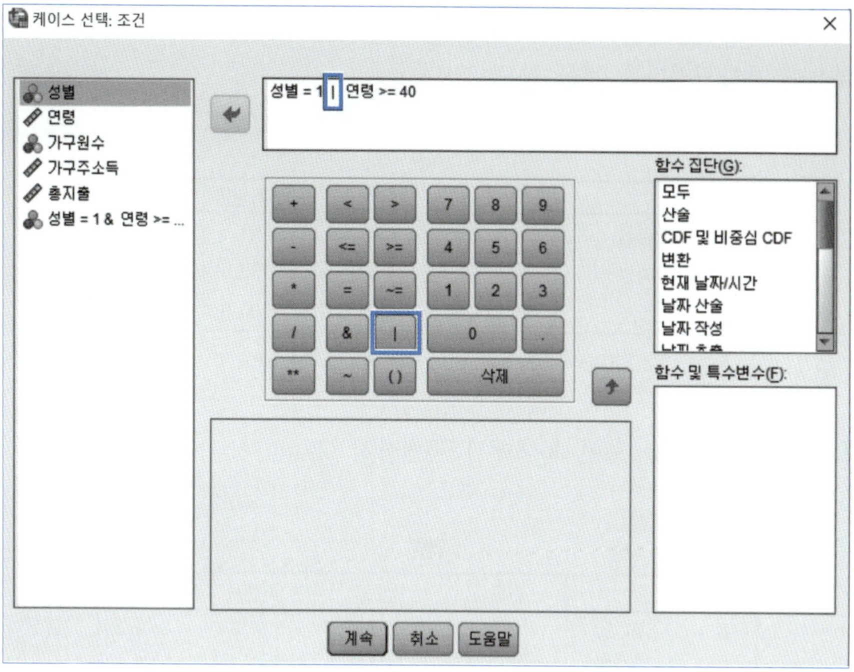

[그림 4-38] 중복 조건 적용 시 케이스 선택 5

위 명령문을 실행하면 다음과 같은 실행 결과가 데이터에 반영된다. 데이터 창을 보면, 5번 케이스를 제외하고는 모든 케이스에 빗금이 생기지 않았다. 이는 5번을 제외한 케이스는 남성이거나 남성이 아니더라도 40대 이상인 응답자라는 의미이다.

	성별	연령	가구원수	가구주소득	총지출	filter_$
1	1.00	25.00	5.00	240.00	100.00	1
2	1.00	28.00	4.00	260.00	78.00	1
3	2.00	45.00	6.00	240.00	83.00	1
4	1.00	49.00	5.00	652.00	105.00	1
5	2.00	26.00	3.00	234.00	138.00	0
6	1.00	24.00	2.00	78.00	133.00	1
7	2.00	78.00	5.00	99.00	70.00	1
8	1.00	45.00	3.00	158.00	73.00	1
9	2.00	68.00	1.00	169.00	66.00	1

[그림 4-39] 중복 조건 적용 시 케이스 선택 6

그리고 이런 명령문을 실행한 후 빈도분석을 실행하면, 남성 응답자와 여성 응답자 모두 분석에 투입되었다는 것을 알 수 있다.

성별

		빈도	퍼센트	유효 퍼센트	누적퍼센트
유효	남성	15	62.5	62.5	62.5
	여성	9	37.5	37.5	100.0
	합계	24	100.0	100.0	

[그림 4-40] 중복 조건 적용 시 케이스 선택 7

연령 변수 분석결과를 보면 20대에서 70대까지 다양하다.

연령

		빈도	퍼센트	유효 퍼센트	누적퍼센트
유효	21.00	1	4.2	4.2	4.2
	24.00	1	4.2	4.2	8.3
	25.00	2	8.3	8.3	16.7
	28.00	1	4.2	4.2	20.8
	35.00	1	4.2	4.2	25.0
	45.00	5	20.8	20.8	45.8
	47.00	1	4.2	4.2	50.0
	49.00	2	8.3	8.3	58.3
	54.00	1	4.2	4.2	62.5
	56.00	1	4.2	4.2	66.7
	58.00	1	4.2	4.2	70.8
	59.00	1	4.2	4.2	75.0
	62.00	1	4.2	4.2	79.2
	63.00	1	4.2	4.2	83.3
	65.00	1	4.2	4.2	87.5
	68.00	1	4.2	4.2	91.7
	78.00	2	8.3	8.3	100.0
	합계	24	100.0	100.0	

[그림 4-41] 중복 조건 적용 시 케이스 선택 8

이는 실행시킨 명령문이 남성이거나 40대 이상이면 모두 추출하라는 명령을 실행했기 때문이다. 혼동을 방지하기 위해 다음과 같이 자세하게 요약 정리하였다.

표 4-2 Or 다중 조건문의 의미

성별=1 'Or(｜)' 연령>=40	
구분	**의미**
성별=남성만 추출	연령에 상관없이 남성이면 모두 추출하시오.
연령=연령 40대 이상 추출	성별에 상관없이 연령이 40대 이상이면 모두 추출하시오.

5. 두 개 이상의 데이터 결합하기

1) 변수 합치기

두 개 이상의 데이터에 포함된 서로 다른 변수를 하나의 데이터에 합치는 경우는 일반적으로 패널조사 자료처럼 동일 대상으로 반복적인 설문조사를 통해 얻어진 경우이다. 패널조사 자료는 동일한 대상으로 여러 번 조사를 실시하는데, 기본적인 동일 변수를 유지하면서 새로운 변수를 추가하여 조사한 경우 각 데이터를 하나의 자료를 만들 때 사용하면 유용하다.

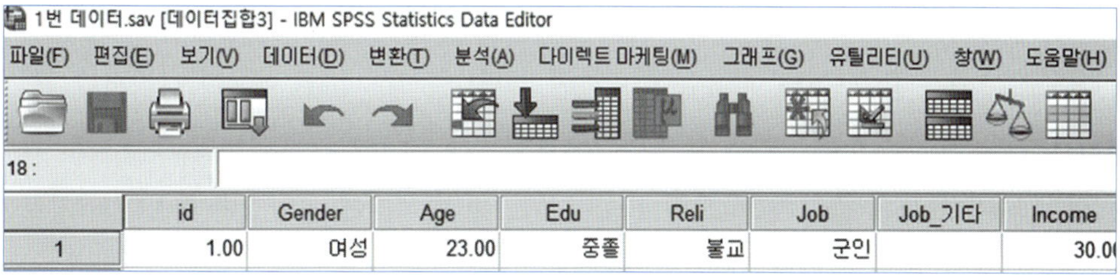

[그림 4-42] 변수 합치기 1

[그림 4-42]와 [그림 4-43]을 비교해 보자. [그림 4-42]는 파일명이 1번 데이터인데, 변수명이 id를 시작으로 Income 변수까지 포함되어 있다. 그리고 [그림 4-43]은 2번 데이터 자료로서, 다른 조사 자료로서 id 변수부터 Child 변수까지 포함되어 있다. 1번 자료와 2번 자료의 id를 살펴보면 동일하다는 것을 알 수 있다. 이것은 두 자료가 동일한 대상으로 수집된 자료라는 것을 의미한다. 그리고 두 자료의 변수명을 비교해 보면, 변수명이 중복되지 않는다는 것을 의미한다. 따라서 1번 자료와 2번 자료를 병합, 즉 두 자료를 합쳐서 하나의 완벽한 자료를 구성하여 조사한다면 좀 더 다양한 정보가 추출될 것을 기대해 볼 수 있다.

	id	Family	Child
1	1.00	8.00	3.00
2	2.00	4.00	2.00
3	3.00	5.00	1.00
4	4.00	6.00	2.00
5	5.00	2.00	4.00
6	6.00	4.00	5.00
7	7.00	2.00	3.00
8	8.00	3.00	2.00
9	9.00	1.00	1.00
10	10.00	5.00	2.00

[그림 4-43] 변수 합치기 2

'파일 합치기'를 실행하기 위해서는 먼저 두 개의 데이터 중 하나의 파일 중 다른 파일을 불러들일 파일을 열어 놓는다. 본 예에서는 '1번 데이터'이다.

다음으로 메뉴 중 '데이터' 메뉴를 클릭하면, '파일 합치기' 하위 메뉴가 나타난다. '파일 합치기' 메뉴를 클릭하면, '변수 추가'와 '케이스 추가' 메뉴가 나타난다.

'변수 추가' 기능을 클릭하면 [그림 4-45]처럼 1번 데이터에 붙일 2번 데이터의 경로를 설정하는 창이 새롭게 나타난다.

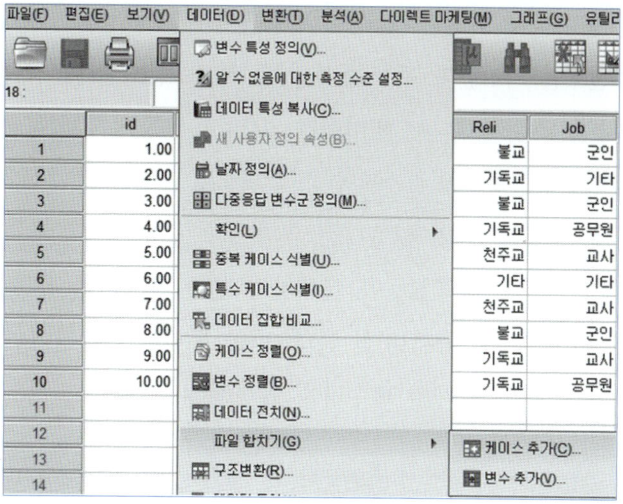

[그림 4-44] 변수 합치기 3

'변수 추가' 기능을 클릭하면, [그림 4-45]처럼 경로 설정이 나오는데, '2번 데이터'가 있는 경로를 설정하면 된다.

그리고 경로가 설정되면 '계속'을 클릭한다.

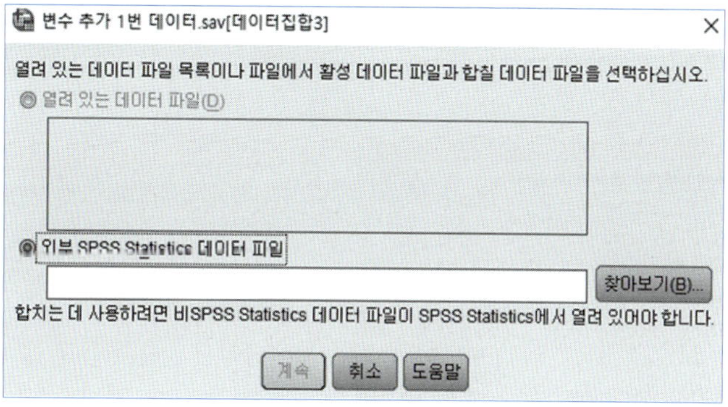

[그림 4-45] 변수 합치기 4

1번 데이터에 합칠 2번 데이터의 경로를 설정하고 '계속'을 클릭하면 [그림 4-46]처럼 합칠 변수를 선택할 수 있는 창이 나타난다. 다음의 [그림 4-46]을 살펴보면, 오른쪽에 '새 활성 데이터파일'이 있고 변수명에 (*) 표시가 되어 있음을 볼 수 있다. 이는 현재 1번 데이터에 포함된 변수를 의미한다. 그리고 변수명에 (+) 표시가 되어 있는 변수는 2번 데이터에 포함된 변수를 의미한다. 즉 새롭게 만들 자료에는 1번 데이터를 기본으로 해서 2번 데이터의 변수를 추가하겠다는 의미이다. 그리고 왼쪽에 **'제외된 변수'**는 현재 1번 데이터와 2번 데이터에 공통적으로 동일한 변수명으로 포함된 변수이기 때문에 새롭게 만들어진 데이터에는 포함시키지 않겠다는 의미이다.

여기서 주의할 것이 있다. 설명했듯이, 분석자가 '변수 추가' 기능을 통해 두 개 이상의 데이터를 합칠 때 변수명이 같아서는 안 된다. 만약 동일한 변수명이 여러 개 발생한다면, 분석자는 두 데이터 중 하나의 변수명을 변경해야 한다.

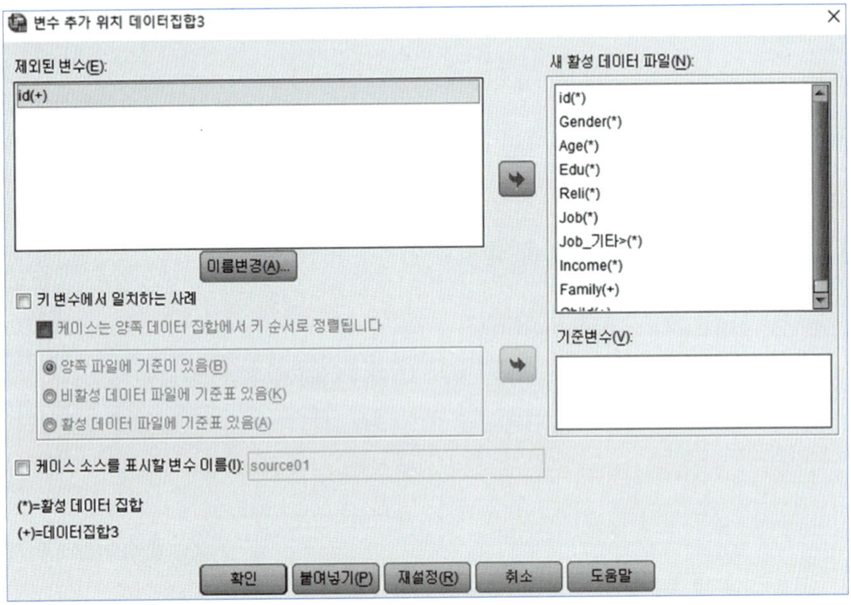

[그림 4-46] 변수 합치기 5

위의 [그림 4-46]처럼 새로운 데이터에 포함될 변수와 포함되지 않은 변수에 대해 검토가 이루어진 후, **'붙여넣기'** 또는 **'확인'**을 클릭하면 된다. 앞서 우리는 **'붙여넣기'**를 클릭하면 명령문이 생성되고 그것을 실행시키는 방법에 대해 여러 차례 연습한 바 있음을 기억하자. **'확인'**을 클릭하면, [그림 4-47]처럼 1번 데이터에 2번 데이터의 두 개의 변수가 동일한 id, 즉 id가 같은 사람 옆으로 변수가 합쳐진 것을 확인할 수 있다.

	id	Gender	Age	Edu	Reli	Job	Job_기타	Income	Family	Child
1	1.00	여성	23.00	중졸	불교	군인		30.00	8.00	3.00
2	2.00	남성	43.00	초졸	기독교	기타	음악가	20.00	4.00	2.00
3	3.00	남성	34.00	무학	불교	군인		43.00	5.00	1.00
4	4.00	남성	43.00	초졸	기독교	공무원		54.00	6.00	2.00
5	5.00	여성	23.00	중졸	천주교	교사		23.00	2.00	4.00
6	6.00	여성	56.00	고졸이상	기타	기타		45.00	4.00	5.00
7	7.00	여성	43.00	초졸	천주교	교사		54.00	2.00	3.00
8	8.00	남성	33.00	무학	불교	군인		23.00	3.00	2.00
9	9.00	남성	53.00	초졸	기독교	교사		12.00	1.00	1.00
10	10.00	여성	21.00	중졸	기독교	공무원		34.00	5.00	2.00

[그림 4-47] 변수 합치기 6

다시 강조하지만, 반드시 합치기할 데이터에는 동일한 변수명이 존재해서는 안 되며, 동일 대상으로 반복적으로 측정한 데이터라면 같은 id에 결합되도록 id 번호 순을 동일하게 하거나 id를 기준으로 결합되도록 해야 한다. 즉 다음의 [그림 4-48]의 중간에 있는 '키 변수에서 일치하는 사례'를 클릭하면 오른쪽에 '기준변수'가 활성화된다.

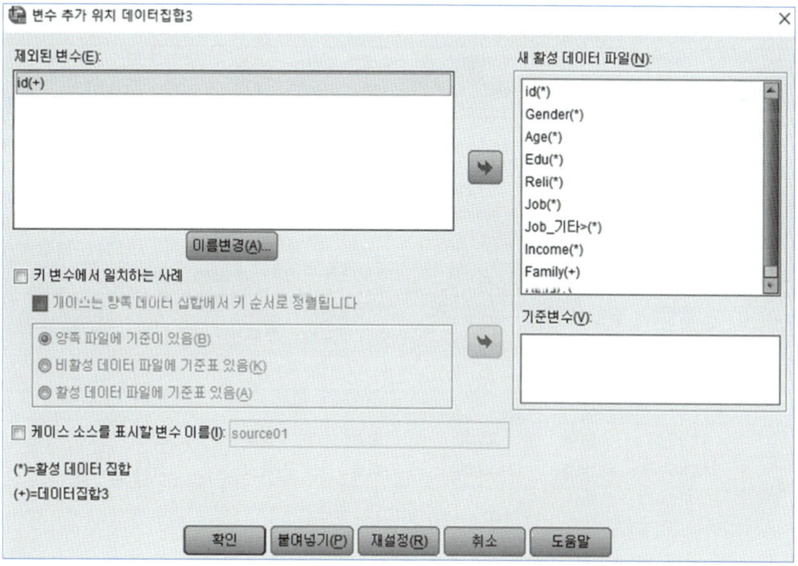

[그림 4-48] 변수 합치기 7

이때 'id' 변수를 클릭하여 **'기준변수'**로 옮기고 **'확인'**을 클릭하면, 두 개의 자료가 동일 id를 기준으로 합쳐진다. 이 기능 역시 잘 활용한다면, 대형자료 및 패널조사 자료를 활용하는 데 매우 유용하다고 하겠다. 많은 연습과 응용이 있다면, 분명 다양한 분석을 할 수 있는 데이터를 만들 수 있다.

2) 케이스 합치기

케이스 합치기 기능은 동일한 설문조사를 여러 명이 입력하여 완성된 자료를 하나로의 자료로 만들 때 사용하면 유용하다. 다음의 [그림 4-49]를 보면, 1번 데이터와 2번 데이터의 변수명이 동일하다는 것을 알 수 있다. 그리고 id를 살펴보면, 1번 데이터와 2번 데이터의 id가 다르다는 것을 알 수 있다. 즉 이것은 두 개의 동일한 데이터가 입력된 여러 응답자의 데이터들을 하나로 만들어 사용해야 한다는 것을 의미한다.

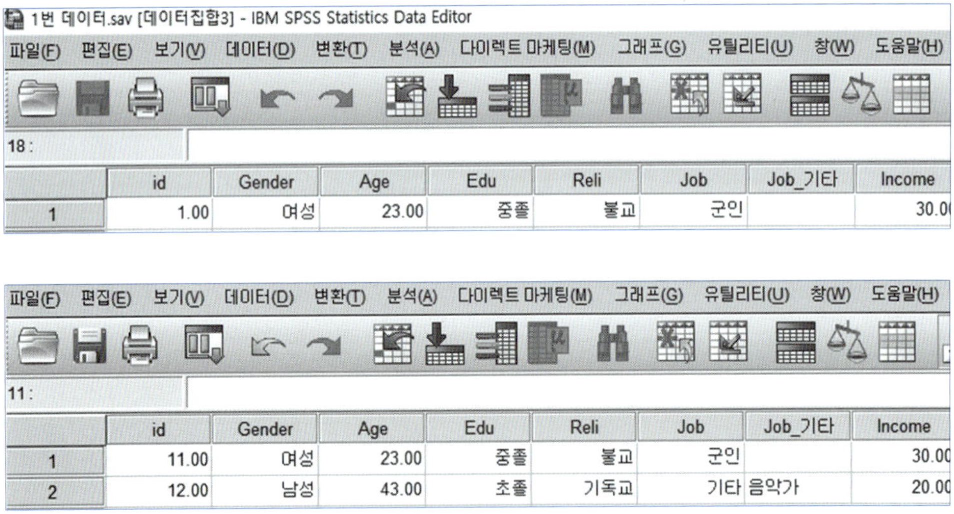

[그림 4-49] 케이스 합치기 1

'파일 합치기'를 위해서는 먼저 두 개의 데이터 중 기본이 되는 데이터를 열어 놓는다. 본 예에서는 '1번 데이터'이다.

다음으로 메뉴 중 '데이터' 메뉴를 클릭하면, '파일 합치기' 하위 메뉴가 나타난다. '파일 합치기' 메뉴를 클릭하면, '추가'와 '케이스 추가' 메뉴가 나타난다.

'케이스 추가' 기능을 클릭하면 [그림 4-51]처럼 1번 데이터에 붙일 2번 데이터의 경로를 설정하는 창이 새롭게 나타난다.

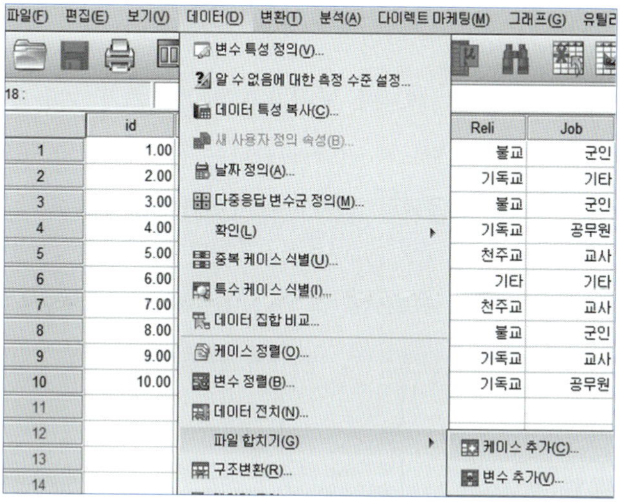

[그림 4-50] 케이스 합치기 2

'케이스 추가' 기능을 클릭하면, [그림 4-51]처럼 경로 설정이 나오는데, '2번 데이터'가 있는 경로를 설정하면 된다.

그리고 경로가 설정되면 '계속'을 클릭한다.

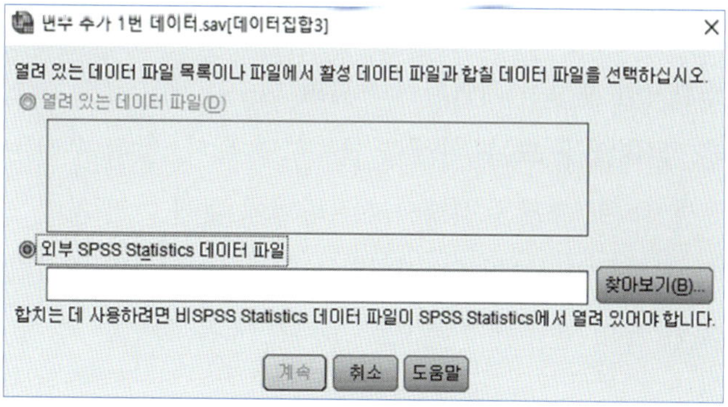

[그림 4-51] 케이스 합치기 3

1번 데이터에 합칠 2번 데이터의 경로를 설정하고 '**계속**'을 클릭하면 [그림 4-52]처럼 합칠 케이스를 선택할 수 있는 창이 나타난다. 다음의 [그림 4-52]를 살펴보면, 오른쪽에 '**새 활성 데이터 파일의 변수**'가 있다. 이는 현재 1번 데이터에 포함된 변수를 의미한다. 그리고 왼쪽에 '**대응되지 않는 변수**'는 현재 1번 데이터와 2번 데이터에 공통적으로 동일한 변수명으로 포함된 변수이기 때문에 대응되지 않는 변수가 없다는 것을 알 수 있다.

여기서 주의할 것이 있다. 설명했듯이, 분석자가 '**케이스 추가**' 기능을 통해 두 개 이상의 데이터를 합칠 때 변수명이 반드시 같아야 한다는 점이다. 만약 동일하지 않은 변수가 2번 데이터에 포함되면, '**대응되지 않는 변수**' 칸에 어떤 변수명이 나타난다.

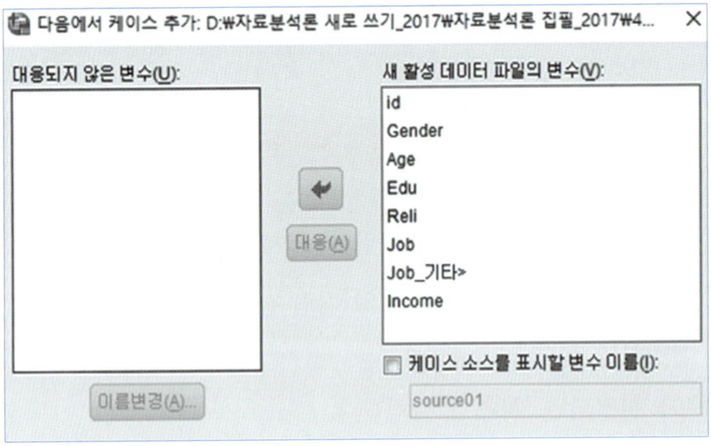

[그림 4-52] 케이스 합치기 4

위의 [그림 4-52]처럼 새로운 데이터에 포함될 변수와 대응되지 않는 변수에 대해 검토가 이루어진 후, '**붙여넣기**' 또는 '**확인**'을 클릭하면 된다. 앞서 우리는 '**붙여넣기**'를 클릭하면 명령문이 생성되고 그것을 실행시키는 방법에 대해 여러 차례 연습한 바 있음을 기억하자. '**확인**'을 클릭하면, [그림 4-53]처럼 1번 데이터에 2번 데이터의 두 개 변수의 각각 10명 응답자가 동일 변수를 기준으로 합쳐진 것을 확인할 수 있다.

	id	Gender	Age	Edu	Reli	Job	Job_기타	Income
1	1.00	여성	23.00	중졸	불교	군인		30.00
2	2.00	남성	43.00	초졸	기독교	기타	음악가	20.00
3	3.00	남성	34.00	무학	불교	군인		43.00
4	4.00	남성	43.00	초졸	기독교	공무원		54.00
5	5.00	여성	23.00	중졸	천주교	교사		23.00
6	6.00	여성	56.00	고졸이상	기타	기타		45.00
7	7.00	여성	43.00	초졸	천주교	교사		54.00
8	8.00	남성	33.00	무학	불교	군인		23.00
9	9.00	남성	53.00	초졸	기독교	교사		12.00
10	10.00	여성	21.00	중졸	기독교	공무원		34.00
11	11.00	여성	23.00	중졸	불교	군인		30.00
12	12.00	남성	43.00	초졸	기독교	기타	음악가	20.00
13	13.00	남성	34.00	무학	불교	군인		43.00
14	14.00	남성	43.00	초졸	기독교	공무원		54.00
15	15.00	여성	23.00	중졸	천주교	교사		23.00
16	16.00	여성	56.00	고졸이상	기타	기타		45.00
17	17.00	여성	43.00	초졸	천주교	교사		54.00
18	18.00	남성	33.00	무학	불교	군인		23.00
19	19.00	남성	53.00	초졸	기독교	교사		12.00
20	20.00	여성	21.00	중졸	기독교	공무원		34.00

[그림 4-53] 케이스 합치기 5

Chapter

05

SPSS 통계프로그램을 활용한 교차분석

1. 빈도분석과 교차분석의 차이

교차분석과 빈도분석의 큰 차이는 분석에 활용하는 변수의 수 차이다. 즉 빈도분석이 개별 변수에 대한 빈도와 백분율 또는 평균과 표준편차 값을 제시한다고 했을 때, 교차분석은 두 변수를 활용하여 새로운 정보를 추출할 수 있다는 점에서 차이를 갖는다. 예를 들면, 빈도분석에서 명목변수인 성별 변수와 서열변수인 교육수준 변수를 분석하면 성별과 교육수준의 빈도와 백분율 값이 각각 다른 빈도표로 제시된다.

반면, 교차분석은 성별 변수와 서열변수를 교차하여 새로운 정보를 추출한다. 즉, 교차분석을 하게 되면 성별에 따라 교육수준에 차이가 있는지 또는 교육수준에 따라서 성별에 차이가 있는지 등과 같은 좀 더 다양한 정보를 얻을 수 있다.

제시된 [표 5-1]에 따르면 두 분석 방법이 어떠한 차이를 갖는지 확연히 구분할 수 있다. 그중에서도 중요한 차이는 바로 가설검정을 통한 비교집단 간 차이를 통계적으로 검정할 수 있다는 점이다. 즉 빈도분석은 개별 변수들에 대해 단순한 빈도와 평균을 살펴보는 수준이지만, 교차분석은 분석에 투입되는 두 변수 간에 분포의 차이를 통계적이고 과학적으로 검정할 수 있다는 점이다.

표 5-1 빈도분석과 교차분석의 비교

분석방법	빈도분석	교차분석
활용변수의 속성	명목변수, 서열변수, 비율변수	명목변수, 서열변수
활용변수 수	1개 이상	2개
정보의 양	빈도, 백분율, 평균, 표준편차 등	빈도, 백분율
가설검정	불가	가능
차이 검정 여부	집단 간 차이 여부 판단 불가능	카이제곱 검정을 통해 집단 간 차이 여부 판단 가능

예를 들면, 빈도분석에는 남성의 학력수준과 여성의 학력수준 차이를 단순히 수치적으로는 비교할 수 있지만 과연 그 차이가 실제 존재하는 차이인지 그리고 중요한 차이

인지를 구분하기 어렵다. 반면에 교차분석을 통해 이루어지는 카이제곱 검정은 남성의 학력수준과 여성의 학력수준을 통계적으로 비교분석할 수 있게 해준다. 카이제곱 검정 (χ^2 - test)에 대해서는 분석 방법에서 좀 더 자세하게 설명하고 있다.

2. 교차분석을 이해하기 위한 중요한 개념

교차분석은 지금까지 살펴본 '빈도분석', '기술통계 분석' 그리고 '데이터 탐색 분석'과 달리 확률의 개념을 활용한다. 교차분석은 확률의 개념을 활용하여 분석자가 알고자 하는 가설을 검정하는 데 도움을 주고 있다. 따라서 지금까지와는 다르게 좀 더 배워야 할 용어와 내용들이 있다. 물론 좀 더 정확한 확률통계를 이해하고자 한다면, 통계학 책을 두고 교차분석을 공부해야 할 것이다. 본서에서는 교차분석 및 이후에 배워야 하는 다양한 통계분석에서 반드시 알아야 되는 최소한의 개념과 내용들만을 간략하게 설명하고자 한다. 만약 필자의 설명이 부족하다고 생각된다면, 관련 통계학 및 수리통계 책을 참고할 것을 권한다.

1) 가설검정 절차

가설설정	모든 분석에 앞서, 분석을 통해 알고자 하는 대립가설과 귀무가설을 설정한다.
유의수준 설정	설정한 가설을 검정할 때, 신뢰수준과 그에 따른 귀무가설의 기각 기준이 되는 유의수준(α)을 설정한다. 일반적으로 95% 신뢰수준에서 유의수준을 0.05로 설정한다.
분석 방법 선정	연구목적과 분석에 맞는 통계분석 방법을 정한다.

분석 실행	분석을 실행한다. 이때 중요한 지식은 변수의 속성(명목, 서열, 비율)을 이해한 상태에서 분석 방법에 맞게 변수를 투입해야 한다.
분석결과 해석	분석결과에 따라 적절한 분석을 실시한다.
보고서 작성	분석결과에 기초하여 보고서를 작성한다.

[그림 5-1] 가설검정 절차

2) 가설의 개념과 종류

앞서 언급한 것처럼, 교차분석은 가설을 검정하는 방법 중 하나이다. 그렇다면 가설이란 무엇인가? 일반적으로 가설이란 연구자가 알고자 하는 모집단 또는 보수의 특성으로 추정되거나 알려진 값을 의미한다. 좀 더 쉽게 설명하면, 연구자가 알고자 하는 사실 또는 지식이라고 할 수 있다.

이러한 가설에는 정의하는 기준에 따라 다양한 가설이 존재한다. 일반적으로 가설을 얘기할 때 자주 언급되는 가설은 **'영가설'**과 **'대립가설'**이다. 이 중 연구자가 관심을 갖는 가설은 대립가설 또는 연구가설이라 하고, 이러한 대립가설을 직접적으로 증명하기보다는 대립가설에 반대되는 표현으로 귀무가설을 세운다. 이와 같은 방식으로 가설을 세우는 것은 대립가설을 직접적으로 증명하기보다는 귀무가설을 세우고 귀무가설을 기각할 수 있는 통계자료를 활용하여 대립가설을 채택하는 것이 보다 쉽기 때문이다. 더 쉬운 이해를 위해 다음의 제시된 예를 살펴보도록 하자.

우리는 세상의 모든 까마귀는 검정색이라고 학습해 왔다. 그렇다면 세상의 모든 까마귀는 정말 검정색일까? 이 질문의 바탕에는 '아마 세상의 모든 까마귀가 검정색은 아닐 거야'라는 가설이 있다고 하자. 이 가설이 과연 맞는지 아니면 맞지 않는지를 검정하는 방법에는 무엇이 있는 것인가? 여러 가지 방법이 있겠지만, 한 가지 방법은 지금까지 알려진 전제, 즉 세상의 모든 까마귀가 검정색이라는 지식 및 정보가 더 이상 사실이 아니라는 것을 증명하기 위해서는 검정색이 아닌 까마귀를 찾으면 된다. 그리고 우리는 그 가설이 진실인지를 증명하기 위해서 많은 까마귀가 필요하지 않다는 것을 바로 알 수 있다. 그 이유는 모든 까마귀가 검정색이라고 했으니, 검정색이 아닌 까마귀를 발견할 때까지 찾되, 그 까마귀 수가 1마리, 5마리 또는 10마리면 충분할 것이다. 여기서 언급된 가설들을 정리하면 다음과 같다.

- 세상의 모든 까마귀는 검정색이다 = 귀무가설(영가설)
- 세상의 모든 까마귀는 검정색이 아니다 = 대립가설(연구가설)

그리고 귀무가설과 대립가설의 표현이나 표기는 다음과 같다.

표 5-2 가설의 종류와 표기

가설종류	표기	기술	예
귀무가설	M = F	- M과 F는 같다 - M과 F는 차이가 없다	- 남성과 여성의 소득은 같다 - 남성과 여성의 소득에는 차이가 없다
대립가설	M ≠ F	- M과 F는 같지 않다 - M과 F는 차이가 있다	- 남성과 여성의 소득은 같지 않다 - 남성과 여성의 소득에는 차이가 있다

일반적으로 분석자 또는 연구자가 관심을 갖고 있는 가설은 연구가설인 대립가설이다. 보통의 경우, 분석을 할 때 연구자는 대립가설을 상정하고 바로 분석을 실시한다. 따라서 귀무가설을 따로 설정하거나 기술하지 않지만, 분석자 또는 연구자는 생각 또는 분석노트 어딘가에 이상의 두 가설에 대해 기억하거나 메모하는 것이 바람직하다고 하겠다.

3) 신뢰수준, 유의수준과 유의확률 관계

유의수준(α)과 유의확률(P-Value)의 개념은 자료분석을 하는 학생들이 어려워하는 개념 중에 하나이다. 사실, 이 개념을 충분히 그리고 제대로 이해하고자 한다면, 조사방법론에서 배웠던 1종 오류, 2종 오류와 같은 가설검정 오류의 개념에 대해 배워야 하거나 기억해 내야 한다. 실로 학생들이 정말로 어려워하거나 기피하는 개념이다. 본서에서는 각각의 주요 내용들을 자세하게 설명하기보다는 통계분석을 통해 얻어진 결과에 대해 가설검정할 수 있는 기본적인 기준들을 간략하게 설명하였다.

〈표 5-3〉을 살펴보면, 신뢰수준 90%, 95%, 99%에 따라 유의수준이 0.1, 0.05, 0.01로 제시되었다. 일반적으로 신뢰수준이란 동일한 실험을 반복적으로 했을 때 유사한 결과를 반복적으로 얻을 확률이다. 따라서 사회과학에서 주로 활용하는 95% 신뢰수준은 동일한 실험을 100회 반복했을 때 적어도 95회는 동일한 결과를 얻을 확률을 의미하고, 다른 결과를 보인 5회의 실험에 대해서는 5%의 오차가 발생했다고 말한다. 여기서 말하는 오차가 쉽게 말하면 유의수준이 된다고 할 수 있다.

이러한 신뢰수준의 개념을 이해한 상황에서 우리는 앞서 살펴본 가설검정 개념과 함께 내용을 연결해서 이해해야만 가설검정을 할 수 있다. 만약 귀무가설과 연구가설인 대립가설을 설정하고 실험을 했다면, 연구자는 두 가설 중 어느 한 가설을 선택해야 한다. 이때 필요한 개념과 기준이 신뢰수준과 유의수준이다. 즉 연구자가 자신의 연구에서 신뢰수준을 어느 수준으로 설정하는가에 따라서 허용오차인 유의수준이 자연스럽게 정해진다. 〈표 5-3〉에 따르면 각 신뢰수준에 따른 유의수준을 알 수 있다. 일반적으로 사회과학에서는 95%의 신뢰수준과 그에 따른 유의수준 0.05를 주로 활용한다. 물론 경우에 따라서는 90%와 99%를 함께 사용하기도 한다. 이는 지극히 연구자의 판단에 따라 결정된다.

그리고 앞서 언급한 가설검정에 필요한 개념이 유의확률(P-value)이다. 유의확률 값은 연구자가 통계공식을 활용해서 얻는다기보다는 SPSS 프로그램을 실행하면 계산되어 결과 값이 제시된다. 따라서 복잡하게 생각하기보다는 SPSS 프로그램에서 제시되는 값을 기준으로 하여 그대로 사용하면 될 것으로 보인다.[5]

5) 일반적으로 가설검정을 할 때, 분석하고자 하는 목적에 따라 다양한 분포(Z 분포, T 분포 등)를 사용하여 검정통계량값을 계산하여 각각의 분포값을 비교하여 가설검정을 한다. 이에 대해서는 통계학 관련 서적을 참고하기 바란다.

표 5-3 신뢰수준에 따른 유의수준과 가설검정 기준

신뢰수준	유의수준(α)	대립가설(연구가설) 채택
90%	0.1	$p < \alpha$ (.1)
95%	0.05	$p < \alpha$ (0.05)
99%	0.01	$p < \alpha$ (0.01)

신뢰수준, 유의수준, 유의확률에 대해 간단히 이해했다면, 〈표 5-3〉에 제시된 것처럼 가설검정을 할 수 있다. 즉 분석을 통해 얻어진 유의확률 값이 유의수준보다 작으면 우리는 귀무가설을 기각하고 연구가설인 대립가설을 채택한다. 반대로 유의확률 값이 유의수준과 같거나 크면 귀무가설을 채택하고 연구가설인 대립가설을 기각한다. 사실, 이처럼 몇 가지 간단한 개념과 기준만을 정확히 알면 가설검정 자체는 어렵지 않다. 다만, 보다 정확하게 가설검정과 검정오류, 신뢰수준과 유의수준 그리고 유의확률을 이해하고 있다면, 분석자는 좀 더 표본에 대한 이해를 할 수 있음과 동시에 보다 다양한 분석을 할 수 있을 것이다.

4) 적절한 분석 방법 선택과 교차분석

교차분석을 실시할 때 가장 먼저 고민해야 할 것은 가설설정과 함께 적절한 변수들로 질문을 구성해야 한다는 점이다. 앞서 언급했듯이, 교차분석에 사용할 수 있는 변수는 명목변수와 서열변수이다. 다음에 제시된 예를 살펴보자. 두 개의 연구질문이 있다. 연구질문1에 사용된 변수는 성별은 명목변수, 학력은 서열변수로 측정되었다. 연구질문2에 사용된 변수는 성별은 명목변수, 소득은 비율변수로 측정되었다. 두 연구질문의 중요한 차이는 연구질문1에는 명목변수와 서열변수가 사용되었고, 연구질문2에는 명목변수와 비율변수가 사용되었다. 〈표 5-4〉에서도 알 수 있듯이, 두 변수 중 비율변수가 사용됨에 따라 분석 방법이 전혀 달라진다는 것을 알 수 있다.

표 5-4 변수 속성에 따른 분석 방법

질문	가설	변수 속성	분석 방법
연구질문 1	성별에 따라 학력에 차이가 있을 것이다	변수1: 성별 → 명목변수	교차분석/ 카이제곱 검정
		변수2: 학력 → 서열변수	
연구질문 2	성별에 따라 소득에 차이가 있을 것이다	변수1: 성별 → 명목변수	T 검정
		변수2: 소득 → 비율변수	

5) 교차분석 결과와 해석하기 위한 조건

교차분석을 실시한 후, 분석결과를 해석하기 전에 확인하고 충족해야 할 조건이 있다. 그것이 바로 기대빈도 조건이다. 기대빈도 조건은 잘 알려지지 않았지만, 교차분석을 통해 두 변수 간 분포의 차이를 살펴볼 때 반드시 기대빈도 조건을 살펴봐야 한다. 기대빈도 조건을 완벽하게 이해하기 위해서는 카이제곱 검정에 대한 수리적인 이해와 학습이 필요하다. 따라서 본서에서는 수리적인 통계분석보다는 분석에 필요한 주요한 내용만을 언급하였다.

교차분석에서 두 변수의 차이를 정확하게 살펴보기 위해서는 기대조건을 제시하고 있는데, **'기대빈도가 5 이하인 셀의 비율이 전체 셀의 20% 미만'**이어야 한다. 따라서 교차분석을 실행하게 되면, 가장 먼저 확인해야 할 사항은 기대빈도 조건이 20% 미만 또는 이상인지를 확인해야 한다. 즉, 분석자는 제시된 [그림 5-2]에 붉게 표시된 것처럼 카이제곱 검정 밑에 표 각주로 제시된 내용을 확인해서 기대빈도 충족 여부를 확인해야 한다. 그림의 내용을 보면, **'0셀(0.0%)은 5보다 작은 기대빈도를 가지는 셀입니다'**라고 쓰여 있다. 즉, 이 의미는 분석된 두 변수에 대한 교차분석의 차이를 살펴보기 위한 기대빈도 조건이 20% 미만이므로 카이제곱 검정 값을 해석할 수 있다는 것을 말한다.

카이제곱 검정

	값	자유도	접근 유의확률 (양측검증)	정확한 유의확률 (양측검증)	정확한 유의확률 (단측검증)
Pearson 카이제곱	6.034[a]	1	.014		
연속수정[b]	5.019	1	.025		
우도비	5.486	1	.019		
Fisher의 정확한 검증				.018	.015
선형 대 선형결합	6.007	1	.014		
유효케이스 수	218				

a. 0셀 (0.0%)은(는) 5보다 작은 기대 빈도를 가지는 셀입니다. 최소 기대 빈도는 8.32입니다.

b. 2×2 표에 대해서만 계산됨

[그림 5-2] 기대빈도 조건

기대빈도 조건이 충족이 되면, 그 다음에는 **'카이제곱 검정'** 값과 **'유의확률**(정확한 유의확률(양측검정))' 값을 살펴봐야 한다. 지금까지의 분석 경우에 비춰보면, 기대빈도 조건과 유의확률에 따라 교차분석에 대한 가설검정 경우의 수는 다음과 같다. 일반적으로 교차분석을 실시하면 〈표 5-5〉처럼 네 가지의 경우의 수가 존재한다. 제시된 네 가지 경우의 수 중 **'연구가설인 대립가설이 채택되는 경우는** Ⅱ'이다. 이 경우는 기대빈도 조건 20% 미만을 충족하면서 유의확률이 유의수준보다 작다. 반면에 Ⅳ는 유의확률이 유의수준보다 낮아서 대립가설을 채택할 수 있는 것처럼 보이지만, 기대빈도 조건이 20%인 경우라서 가설검정 자체가 의미가 없다고 하겠다. 따라서 분석자는 교차분석과 카이제곱 검정을 통해 나타나는 기대빈도 조건과 유의확률과 유의수준을 잘 파악하여 가설검정을 해야 한다.

표 5-5 교차분석 시 가설검정 충족을 위한 다양한 분석 경우의 수

		P-값		가설검정 및 해석범위
		P ≥ 0.05 (유의수준)	P 〈 0.05 (유의수준)	
기대빈도	20% 미만	Ⅰ 귀무가설 채택	Ⅱ 연구가설 채택	교차분석 해석을 통한 차이 검정 가능, 변수 간 차이분석 가능
	20% 이상	Ⅲ	Ⅳ	교차분석 해석을 통한 차이 검정 불가능 비교 변수 간 차이분석 불가능 단, 단순 빈도 및 백분율 해석은 가능

6) 교차분석 방법과 해석

교차분석을 실행하기 위해서는 '분석' 메뉴 중 '기술통계량' 메뉴를 클릭하면 나오는 '교차분석'을 클릭해야 한다.

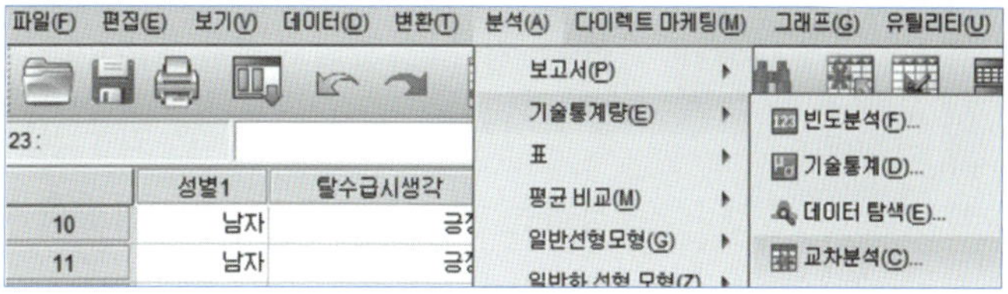

[그림 5-3] 교차분석 1

교차분석을 위한 창이 나타나면, 왼쪽의 변수 리스트 중 분석하고자 하는 두 변수를 클릭하여 오른쪽의 '행'과 '열' 위치에 옮긴다. 예를 들기 위해, 본서에서는 열에 '성별', 행에 '탈수급시 생각' 변수를 옮겼다. 이때 한 가지 고민을 해야 한다. 과연 어떤 변수를 '행'과 '열'에 투입할 것인가이다. 여기에 특별한 기준은 없다. 다만, 분석목적과 분석하고자 하는 변수의 값의 길(변수값 범위)에 따라 달라진다. 저자의 경험에 비추어 보면, 제시된 그림처럼 가설 검정 시 분석하고자 하는 두 변수 중 연구자가 관심을 갖는 집단변수 또는 변수를 '열'에, 비교하고자 하는 변수를 '행'에 입력한다. 이 역시도 분석자의 선호와 관련이 깊다고 하겠다.

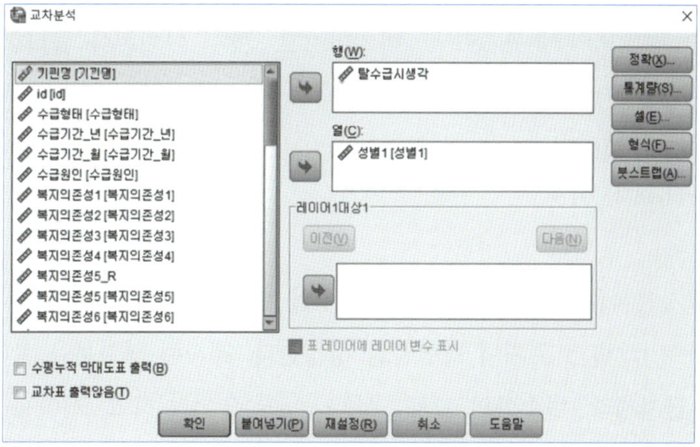

[그림 5-4] 교차분석 2

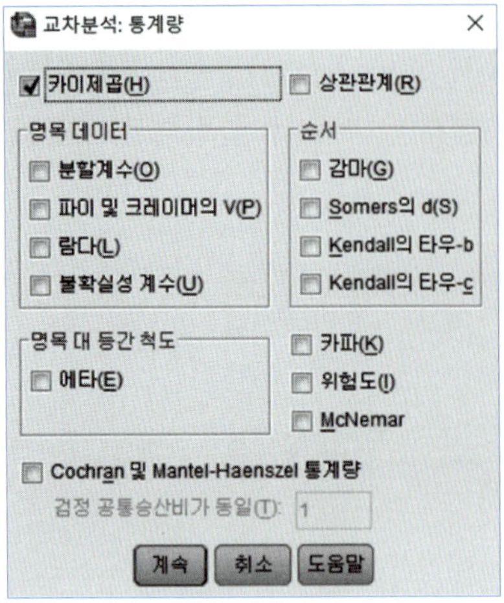

[그림 5-5] 교차분석 3

교차분석을 위해 두 변수를 각각의 위치에 투입했다면, '통계량' 아이콘을 클릭하여 '카이제곱' 값을 클릭한다.

여기서 많은 통계량 중 '카이제곱' 통계량을 클릭하는 이유는 가설검정을 위해서이다.

카이제곱 검정 값은 두 변수 간의 관련성을 검정하는 통계량으로서, 가설검정을 위한 중요한 값과 기대빈도 값을 생성해 준다.

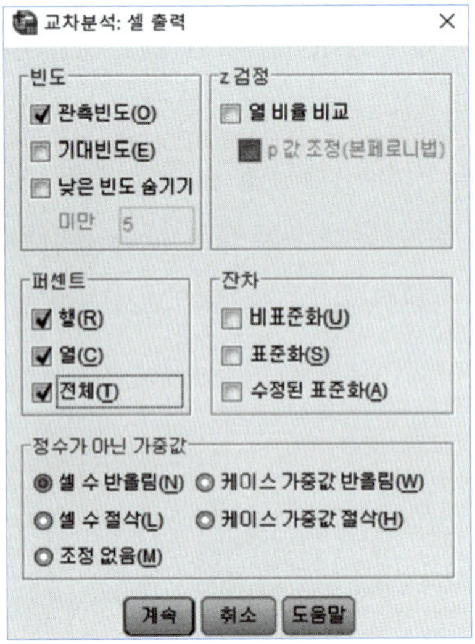

[그림 5-6] 교차분석 4

카이제곱을 클릭한 후, 이제 남은 중요한 과정은 '셀' 아이콘을 클릭하여 각 빈도별 퍼센트(%)값을 생성하는 것이다.

'셀' 아이콘을 클릭하면 [그림 5-6]처럼 다양한 관련 아이콘이 나타나는데, 퍼센트를 생성해 주는 아이콘인 '행', '열', '전체'가 있다. 예를 들기 위해, 세 가지 퍼센트를 클릭해 보자.

마지막으로 '계속' 아이콘을 클릭한다.

지금까지 교차분석을 위해 필요한 모든 과정을 마쳤다. 이제 남은 것은 '붙여넣기' 아이콘을 클릭하여 [그림 5-7]처럼 명령문을 생성한다. 제시된 명령문을 살펴보면, '성별'에 따른 '탈수급시생각' 변수와의 교차분석(Crosstabs)을 실시하고, 카이제곱 검정(Chisq) 통계량 값을 제시하라는 명령과 빈도(Count), 행(Row), 열(Column), 전체(Total) 퍼센트를 제시하라고 쓰여 있는 것을 확인할 수 있다. 제시된 명령문 전체를 블록으로 하여 삼각형 모형의 '선택 실행' 아이콘을 클릭하면 실행된다.

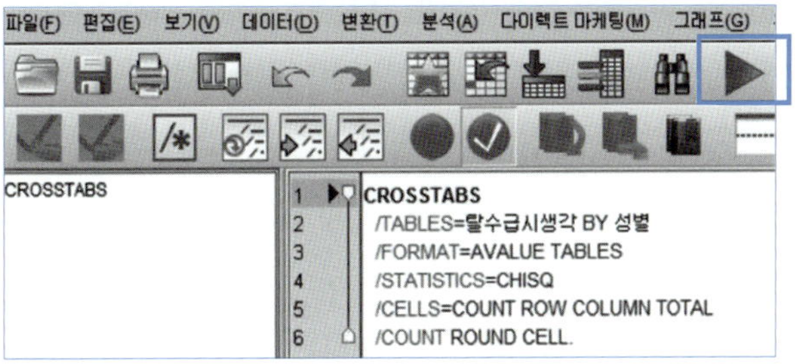

[그림 5-7] 교차분석 5

앞서 언급한 것처럼, 교차분석 창에서 통계량 메뉴에 있는 '카이제곱'을 클릭하면 다음의 그림처럼 카이제곱 검정 표가 나타난다. 이때 가장 먼저 살펴봐야 할 값은 표 각주에 표시된 기대빈도 조건이다. 지금의 분석에서 카이제곱 검정에 대한 기대빈도를 살펴보면, 기대빈도가 5이하인 셀(칸)이 0.0%로 나타나 기대빈도 조건 20% 미만 조건을 충족한 것을 알 수 있다.

카이제곱 검증

	값	자유도	접근 유의확률 (양측검증)	정확한 유의확률 (양측검증)	정확한 유의확률 (단측검증)
Pearson 카이제곱	6.034[a]	1	.014		
연속수정[b]	5.019	1	.025		
우도비	5.486	1	.019		
Fisher의 정확한 검증				.018	.015
선형 대 선형결합	6.007	1	.014		
유효케이스 수	218				

a. 0셀 (0.0%)은(는) 5보다 작은 기대 빈도를 가지는 셀입니다. 최소 기대 빈도는 8.32입니다.

b. 2×2 표에 대해서만 계산됨

[그림 5-8] 교차분석 6

기대빈도 조건이 충족되었다는 것이 확인되었다면, 이제 카이제곱 검정 값을 살펴봐야 한다. 위의 예에 나타난 카이제곱 값은 6.034로 비교적 큰 값이 나타났다. 사실, 카이제곱 값이 크다 또는 작다는 기준은 없다. 이 값의 크기만을 가지고 귀무가설과 대립가설 중 어느 하나의 채택 여부를 판단하는 것은 어렵다. 이와 같은 어려움에 대한 대안으로, 카이제곱 검정은 위 그림에 제시된 것처럼 '유의확률' 값을 제시해 준다. 앞서 살펴본 〈표 5-2〉에 제시된 것처럼, 유의수준과 유의확률의 크기를 비교하여 어떤 가설을 채택할지를 결정할 수 있다. 위에서 제시된 예에 따르면, 유의확률은 크게 세 가지가 있다. 세 가지 값 중에 '정확한 유의확률(양측검증)'을 활용하여 유의수준인 0.05와 크기를 비교하면 된다.[6] 제시된 값 중 정확한 유의확률 값이 .018로서 95% 신뢰수준에서의 유의수준인 .05와 비교했을 때 작다는 것을 알 수 있다. 이처럼 유의확률 값이 유의수준보다 작을 때, 연구자는 자신이 세운 귀무가설과 대립가설 중 대립가설을 선택해야 한다. 즉 두 변수 간에 분포에는 차이가 있다는 해석을 해야 한다. 본 연구의 경우에 설정한 대립가설은 '성별에 따라 탈수급시 생각'에는 차이가 있을 것이라는 가설을 선택하면 된다.

이처럼 기대빈도 조건 충족을 확인하고 카이제곱 검정 값과 유의확률을 확인하여 연구가설인 대립가설, 즉 성별에 따라 탈수급시 생각에 차이가 있다는 것을 확인하였다면, 이제 실제 성별에 따라 탈수급시 생각에 어떤 분포의 차이가 있는지를 분석하면 된다. [그림 5-9], [그림 5-10], [그림 5-11]에 표시된 것처럼 교차분석을 실행하면 세 종류의 퍼센트(백분율) 값이 제시된다. 이 백분율 값들은 앞서 분석과정에서 설정한 바 있다. 각각의 퍼센트 해석 방식은 다음과 같다.

[그림 5-9]의 퍼센트 표시를 보면 '탈수급시 생각 중 %'라고 되어 있다. 이는 탈수급에 대한 생각 중 '부정'이라고 응답한 181명(100.0%) 중에서 남성이 35명(19.3%), 여성이 146명(80.7%)이고, '긍정'이라고 응답한 37명 중 남성이 14명(37.8%), 여성이 23명(62.2%)임을 의미한다.

---

6) 표에 제시된 유의확률 중 양측검정과 단측검정 중 어느 값을 해석에 사용할지는 가설의 내용에 따라 달라진다. 만약 귀무가설을 '성별에 따라 소득분포에 차이가 없다'라고 설정하는 것과 '남성의 소득이 여성의 소득보다 크다'라고 설정했을 때, 두 가설의 방식에는 중요한 차이를 갖는다. 즉, 전자처럼 가설에 어떤 방향성(크다, 작다)이 없는 것(같다, 차이가 없다)을 중립가설이라고 한다. 그리고 후자의 가설처럼 가설의 내용에 어떤 방향성(크다, 작다)이 포함되면, 이것을 양립가설이라고 한다. 이러한 가설의 방향성 여부에 따라 중립가설을 설정하면 '양측검정' 값을 활용해야 하며, 양립가설을 설정하면 '단측검정' 값을 활용해야 한다.

탈수급시생각 * 성별 교차표

			성별		
			남자	여자	전체
탈수급시생각	부정	빈도	35	146	181
		탈수급시생각 중 %	19.3%	80.7%	100.0%
		성별 중 %	71.4%	86.4%	83.0%
		전체 %	16.1%	67.0%	83.0%
	긍정	빈도	14	23	37
		탈수급시생각 중 %	37.8%	62.2%	100.0%
		성별 중 %	28.6%	13.6%	17.0%
		전체 %	6.4%	10.6%	17.0%
전체		빈도	49	169	218
		탈수급시생각 중 %	22.5%	77.5%	100.0%
		성별 중 %	100.0%	100.0%	100.0%
		전체 %	22.5%	77.5%	100.0%

[그림 5-9] 교차분석 7

[그림 5-10]의 퍼센트 표시를 보면 '성별 중 %'라고 되어 있다. 이는 탈수급에 대한 생각 중 '부정'이라고 응답한 남성 49명(100.0%) 중에서 '부정'이 35명(71.4%), '긍정'이 14명(28.6%)이고, 여성 169명 중 '부정'이 146명(86.4%), '긍정' 23명(13.6)임을 의미한다.

탈수급시생각 * 성별 교차표

			성별		
			남자	여자	전체
탈수급시생각	부정	빈도	35	146	181
		탈수급시생각 중 %	19.3%	80.7%	100.0%
		성별 중 %	71.4%	86.4%	83.0%
		전체 %	16.1%	67.0%	83.0%
	긍정	빈도	14	23	37
		탈수급시생각 중 %	37.8%	62.2%	100.0%
		성별 중 %	28.6%	13.6%	17.0%
		전체 %	6.4%	10.6%	17.0%
전체		빈도	49	169	218
		탈수급시생각 중 %	22.5%	77.5%	100.0%
		성별 중 %	100.0%	100.0%	100.0%
		전체 %	22.5%	77.5%	100.0%

[그림 5-10] 교차분석 8

[그림 5-11]의 퍼센트 표시를 보면 '전체 %'라고 되어 있다. 이는 전체 설문 응답자 218명 중 남성이면서 부정이라고 응답한 사람이 16.1%, 여성이면서 부정이라고 응답한 사람이 67.0%라는 것을 의미한다.

탈수급시생각 * 성별 교차표

			성별		
			남자	여자	전체
탈수급시생각	부정	빈도	35	146	181
		탈수급시생각 중 %	19.3%	80.7%	100.0%
		성별 중 %	71.4%	86.4%	83.0%
		전체 %	16.1%	67.0%	83.0%
	긍정	빈도	14	23	37
		탈수급시생각 중 %	37.8%	62.2%	100.0%
		성별 중 %	28.6%	13.6%	17.0%
		전체 %	6.4%	10.6%	17.0%
전체		빈도	49	169	218
		탈수급시생각 중 %	22.5%	77.5%	100.0%
		성별 중 %	100.0%	100.0%	100.0%
		전체 %	22.5%	77.5%	100.0%

[그림 5-11] 교차분석 9

[그림 5-9], [그림 5-10], [그림 5-11]처럼 퍼센트가 세 가지가 되는 상황에서, 분석자는 어떤 퍼센트를 이용해야 하는가? 그것은 연구자가 설정한 가설에 따라 결정된다. 즉, 본 분석처럼 연구가설이 '성별에 따라 탈수급에 대한 시각'을 묻는다고 할 때, 분석자는 '성별 중 %'를 사용하여 성별에 따라 부정과 긍정에 대한 응답 비율의 차이를 비교분석해야 한다.

그럼 이제 남은 과정은 카이제곱 검정 값과 교차분석표를 어떻게 알아보기 쉽게 정리하는가이다. 제시된 내용 중에 표 밑에 있는 카이제곱 값은 앞서 살펴본 카이제곱 검정을 설명한 [그림 5-2]에 제시된 값과 같다. 그리고 '*'는 분석결과 연구자가 설정한 귀무가설을 기각하고 연구가설인 대립가설을 채택했음을 의미한다. 일반적으로 두 변수, 즉 성별과 탈수급 시 인식 요인 간에 통계적으로 유의한 관계가 존재한다는 것을 의미한다.

그리고 'p<0.5'는 '*' 의미를 설명하는 것으로서, 95% 신뢰수준에서의 유의수준인 0.05보다 유의확률 값이 적다는 것을 의미한다.

표 5-6 **교차분석표 정리 예시**

	남자	여자	전체
부정	35(71.4%)	146(86.4%)	181(83.0%)
긍정	14(28.6%)	23(13.6%)	37(17.0%)
전체	49(100.0%)	169(100.0%)	218(100.0%)

χ^2=6.034*, *p<.05

7) 교차분석 결과 기대빈도 조건을 충족하지 못했을 경우의 대처 방법

만약 앞서 언급한 기대빈도 조건 '20% 미만' 조건이 충족되지 않았을 경우는 어떻게 대처해야 하는가? 다음의 제시된 연구가설에 따른 카이제곱 검정을 실시한 결과를 살펴보도록 하자.

연구질문) 성별에 따라 소득에 차이가 있을까?

귀무가설: 성별에 따라 소득에 차이가 없다

대립가설: 성별에 따라 소득에 차이가 있다.

성별에 따라 소득에 차이가 있는지를 살펴보기 위해 교차분석과 카이제곱 검정을 실시하였다.

[그림 5-12]는 교차분석을 실시한 후 제시되는 교차분석표이다. 지면 문제로 모든 분석결과를 제시하지 못했지만, 성별에 따라 최소 연령 값으로부터 최대 연령 값까지 교차분석표가 아래로 제시되고 있다.

소득 * 성별 교차표

			성별		전체
			남자	여자	
소득	21.00	빈도	0	1	1
		성별 중 %	0.0%	0.6%	0.5%
	26.00	빈도	0	1	1
		성별 중 %	0.0%	0.6%	0.5%
	33.00	빈도	0	3	3
		성별 중 %	0.0%	1.8%	1.4%
	34.00	빈도	1	1	2
		성별 중 %	2.0%	0.6%	0.9%
	36.00	빈도	0	1	1
		성별 중 %	0.0%	0.6%	0.5%
	37.00	빈도	0	5	5
		성별 중 %	0.0%	3.0%	2.3%
	38.00	빈도	1	1	2
		성별 중 %	2.0%	0.6%	0.9%
	39.00	빈도	0	4	4
		성별 중 %	0.0%	2.4%	1.8%
	40.00	빈도	0	5	5
		성별 중 %	0.0%	3.0%	2.3%

[그림 5-12] 교차분석 10

이와 같은 빈도표에 대한 교차분석의 유의성을 살펴보기 위해 가장 먼저 해야 할 일은 '기대빈도 20% 미만' 조건을 충족했는지를 살펴보는 것이다.

카이제곱 검증

	값	자유도	접근 유의확률 (양측검증)
Pearson 카이제곱	122.425[a]	45	.000
우도비	126.676	45	.000
선형 대 선형결합	7.544	1	.006
유효 케이스 수	218		

a. 84셀 (91.3%)은(는) 5보다 작은 기대 빈도를 가지는 셀입니다. 최소 기대 빈도는 .22입니다.

[그림 5-13] 교차분석 11

제시된 [그림 5-13]을 보면, 현재 '기대빈도가 5보다 작은 빈도를 가진 경우의 수 비율'이 91.3%로 매우 높다는 것을 알 수 있다. 우리는 이와 같은 경우에는 아무리 비교하고자 하는 집단 간에 통계적인 유의성을 보이더라도 해석하지 않고 집단 간 차이를 볼 수 없다고 정의하였다. 따라서 이와 같은 경우에는 더 이상의 해석이 무의미하다.

이처럼 교차분석의 차이 검정을 파악하기 위해 반드시 충족되어야 할 선결조건이 '기대빈도가 5 미만인 셀의 합이 20% 미만'이어야 한다는 조건을 충족하지 못했을 경우를 해결하기 위한 방법으로 현재 비율변수 형태로 나열된 변수값을 리코딩(코딩변경)을 통해 몇 개의 구간으로 나누어 분석하는 방법이 있다.

위의 예를 그대로 적용하면, '소득'이라는 비율변수를 '소득구간'으로 재구성하는 것이다. 그리고 여기서는 그 구간을 50만 원을 기준으로 나누었다. 기존 입력된 변수의 형태를 새로운 형태와 속성을 갖는 변수로 변경하는 것을 '리코드' 또는 '코딩변경'이라고 한다. 코딩변경에 대해서는 앞서 4장에서 배운 바 있다. 앞서 배운 내용을 생각해 보면서 다시 한번 연습해 보도록 하자.

먼저 코딩변경을 하기 위해서는 '변환' 메뉴의 하위 메뉴인 '다른 변수로 코딩변경'을 클릭한다. 앞서 언급했듯이, '같은 변수로 코딩변경'은 절대 클릭해서는 안 된다. 만약 이 메뉴를 사용하게 되면, 어렵게 입력한 원자료가 사라지게 된다는 점을 유의해야 한다.

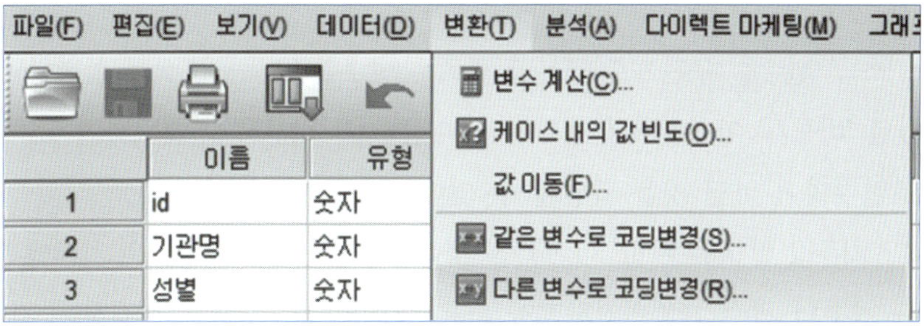

[그림 5-14] 교차분석 12

'다른 변수로 코딩변경'을 클릭하면 다음의 그림처럼 새로운 창이 나타난다. 다음으로 오른쪽의 변수 리스트 중 코딩을 변경하고자 하는 '소득' 변수를 클릭하여 오른쪽의 '숫자변수 → 출력변수'로 옮겨 놓으면 그림처럼 '?'가 나타난다. 이 이름은 기존 변수명과 다른 새로운 변수명을 만들어 달라는 의미이다.

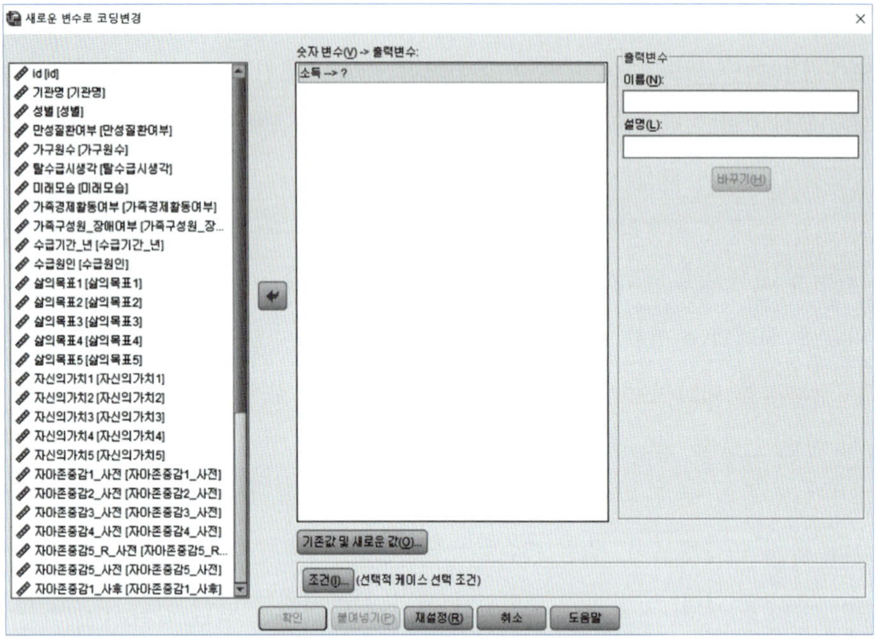

[그림 5-15] 교차분석 13

따라서 '소득' 변수를 구간으로 구분할 새로운 변수를 '소득구간'으로 입력하면 비활성화되어 있던 '바꾸기' 아이콘이 활성화된다. 다음으로 '바꾸기'를 클릭하면 '소득 →'소득구분'으로 변수명이 바뀐 것을 확인할 수 있다.

그런 후, '기존값 및 새로운 값' 아이콘을 클릭한다. 이 메뉴의 기능은 기존에 입력되어 있는 소득 변수의 변수값을 변경하고자 하는 새로운 변수값으로 변경하는 것이다.

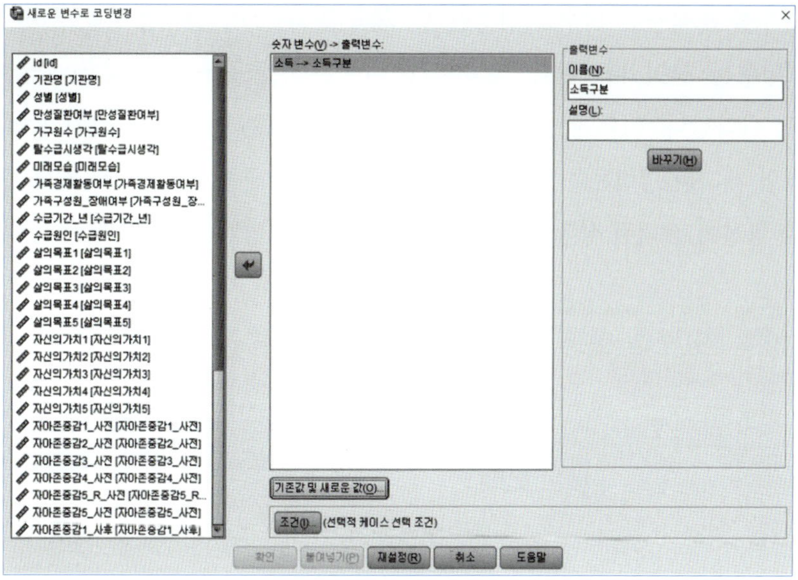

[그림 5-16] 교차분석 14

'다른 변수로 코딩변경'을 클릭하면 다음의 그림처럼 50만 원씩 구간을 정해서 세 개의 구간으로 구분되었다. 이때 유의할 것은 각 구간이 겹쳐서는 안 되고, 각 구간의 길이는 최소값과 최대값을 제외하고는 모두 같아야 한다. 지금의 예에서는 '50만 원'을 기준으로 설정하였다.

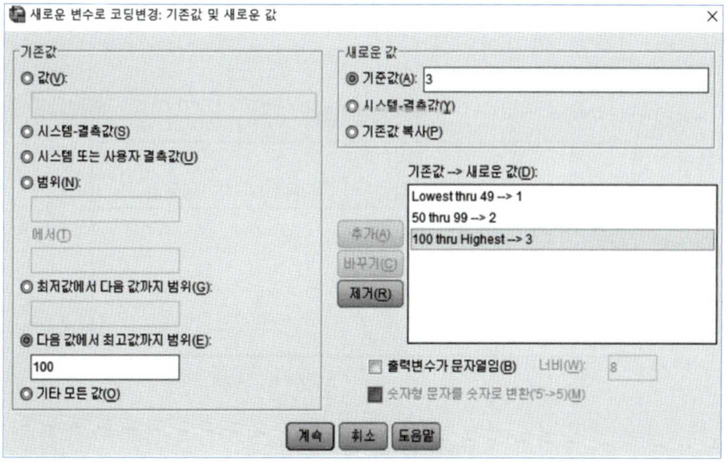

[그림 5-17] 교차분석 15

소득 변수를 소득구간 변수로 변경한 후 '계속'을 누르고, '붙여넣기'를 클릭하면 다음과 같은 명령문 창이 나타난다. '붙여넣기' 아이콘을 클릭하면, 명령문 파일이 [그림 5-18]처럼 나타난다. 이렇게 만들어진 명령문을 실행하는 방법은 두 가지가 있다. 다음의 그림처럼 제시된 명령문을 모두 선택한 후, 메뉴의 오른쪽 '삼각형(선택 실행)'을 실행하는 방법과 명령이 선택된 상황에서 'Ctrl + R'을 누르면 명령문이 실행되는 방법이 있다.

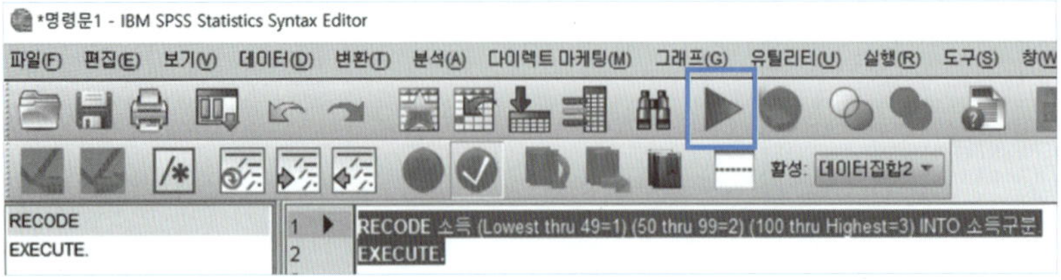

[그림 5-18] 교차분석 16

비율변수 형태의 소득 변수를 소득구분이라는 서열변수 형태로 전환한 후, 이를 교차분석 과정을 거쳐 분석한 결과 다음과 같은 카이제곱 검정 표를 얻을 수 있었다. 이 표 역시 가장 먼저 기대빈도 조건을 살펴봐야 한다. 분석결과, 리코딩을 실시하여 다시 한 번 교차분석을 실시한 결과, 위의 그림처럼 **카이제곱 검정 값이 유의**($P(.000) < \alpha(0.05)$)**한 것**으로 분석되었다. 우리는 앞서 동일한 연구가설 성별에 따라 소득에 차이가 있을 것이다고 했을 때 의미가 없었지만, 분석결과 '기대빈도값 5 미만인 셀이 전체 20% 미만'이라고 한 가정을 충족한 것으로 파악되었다.

카이제곱 검증

	값	자유도	접근 유의확률 (양측검증)
Pearson 카이제곱	33.445[a]	2	.000
우도비	34.076	2	.000
선형 대 선형결합	7.250	1	.007
유효 케이스 수	218		

a. 0 셀 (0.0%)은(는) 5보다 작은 기대 빈도를 가지는 셀입니다. 최소 기대 빈도는 6.07입니다.

[그림 5-19] 교차분석 17

소득을 10만원 단위로 구분 * 성별 교차표

			성별		전체
			남자	여자	
소득을 10만원 단위로 구분	50만원 미만	빈도	8	92	100
		성별 중 %	16.3%	54.4%	45.9%
	50-100만원 미만	빈도	38	53	91
		성별 중 %	77.6%	31.4%	41.7%
	100만원 이상	빈도	3	24	27
		성별 중 %	6.1%	14.2%	12.4%
전체		빈도	49	169	218
		성별 중 %	100.0%	100.0%	100.0%

[그림 5-20] 교차분석 18

이상의 기존 변수가 기대빈도 조건을 충족하지 못했을 경우, 기존의 비교하고자 하는 변수에 대한 구간을 좀 더 좁게 코딩변경을 실시한 후 교차분석을 실시하면 통계적인 유의성을 찾을 수 있다. 따라서 1차 원자료에 대한 분석결과에서 원하는 결과를 얻지 못했다고 해서 분석을 그만두는 것이 아니라 자료의 형태를 변경하여 새로운 형태의 변수를 활용하여 다른 방식의 분석결과도 얻을 수 있는가에 대해서 충분한 고민이 필요하다고 하겠다.

다음의 내용은 위의 내용들을 간략하게 정리한 표이다.

표 5-7 코딩변경을 통해 재분석한 교차분석과 카이제곱 검정 결과 정리

	남자	여자	전체
50만 원 미만	8(16.3%)	92(54.4%)	100(45.9%)
50-100만 원 미만	38(77.6%)	53(31.4%)	91(41.7%)
100만 원 이상	3(6.1%)	24(14.2%)	27(12.4%)
전체	49(100.0%)	169(100.0%)	218(100.0%)

χ^2=33.445*, *$p<.05$

Chapter 06

SPSS 통계프로그램을 활용한 집단별 평균비교 분석

1. 평균비교를 위한 모수통계 방법과 비모수통계 방법

사회현상을 파악하기 위한 표본을 설정하고, 표본을 대상으로 한 설문조사와 그 조사 결과를 바탕으로 이루어지는 자료분석은 일반화를 목적으로 하거나 일반화를 암묵적으로 전제하고 있다. 특히 사회복지 현장에서 이루어지는 많은 표본조사들은 조사를 통해 얻은 분석결과를 조사에 참여하지 않은 대상에게까지 일반화하는 경향을 갖고 있다. 그러한 과정에서 가장 많이 범하는 오류가 상황에 맞지 않은 분석을 실행하는 것이다. 보다 정확히 말하자면, 대상의 크기(Sample Size)를 고려하지 않은 상황에서 이루어지는 잘못된 분석 방법을 사용하는 오류이다.

자료분석을 통해 가설검정(집단 간 평균의 차이 분석)을 하고자 할 때, 반드시 확인해야 하는 것이 표본의 크기이다. 이것이 중요한 이유는 분석을 통해 얻는 결과를 일반화할 수 있는가를 결정하기 때문이다. 표본조사를 통해 얻은 자료분석 결과를 분석에 포함되지 않은 사람 또는 집단에게까지 일반화하기 위해서는 그에 맞는 분석 방법을 활용해야 한다.

그렇다면 어떤 기준을 활용해서 분석대상의 크기에 맞는 적절한 자료분석 방법을 활용할 수 있는가를 결정할 수 있을까? 통계학에서 표본을 통해 얻은 설문조사 결과를 여러 현실적인 문제(장소, 시간, 비용, 노력 등)로 인해 조사하지 못한 개인 및 집단에게까지 일반화할 수 있는가를 결정하는 데 사용하는 이론은 가우스 정리 또는 가우스 분포이다. 이 정리 및 이론을 간단하게 정리하면, 모든 표본조사에서 표본의 크기(n)가 30명을 넘게 되면, 이 표본조사를 통해 얻은 결과를 조사되지 않은 다른 개인 및 집단에게까지 일반화할 수 있다는 것이다. 여기서 중요한 것은 표본의 크기가 30명 이상 또는 30명 미만인가 하는 기준이다. 통계학에서 전자인 30명 이상의 표본조사를 통해 얻은 설문결과를 가지고 자료분석을 할 경우 모수통계(Parameter Statistic)라고 하며, 후자인 30명 미만의 표본조사를 통해 얻은 설문결과를 비모수통계(Non-Parameter Statistic)라고 한다. 그리고 이렇게 구분되는 모수통계와 비모수통계는 통계분석 방법이 다를 뿐만 아니라 분석결과의 일반화에도 차이가 있다. 즉, 모수통계를 활용하여 얻어진 분석결과는 분석에 포함되지 않은 대상까지 일반화가 가능하지만, 비모수통계를 활용하여 얻어진 분석결과는 일반화가 불가능하다. 이 점이 집단 간 평균의 차이를 분석할 때 매우 중요하다고 하겠다. 이상의 내용을 그림으로 정리하면 다음과 같다.

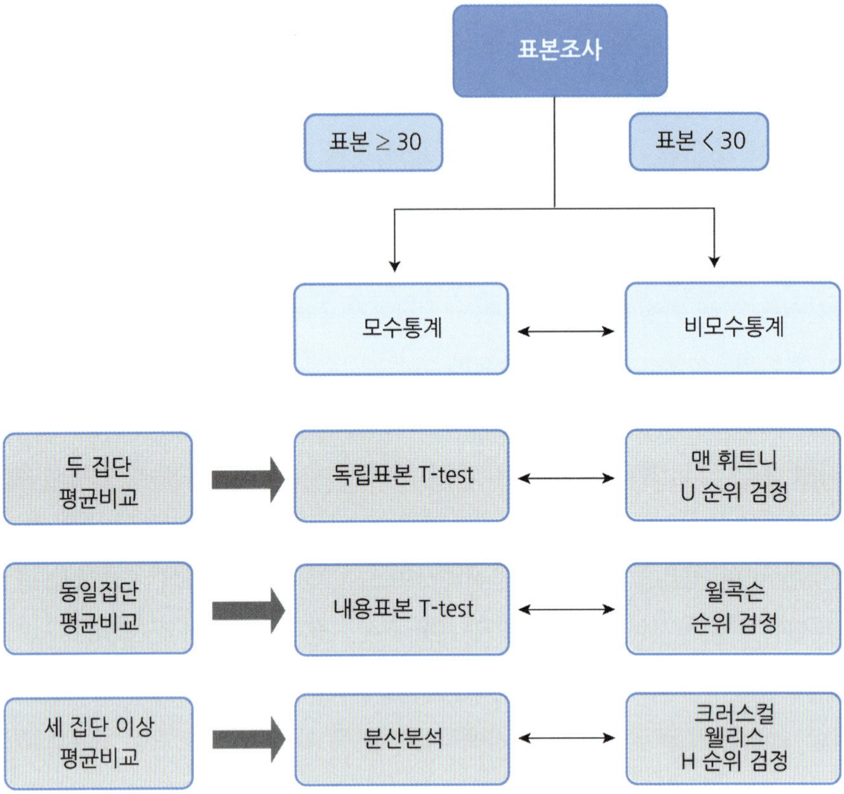

[그림 6-1] 평균의 차이를 보여주는 모수통계 방법과 비모수통계 방법

2. 평균비교를 위한 분석의 종류와 특성

1) 모수통계분석 방법의 종류

평균비교를 위한 분석 종류는 〈표 6-1〉에 나타난 것처럼 다섯 가지를 포함하여 더 많다. 일반적으로 SPSS 프로그램을 통해 통계분석을 배우는 초급자는 다섯 가지 분석을 자주 활용한다.

먼저 **'집단별 평균비교'** 분석은 한 변수를 구성하는 변수값과 하나의 비율변수 및 척도화된 서열변수의 평균값을 구분하여 제시해 준다. 여기서 다른 평균비교 분석 방법과의 중요한 차이는 집단별 평균비교 분석은 가설검정을 하지 않는다는 점이다.

두 번째로 **'일표본 T 검정**(One Sample t-test)'은 다른 평균비교 분석에 비해 자주 활용되지 않지만 배워두면 나름 유용한 분석 방법이다. 일표본 T 검정은 정부 및 전문가에 의해 발표된 어떤 평균값과 표본조사를 통해 구해진 어떤 변수의 평균값 간에 차이가 있는지, 그리고 있다면 그 차이가 통계적으로 유의한지를 알 수 있는 분석 방법이다.

세 번째로 **'독립표본 T 검정**(Independent Sample t-test)'은 한 변수를 구성하는 2개 또는 2개 이상의 변수값 중에 두 변수값만을 선택하여 평균값을 비교하여 그 차이를 검정하는 분석 방법이다.

네 번째로 **'대응표본 T 검정**(Paired Sample t-test)'은 한 집단의 두 시점(사전조사와 사후조사) 자료를 비교분석할 때 활용하는 분석 방법이다.

마지막으로 **'일원분산배치분석**(One way ANOVA)'은 한 변수를 구성하는 세 개 이상의 변수값 간에 평균의 차이를 검정하는 분석 방법이다. 이처럼 다양한 평균비교 분석 방법이 있으므로, 분석자는 자신의 연구목적과 데이터의 상황에 맞추어 적절한 분석 방법을 선택해야 한다. 이상의 분석 방법에 대해서는 이후 좀 더 자세하게 설명하고 있다.

표 6-1 모수통계분석 방법을 활용한 평균비교

분석의 종류	설명
집단별 평균비교	한 변수를 구성하는 변수값별로 비율변수의 평균값을 구분하여 제시(가설검정은 하지 않음)
일표본 T 검정	정부 및 전문가에 의해 발표된 어떤 평균값과 표본을 통해 알게 된 평균과 비교하여 가설검정을 실시함
독립표본 T 검정	한 변수를 구성하는 두 집단 간의 평균소득의 차이를 비교하기 위하여 가설검정을 실시함
대응표본 T 검정	한 집단의 두 개의 값 간의 차이를 비교하기 위하여 가설검정을 실시함
일원분산배치	한 변수를 구성하는 세 집단(무학, 초졸, 중졸) 간의 소득(무학자 소득, 초졸자 소득, 중졸자 소득) 간의 차이를 비교하기 위하여 가설검정을 실시함

2) 비모수통계분석 방법의 종류

평균비교를 위한 분석 종류는 〈표 6-2〉에 나타난 것처럼 네 가지가 있다. 일반적으로 SPSS 프로그램을 통해 통계분석을 배우는 초급자는 세 가지 분석을 자주 활용한다.

먼저, '콜모고로브-스미르노브 Z 검정(Kolmogorov-Smirnov Z test)'은 30사례 미만의 대상으로 구성된 표본조사의 값을 평균을 중심으로 양수와 음수 순위를 계산하여 정부 및 전문가에 의해 발표된 어떤 평균값을 비교하는 분석 방법이다.

두 번째로 '맨 휘트니 U 순위 검정(Mann-Whitney U test)'은 분석대상이 30명 미만인 자료를 활용하여 2개 또는 2개 이상의 변수값 중에 두 변수값만을 선택하여 순위의 차이를 비교하여 그 차이의 유의성을 검정하는 분석방법이다.

세 번째로 '윌콕슨 순위 검정(Wilcoxon test)'은 분석대상이 30명 미만인 자료를 활용하여 한 집단의 두 시점(사전조사와 사후조사) 자료를 비교분석할 때 활용하여 순위의 차이를 비교하여 그 차이의 유의성을 검정하는 분석 방법이다.

마지막으로 '크러스컬 웰리스 H 순위 검정(Kruskal-Wallis H test)'은 분석대상이 30명 미만인 자료를 활용하여 한 변수를 구성하는 세 개 이상의 변수값 간에 순위의 차이를 비교하여 그 차이의 유의성을 검정하는 분석방 법이다.

표 6-2 비모수통계분석 방법을 활용한 평균비교

분석의 종류	설명
Kolmogorov-Smirnov Z 검정	30사례 미만의 대상으로 구성된 표본조사의 값을 평균으로 중심으로 양수와 음수 순위를 계산하여 정부 및 전문가에 의해 발표된 어떤 평균값을 비교하여 가설검정을 실시함
Mann-Whitney U 순위 검정	30사례 미만의 대상으로 구성된 두 집단 간 평균의 차이를 비교할 때 사용하는 방법으로, 독립표본 t-test가 평균값을 사용하는 것과 달리 각 개인의 변수값의 순위를 정하여 비교하는 분석방법임
Wilcoxon 순위 검정	30사례 미만의 대상으로 구성된 동일 집단 간 평균의 차이를 비교할 때 사용하는 방법으로, 대응표본 t-test가 평균값을 사용하는 것과 달리 각 개인의 변수값의 순위를 정하여 비교하는 분석방법임
Kruskal-Wallis H 순위 검정	30사례 미만의 대상으로 구성된 세 집단 이상 간 평균의 차이를 비교할 때 사용하는 방법으로, 분산분석가가 평균과 분산값을 사용하는 것과 달리 각 개인의 변수값의 순위를 정하여 비교하는 분석방법임

3. 평균비교를 위한 분석 방법에 따른 변수의 수와 속성

지금까지 집단 간 평균의 차이를 비교할 때 분석대상의 크기에 따라 달리 활용되는 모수통계와 비모수통계 방법에 대해 살펴보았다. 다음으로 모수통계와 비모수통계 방법을 활용하고자 할 때, 평균비교 분석 방법에 따라 사용할 수 있는 변수의 수가 몇 개이고 그 변수의 속성은 무엇인지 살펴보자.

첫째, 집단별 평균비교분석은 두 개의 변수를 사용한다. 한 변수는 비교하고자 하는 집단 변수로서 변수값이 두 개 이상으로 된 명목변수 또는 서열변수여야 한다. 그리고 비교하고자 하는 변수는 비율변수 또는 척도화된 서열변수여야 한다. 일표본 T 검정은 따로 집단 변수를 사용하지 않는다.

둘째, 일표본 T 검정은 분석하고자 하는 데이터에서 비율변수 및 척도화된 서열변수만 사용한다. 단, 일표본 T 검정은 분석 데이터의 변수와 비교하고자 하는 값은 외부에 이미 알려진 기존의 값을 활용한다. 〈표 6-3〉에 제시된 예처럼 기존의 정부 및 전문가에 의해 발표된 외부의 자료를 기준으로 활용한다.

셋째, 독립표본 T 검정은 두 개의 변수를 활용한다. 그중 하나는 비교하는 집단변수로 변수값이 2개 이상인 명목변수 또는 서열변수 중 2개의 집단을 선택하여 분석한다. 다른 한 변수는 비교하고자 하는 변수로서, 이 변수는 비율변수 및 척도화된 서열변수여야 한다.

넷째, 대응표본 T 검정은 분석하고자 하는 한 집단의 두 자료를 비교하는 것이다. 다시 말해서, 대응표본 T 검정은 한 집단에 대한 두 시점 자료를 비교하는 방법이다. 예를 들면, 30명으로 구성된 한 집단에 상담프로그램을 실시하기 전에 자아존중감을 측정하고, 상담프로그램을 실시한 후 자아존중감을 측정하여 두 자료를 비교하여 변화의 유의성을 검정하는 방법이 대표적이라고 하겠다.

마지막으로 일원분산분석은 세 집단 이상으로 구성된 명목변수 및 서열변수 하나를 활용하여 하나의 비율변수 및 척도화된 서열변수를 비교하는 방법이다.

이상의 방법들에 대해서는 〈표 6-3〉의 예를 참고하면 쉽게 이해할 수 있을 것이고, 이후 개별 분석 방법 설명 과정을 배운다면 좀 더 쉽게 이해할 수 있을 것이다.

표 6-3 평균비교 분석 방법별 변수의 수와 속성

	모수/비모수 (표본 수)	분석 방법	사용되는 변수의 수와 속성		
			변수1 (비교집단)	변수2 (비교하고자 하는 값)	예
한 변수에 대한 통계량 제시	-	집단별 평균 비교	2개 이상의 변수값을 갖는 명목변수와 서열변수	비율변수 및 척도화된 서열변수	남성과 여성의 소득에 대한 다양한 통계량값(평균, 표준편차, 최소값, 최대값 등) 제시
한 개의 평균 치이 비교	모수통계 (n≥30)	일표본 T 검정		비율변수 및 척도화된 서열변수	정부에서 발표한 여성의 평균기대수명이 87세라고 발표한 상황에서 표본조사의 평균 연령이 80세라고 할 때 차이의 유의성을 가설검정
	비모수통계 (n<30)	Kolmogorov-Smirnov Z 검정			
두 집단 간 평균 차이 비교	모수통계 (n≥30)	독립표본 T 검정	2개 이상의 변수값을 갖는 명목변수 및 서열변수	비율변수 및 척도화된 서열변수	남성의 소득과 여성의 소득에 차이의 유의성을 가설검정
	비모수통계 (n<30)	Mann-Whitney U 순위 검정			
한 집단에 대한 두 개의 평균 차이 비교	모수통계 (n≥30)	대응표본 T 검정	동일집단으로 집단변수가 없음	동일집단의 두 개의 비율변수 및 척도화된 서열변수	상담프로그램 참여 전과 참여 후의 자아존중감 변화의 유의성 가설검정
	비모수통계 (n<30)	Wilcoxon 순위 검정			
세 집단 이상 간 평균 차이 비교	모수통계 (n≥30)	일원분산배치 (One Way ANOVA)	3개 이상의 변수값을 갖는 명목변수와 서열변수	비율변수 및 척도화된 서열변수	학력이 무학, 초졸, 중졸자 간의 평균 소득의 차이의 유의성 가설검정
	비모수통계 (n<30)	Kruskal-Wallis H 순위 검정			

1) 집단별 평균비교 분석

집단별 평균분석을 위해서 '**분석**' 메뉴의 '**평균비교**'를 클릭하면 나오는 '**집단별 평균분석**'을 클릭하면 [그림 6-3]처럼 변수를 선택할 수 있는 새로운 창이 나타난다.

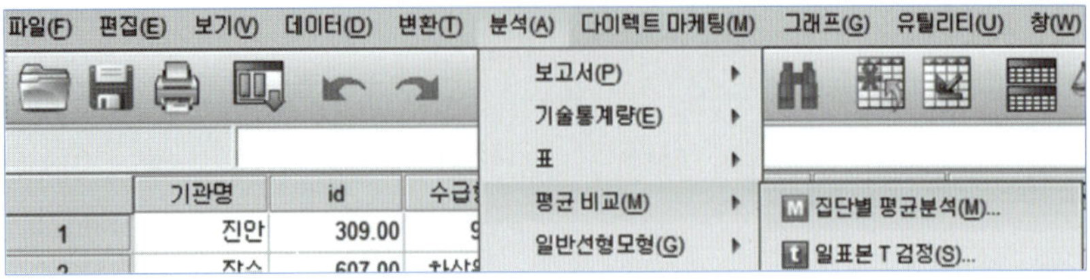

[그림 6-2] 집단별 평균비교 1

[그림 6-3]처럼 새롭게 나타난 창에 왼쪽의 변수 리스트 중 '**종속변수**'에는 가구원수, '**독립변수**'에는 '수급형태' 변수를 클릭하여 오른쪽으로 옮겨 놓는다.

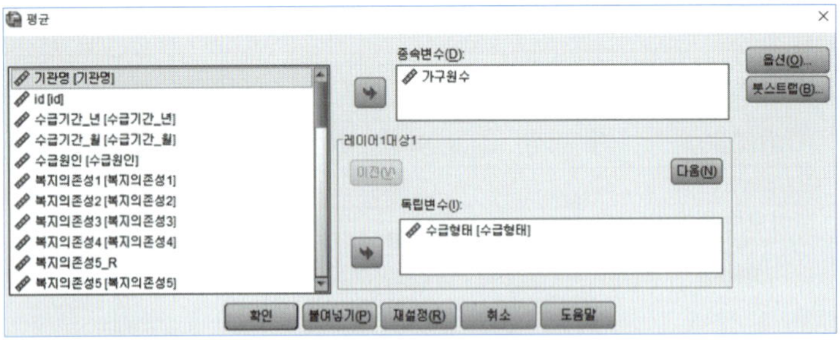

[그림 6-3] 집단별 평균비교 2

다음으로 '**옵션**' 아이콘을 클릭하면, [그림 6-4]처럼 다양한 통계량 값들을 선택할 수 있는 새로운 창이 나타난다. [그림 6-4]를 보면, 빈도분석의 통계량 값과 동일한 값들이 있다는 것을 알 수 있다.

다만, 빈도분석과 집단별 평균분석의 중요한 차이가 있다. 빈도분석은 개별 변수에 대한 빈도와 백분율 그리고 통계량 값을 보여주지만, 집단별 평균분석은 다양한 집단에 대해 비교변수를 정하여 각각의 집단에 대한 통계량 값을 보여준다.

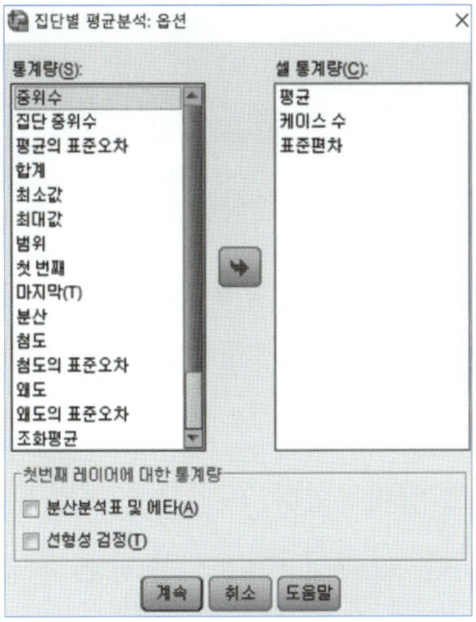

[그림 6-4] 집단별 평균비교 3

집단별 평균비교분석을 실행하면, [그림 6-5]처럼 분석결과가 제시된다. 이 분석표를 살펴보면, 집단변수인 수급형태별로 가구원수에 대한 평균과 사례수 그리고 표준편차 값이 제시된 것을 확인할 수 있다.

보고서

가구원수

수급형태	평균	N	표준편차
일반수급자	3.6154	13	1.38675
조건부수급자	3.1293	116	1.04282
자활특례자	2.0000	5	1.22474
차상위계층	2.8451	71	1.20295
합계	3.0341	205	1.14780

[그림 6-5] 집단별 평균비교 4

2) 일표본 T 분석

일표본 T 분석을 위해서는 '분석' 메뉴의 '평균비교'를 클릭하면 나오는 '일표본 T 검정'을 클릭하면 [그림 6-7]처럼 변수를 선택할 수 있는 새로운 창이 나타난다.

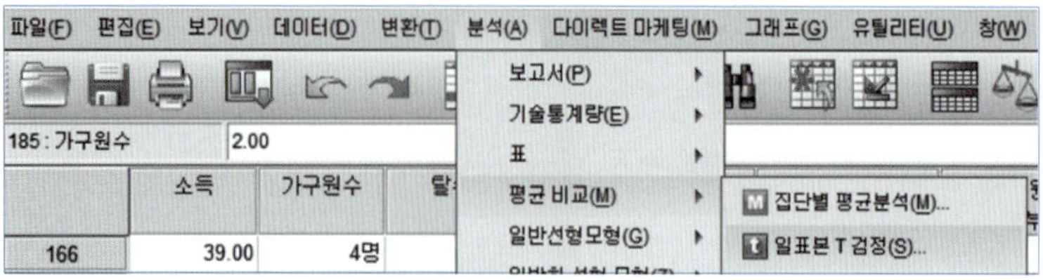

[그림 6-6] 일표본 T 검정 1

[그림 6-7]처럼 새로운 분석창이 나타나면, 왼쪽의 변수 리스트 중 '소득' 변수를 오른쪽 **'검정변수'**로 옮겨 놓으면 된다.

그리고 **'검정값'**에 60이라고 입력하였다. 여기서 입력된 60이란 값은 기존에 정부에서 발표한 1인 가구 평균소득이다. 따라서 이 분석은 표본조사의 결과와 기존 선행연구의 결과를 비교할 때 사용하면 유용하다고 하겠다.

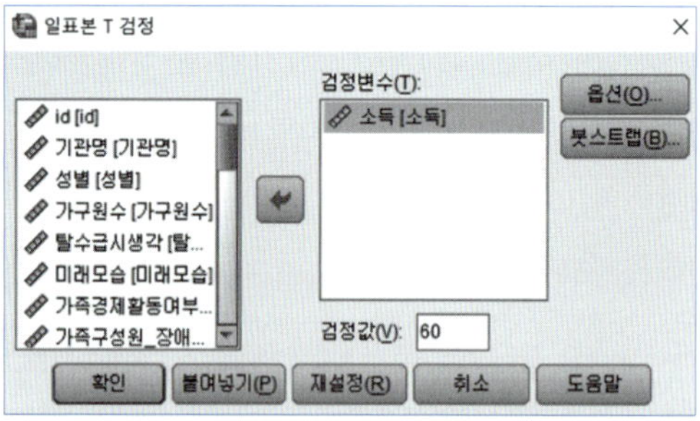

[그림 6-7] 일표본 T 검정 2

다음으로 **'붙여넣기'**를 클릭하면 [그림 6-8]처럼 명령문이 생성된다.

명령문이 만들어지면, 명령문을 마우스로 드래그한 후, 'Ctrl + R'을 누르거나 메뉴의 **'삼각형**(선택 실행)' 아이콘을 클릭하면 실행된다.

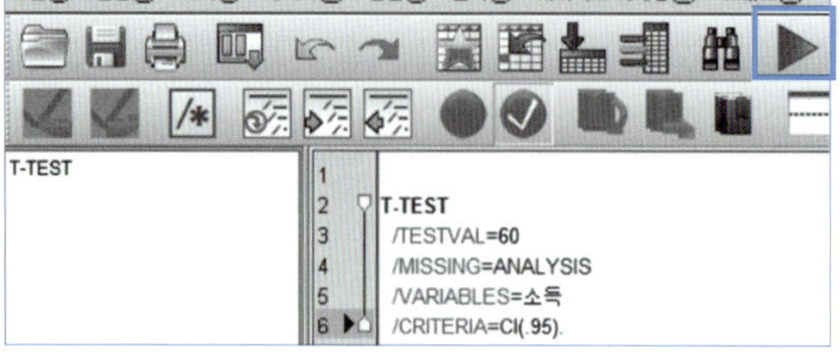

[그림 6-8] 집단별 평균비교 5

이상과 같은 과정이 완료되면 다음의 [그림 6-9]처럼 분석결과 창이 나타난다. 분석결과 내용을 살펴보면, 처음에 나오는 표는 일표본 통계량 표이다. 즉 표본조사는 수집된 소득 변수로서, 분석에 투입된 사례 수는 218명이고, 평균 소득은 약 53.6560만 원, 표준편차는 16.36270만 원이라는 것을 알 수 있다.

일표본 통계량

	N	평균	표준편차	평균의 표준오차
소득	218	53.6560	16.36270	1.10822

[그림 6-9] 집단별 평균비교 6

이제 남은 과정은 가설검정 과정이다. 앞서 여러 차례 설명했듯이, 가설은 귀무가설과 연구가설인 대립가설이 있다. 귀무가설은 정부에서 발표한 1인 가구 평균소득이 60만 원과 표본조사를 통해 알게 된 약 53만 원 같다고 설정할 수 있고, 대립가설은 정부에서 발표한 1인 가구 평균소득이 60만 원과 표본조사를 통해 알게 된 약 53만 원 같지 않다고 설정할 수 있다. 이러한 가설에 대한 검정결과가 [그림 6-10]에 제시되어 있다.

앞서 검정값에 60이란 값을 입력하였는데, 이 값은 이전에 조사되어 발표된 평균소득 값이다. 이 값과 표본조사를 통해 확인된 53.6560만 원과 비교하여, 과연 두 값이 같은 값인지 아니면 다른 값인지를 검정하면 된다. [그림 6-10]에 제시된 t-값은 -5.725이고, 유의확률은 .000으로 나타났다. 95% 신뢰수준에서 유의수준이 .05임을 고려한다면, 유의확률이 유의수준보다 작다는 것을 알 수 있다. 이와 같은 상황에서, 우리는 귀무가설을 기각하고 대립가설을 채택할 수 있다는 것을 앞서 배운 바 있다. 따라서 표본조사를 통해 알게 된 1인 가구의 평균소득은 정부에서 발표한 1인 가구 평균소득과 같지 않다는 것을 알 수 있다.

일표본 검증

	검정값 = 60					
					차이의 95% 신뢰구간	
	t	자유도	유의확률 (양쪽)	평균차	하한	상한
소득	-5.725	217	.000	-6.34403	-8.5283	-4.1598

[그림 6-10] 집단별 평균비교 7

3) 두 집단 간 평균비교(독립표본 T 검정)

(1) 독립표본 T 검정을 활용한 모수통계

독립표본 T 검정을 위해서는 '분석' 메뉴에서 '평균비교'의 하위 분석인 '독립표본 T 검정'을 클릭하면 된다.

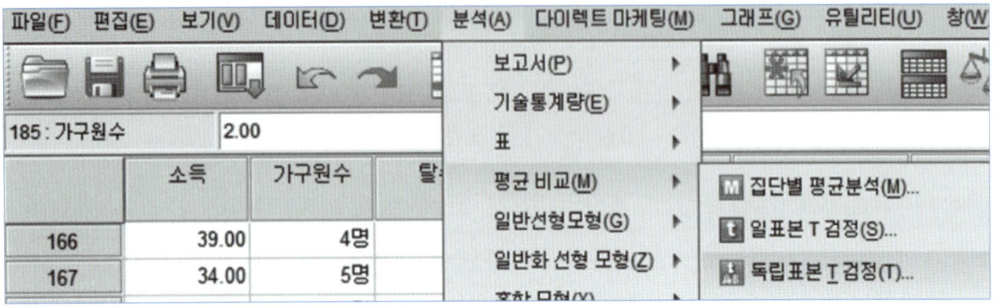

[그림 6-11] 독립표본 T 검정 1

독립표본 T 분석을 실행하면 [그림 6-12]처럼 분석하기 위한 새로운 창이 나타난다. 왼쪽의 변수 리스트 중 '검정변수'에 소득을, '집단변수'에 성별을 클릭하여 옮긴다.

집단변수 자리에 성별을 클릭하여 옮겨 놓으면, [그림 6-12]처럼 '?,?' 표시가 나타난다.

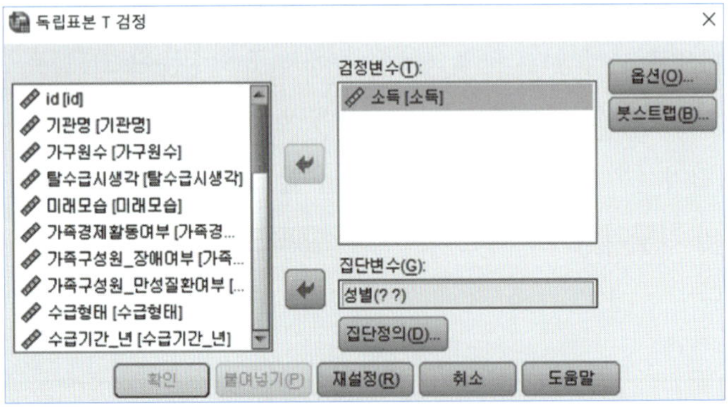

[그림 6-12] 독립표본 T 검정 2

'집단변수'에 나타난 물음표를 없애기 위해서는 '집단정의'를 해야 한다. 집단정의란 해당 변수, 즉 성별 변수를 데이터에 입력할 때 사용한 숫자를 입력하라는 의미이다. 즉 성별이 남성, 여성이라고 할 때, 데이터를 입력하면서 남성은 '1', 여성은 '2'로 입력하라는 것을 의미한다. 여기서 주의할 것은 반드시 데이터에 입력된 '숫자(1, 2)'를 동일하게 집단변수에 정의해야 한다. 숫자 입력이 끝났으면 **'계속'**을 클릭한다.

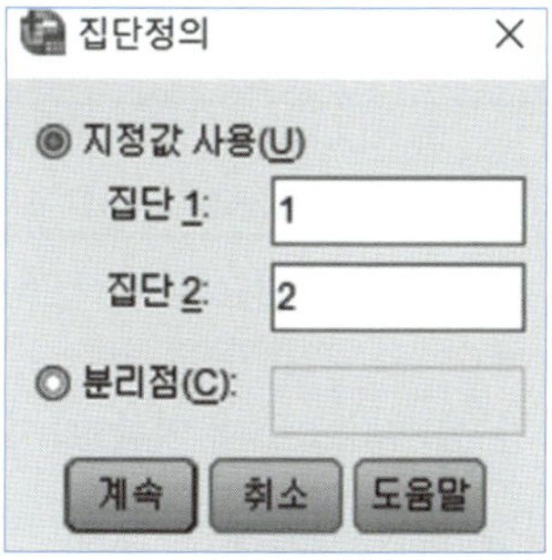

[그림 6-13] 독립표본 T 검정 3

집단변수에 대한 집단정의가 끝나면, **'붙여넣기'**를 클릭하여 [그림 6-14]처럼 명령문을 생성한다.

명령문이 만들어지면, 명령문을 마우스로 드래그한 후, 'Ctrl + R'을 누르거나 메뉴의 **'삼각형**(선택 실행)' 아이콘을 클릭하면 실행된다.

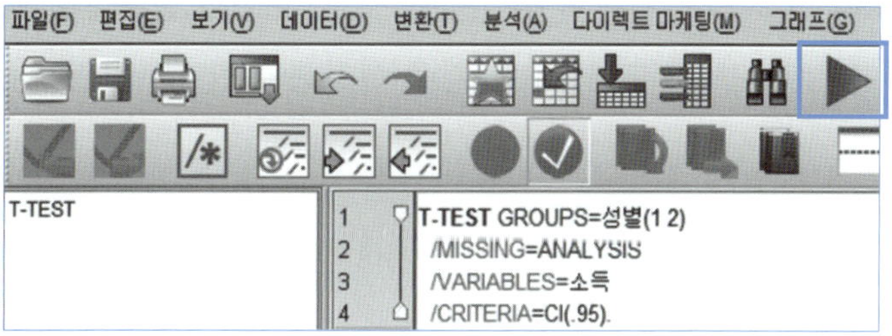

[그림 6-14] 독립표본 T 검정 4

명령문을 실행하면 [그림 6-15]처럼 결과 창에 분석결과가 제시된다. 독립표본 T 검정을 실행하면, 가장 먼저 제시되는 표는 집단통계량 표이다. [그림 6-15]에서 제시된 것처럼 집단통계량 표에는 앞서 집단변수에서 정의한 남성과 여성을 분리하여 검정변수에 입력한 소득에 대한 평균과 표준편차 값을 제시하고 있다. 제시된 표를 살펴보면, 남성의 평균소득은 약 74.4435만 원, 여성의 평균소득은 54.3829만 원으로 나타나 남성이 약 20만 원 정도 더 많은 것으로 나타났다.

집단 통계량

	성별	N	평균	표준편차	평균의 표준오차
소득	남자	49	74.4435	19.56863	2.79552
	여자	169	54.3829	17.51608	1.34739

[그림 6-15] 독립표본 T 검정 5

그렇다면, 이러한 소득의 차이가 통계적으로 유의한 차이인지 아닌지를 검정하기 위해서는 [그림 6-16]의 독립표본 T 검정 표를 해석해야 한다. 이 분석에서 가설은 다음과 같다.

귀무가설: 남성의 소득과 여성의 소득은 차이가 없다.
대립가설: 남성의 소득과 여성의 소득은 차이가 있다.

이러한 가설검정을 위해서는 먼저 확인해야 할 조건이 있는데 비교하고자 하는 소득의 등분산성이다. 즉 남성과 여성의 소득의 분산이 등분산이 되어야만 표본조사를 통한 결과를 활용하여 모집단을 정확하게 추정할 수 있다. 이러한 등분산을 살펴보기 위해서는 [그림 6-16]처럼 'Levene의 등분산 검정'을 실시해야 한다. 이러한 등분산 검정에도 가설이 사용된다. 등분산 검정의 가설은 다음과 같다.

귀무가설: 남성 소득의 분산과 여성 소득의 분산에는 차이가 없다(두 집단의 분산은 등분산이다).
대립가설: 남성 소득의 분산과 여성 소득의 분산에는 차이가 있다(두 집단의 분산은 등분산이 아니다).

[그림 6-16]에 나타난 Levene의 등분산 검정의 F 값을 보면 6.684이고 유의확률은 .010으로 95% 신뢰수준의 유의수준인 0.05와 비교하면 작다는 것을 알 수 있다. 이제 우리는 유의확률이 유의수준보다 작을 경우, 귀무가설을 기각하고 대립가설을 채택해야 한다는 것을 알고 있다. 따라서 남성과 여성의 소득의 분산은 등분산이 가정되지 않는다

는 것을 알 수 있다. 이처럼 등분산이 가정되지 않는 상황에서, 해석해야 할 값은 t 값이 6.464이고 자유도는 71.785, 유의확률은 .000이다. 여기서 유의확률 값이 .000으로서 95% 신뢰수준에서의 유의수준 .05보다 매우 작다는 것을 알 수 있다. 따라서 앞서 설정한 귀무가설을 기각하고 대립가설을 채택할 수 있다. 즉 분석결과에 따라, 우리는 남성의 소득과 여성의 소득에는 차이가 통계적으로 존재하고, 남성이 여성보다 소득이 약 20만 원 더 많다고 말할 수 있다.

독립표본 검증

		Levene의 등분산 검정		평균의 동일성에 대한 t-검정						
									차이의 95% 신뢰구간	
		F	유의확률	t	자유도	유의확률 (양쪽)	평균차	차이의 표준오차	하한	상한
소득	등분산이 가정됨	6.684	.010	6.872	216	.000	20.06057	2.91929	14.30663	25.81451
	등분산이 가정되지 않음			6.464	71.785	.000	20.06057	3.10329	13.87397	26.24718

[그림 6-16] 독립표본 T 검정 6

그렇다면 여기서 갖게 되는 한 가지 의문은 등분산이 가정되었을 때와 가정되지 않았을 때의 차이는 무엇인가 하는 점이다. 위의 분석처럼 등분산이 가정되지 않았을 때의 결과는 통계적으로 아무런 의미가 없는 것인가 하는 의문을 갖게 된다. 결론은 그렇지 않다. 물론 등분산이 가정된 상황에서 가설검정을 실시하여 대립가설이 선택되면 우리는 두 집단의 차이를 통계적으로 검정하고 모집단을 추정할 수 있을 것이다. 그러나 모든 표본조사에서 항상 이상적인 결과를 얻을 수 없다. 따라서 위에 제시된 사례처럼 등분산이 가정되지 않는 상황에서의 가설검정이 완벽하지 않지만, 제한된 표본을 통해 얻어진 결과를 바탕으로 다소 불완전한 모집단 추정이 되었다고 할 수 있다.

이제 독립표본 T 검정 결과에 대한 간단한 표 작업을 해보도록 하자. 분석결과를 문서로 작성하기 위해서는 먼저 해당하는 표를 마우스로 클릭한 후 마우스 오른쪽을 누르면 [그림 6-17]처럼 '내보내기' 창이 나타난다. '내보내기'를 클릭한다.

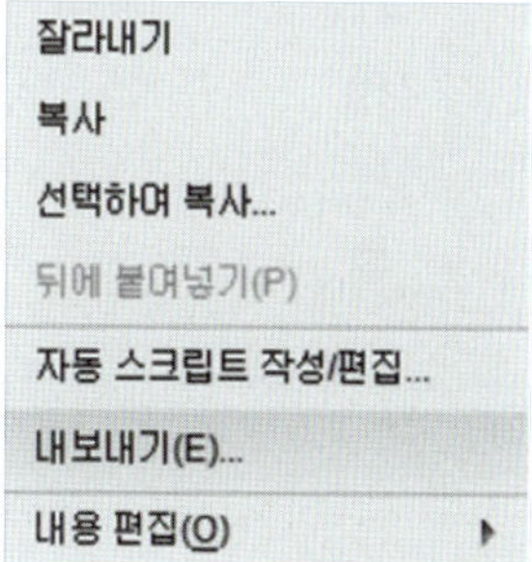

[그림 6-17] 독립표본 T 검정 7

내보내기를 클릭하면, 다음의 그림처럼 내보내기할 파일 선택 및 파일 유형 그리고 파일 이름을 설정하는 창이 나타난다. 먼저 내보내기 할 때 '선택'을 클릭하고, 다음으로 파일 유형은 'HTML(*.htm)'으로 설정, 파일 이름을 부여하고 '확인'을 누르면 된다.

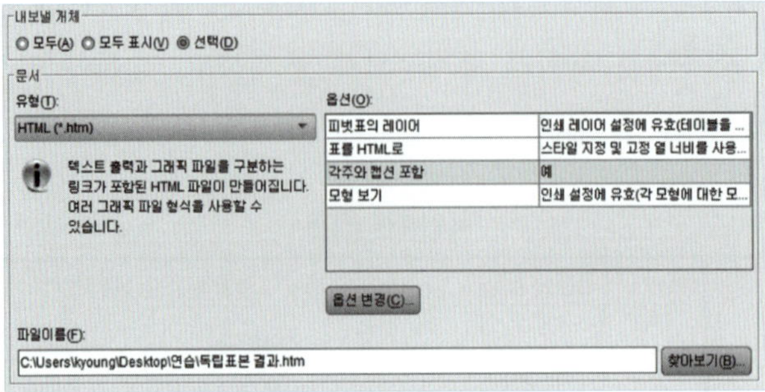

[그림 6-18] 독립표본 T 검정 8

파일 '내보내기'를 마치면, 새롭게 한글 프로그램을 실행시키고, 불러오기 과정을 수행하면 다음의 그림처럼 내보내기한 파일을 확인할 수 있다. 이때 주의할 것은 앞서 분석 결과를 내보낼 때 파일 형식을 '인터넷 문서(*.htm)' 형식으로 내보냈다는 것을 기억해야 한다. 따라서 만약 내보내기를 한 파일이 보이지 않으면, 파일 형식이 인터넷 문서로 되어 있는지를 확인해야 한다.

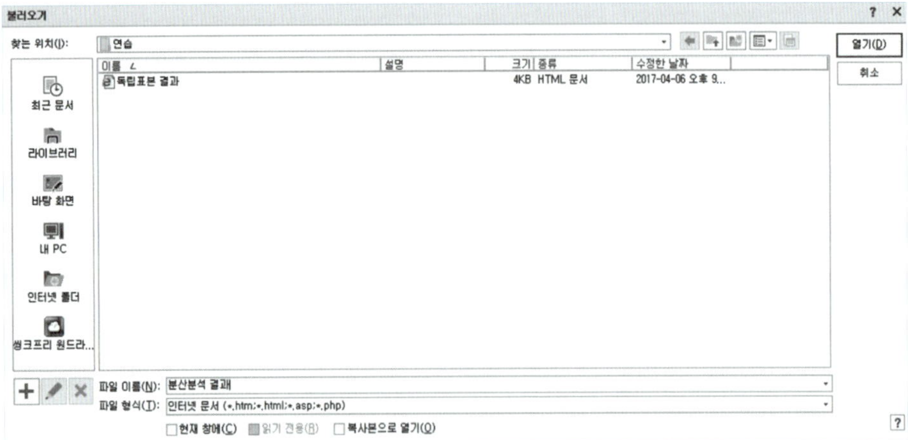

[그림 6-19] 독립표본 T 검정 9

불러올 파일을 클릭하고 '열기'를 누르면, 다음의 [그림 6-20]처럼 새로운 창이 나타난다. 새로운 창의 아이콘 중 '확인'을 누르면 불러오기 과정이 완료된다.

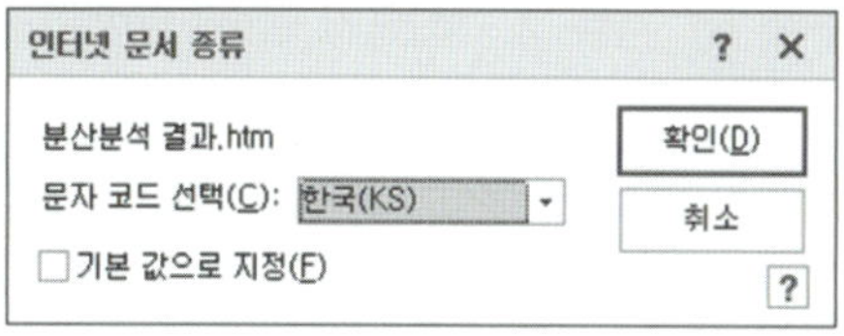

[그림 6-20] 독립표본 T 검정 10

불러오기 과정을 마치면 [그림 6-21]처럼 분석결과가 한글 문서에 옮겨져 온 것을 확인할 수 있다.

집단통계량

	성별	N	평균	표준편차	평균의 표준오차
소득	남자	49	77.9129	24.57138	3.51020
	여자	169	64.3893	31.23582	2.40276

[그림 6-21] 독립표본 T 검정 11

한글 프로그램으로 옮겨진 분석결과는 다음의 〈표 6-4〉처럼 편집을 하면 된다. 표에 있는 t-값은 SPSS 분석결과 창에 있는 독립표본 T 검정값을 가져와 기록한 것이고, 별 표시는 99% 신뢰수준에 통계적으로 유의한 차이를 보인다고 표시한 것이다. 즉, 남성의 소득과 여성의 소득의 차이는 통계적으로 유의한 차이가 있다는 대립가설이 채택되었음을 의미한다. 본 분석결과에 따르면, 유의확률값은 .000으로서 99% 신뢰수준 유의수준인 .01보다 낮음에 따라 귀무가설(성별에 따라 소득에 차이가 없다)을 기각하고 대립가설(성별에 따라 소득에 차이가 있다)을 채택할 수 있다.

표 6-4 독립표본 T 검정 표

	성별	N	평균	표준편차	t
소득	남자	49	77.9129	24.57138	6.464**
	여자	169	64.3893	31.23582	

*p<.05, **p<.01

(2) 맨 휘트니 순위 검정을 활용한 비모수통계

맨 휘트니 순위 검정을 위해서는 '분석' 메뉴에서 '비모수 검정'의 '레거시 대화 상자'를 클릭하면 나오는 하위 분석 중 '독립 2 - 표본(2)'를 클릭하면 된다.

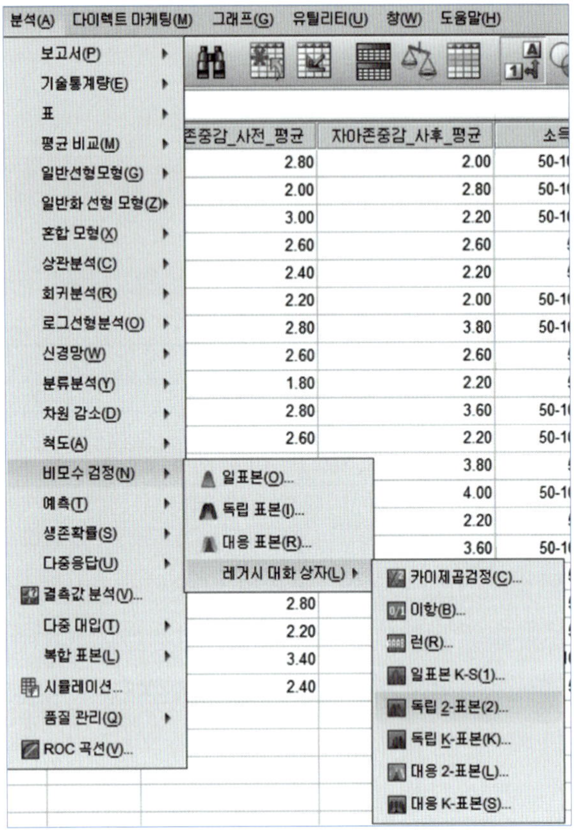

[그림 6-22] 맨 휘트니 순위 검정 1

맨 휘트니 순위 검정을 실행하면 [그림 6-23]처럼 분석하기 위한 새로운 창이 나타난다. 왼쪽의 변수 리스트 중 '검정변수'에 소득을, '집단변수'에 성별을 클릭하여 옮긴다. 집단변수 자리에 성별을 클릭하여 옮겨 놓으면, [그림 6-23]처럼 '?,?' 표시가 나타난다.

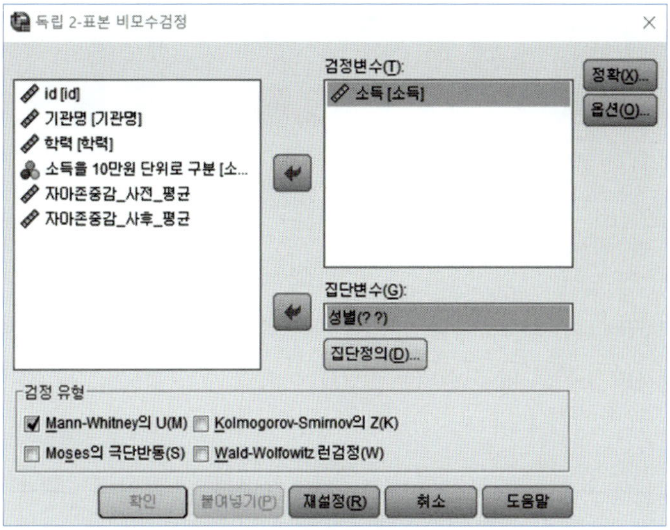

[그림 6-23] 맨 휘트니 순위 검정 2

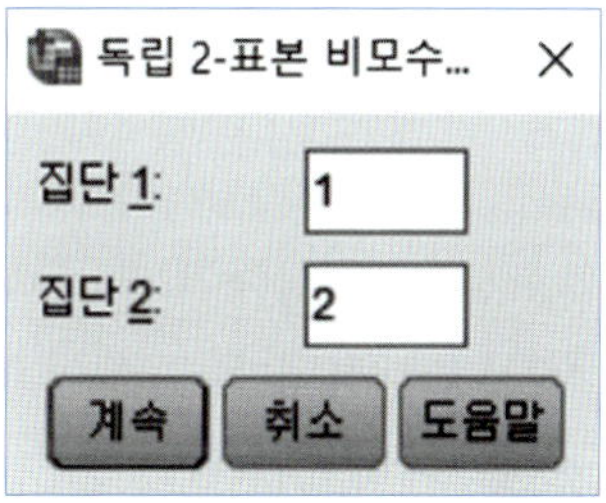

[그림 6-24] 맨휘트니 순위 검정 3

'집단변수'에 나타난 물음표를 없애기 위해서는 '집단정의'를 해야 한다. 집단정의란 해당 변수, 즉 성별 변수를 데이터에 입력할 때 사용한 숫자를 입력하라는 의미이다. 즉 성별이 남성, 여성이라고 할 때, 데이터를 입력하면서 남성은 '1', 여성은 '2'로 입력하는 의미이다. 여기서 주의할 것은 반드시 데이터에 입력된 '숫자(1, 2)'를 동일하게 집단변수에 정의해야 한다. 숫자 입력이 끝났으면 '계속'을 클릭한다.

집단변수에 대한 집단정의가 끝나면, '붙여넣기'를 클릭하여 [그림 6-25]처럼 명령문을 생성한다.

명령문이 만들어지면, 명령문을 마우스로 드래그한 후, 'Ctrl + R'을 누르거나 메뉴의 '삼각형' 아이콘을 클릭하면 실행된다.

[그림 6-25] 맨 휘트니 순위 검정 4

분석을 실행하면 [그림 6-26]처럼 성별에 따른 소득에 대한 순위 분석결과가 나타난다. 분석을 통해 남자의 소득의 평균 순위는 16.00, 여자의 소득 평균 순위는 7.54로 나타났다.

순위

	성별	N	평균순위	순위합
소득	남자	7	16.00	112.00
	여자	13	7.54	98.00
	합계	20		

[그림 6-26] 맨 휘트니 순위 검정 5

[그림 6-27]에서 제시된 두 집단 간 평균 순위의 합에 대한 차이를 검정한 결과, 맨 휘트니 검정 값은 7.00이고, 이러한 차이에 대한 유의확률은 .001로서 95% 신뢰수준의 유의수준인 0.05보다 작다는 것을 알 수 있다. 따라서 남자의 소득이 여자의 소득보다 높다는 것을 알 수 있다.

검정 통계량[a]

	소득
Mann-Whitney의 U	7.000
Wilcoxon의 W	98.000
Z	-3.062
근사 유의확률(양측)	.002
정확한 유의확률 [2*(단측유의확률)]	.001[b]

a. 집단변수: 성별
b. 동률에 대해 수정된 사항이 없습니다.

[그림 6-27] 맨 휘트니 순위 검정 6

4) 동일 집단 평균비교(대응표본 T 검정, 사전사후 검정)

(1) 대응표본 T 검정을 활용한 모수통계

대응표본 T 분석을 위해서는 '분석' 메뉴에서 '평균비교'의 하위 분석인 '대응표본 T 검정'을 클릭하면 된다.

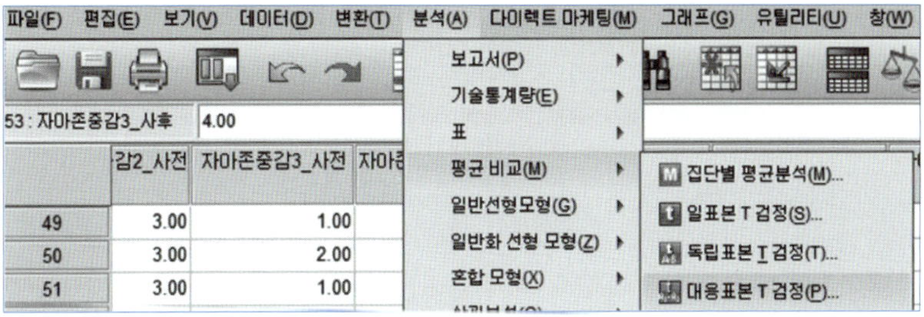

[그림 6-28] 대응표본 T 검정 1

대응표본 T 분석을 실행하면, 가장 먼저 제시되는 표는 대응표본통계량 표이다. [그림 6-28]에서 제시된 것처럼 통계량 표에 '대응표본 T 검정'을 클릭하면 [그림 6-29]처럼 새로운 창이 나타난다.

그리고 분석하고자 하는 변수에 대해 순차적으로 '사전' 변수와 '사후' 변수를 클릭하면 [그림 6-29]처럼 왼쪽에서 오른쪽으로 변수가 옮겨진 것을 확인할 수 있다.

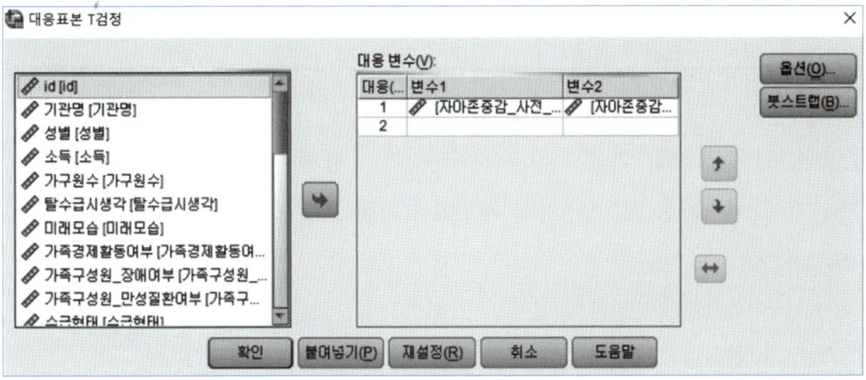

[그림 6-29] 대응표본 T 검정 2

분석하고자 하는 변수를 클릭하여 옮겨 놓고, '**붙여넣기**'를 클릭하면 [그림 6-30]처럼 명령문 창이 나타난다.

명령문을 마우스로 드래그로 블록을 설정한 후, 'Ctrl + R' 또는 메뉴에 있는 '**삼각형**(선택 실행)' 아이콘을 클릭하면 명령문이 실행된다.

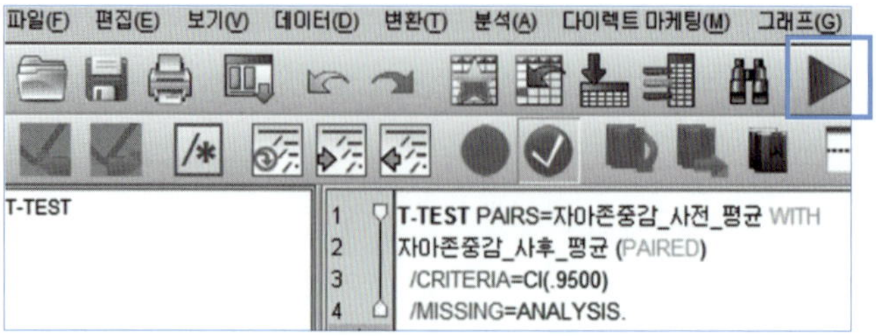

[그림 6-30] 대응표본 T 검정 3

다음 [그림 6-31]은 앞서 클릭한 사전 변수와 사후 변수를 분리하여 평균값과 표준편차 값을 제시하고 있다. 제시된 표를 살펴보면, 자아존중감 프로그램 참여하기 전의 사전 점수는 약 2.5415점, 자아존중감 프로그램 참여한 후의 사후 점수는 2.6902점으로, 약 1.4863점 차이가 나는 것으로 나타났다.

대응표본 통계량

		평균	N	표준편차	평균의 표준오차
대응	자아존중감_사전_평균	2.5415	218	.42478	.02877
	자아존중감_사후_평균	2.6902	218	.76189	.05160

[그림 6-31] 대응표본 T 검정 4

그렇다면, 이러한 사전 점수와 사후 점수 차이가 통계적으로 유의한 차이인지 아닌지를 검정하기 위해서는 [그림 6-32]의 독립표본검정 표를 해석해야 한다. 이 분석에서 가설은 다음과 같다.

귀무가설: 자아존중감 프로그램 참여 전과 후의 자아존중감에는 변화가 없다.
대립가설: 자아존중감 프로그램 참여 전과 후의 자아존중감에는 변화가 있다.

이와 같은 가설을 검정한 결과는 〈표 6-5〉와 같다. 분석을 실시한 결과, t-값은 -2.788이고 유의확률은 .006으로 나타났다. 여기서 유의확률 값이 .000으로서 95% 신뢰수준에서의 유의수준 .05보다 매우 작다는 것을 알 수 있다. 따라서 앞서 설정한 귀무가설을 기각하고 대립가설을 채택할 수 있다. 즉 분석결과에 따라, 우리는 자아존중감 프로그램에 참여하기 전의 자아존중감 수준이 프로그램 참여 후 향상되었다는 것을 알 수 있다. 즉, 프로그램에 참여하기 전과 후의 자아존중감 정도에는 통계적으로 유의한 차이가 존재하고, 프로그램에 참여한 후 자아존중감이 약 1.5점 향상되었다고 말할 수 있다.

대응표본 검정

성별		대응차 평균	표준편차	평균의 표준오차	차이의 95% 신뢰구간 하한	차이의 95% 신뢰구간 상한	t	자유도	유의확률 (양쪽)
대응1	자아존중감_사전_평균 자아존중감_사후_평균	-.14863	.78709	.05331	-.25370	-.04356	-2.788	217	.006

[그림 6-32] 대응표본 T 검정 5

한글 프로그램으로 옮겨진 분석결과는 다음의 〈표 6-5〉처럼 편집을 하면 된다. 표에 있는 t-값은 SPSS 분석결과 창에 있는 대응표본 T 검정 값을 가져와 기록한 것이고, 별표시는 99% 신뢰수준에 통계적으로 유의한 차이를 보인다고 표시한 것이다. 즉, 자아존중감 프로그램에 참여하기 전의 자아존중감 정도와 프로그램 참여 후 자아존중감 정도의 차이는 통계적으로 유의한 차이가 있다는 대립가설이 채택되었음을 의미한다. 본 분석결과에 따르면, 유의 확률값은 .000으로서 99% 신뢰수준 유의수준인 .01보다 낮음에 따라 영가설(학력에 따라 소득에 차이가 없다)을 기각하고 대립가설(학력에 따라 소득에 차이가 있다)을 채택할 수 있다.

표 6-5 대응표본 T 검정 표

	N	평균	표준편차	t
자아존중감_사전	218	2.5415	.42478	-2.788**
자아존중감_사후	218	2.6902	.76189	

*p<.05, **p<.01

(2) 윌콕슨 순위 검정을 활용한 비모수통계

윌콕슨 순위 검정을 위해서는 '분석' 메뉴에서 '비모수 검정'의 '레거시 대화상자'를 클릭하면 나오는 하위 분석 중 '대응 2-표본'을 클릭하면 된다.

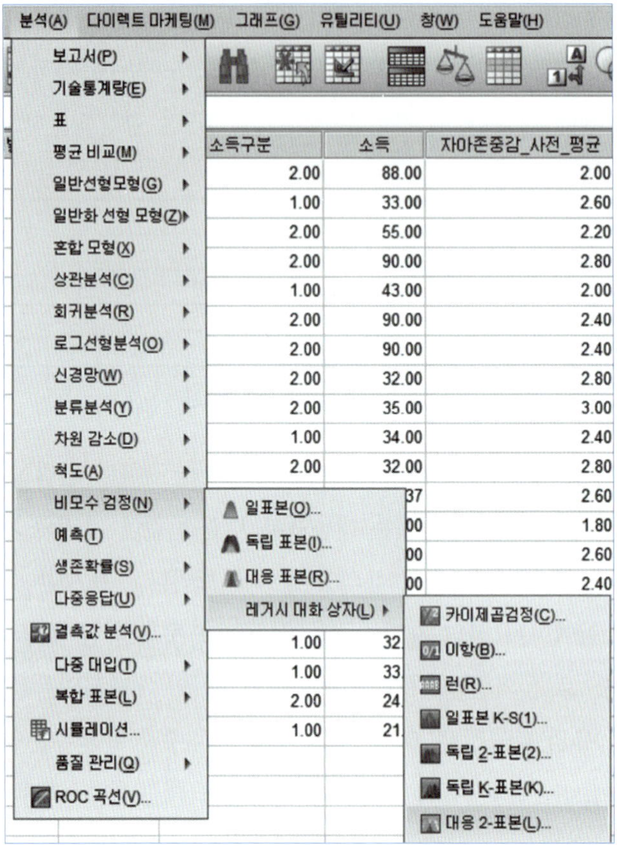

[그림 6-33] 윌콕슨 순위 검정 1

'윌콕슨 순위 검정'을 클릭하면 [그림 6-34]처럼 새로운 창이 나타난다.

그리고 분석하고자 하는 변수에 대하여 순차적으로 **'사전' 변수**와 **'사후' 변수**를 클릭하면 [그림 6-34]처럼 왼쪽에서 오른쪽으로 변수가 옮겨진 것을 확인할 수 있다.

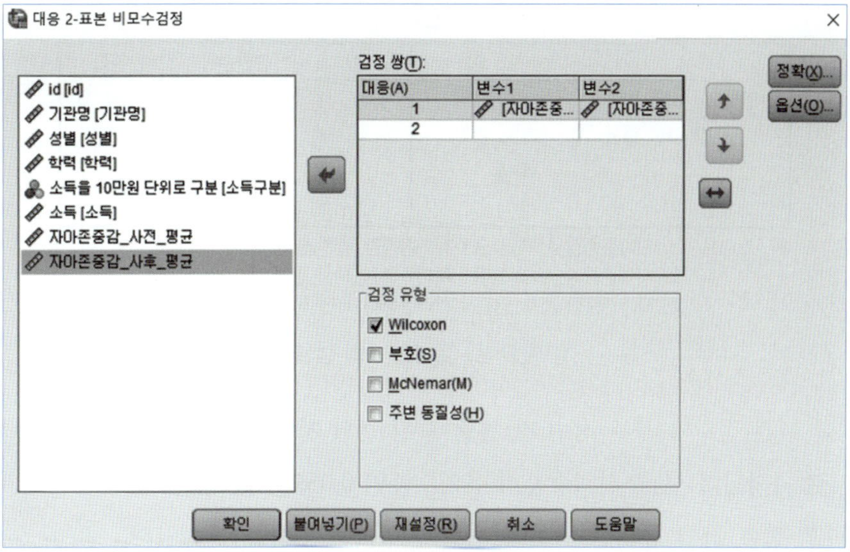

[그림 6-34] 윌콕슨 순위 검정 2

분석하고자 하는 변수를 클릭하여 옮겨 놓고, **'붙여넣기'**를 클릭하면 [그림 6-35]처럼 명령문 창이 나타난다. 명령문을 마우스로 드래그로 블록을 설정한 후, 'Ctrl + R' 또는 메뉴에 있는 **'삼각형**(선택 실행)' 아이콘을 클릭하면 명령문이 실행된다.

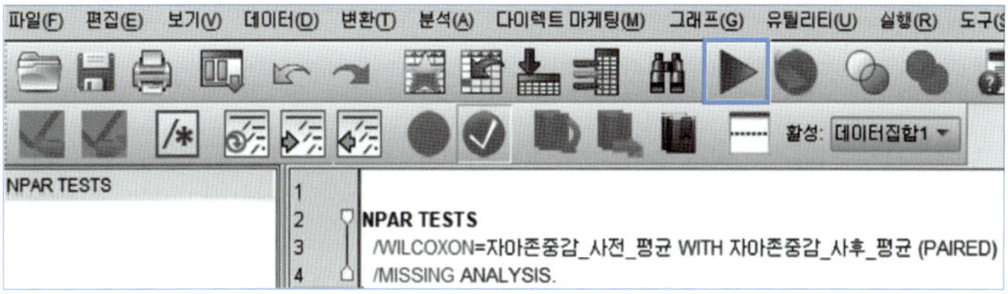

[그림 6-35] 윌콕슨 순위 검정 3

명령문을 실행하면, 사후 자아존중감의 평균 순위는 5.0, 사전 자아존중감의 평균 순위는 10.79로 나타났음을 알 수 있다.

순위

		N	편균순위	순위합
자아존중감_사후_평균	음의 순위	4[a]	5.00	20.00
자아존중감_사전_평균	양의 순위	14[b]	10.79	151.00
	동률	2[c]		
	합계	20		

a. 자아존중감_사후_평균 < 자아존중감_사전_평균
b. 자아존중감_사후_평균 > 자아존중감_사전_평균
c. 자아존중감_사후_평균 = 자아존중감_사전_평균

[그림 6-36] 윌콕슨 순위 검정 4

이러한 사전 점수와 사후 점수 간 평균 순위 간의 차이를 가설검정한 결과, 유의확률이 .004로 나타났다. 95% 신뢰수준의 유의수준인 0.05와 비교했을 때 작으므로 사전 점수와 사후 점수 간에 유의한 차이와 변화가 있다는 것을 알 수 있다.

검정통계량[a]

	자아존중감_사후_평균 자아존중감_사전_평균
Z	-2.858[b]
근사 유의확률(양측)	.004

a. Wilcoxon 부호순위 검정
b. 음의 순위를 기준으로

[그림 6-37] 윌콕슨 순위 검정 5

5) 세 집단 이상 간 평균비교(일원분산분석)

(1) 일원분산분석을 활용한 모수통계

일원분산분석은 지금까지 살펴본 독립표본 T 검정 및 대응표본 T 검정과 달리 분석대상이 세 집단 이상 간 평균의 차이를 분산의 원리를 사용하여 검정한다. 예를 들면, 직업(1=교사, 2=군인, 3=운동선수, 명목변수 또는 서열변수)처럼 변수를 구성하는 변수의 값이 3개 이상인 변수를 요인 변수로 활용하여 종속변수인 소득(비율변수 또는 척도화된 서열변수)에 차이가 있는지를 알고자 할 때 사용하는 분석이 일원분산분석이다.

일원분산분석을 실시하기 위해서는 메뉴 중 '**분석**'을 클릭하면 나오는 '**평균비교**' 메뉴의 하위 메뉴인 '**일원배치 분산분석**'을 클릭해야 한다.

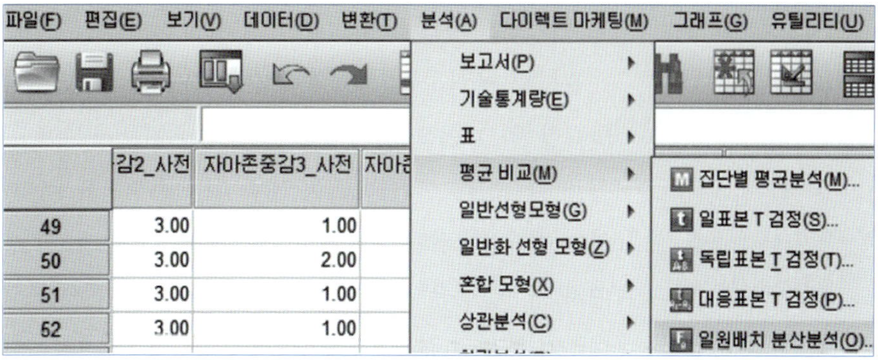

[그림 6-38] 일원배치 분산분석 1

'**일원배치 분산분석**'을 클릭하면, [그림 6-39]처럼 새로운 창이 나타난다.

왼쪽의 변수 리스트 중 비교하고자 하는 명목변수 또는 서열변수를 클릭하여 '**요인**'으로 옮기고, '**종속변수**'에는 비교하고자 하는 비율변수 또는 척도화된 서열변수를 클릭하여 옮겨 놓으면 된다.

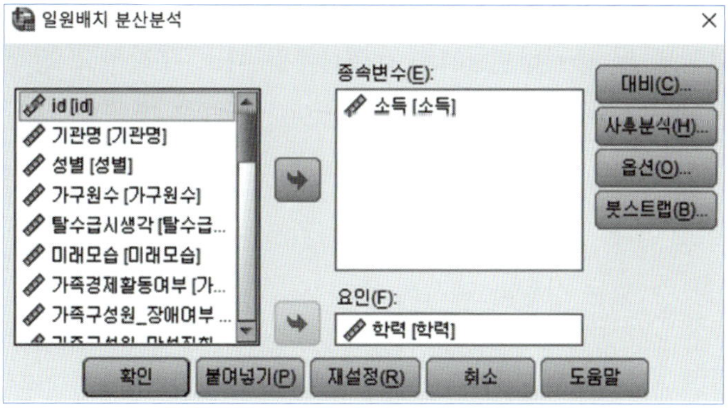

[그림 6-39] 일원배치 분산분석 2

[그림 6-40] 일원배치 분산분석 3

앞의 [그림 6-39]에서 **'옵션'**을 클릭하면, [그림 6-40]처럼 새로운 창이 나타난다.

새로운 창에서 **'기술통계'**를 체크하고, 다음으로 **'분산 동질성 검정'**을 체크한다.

다음으로 **'계속'**을 클릭하면 된다.

옵션을 클릭하여 기술통계 값과 분산의 동질성 검정을 클릭한 후, 다음으로 해야 할 것은 **'다중비교**(사후분석)' 아이콘을 클릭한다. **'다중비교'**는 일종의 T 검정처럼 분석에 투입된 집단을 2집단씩 짝을 이루어 평균비교를 해준다. 일원배치 분산분석은 세 집단 이상 간 평균의 차이를 한번에 보여주기 때문에 분산분석 결과만으로는 세부적으로 어떤 집단들 간에 평균의 차이가 있는지를 알 수 있다. 만약 '다중비교'를 클릭하게 되면, 분석에 집단에 투입된 세 개 이상 집단(A, B, C) 중 어떤 집단(A와 B, A와 C, B와 C 집단 비교)들이 차이를 보이는지를 한눈에 보여준다. 따라서 보통은 일원배치 분산분석 결과, 집단 간 평균의 차이가 통계적으로 유의하다면, 반드시 **'다중비교'**를 클릭하여 세부적으로 집단들 간 어떤 차이를 보이는지 살펴봐야 한다.

'다중비교(사후분석)'를 클릭하면 [그림 6-41]처럼 다소 복잡하고 전혀 보지 못했던 다양한 값들이 제시된다.

일반적으로 사후분석을 실시하면, 등분산이 가정되었을 때, 많이 활용하는 검정값이 'Tukey', 'Scheffe'이다.

각각은 사용할 수 있는 상황과 제시해 주는 결과값이 다르다.

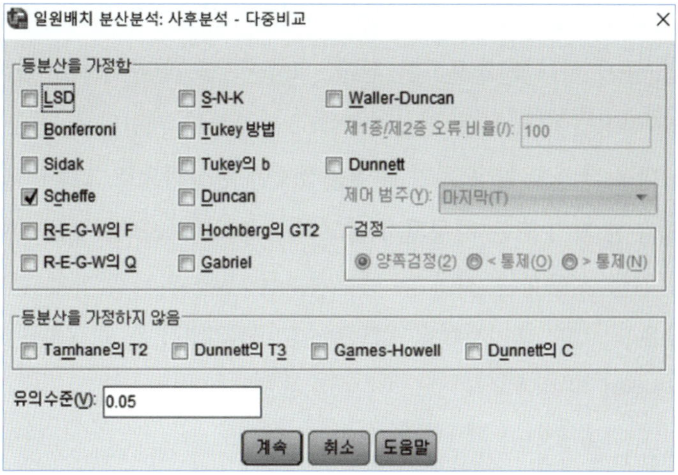

[그림 6-41] 일원배치 분산분석 4

일원배치 분산분석의 사후검정을 위한 검정법에는 위의 그림처럼 매우 많다. '옵션'을 클릭하여 등분산 여부를 검정했을 때, 등분산이 가정되면 선택할 수 있는 검정법이 많다. 위의 그림처럼 다양한 검정법 중 〈표 6-6〉처럼 세 종류가 가장 많이 활용된다. 그중에서도 가장 많이 활용되는 방법이 Scheffé 검정법이다. 표에서 설명하고 있듯이, Scheffé 방법은 비교하고자 하는 집단의 수에도 영향을 받지 않으면서도 집단 간에 통계적 차이를 매우 엄밀하게 검정하기 때문에 많이 활용된다.

표 6-6 일원배치 분산분석의 사후검정 검정법

검정법	특징
Scheffé	- Scheffé는 등분산이 가정되었을 때, 분산분석의 F 값이 통계적으로 유의할 때 사용하는 값임 - Scheffé는 비교하고자 하는 집단의 수(n)가 동일하지 않아도 됨 - 제시된 다른 검정값 중에서 가장 보수적인 검정 방법임
Tukey	- Tukey는 비교분석하고자 하는 집단의 수(n)가 동일할 때만 사용 가능 - Duncan 검정법보다 유의한 차이가 잘 보이지 않음
Duncan	- 다른 비교 검정법보다 관대하게 유의한 차이를 보여줌

추가적으로 만약 등분산 검정결과 등분산이 가정되지 않았다면, Dunnett T3나 Games-Howell 검정법 중에 하나를 활용하면 된다. 그중에서도 일반적으로 권하는 검정법은 Games-Howell 검정법이다. 모든 평균비교에서 등분산이 가정된 상황에서 분석결과를 얻는 것이 모집단을 추정할 때 오차가 줄어들겠지만 현실적으로 그렇지 않은 경우가 더 많다. 따라서 등분산 가정 또는 가정되지 않고의 여부보다 중요한 것은 데이터의 상황에 맞는 사후검정 값을 사용하는 것이 더 중요하다는 것을 잊지 말아야 한다.

사후검정 값을 클릭한 후 **'계속'**을 클릭한 후, **'붙여넣기'**를 클릭하면 다음의 [그림 6-42]처럼 명령문이 나타난다.

명령을 살펴보면, 분산분석(Oneway)을 실시하되, 집단변수는 학력 변수, 종속변수는 소득 변수로 설정하고, 기술통계(Descriptive)와 등분산성(Homogeneity)검정을 하라는 명령이 기록되었다는 것을 볼 수 있다.

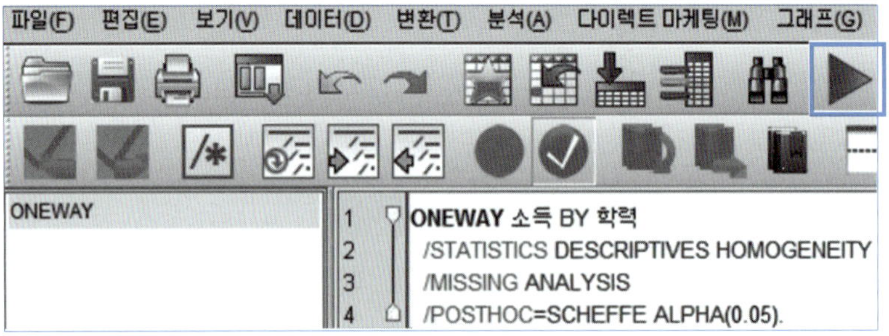

[그림 6-42] 일원배치 분산분석 5

명령문에 있는 명령문들을 마우스로 드래그하여 블록을 설정한 후, 'Ctrl + R' 또는 메뉴에 있는 **'삼각형'**을 클릭하면 명령문이 실행되어 다음처럼 분석결과 창이 나타난다.

일원배치 분산분석을 실시하면, 가정 먼저 제시되는 결과표는 기술통계표이다. 기술통계를 살펴보면, 전체 218명 중 초졸 13명, 중졸 116명, 고졸 5명, 대졸 이상 84명임을 알 수 있다. 평균 소득순위는 대졸 이상 학력자가 약 80만 원, 고졸 학력자는 66만 원 순으로 나타나 학력이 높을수록 평균 소득이 높은 것으로 보인다.

기술통계

소득

	N	평균	표준편차	표준오차	평균에 대한 95% 신뢰구간		최소값	최대값
					하한값	상한값		
초졸	13	48.4896	17.87353	4.95722	37.6888	59.2905	37.00	88.00
중졸	116	60.3546	21.63109	2.00840	56.3764	64.3329	21.00	98.00
고졸	5	66.0000	20.59126	9.20869	40.4326	91.5674	38.00	90.00
대졸 이상	84	80.2145	37.43143	4.08410	72.0914	88.3376	36.00	150.00
합계	218	67.4290	30.34677	2.05534	63.3780	71.4800	21.00	150.00

[그림 6-43] 일원배치 분산분석 6

앞서 **'옵션'**에서 등분산 검정을 클릭하면서 다음의 [그림 6-44]처럼 등분산 검정값이 제시되었다. 이때의 가설은 다음과 같다.

귀무가설: 학력 간에 소득분포는 등분산이다.
대립가설: 학력 간에 소득분포는 등분산이 아니다

제시된 그림을 보면, Levene 통계량 값은 28.364, 유의확률은 .000으로 나타났다. 우리는 앞서 95% 신뢰수준에서 유의수준이 0.05이고, 유의확률이 유의수준보다 낮으면 귀무가설을 기각하고 대립가설을 채택한다는 것을 알고 있다. 따라서 다음의 등분산 검정에서는 대립가설이 채택되어, 비교하고자 하는 집단 간에는 등분산이 성립되지 않는다고 말할 수 있다.

분산의 등질성 검정

소득

Levene 통계량	df1	df2	유의확률
28.364	3	214	.000

[그림 6-44] 일원배치 분산분석 7

이제 학력에 따라 소득에 차이가 있는지를 가설검정해 보자. 이때의 가설은 다음과 같다.

귀무가설: 학력에 따라 소득에 차이가 없다.
대립가설: 학력에 따라 소득에 차이가 있다.

이러한 가설을 검정한 결과 F-값은 9.833이고, 유의확률은 .000으로 나타났다. 95% 신뢰수준에서 유의수준이 0.05이고, 유의확률이 유의수준보다 낮으면 귀무가설을 기각하고 대립가설을 채택한다는 것을 알고 있다. 따라서 다음의 결과처럼, 유의확률이 .000으로서 유의수준인 .05보다 낮으므로 대립가설을 채택할 수 있다. 즉, 학력에 따라 소득에 차이가 있다고 말할 수 있다.

일원배치 분산분석

소득

	제곱합	df	평균 제곱	F	유의확률
집단-간	24210.179	3	8070.060	9.833	.000
집단-내	175630.810	214	820.705		
합계	199840.989	217			

[그림 6-45] 일원배치 분산분석 8

사후분석인 다중비교 결과를 살펴보면, [그림 6-46]과 같은 결과가 제시된다. 제시된 표를 살펴보면, 가장 왼쪽에 '(I)'와 '(J)'가 있다. 이 의미는 '(I)'집단에서 '(J)'를 뺀 **평균차**(I-J)를 통계적으로 유의한 차이가 있는지 살펴보는 것이다. 전체 표에 제시된 여러 결과 중에 '*' 표시가 된 결과만 읽으면 된다. 분석결과에 따르면, 초졸-대졸 이상, 중졸-대졸 이상, 대졸 이상-초졸, 대졸 이상-중졸 간의 평균 차이가 '*' 표시되어 통계적으로 유의한 차이를 보인다는 것을 알 수 있다. 통계적으로 유의한 결과를 보인, 네 가지의 경우 중 중복되는 두 가지를 제외한 '초졸-대졸 이상', '중졸-대졸 이상' 집단 간의 평균차가 통계적으로 유의한 차이를 보이고 있다는 것을 알 수 있다.

사후검정

종속변수: 소득

Games-Howell

다중비교

(I) 학력	(J) 학력	평균차(I-J)	표준오차	유의확률	95% 신뢰구간 하한값	95% 신뢰구간 상한값
초졸	중졸	-11.86497	5.34862	.160	-27.1449	3.4150
	고졸	-17.51035	10.45821	.406	-52.8909	17.8702
	대졸 이상	-31.72487*	6.42293	.000	-49.1356	-14.3142
중졸	초졸	11.86497	5.34862	.160	-3.4150	27.1449
	고졸	-5.64539	9.42516	.928	-42.3649	31.0741
	대졸 이상	-19.85990*	4.55122	.000	-31.7138	-8.0060
고졸	초졸	17.51035	10.45821	.406	-17.8702	52.8909
	중졸	5.64539	9.42516	.928	-31.0741	42.3649
	대졸 이상	-14.21452	10.07372	.539	-49.6364	21.2073
대졸이상	초졸	31.72487*	6.42293	.000	14.3142	49.1356
	중졸	19.85990*	4.55122	.000	8.0060	31.7138
	고졸	14.21452	10.07372	.539	-21.2073	49.6364

* 평균차는 0.05 수준에서 유의합니다.

[그림 6-46] 일원배치 분산분석 9

이제 분산분석 결과에 대한 간단한 표 작업을 해보도록 하자. 분석결과를 문서로 작성하기 위해서는 먼저 '해당하는 표를 마우스로 클릭한 후 마우스 오른쪽'을 누르면 [그림 6-47]처럼 '내보내기' 창이 나타난다. '내보내기'를 클릭한다.

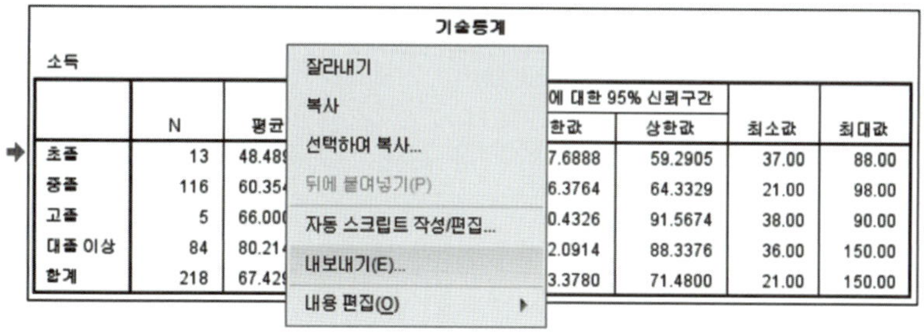

[그림 6-47] 일원배치 분산분석 10

내보내기를 클릭하면, 다음의 그림처럼 내보내기할 파일 선택 및 파일 유형 그리고 파일 이름을 설정하는 창이 나타난다. 먼저 내보내기할 때 '선택'을 클릭하고, 다음으로 파일 유형은 'HTML(*.htm)'으로 설정, 파일 이름을 부여하고 '확인'을 누르면 된다.

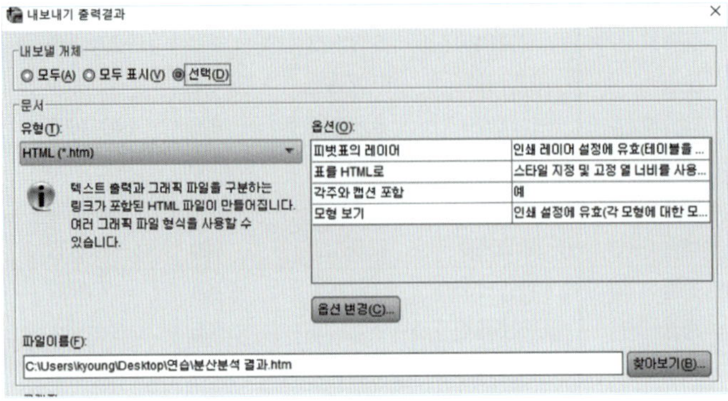

[그림 6-48] 일원배치 분산분석 11

파일 '내보내기'를 마치면, 새롭게 한글 프로그램을 실행시키고, 불러오기 과정을 수행하면 다음의 그림처럼 내보내기한 파일을 확인할 수 있다. 이때 주의할 것은 앞서 분석 결과를 내보낼 때 파일 형식을 '인터넷 문서(*.htm)' 형식으로 내보냈다는 것을 기억해야 한다. 따라서 만약 내보내기한 파일이 보이지 않으면, 파일 형식이 인터넷 문서로 되어 있는지를 확인해야 한다.

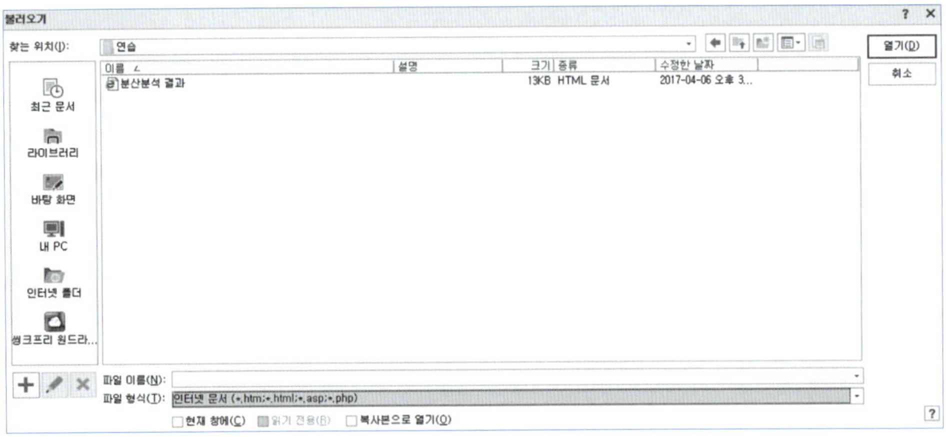

[그림 6-49] 일원배치 분산분석 12

불러올 파일을 클릭하고 '열기'를 누르면, 다음의 [그림 6-50]처럼 새로운 창이 나타난다. 새로운 창의 아이콘 중 '확인'을 누르면 불러오기 과정이 완료된다.

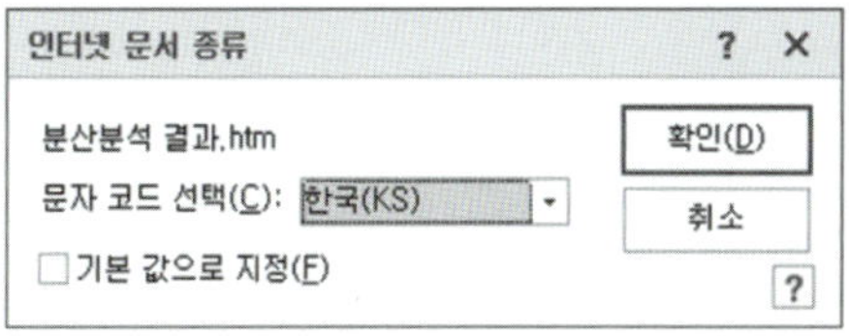

[그림 6-50] 일원배치 분산분석 13

불러오기 과정이 완료되면 [그림 6-51]처럼 SPSS 분석결과가 편집이 가능한 형태로 불러진 것을 볼 수 있다.

기술통계

소득

	N	평균	표준편차	표준오차	평균에 대한 95% 신뢰구간		최소값	최대값
					하한값	상한값		
초졸	13	48.4896	17.87353	4.95722	37.6888	59.2905	37.00	88.00
중졸	116	60.3546	21.63109	2.00840	56.3764	64.3329	21.00	98.00
고졸	5	66.0000	20.59126	9.20869	40.4326	91.5674	38.00	90.00
대졸 이상	84	80.2145	37.43143	4.08410	72.0914	88.3376	36.00	150.00
합계	218	67.4290	30.34677	2.05534	63.3780	71.4800	21.00	150.00

[그림 6-51] 일원배치 분산분석 14

한글 프로그램으로 옮겨진 분석결과는 다음의 〈표 6-7〉처럼 편집을 하면 된다. 표에 있는 F 값은 SPSS 분석결과 장에 있는 분산분식표의 값을 기져의 기록한 것이고, 별 표시는 99% 신뢰수준에 통계적으로 유의한 차이를 보인다고 표시한 것이다. 즉, 학력에 따라 소득에 차이가 있다는 대립가설이 채택되었음을 의미한다. 본 분석결과에 따르면, 유의확률 값은 .000으로서 99% 신뢰수준 유의수준인 .01보다 낮음에 따라 영가설(학력에 따라 소득에 차이가 없다)을 기각하고 대립가설(학력에 따라 소득에 차이가 있다)을 채택할 수 있다. 그리고 사후검정은 Games-Howell 검정법 값을 사용하였다. 그 이유는 등분산 검정 결과, 학력수준별 소득분포가 등분산이 가정되지 않았기 때문이다. 사후검정 결과 초졸자와 대졸 이상자 간의 소득수준 그리고 중졸자와 대졸 이상자 간의 소득수준이 통계적으로 유의한 차이를 보이고 있다는 것을 알 수 있다.

표 6-7 분산분석 결과표

	N	평균	표준편차	F	사후검정
초졸(A)	13	48.4896	17.87353	9.833^{**}	A≠D B≠D
중졸(B)	116	60.3546	21.63109		
고졸(C)	5	66.0000	20.59126		
대졸 이상(D)	84	80.2145	37.43143		
합계	218	67.4290	30.34677		

*p〈.05, **p〈.01

(2) 크러스컬 웰리스 분석을 활용한 비모수통계

크러스컬 웰리스 분석을 실시하기 위해서는 '분석' 메뉴에서 '비모수 검정'의 '레거시 대화상자'를 클릭하면 나오는 하위 분석 중 '독립 K-표본'을 클릭하면 된다.

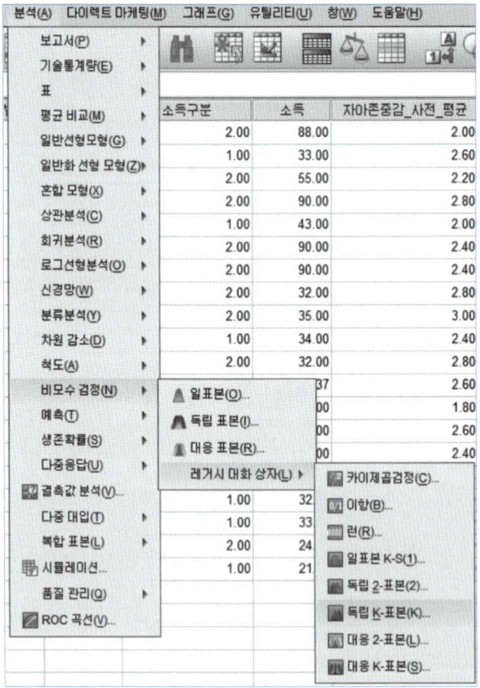

[그림 6-52] 크러스컬 웰리스 순위 검정 1

'크러스컬 웰리스 분석'을 클릭하면, [그림 6-53]처럼 새로운 창이 나타난다.

왼쪽의 변수 리스트 중 비교하고자 하는 명목변수 또는 서열변수를 클릭하여 **'집단변수'**로 옮기고, **'검정변수'**에는 비교하고자 하는 비율변수 또는 척도화된 서열변수를 클릭하여 옮겨 놓으면 된다.

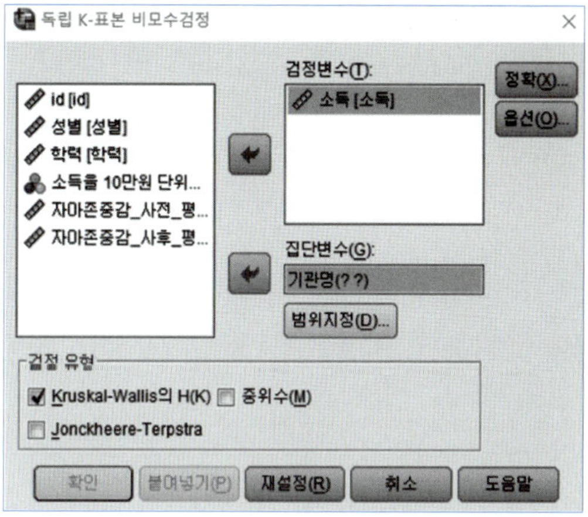

[그림 6-53] 크러스컬 웰리스 순위 검정 2

'집단변수'에 나타난 물음표를 변경하기 위해서는 **'집단정의'**를 해야 한다. 집단정의란 해당 변수, 즉 기관명 변수를 데이터에 입력할 때 사용한 숫자를 입력하라는 의미이다. 현재 기관변수를 구성하는 변수값이 세 가지이고, 최소 변수값은 '1', 최대 변수값은 '3'으로 입력되어 있다고 할 때, 최소값에는 '1', 최대값은 '3' 값을 입력하면 된다. 여기서 주의할 것은 반드시 데이터에 입력된 **'숫자**(1, 3)'를 동일하게 집단변수에 정의해야 한다. 숫자 입력이 끝났으면 **'계속'**을 클릭한다.

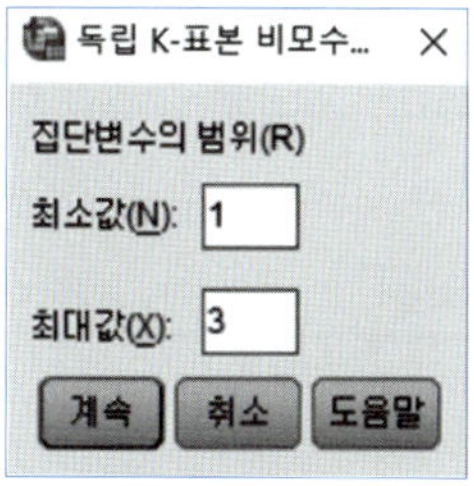

[그림 6-54] 크러스컬 웰리스 순위 검정 3

분석하고자 하는 변수를 클릭하여 옮겨 놓고, '붙여넣기'를 클릭하면 [그림 6-55]처럼 명령문 창이 나타난다. 명령문을 마우스로 드래그하여 블록을 설정한 후, 'Ctrl + R' 또는 메뉴에 있는 '삼각형' 아이콘을 클릭하면 명령문이 실행된다.

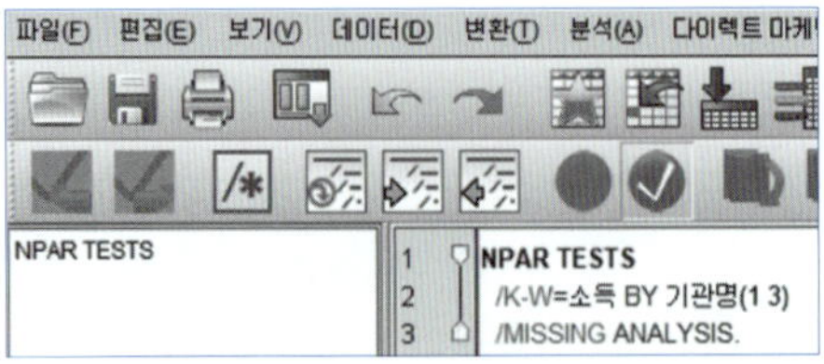

[그림 6-55] 크러스컬 웰리스 순위 검정 4

크러스컬 웰리스 순위 검정을 실행하면, [그림 6-56]처럼 지역별 평균 순위값이 나타난다. 제시된 분석결과를 살펴보면, 서울은 17.50, 부산 8.81, 광주 5.75 값이 나타난다.

순위

	기관명	N	평균순위
소득	서울	6	17.50
	부산	8	8.81
	광주	6	5.75
	합계	20	

[그림 6-56] 크러스컬 웰리스 순위 검정 5

이와 같은 지역 간 소득의 순위 차이의 유의성을 검정한 결과 [그림 6-57]에 제시된 유의확률 .002로서 95% 신뢰수준의 유의수준인 .05보다 매우 낮다는 것을 알 수 있다. 즉, 위와 같은 지역 간 소득의 차이는 통계적으로 유의하다는 것을 알 수 있다.

검정 통계량[a,b]

	소득
카이제곱	12.968
자유도	2
근사 유의확률	.002

a. Kruskal Wallis 검정
b. 집단변수: 기관명

[그림 6-57] 크러스컬 웰리스 순위 검정 6

Chapter 07

상관관계 분석

1. 상관관계 분석 개념과 의미

상관관계 분석은 두 요인 간의 관계성에 대해 분석하는 방법이다. 상관관계 분석이라고 하면 A요인과 B요인 간 관계 여부를 시작으로 관계성의 방향과 관계의 강도에 대해 살펴보는 것을 목적으로 한다.

상관관계 분석의 이론적인 의미나 목적은 두 요인 간 관계를 살펴보는 것이지만, 실제적으로 보고서 및 논문을 작성할 때 두 가지를 확인하는 데 사용한다.

- 평균비교(T-test, Anova)분석 이후 회귀분석에 앞서 독립변수와 독립변수, 독립변수와 종속변수 간의 관계성 여부 확인
- 회귀분석에 투입되는 독립변수 간에 다중공선성[7)]이 존재하는지 여부 확인

이상의 두 가지 목적을 위해 상관관계 분석이 활용되는 것이 대부분이다. 특히 두 번째에 해당하는 다중공선성을 확인하는 방법으로 많이 활용된다. 물론 이 역시도 각 연구의 목적에 따라서 활용되는 방법과 상황이 다르다고 하겠다. 즉 상관관계 분석은 어떤 연구가 단순히 두 요인 간의 관계성 여부만을 밝히는 경우에 주요 분석 방법으로 활용되기도 하고, 또 다른 어떤 연구에서는 인과관계를 밝혀주는 회귀분석을 위한 전 단계로서의 다중공선을 확인하기 위한 보조적인 분석 방법으로 활용되는 경우도 있다.

2. 상관관계 분석의 조건

상관관계 분석을 위해서는 분석에 투입되는 요인들의 속성에 대한 충분한 이해가 있

7) 다중공선성이란 회귀분석에 투입되는 독변변수 중 두 개 이상의 독립변수가 지나치게 상관관계 값이 높아서, 이 관계성이 종속변수에 유의한 영향을 미치는 독립변수 간의 관계 및 다른 독립변수들 간의 관계성에 많은 영향을 미치거나 관계를 왜곡시키는 현상을 의미한다. 이에 대해서는 이후 회귀분석에서 좀 더 자세하게 설명하고 있다.

어야 한다. 우리는 이미 1장과 2장에서 변수의 속성에 대한 기본적인 개념적 이해와 그 개념을 이해하는 것이 왜 중요한지에 대해 학습한 바 있다. 만약 이에 대한 이해가 부족하다면 관련 내용을 다시 한번 읽어보기를 강력히 권한다. 다시 강조하지만, 지금까지 배웠던 교차분석, T 검정, 분산분석 그리고 이번 장의 상관관계 분석과 다음 장에서 배울 회귀분석 모두 변수의 개념을 충분히 이해하지 못하면, 분석자가 원하는 분석결과를 얻지 못하게 된다. 따라서 분석자는 반드시 변수의 개념과 함께 각 분석에서 사용할 수 있는 변수의 속성에 대한 충분한 이해가 있어야 한다.

상관관계 분석에 투입 가능한 변수의 속성은 기본적으로 비율변수와 척도로 된 서열변수만이 투입 가능하다. 그리고 추가적으로 투입 가능한 변수가 명목변수인데 변수의 값이 두 개로 된 더미변수(Dummy variable)이다. 더미변수는 다른 말로 이항변수(二項變數) 또는 가변수(可變數)라고도 한다. 각 변수의 속성을 잘 설명할 수 있는 예를 들면 다음과 같다.

예		
	더미변수	- 성별(0=남성, 1=여성), 질병 유무(무=0, 무=1), 자격증 여부(0=무, 1=유)
	척도 서열변수	- 자아존중감 척도(1-5점 척도 20문항), 삶의 목적(1-7점, 40문항)
	비율변수	- 소득, 지출, 가족 수, 자녀 수

3. 다범주 명목변수 및 서열변수의 더미화 과정

앞서 설명했듯이, 기본적으로 상관관계 분석에 투입할 수 있는 변수의 속성은 비율변수와 척도로 된 서열변수이다. 그러나 때로는 이 두 변수 외에 명목변수를 상관관계 분석을 해야 하는 경우가 있는데 그때 사용할 수 있는 명목변수 형태가 더미변수이다. 더미변수는 변수의 값이 두 개인 변수를 말한다. 대표적인 더미변수가 성별 변수일 것이다. 그런데 문제가 되는 것은 변수의 값이 두 개 이상인 명목변수와 척도가 아닌 서열변수를 상관관계 분석에 투입할 때이다. 두 속성을 대표할 수 있는 예는 다음과 같다.

> **예** 세 개 이상의 변수값을 갖는 명목변수: 지역(1=서울, 2=경기, 3=충청),
> 종교(1=기독교, 2=불교, 3=유교, 4=기타)
>
> 서열변수: 학력(1=무학, 2=초졸, 3=중졸, 4=고졸
> 5=대졸 이상)

위의 예처럼 세 범주 이상의 명목변수 및 서열변수를 상관관계 분석에 투입하고자 할 때는 현재의 변수 그대로 투입하기보다는 각각의 변수들을 더미변수로 만들어야 상관관계 분석에 투입할 수 있다. 이와 같은 다범주 명목변수 및 서열변수를 더미변수로 만드는 것은 이후에 배울 회귀분석에서도 매우 유용하게 활용될 수 있는 중요한 내용이다. 다음의 예를 통해 더미화 과정에 대해 이해해 보도록 하자.

> **예** Q) 귀하의 학력은 무엇입니까?
>
> ① 무학 ② 초졸 ③ 중졸 ④ 고졸 ⑤ 대졸 이상

위의 예에서 '학력' 변수에 대한 변수값은 '5'가지이다. 먼저 다범주 변수를 더미변수로 만들려면 먼저 변수를 구성하는 **변수의 값 수만큼 변수**를 만든다. 다음의 표에서도 알 수 있듯이, 학력이란 하나의 문항에서 다섯 개의 문항으로 세분화하여 만들었다는 것을 알 수 있다. 무학과 초졸이라고 응답한 사람에 대한 더미변수 과정에 대해서만 설명하면,

학력에서 '무학(1)'이라고 응답한 사람만 '1→1' 값으로 그대로 부여하고
다른 값들은 '2→0', '3→0', '4→0', '5→0'으로 값을 변경해서
새로운 변수명인 '학력_무학'을 지정하면 된다.

이와 같은 방법으로 자신의 학력을 '초졸(2)'이라고 응답한 사람에 대해서 '2→1' 값으로 변경하고,

나머지 사람 중 '1→0', '3→0', '4→0', '5→0' 값으로 변경해서 새로운 변수명인 '학력_초졸'을 지정하면 된다.

이와 같은 방식으로 중졸, 고졸, 대졸 이상에 응답한 사람들에 대해서도 더미변수를 더 만들 수 있다. 이처럼 기존에 입력된 변수의 값을 변경하는 방법은 앞에서 배운 **'다른 변수로의 코딩변경'** 방법을 사용하면 된다.

표 7-1 더미변수 만드는 과정 1

1) 무학	2) 초졸	3) 중졸	4) 고졸	5) 대졸 이상	변수명
1	0	0	0	0	학력_무학
0	1	0	0	0	학력_초졸
0	0	1	0	0	학력_중졸
0	0	0	1	0	학력_고졸
0	0	0	0	1	학력_대졸 이상

이제 위의 표를 활용하여, 다범주 문항에 대한 더미변수를 SPSS 프로그램을 통해 만들어 보도록 하자. 우리는 이미 기존에 입력된 변수값을 새로운 형태로 변환하고자 할 때 '코딩변경' 기능을 사용하였다. 기존에 입력된 다범주 명목변수 및 서열변수를 더미변수로 만들 때 역시 '코딩변경' 기능을 사용하면 된다. 이제 다시 한번 '코딩변경' 기능을 활용하여 더미변수 만드는 과정에 대해 배워 보도록 하자.

우리는 앞서 기존에 입력된 변수의 변수값을 변경하기 위해서는 메뉴 중 **'변환'** 메뉴의 하위 메뉴인 **'다른 변수로 코딩변경'**을 클릭한다.

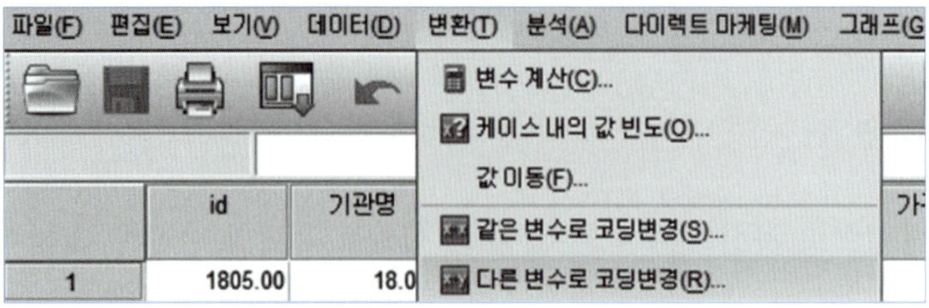

[그림 7-1] 더미변수 만드는 과정 2

우리는 왜 '같은 변수로 코딩변경'을 사용해서는 안 되는지에 대해 설명한 바 있다. 원자료를 보존하고 싶다면, 반드시 같은 변수가 아닌 다른 변수로의 코딩변경 기능을 사용하기를 강력히 권한다.

'다른 변수로 코딩변경'을 클릭하면, [그림 7-2]처럼 코딩변경 창이 새롭게 나타난다. 왼쪽의 변수 리스트 중 더미변수를 만들고자 하는 변수 '학력'을 클릭하여 오른쪽으로 옮기면 '학력→?' 표시가 나타난다. 이 의미는 기존 변수가 아닌 새롭게 만들 변수에 대한 변수명을 입력하라는 의미이다.

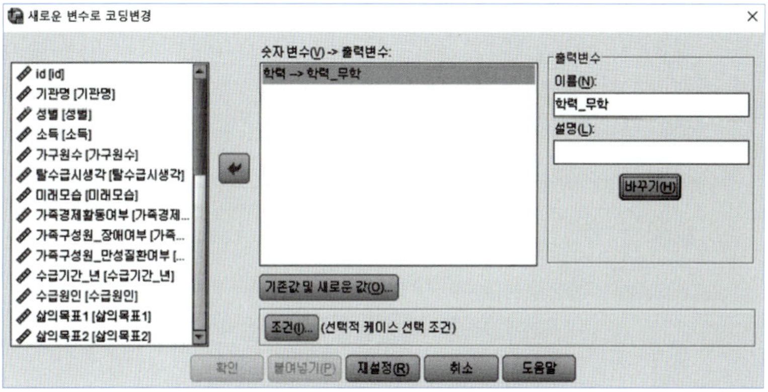

[그림 7-2] 더미변수 만드는 과정 3

'출력변수' 란에 이름에 '학력_무학'이라고 기입을 했다. 이 의미는 새롭게 만들 변수명을 '학력_무학'이라고 지정하라는 명령을 한 것이다. 그리고 '바꾸기'를 클릭하면 위의 그림처럼 '?' 였던 것이 '학력→학력_무학'으로 변경되었음을 확인할 수 있다. 새로운 변수에 대한 변수명 지정이 완료되면, [그림 7-2]의 중간에 있는 '기존값 및 새로운 값' 아이콘을 클릭한다.

'기존값 및 새로운 값' 아이콘을 클릭하면, 다음의 [그림 7-3]처럼 새로운 변수값을 지정해 줄 수 있는 창이 새롭게 나타난다. 이때 주의깊게 살펴봐야 하는 것이 앞서 제시된 〈표 7-1〉이다. 해당 표는 5개의 범주를 갖는 학력을 5개의 변수로 만들기 위한 구체적인 방법을 제시하고 있다. 먼저 제시된 〈표 7-1〉에서 자신의 학력을 '무학(1)'이라고 응답한 사람에 대해서는 **기존값**에 **'1'**, **새로운 값**에 **'1'**을 입력하고 **추가**를 클릭하면 **'1→1'** 표시가 나타난다.

이와 같은 방식으로 [그림 7-3]처럼 1→1, 2→0, 3→0, 4→0, 5→0으로 변경하고 '계속'을 클릭하면 된다.

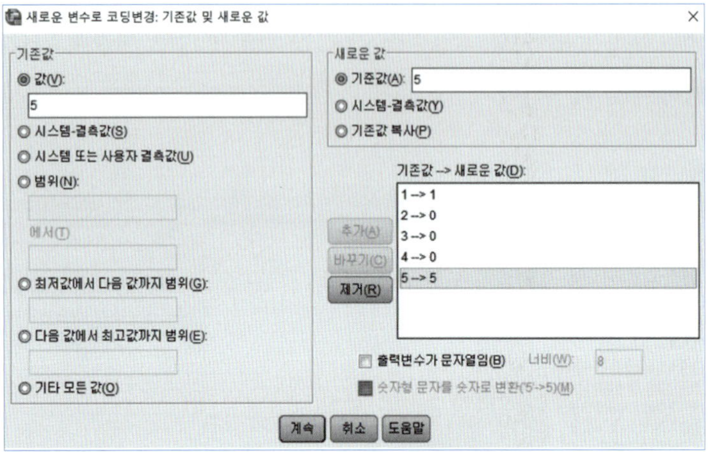

[그림 7-3] 더미변수 만드는 과정 4

자신의 학력을 무학으로 응답한 사람들에 대해서 더미변수를 만들고 **'계속'**을 누른 후, **'붙여넣기'**를 클릭하면 다음의 [그림 7-4]처럼 명령문이 생성된다. 명령문에 기술된 내용들을 살펴보면, 지금까지 분석자가 프로그램에 입력하고 클릭한 내용들이 동일하게 기술되어 있다는 것을 확인할 수 있다. 이제 명령문을 마우스로 드래그하여 블록을 설정한 후, 'Ctrl + R' 또는 메뉴에 있는 **'삼각형'**을 클릭하면 명령문이 실행된다.

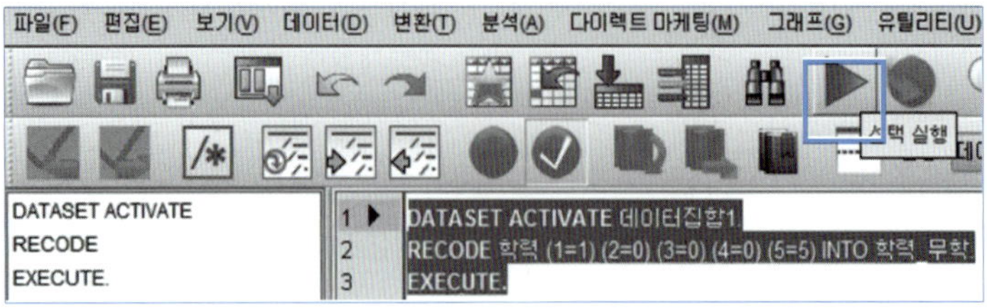

[그림 7-4] 더미변수 만드는 과정 5

명령문을 실행하면, [그림 7-5]처럼 데이터 보기 창의 마지막 변수로 '학력_무학'이라는 새로운 변수가 생성된다.

그리고 그 변수의 값을 보며, 학력이 '1'로 응답한 사람의 변수값은 그대로 '1'로 되어 있고, '2'라고 응답한 사람의 변수값은 '0'으로 변경되었다는 것을 알 수 있다.

이와 같은 방식으로 나머지 3, 4, 5번 역시 모두 '0'으로 변경되었다는 것을 확인할 수 있다.

학력	학력_무학
1.00	1.00
1.00	1.00
1.00	1.00
1.00	1.00
1.00	1.00
1.00	1.00
1.00	1.00
1.00	1.00
1.00	1.00
1.00	1.00
1.00	1.00
1.00	1.00
1.00	1.00
2.00	.00
2.00	.00

[그림 7-5] 더미변수 만드는 과정 6

이상의 무학자에 대한 더미변수를 만드는 과정을 초졸(2), 중졸(3), 고졸(4), 대졸 이상(5)이라고 응답한 사람들에 대해서도 적용하면 동일한 변수를 최종 5개를 더 만들 수 있다. 이때 우리가 지금까지 지속적으로 연습해 왔던 명령문을 응용해 보자. 앞서 명령문을 설명할 때도 잠시 언급되었지만, 명령문은 분석의 내용을 오랫동안 기록할 수 있다는 장점과 함께 반복적인 분석을 할 때 매우 유용하다.

앞서 우리는 '무학자'에 대한 더미변수를 위해서 [그림 7-6]처럼 명령문을 생성하여 실행하여 더미변수를 만들었다. 이제 기존 명령문을 다음의 [그림 7-6]처럼 4번 더 복사하여 생성한 후, 〈표 7-1〉에서 제시된 것 같은 초졸, 중졸, 고졸 그리고 대졸 이상자에 대한 더미변수 명령문을 새롭게 만들 수 있다. 그리고 분석의 실행은 명령문을 마우스로 드래그하여 블록을 설정한 후, 'Ctrl + R' 또는 메뉴에 있는 '삼각형'을 클릭하면 명령문이 실행된다.

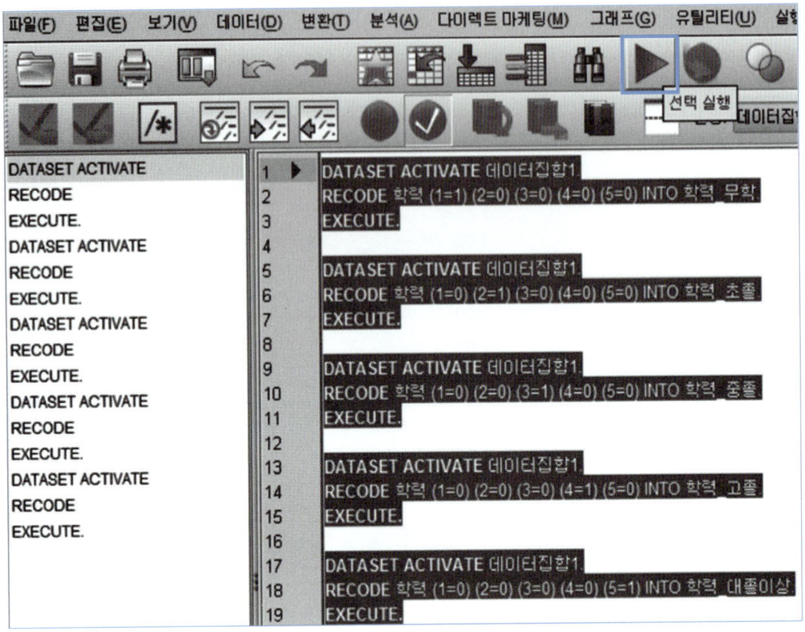

[그림 7-6] 더미변수 만드는 과정 7

이상의 명령문을 실행하면 다음의 [그림 7-7]처럼 데이터 보기 창에 새롭게 변수 네 개가 더 만들어졌음을 확인할 수 있다. 여기까지의 과정은 분명 쉽지 않다. 따라서 처음 더미변수를 만들어 본 사람은 다양한 변수를 활용하여 더미변수 과정을 잘 이해하고 있다면, 이후 상관분석 및 회귀분석 그리고 고급분석에서도 매우 유용하게 사용할 수 있다.

	학력_무학	학력_초졸	학력_중졸	학력_고졸	학력_대졸	학력_대졸이상
1	1.00	.00	.00	.00	.00	.00
2	1.00	.00	.00	.00	.00	.00
3	1.00	.00	.00	.00	.00	.00
4	1.00	.00	.00	.00	.00	.00
5	1.00	.00	.00	.00	.00	.00

[그림 7-7] 더미변수 만드는 과정 8

4. 상관관계 분석결과 해석 방법

상관관계 분석을 해석하는 방법은 세 가지만 유의하면 된다. 세 가지는 두 요인 간 관계의 유의성, 관계의 방향성 그리고 관계의 강도이다. 그리고 가장 먼저 제시된 두 요인 간 관계의 유의성이 없다면 관계의 방향성과 관계의 강도를 분석해도 아무런 의미가 없다. 따라서 상관관계 분석을 하여 유의한 관계성을 보이는 변수들에 대해서만 해석을 하면 된다.

1) 상관관계 여부(관계의 유의성)

상관관계 분석결과를 해석할 때 가장 중요한 것은 두 변수 간 관계의 유의성이다. 관계의 유의성을 보기 위해서는 가설설정을 해야 한다. 상관관계 분석에서 가설을 설정하면 다음과 같다.

귀무가설: 두 요인은 상관관계가 없다.
대립가설: 두 요인은 상관관계가 있다.

그렇다면, 이 상관관계의 가설검정에서 가설선택은 어떻게 결정할 것인가? 이미 앞에서 여러 차례 설명했듯이, SPSS 프로그램에서의 기본 가설은 95% 신뢰수준에서 유의수준은 .05이다. 따라서 상관관계 분석을 통해서 제시되는 유의확률과 유의수준을 비교하면 귀무가설 채택 여부를 결정할 수 있다.

한 가지 다행스러운 것은 SPSS 프로그램에서 상관관계 분석을 실시한 경우, 통계적으로 유의한 관계에 대해서는 분석된 표에 '*' 표시가 된다는 점이다. 이 표시가 붙었다는 것은 두 요인 간 통계적으로 유의한 관계가 있다는 것을 의미한다. 따라서 분석자는 '*' 표시가 있는 변수 관계에 대해서만 해석을 하면 된다.

2) 상관관계의 방향(관계의 방향성)

상관관계 분석에서 가장 중요한 관계의 유의성이 확인되었다면, 다음으로 살펴봐야 하는 것은 관계의 방향성이다. 상관관계의 방향성은 '양의 상관관계'와 '음의 상관관계'이다.

먼저 양의 상관관계에 대해 알아보자. 다음의 [그림 7-8]의 양의 상관관계는 두 요인의 상관계가 '매우 정적인(+) 관계'를 의미한다. 여기서 '양(+)' 또는 '정적인(Positive) 상관관계'란 'A요인이 증가하면 B요인도 함께 증가'하거나, 'B요인이 증가하면 A요인도 함께 증가'하는 것을 의미한다. 다음의 그림을 살펴보면 잘 이해할 수 있다.

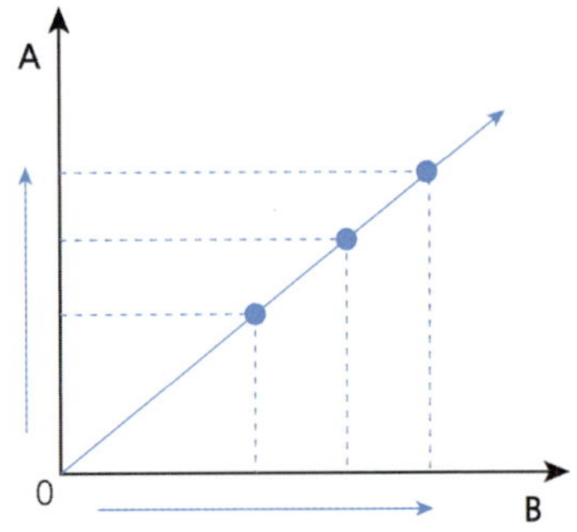

[그림 7-8] 양의 상관관계

다음으로 음의 상관관계에 대해 알아보자. 다음의 [그림 7-9]의 음의 상관관계는 두 요인의 상관관계가 '매우 부적인 관계'를 의미한다. 여기서 '음(-)' 또는 '부적인(Negative) 상관관계'란 'A요인이 증가하면 B요인도 함께 감소'하거나, 'B요인이 증가하면 A요인도 함께 감소'하는 것을 의미한다. 다음의 그림을 살펴보면 잘 이해할 수 있다.

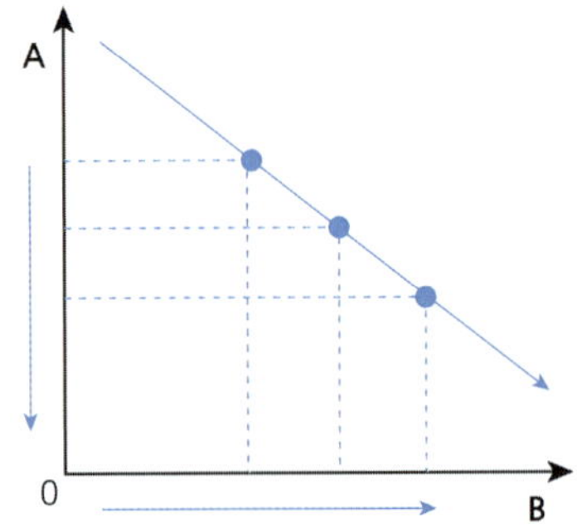

[그림 7-9] 음의 상관관계

3) 상관관계의 강도(관계의 강도)

상관관계에서 두 요인 간의 관계성 여부와 관계의 방향을 살펴본 후, 마지막으로 살펴봐야 할 것은 관계의 강도이다. 관계의 강도란 두 요인이 얼마만큼 밀착 또는 관계성이 높은가를 의미한다. 다음의 표를 살펴보면 두 요인 간 관계의 강도를 보다 쉽게 이해할 수 있다.

관계의 강도(r)	의미	관계의 강도(r)	의미
0.9 ~ 1.0	매우 강한 양의 상관관계	-0.9 ~ -1.0	매우 강한 음의 상관관계
0.7 ~ 0.8	강한 양의 상관관계	-0.7 ~ -0.8	강한 음의 상관관계
0.5 ~ 0.6	보통의 양의 상관관계	-0.5 ~ -0.6	보통의 음의 상관관계
0.3 ~ 0.4	약한 양의 상관관계	-0.3 ~ -0.4	약한 음의 상관관계
0.0 ~ 0.2	매우 약한 양의 상관관계	0.0 ~ -0.2	매우 약한 음의 상관관계

위에서 언급된 관계의 강도 및 의미는 책마다 다소 구간이나 의미가 다르다. 다만 대부분의 경우는 거의 비슷하다고 할 수 있다.

여기서 추가적으로 설명할 것은 과연 관계의 강도가 0.5라는 것은 정확히 무엇을 의미하는 것일까? 또한 상관관계 값을 통해 두 요인 간의 다중공선성을 검증한다는 것은 무엇을 의미하는지에 대한 이해가 있어야만 상관관계 값을 정확히 이해할 수 있다.

먼저 상관관계 값이 0.5인 경우와 0.3인 경우를 살펴보자. 다음의 [그림 7-10]처럼 상관관계 값이 0.5라는 것은 두 요인이 갖고 있는 각각의 '1'이라는 정보 중에 약 0.5(50%)만큼 공통된 값을 가지고 있다는 것을 의미한다. [그림 7-11]은 [그림 7-10]과 달리 두 요인의 교집합 부분이 약 0.3(30%)로 공통된 값을 가지고 있다. 반대로 각 요인은 각각 자신의 고유의 값이 0.7(70%)이 된다는 것을 알 수 있다.

이처럼 상관관계의 강도는 두 요인 간의 공통된 분모, 즉 두 요인의 교집합 크기를 의미한다고 하면 보다 쉽게 이해할 수 있다.

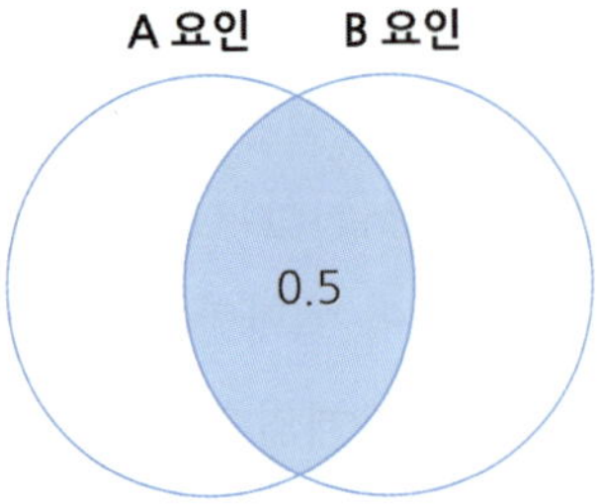

[그림 7-10] r = 0.5의 상관관계

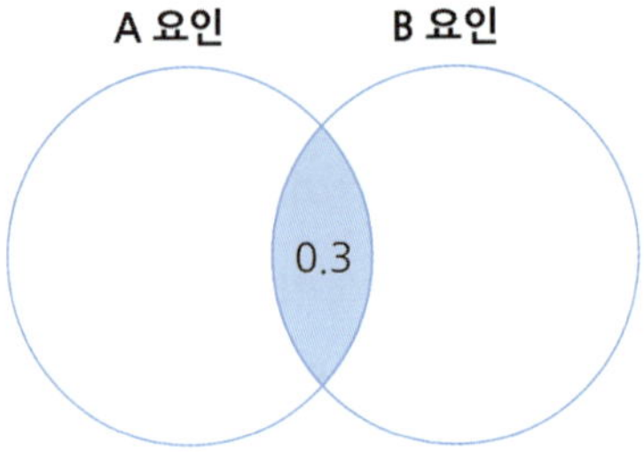

[그림 7-11] r = 0.3의 상관관계

상관관계 값의 의미를 이해했다면, 이제 과연 다중공선성이 무엇이고, 상관관계 분석에서 어떻게 확인할 수 있는지에 대해 살펴보도록 하자. [그림 7-12]를 살펴보면, 두 요인 간의 교집합이 앞서 살펴본 두 그림보다 매우 크다는 것을 알 수 있다. 이는 두 요인 간 공통된 값이 많다는 것을 의미한다. 그렇다면 두 요인의 공통된 값이 각 요인의 고유값보다 많은 상황에서 두 요인이 같은 요인인가, 그럼에도 불구하고 다른 요인이라고 해야 하는가? 다시 말해서 다음의 그림처럼 거의 90% 이상 같은 값을 가지고 있는 두 요인은 같은 요인인가 하는 의문이다.

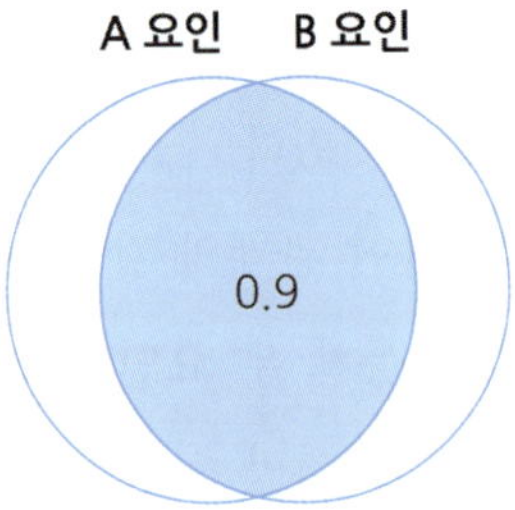

[그림 7-12] r = 0.9의 상관관계

엄밀히 말하자면, 두 요인은 각기 다른 요인이다. 그러나 상관관계 분석결과 두 요인의 상관관계 정도가 0.9 이상의 값을 가질 경우, 우리는 두 요인을 같은 요인으로 봐야 하는가에 대한 의문에 직면하게 된다. 사실, 두 요인의 상관관계 강도의 크기는 상관관계 분석에서 그저 숫자에 불과하다. 여기서 중요한 것은 그 숫자가 주는 의미와 영향이고, 이 두 요소는 중요한 문제가 될 수 있다. 특히 다음에 배울 다중회귀분석에서 두 요인 간의 지나치게 높은 상관관계 값은 매우 심각한 문제를 야기한다. 그 문제가 바로 다중공선성 현상이다. 다중공선성의 개념은 두 요인 간의 지나치게 높은 상관관계로 인해 인관관계의 왜곡을 가져오는 현상을 의미한다. 여기서 말하는 '인과관계의 왜곡' 현상은 다음의 내용을 보면 쉽게 이해할 수 있다.

회귀분석에서 보다 자세하게 언급하겠지만, 회귀분석은 어떤 현상(결과)에 영향을 미치는 요인(원인) 간의 관계를 통계적으로 밝히는 것을 목적으로 한다. 그래서 회귀분석에서는 영향을 미치는 원인이 되는 독립변수, 영향을 받는 종속변수 개념이 사용된다. 이러한 독립변수와 종속변수 간의 관계를 밝히는 회귀분석에서 다중공선성은 심각한 결과를 야기한다. 회귀분석에서 발생하는 다중공선성은 다음의 경우처럼 중요한 문제를 가져온다.

경우1. 종속변수에 유의한 영향을 미치는 독립변수 간에 통계적 유의성을 사라지게 함
경우2. 회귀분석에 투입된 다른 독립변수 간의 관계성에 왜곡을 가져옴

이상의 경우들은 회귀분석에서 다중공선성 현상이 가져오는 대표적인 경우이다. 따라서 분석자는 회귀분석에 앞서서 실행되는 상관관계 분석에서 상관관계 계수 값이 0.8~0.9 이상이 나오는 독립변수에 대해서는 반드시 회귀분석의 다른 기능(공차한계, 분산의 팽창계수 등)을 활용하여 교차 점검을 해야 한다. 이에 대해서는 이후 배울 다중회귀분석에서 다중공선성 교차점검법 및 처치 방법에 대해 살펴보도록 하자.

5. 상관관계 분석결과표와 해석

상관관계 분석을 실행하기 위해서는 데이터 보기 창에서 '분석' 메뉴를 클릭하면 나오는 '상관분석'의 하위 메뉴인 '이변량 상관계수' 분석을 클릭한다.

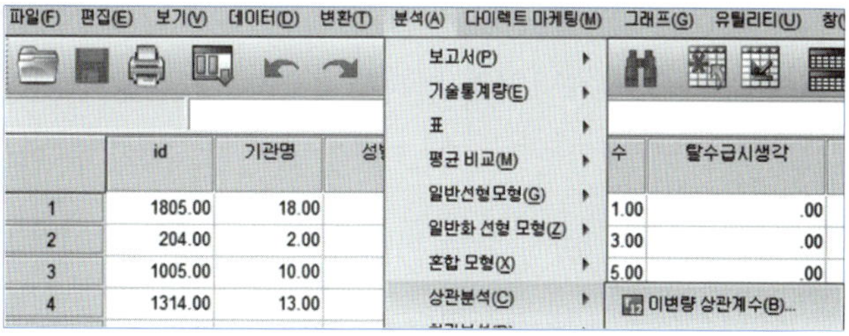

[그림 7-13] 상관관계 분석 1

'이변량 상관계수' 분석을 클릭하면, 분석을 위한 새로운 창이 나타난다. 다음의 그림을 살펴보면 왼쪽의 변수 리스트 중 상관관계 분석을 하고자 하는 변수를 클릭하여 오른쪽의 '변수'로 옮긴다. 이때 다음 그림의 가운데를 살펴보면, '상관계수'가 있고 'Pearson'에 기본 체크되어 있는 것을 확인할 수 있다.

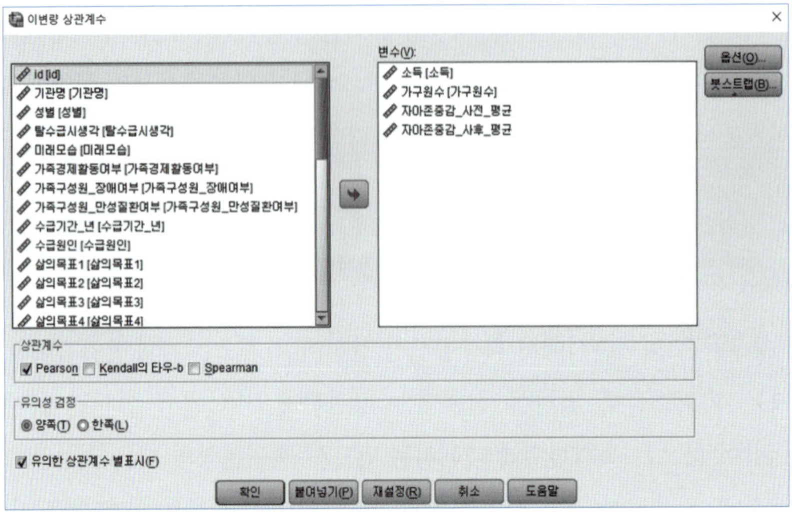

[그림 7-14] 상관관계 분석 2

'이변량 상관계수'를 클릭하면 기본적으로 'Pearson' 값에 제시되어 있는데, 이는 피어슨 'r' 값을 기반으로 관계에 대한 가설검정이 이루어지기 때문이다. 만약 자신이 분석하고자 하는 데이터 중 극단값(아주 큰 값이나 작은 값)이 포함되어 있다면, 분석자는 'Spearman' 값을 클릭해서 다른 가설검정을 실시해야 한다. 상관관계 분석을 하고자 하는 변수를 클릭한 후, '붙여넣기'를 클릭한다.

'붙여넣기'를 클릭하면 다음의 그림처럼 상관관계 분석을 위한 명령문이 생성된다. 생성된 명령을 살펴보면 분석에 투입한 변수리스트를 확인할 수 있다. 이상의 변수를 확인한 후, 명령문 전체를 마우스로 드래그하여 블록을 설정한 후 'Ctrl + R' 또는 메뉴에 있는 '삼각형'을 클릭하면 명령문이 실행된다.

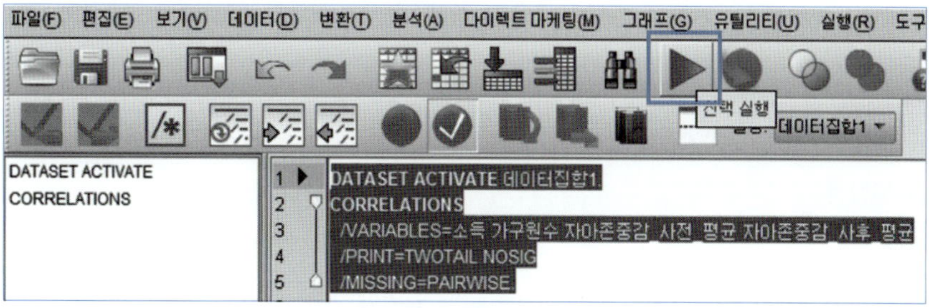

[그림 7-15] 상관관계 분석 3

'명령문'을 실행하면, 다음의 그림처럼 상관관계 분석표가 결과 창에 나타난다. 상관관계분석 결과를 살펴볼 때, 해석 순서는 ① 관계의 유의성 ② 관계의 방향성 ③ 관계의 강도를 보는 것이다. 그리고 관계의 유의성이 없는 변수 간의 관계는 해석하지 않는다. 다음의 그림을 살펴보면, '*' 표시가 되어 있는 변수 간 관계가 있다. 이 별 표시가 관계의 유의성을 한눈에 보여준다. 표의 내용을 보면, 가구원수-소득, 가구원수-자아존중감_사후_평균, 자아존중감_사전_평균-자아존중감_사후_평균 변수 간에 별 표시가 있으므로 관계의 유의성이 있다는 것을 알 수 있다.

상관계수

		소득	가구원수	자아존중감_사전_평균	자아존중감_사후_평균
소득	Pearson 상관계수	1	-.153*	.086	-.003
	유의확률(양쪽)		.024	.206	.959
	N	218	218	218	218
가구원수	Pearson 상관계수	-.153*	1	.021	-.184**
	유의확률(양쪽)	.024		.753	.006
	N	218	218	218	218
자아존중감_사전_평균	Pearson 상관계수	.086	.021	1	.218**
	유의확률(양쪽)	.206	.753		.001
	N	218	218	218	218
자아존중감_사후_평균	Pearson 상관계수	-.003	-.184**	.218**	1
	유의확률(양쪽)	.959	.006	.001	
	N	218	218	218	218

* 상관계수는 0.05 수준(양쪽)에서 유의합니다.

** 상관계수는 0.01 수준(양쪽)에서 유의합니다.

[그림 7-16] 상관관계 분석 4

이 중에 가구원수와 소득 변수 간 상관관계 분석결과를 살펴보도록 하자.

1) 관계의 유의성	p(.024) < α(.05)	유의한 상관관계가 있음
2) 관계의 방향성	–	음의 상관관계
3) 관계의 강도	.153	매우 약한 상관관계
분석결과		유의한 매우 약한 음의 상관관계
해석		가구원수와 소득 간에는 매우 약한 음의 상관관계가 존재함

이처럼 상관관계 분석결과는 **관계의 유의성, 관계의 방향성, 관계의 강도** 순으로 해석을 해야 한다. 그렇다면 해석은 어떻게 해야 하는 것이 맞는 것인지에 대한 의문을 갖게 된다. 다음의 두 가지 해석을 보면, 어떻게 해석하는 것이 더 적절한지에 대한 답을 얻을 수 있다.

해석1 : 가구원수가 증가할 때 소득은 감소할 것이다
해석2 : 소득이 증가할 때 가구원수가 감소할 것이다

위의 두 가지 해석 중에 어떤 해석이 더 내용적으로 적절한지에 대해 고민해 보자. 아마도 대부분의 경우, 해석2보다는 해석1이 더 상식적이고 논리적이라는 것을 쉽게 알 수 있다. 이처럼 상관관계 분석에서 해석하는 방향에 대해서는 항상 문제가 발생한다. 그럴 때마다 명확한 답은 어떤 방식으로 해석을 하더라도 상식적으로나 논리적으로 더 타당한 방향으로 해석을 선택해야 할 것이다.

이와 같은 문제가 발생하는 이유는 상관관계가 갖고 있는 특성 때문이다. 상관관계 분석은 이후에 배울 회귀분석과 달리 변수 간 상관관계를 살펴볼 뿐 인과관계를 알 수 없기 때문이다. 즉 상관관계 분석에서 두 요인 중에 어떤 한 요인이 원인(독립변수)이 되거나 다른 한 요인이 결과(종속변수)가 되지 않는다. 따라서 상관관계 분석의 결과는 항상 해석을 할 때마다 어떤 요인을 먼저 해석해야 하는지에 대한 고민을 하게 만든다. 따라서 앞서 설명한 것처럼, 상관관계 분석은 여러 가지 방법으로 해석을 한 후, 보다 상식적이고 논리적으로 타당한 방향으로 해석을 해야 한다.

6. 상관관계 분석결과에서 더미변수에 대한 해석

많은 학생들이 SPSS 통계 분석에서 어려워하는 것이 바로 **더미변수**(Dummy Variable) 해석이다. 더미변수는 해석의 상대가 되는 변수의 속성에 따라 해석방법이 달라진다. 즉, 두 변수 중에 한 변수가 더미변수일 때, 상대 변수가 서열변수와 비율변수 또는 명목변수일 때 해석의 방법이 다르다. 여기서 다시 한번 강조하는 것은 반드시 변수의 속성을 충분히 이해하고 있어야 한다는 점이다. 앞서 언급했듯이, 모든 분석에서 변수의 속성을 충분히 이해해야만 적절한 변수를 활용하여 원하는 분석결과를 얻을 수 있다.

1) 명목변수-비율변수 · 서열변수 간 해석 방법

명목변수인 더미변수와 비율변수 또는 서열변수 간에 유의한 상관관계가 있을 경우 해석하는 것이 쉽지 않다. 비율변수-비율변수, 비율변수-서열변수(척도) 간 상관관계 분석은 두 변수 모두 연속변수(비율변수)이거나 연속변수처럼 만들어진 변수(척도화된 서열변수)이기 때문에 해석에 큰 어려움이 없다.

그런데 상관관계 분석결과에서, 두 변수 중에 한 변수가 더미변수(명목변수)라고 한다면 이제 해석 방법이 달라진다. 다음의 예를 살펴보자. 성별이라는 더미변수와 비율변수인 소득 변수 간 상관관계를 분석하였다. 분석한 결과, 두 변수 간에 통계적으로 유의한 상관관계가 있다는 것을 '*' 표시 또는 유의확률 값을 통해서 확인할 수 있다($p(.006) < \alpha(.05)$. 이처럼 두 요인 간에 상관관계가 존재하면, 두 요인 간의 상관관계를 해석할 수 있다.

상관계수

		성별	소득
성별	Pearson 상관계수	1	-.186**
	유의확률(양쪽)		.006
	N	218	218
소득	Pearson 상관계수	-.186**	1
	유의확률(양쪽)	.006	
	N	218	218

** 상관계수는 0.01 수준(양쪽)에서 유의합니다.

[그림 7-17] 상관관계 분석 5

명목변수와 비율변수 간의 상관관계를 해석할 때, 먼저 확인해야 할 것은 더미변수이다. 보통 더미변수는 변수의 값이 두 개이다. 그리고 이 두 값은 0, 1 값을 가지는 것이 일반적이다. 따라서 반드시 확인해야 할 것은 0과 1 값에 어떤 변수값 정의가 이루어졌는지이다. 위의 [그림 7-17]처럼, 성별은 0과 1의 값을 갖는다. 그리고 각 값의 정의는 다음과 같다.

1 = 남성

0 = 여성

더미변수에 대한 변수값 정의를 확인한 후 다음으로 확인해야 할 것은 관계의 방향성이다. 위의 [그림 7-17]처럼, 성별과 소득의 관계 방향은 음(-)의 상관관계이다. 이럴 때 우리가 배운 해석 방식을 그대로 적용하면, 성별이 증가할 때 소득이 감소하거나, 소득이 증가할 때 성별이 감소한다는 식으로 해석이 가능하다. 이 두 가지 해석 방식 중에 후자보다는 전자가 보다 타당하다는 것을 알 수 있다. 즉 성별이 증가할 때 소득이 증가한다고 해석할 수 있다. 그러나 과연 성별이 증가한다는 것은 무엇을 의미하는가 하는 의문을 갖게 한다. 그리고 실제적으로 성별이 증가한다는 표현이 적절하지 않다. 성별은 소득처럼 증가하는 것이 아니기 때문이다. 따라서 성별처럼 명목변수에 대한 해석을 할 때는 다음처럼 해야만 한다. 두 변수 간의 상관관계가 음(-)의 상관관계라고 할 때, 해석은 다음과 같다.

0(여성) → 1(남성) => 소득이 감소(-)한다

↓

이를 쉽게 해석하면, 성별이 여성에서 남성으로 바뀔 때 소득은 감소한다

↓

이를 보다 쉽게 해석하면, 남성이 여성보다 소득이 더 감소한다

2) 명목변수-명목변수 간 해석 방법

앞서 우리는 상관관계 분석에서 명목변수와 비율변수 간 관계의 유의성이 존재할 때의 분석하는 방법에 대해 살펴보았다. 그럼 상관관계 분석에 투입된 변수가 명목변수와 명목변수이고, 이 두 변수 간 관계의 유의성이 존재할 때는 어떤 방식으로 해석을 해야 하는가에 대해서 알아보도록 하자.

다음의 [그림 7-18]은 앞서 명목변수이면서 더미변수인 성별과 만성질환여부에 대한 상관관계 분석을 실시한 것이다. 성별 변수는 0과 1 값, 만성질환여부도 0과 1 값을 갖고 있다.

상관계수

		성별	만성질환여부
성별	Pearson 상관계수	1	.154*
	유의확률(양쪽)		.023
	N	218	218
만성질환여부	Pearson 상관계수	.154*	1
	유의확률(양쪽)	.023	
	N	218	218

* 상관계수는 0.05 수준(양쪽)에서 유의합니다.

[그림 7-18] 상관관계 분석 5

이제 성별과 만성질환여부 변수 간의 상관관계 분석결과를 해석해 보도록 하자. 분석한 [그림 7-18]의 결과에 따르면, 두 변수 간에 통계적으로 유의한 상관관계가 있다는 것을 '*' 표시 또는 유의확률 값을 통해서 확인할 수 있다$(p(.023) < \alpha(.05)$. 이처럼 두 요인 간에 상관관계가 존재하면, 두 요인 간의 상관관계를 해석할 수 있다.

성별 변수의 변수값은 0='여성' 1='남성'으로 입력되어 있고
만성질환여부 변수의 변수값은 0='무' 1='유'로 입력되어 있다.

더미변수에 대한 변수값 정의를 확인한 후 다음으로 확인해야 할 것은 관계의 방향성이다. 위의 [그림 7-18]처럼, 성별과 만성질환여부 변수 간의 관계 방향은 양(+)의 상관

관계이다. 이럴 때 우리가 배운 해석 방식을 그대로 적용하면, 성별이 증가할 때 만성질환도 증가하거나, 만성질환여부가 증가할 때 성별이 증가한다는 식으로 해석이 가능하다. 그러나 이 두 가지 해석 방식 모두 논리적으로 타당하지 않다는 것을 알 수 있다. 그 이유는 성별이 증가한다든지, 만성질환여부가 증가한다는 식으로 설명하는 것은 아무런 의미가 없는 해석이기 때문이다. 이는 해석 방식이 기존의 비율변수와 비율변수, 비율변수와 서열변수, 비율변수와 명목변수, 서열변수와 명목변수 간의 해석과는 다르기 때문에 기존의 방법들과 다르게 해야 한다는 것을 의미한다.

따라서 이와 같은 경우에 해석은 다음의 순서대로 다른 방식으로 해야 한다. 먼저 두 변수 간 양(+)의 상관관계라고 할 때, 해석은 다음과 같다.

0(여성) → 1(남성) => 0(만성질환 무)에서 → 1(만성질환 유)로 변한다

↓

이를 쉽게 해석하면, 성별이 여성에서 남성으로 바뀔 때 질병은 무에서 유로 변한다

↓

이를 보다 쉽게 해석하면, 남성이 여성보다 만성질환을 가질 가능성이 높다

만약 반대로 성별과 만성질환여부 변수 간에 음(-)의 상관관계가 존재한다면 해석은 다음처럼 해야 한다.

0(여성) → 1(남성) => 1(만성질환 유)에서 → 0(만성질환 무)로 변한다

↓

이를 쉽게 해석하면, 성별이 여성에서 남성으로 바뀔 때 만성질환은 유에서 무로 변한다

↓

이를 보다 쉽게 해석하면, 남성이 여성보다 만성질환을 가질 가능성이 낮다

7. 상관관계 분석 해석 시 유의사항

상관관계 분석 해석 시 중요한 것은 두 변수 간의 관계성에 인과성을 부여해서는 안 된다는 점이다. 앞서 간략하게 언급한 바 있지만, 상관관계 분석결과에 대한 해석과정에서 쉽게 범하는 실수 및 오류가 해석과정에 마치 인과관계가 있는 것처럼 해석하는 것이다. 따라서 상관관계 분석결과를 살펴볼 때는 반드시 ① 관계의 유의성 ② 관계의 방향성 ③ 관계의 강도 외에는 큰 의미를 부여해서는 안 된다.

그리고 해석과정에서 두 요인 중 어느 요인을 먼저 해석하는지는 두 가지 경우의 해석을 모두 해본 후, 상식적으로나 논리적으로 더 타당한 방법으로 해석하는 것이 적절하다고 하겠다.

8. 상관관계 표 요약

다음으로 상관관계 분석결과를 보고서 및 논문에 옮기고자 할 경우, 복잡한 표는 다음의 표처럼 간단하게 정리할 수 있다. 그리고 해석은 다음과 같이 하는 것이 일반적이다.

"성별과 만성질환여부 변수 간의 상관관계 분석을 실시한 결과, 통계적으로 유의한 상관관계를 보이고 있다. 즉 남성이 여성보다 만성질환을 가질 가능성이 더 큰 것으로 나타났다."

물론 해석 방식은 분석하는 사람마다, 보고서마다 상관관계 분석표에 어떤 의미와 중요도를 부여하는가에 따라 해석의 깊이나 내용이 달라진다. 이러한 차이들은 유사한 분석결과들을 여러 개 살펴보면 그 차이를 쉽게 구분할 수 있다.

표 7-2 상관관계분석 6

	성별	만성질환여부
성별	1	
만성질환여부	.154*	1

*$p<0.05$

Chapter

08

회귀분석

1. 회귀분석의 필요성 및 개념

우리가 사는 세상에는 다양한 '현상'들이 있다. 여기서 말하는 '현상'을 다른 말로 표현하면 '결과'라고도 할 수 있다. 예를 들면, 성적, 행복도, 만족감, 빈곤율, 범죄율 등이 있을 수 있다. 그렇다면, 이 중에 소득이라는 현상이자 결과에 대해 살펴보도록 하자.

"왜 사람마다 소득이 다를까?"

사실, 이 문제는 인류가 갖고 있는 중요한 현상이자 결과이다. 왜 사람마다 소득이 다른가 하는 질문은 우리 주위에서도 물을 수 있는 질문이다. 예를 들면, 같은 대학, 같은 학과를 졸업한 친구 간 소득이 다른 이유는 무엇 때문일까 하는 질문이다.

그렇다면, 진짜! 왜 사람마다 소득 수준이 다른가에 대한 답을 얻고자 한다면, 어떻게 해야 할 것인가?

우리는 지금까지 빈도분석으로부터 해서 상관관계 분석까지 배워 왔다. 그렇다면, 지금까지 배워 온 분석 방법으로 "왜 사람마다 소득이 다른가"에 답을 얻을 수 있는가?

답은 "아니다."

즉, 지금까지 우리가 배워 온 분석 방법으로는 소득이라는 현상이자 결과에 대한 원인이 되는 변수가 무엇인지 알 수 없다. 지금까지 배워온 분석 방법은 각 변수들에 대해 설명해 주는 빈도분석, 두 변수 간 관계의 차이를 알려주는 교차분석, T 검정, 분산분석, 두 변수 간의 관계성을 알려주는 상관관계 분석이다. 즉 이상의 분석 방법을 사용해서는 어떤 현상이자 결과에 대한 원인들이 무엇인지를 알 수 없다.

이처럼 어떤 현상 및 결과에 대한 원인이 무엇인지를 알려주는 분석 방법이 바로 '회귀분석'이다. 회귀분석은 어떤 결과에 대한 원인이 무엇인지를 밝혀주는 인과관계 분석 방법이다. 회귀분석을 정확하게 이해하고자 한다면, 매우 복잡한 통계학적 개념과 수식들에 대한 이해가 선행되어야 한다. 그러나 여기서는 그러한 복잡한 개념과 수식을 활용하지 않고 회귀분석을 보다 쉽게 이해할 수 있도록 설명하고자 한다.

먼저 회귀분석을 잘 이해하기 위해서는 회귀분석 수식을 구성하는 세 가지 개념을 알아야 하는데, 종속변수, 독립변수(설명된 오차), 오차(설명되지 않은 오차)이다.

$$Y(\text{결과, 종속변수})=a(\text{상수})+bX(\text{원인, 독립변수})+\epsilon(\text{오차})$$

Y	종속변수	연구자가 관심 갖는 현상이자 결과, 독립변수에 영향을 받는 변수
a	상수	어떤 현상 및 결과에 대한 항상 존재하는 값(기본값)
b	회귀계수	독립변수가 갖는 통계 값
X	독립변수	종속변수에 영향을 미치는 변수
ϵ	오차	종속변수에 영향을 미치고자 투입한 독립변수로는 설명되지 않는 값이나 오차

이상의 내용처럼 기본적인 회귀분석의 개념에 대해 이해했다면, 이제 실제 예를 들어 살펴보도록 하자. 다음과 같은 질문이 있다고 하자.

"왜 사람들마다 월 소득이 다를까?

그렇다면, 이 질문에서 종속변수와 독립변수는 무엇일까? 여기서 종속변수는 현상이자 결과인 '월 소득'이고, 독립변수는 아직 모른다. 아마도 월 소득에 영향을 미치는 독립변수를 우리가 이제 찾아야 한다. 앞서 살펴본 회귀분석의 수식은

$$Y(\text{결과, 종속변수})=a(\text{상수})+bX(\text{원인, 독립변수})+\epsilon(\text{오차})$$ 이다.

여기에 과연 어떤 요인이 소득에 영향을 미치는가에 대한 질문을 얻기 위해 수식을 완성하면

$$Y(\text{월 소득})=a(\text{상수})+bX+\epsilon$$ 이다.

> 예시_ 그렇다면, 어떤 사람의 월 소득이 3,500,000원이라고 할 때, 이 소득에 영향을 미치는 요인, 즉 어떤 요인에 의해 이 사람의 월 소득이 결정되는가에 대한 원인들을 찾고자 한다고 하자.

이제부터 우리는 예에서 언급된 사람의 월 소득(월급)에 영향을 미치는 요인들이 무엇인지를 논리적으로 찾아보고자 한다.

$$Y(3{,}500{,}000)=a(\text{상수})+bX+\epsilon$$

다음으로 α는 무엇일까? 보통 상수는 회귀분석을 통해 자동적으로 계산이 된다는 점을 알아야 한다. 다만, 지금은 회귀분석을 이해하는 과정으로서 편의상 한 달 최저임금을 상수로 적용하고 '1,204800원'으로 하겠다. 즉, 어떤 노동자의 한 달 월급은 기업주가 최저임금 기준을 준수하여 지급한다면, 하루 8시간 20일 근무했을 때 해당하는 최저임금을 월급으로 받기 때문이다. 그렇다면, 다음 수식은

$Y(3{,}500{,}000)=a(1{,}204{,}800)+bX+\epsilon$ 이 된다.

위의 예에서 알 수 있듯이, 우리는 종속변수인 월 소득 3,500,000원 중 상수값인 최저임금에 해당하는 기본최저임금은 어떤 수식을 사용하지 않고 1,204,800원을 알 수 있다. 남은 것은 그 차액인 2,295,200원이다. 그렇다면 자연스럽게 이 금액은 위의 수식에서 X와 ϵ의 몫으로 남는다는 것을 알 수 있다. 이제 우리에게 남은 작업은 이 금액만큼 영향력을 미치는 독립변수를 찾으면서 동시에 설명되지 않는 오차인 ϵ를 최소화하는 것이다.

이에 연구자가 분석대상의 학력 변수를 측정하니 '대졸'이고, 이것을 분석에 투입한 결과 약 500,000원만큼 영향을 미친다는 것을 알 수 있었다. 즉 분석대상의 학력수준을 알게 되니, 분석대상의 한 달 월 소득 중 상수값(최저임금)을 포함하여 1,704,800원만큼 영향력을 찾을 수 있었다. 그렇다면 이제 남은 것은 해석되지 않은 오차 ϵ인 1,795,200원이다.

$$Y(3{,}500{,}000)=a(1{,}204{,}800)+b(500{,}000)X+\epsilon$$

이처럼 종속변수에 대한 **"독립변수가 1개 투입된 경우를 단순회귀분석"**이라고 부른다. 그러나 대부분의 경우 어떤 사회 현상의 결과에 대한 원인이 하나로만 설명되거나 해석

되는 경우는 거의 없다. 즉 우리가 일반적으로 회귀분석을 통해 어떤 종속변수에 영향을 미치는 독립변수를 파악하고자 할 때, 위의 예처럼 여전히 종속변수에 대해 설명되지 않는 값, 즉 오차들이 항상 존재한다.

따라서 많은 분석자들은 회귀분석을 통한 통계적으로 유의한 영향을 미치는 독립변수를 찾고자 "두 개 이상의 독립변수를 투입하고, 이것을 다중회귀분석"이라고 한다. 예를 들면 다음과 같다.

$$Y(3{,}500{,}000) = a(1{,}204{,}800) + b_1(500{,}000)X_1(\text{학력}) + b_2(300{,}000)X_2(\text{연령}) + \epsilon$$

이제 우리는 학력이란 독립변수 1개만을 투입한 단순회귀분석이 아니라 연령이라는 두 번째 독립변수를 투입함으로써 다중회귀분석을 실행하였다. 그리고 학력 변수에 연령 변수를 추가함으로써, 이전 단순회귀분석 모델보다는 좀 더 정확한 분석대상의 월 소득에 중요한 영향을 미치는 원인을 찾을 수 있게 된다. 물론 여전히 상수, 학력, 연령 변수만으로 설명되지 않은 오차가 존재할 수 있다.

여기서 한 가지 명심해야 할 것은 사회현상을 100% 해석하는 단 하나의 원인 또는 두 개 이상의 원인을 찾는 것은 불가능하다. 그 이유는 어떤 결과에 영향을 미치는 독립변수는 너무 많으나 현실적으로 우리가 그 모든 원인을 찾아서 통계분석에 투입한다는 것은 불가능하기 때문이다. 따라서 분석자는 주어진 분석자료 내에서 가능한 이론적이고 타당한 분석 방법을 활용하여 오차를 최대한 줄이면서 종속변수를 추정할 수 있는 독립변수들의 조합을 찾아야만 한다.

2. 회귀분석에 투입 가능한 변수의 속성

앞서 언급했듯이, 회귀분석은 종속변수와 독립변수로 구성이 된다. 이때 많은 초보 분석가들이 실수하는 것이 각각의 변수에 적합하지 않은 변수를 투입하고 분석하는 경우이다. 이 부분은 앞서 설명했던 여러 분석 방법에서도 언급하였다. 회귀분석 역시 예외가 아니다. 분석하는 사람이 분석하고자 하는 분석 방법과 그 방법에서 허락되는 변수의 속성을 갖는 독립변수와 종속변수를 적합하게 활용하지 않으면 잘못된 분석결과를 얻게 된다. 따라서 회귀분석을 하고자 하는 경우, 종속변수와 독립변수에 투입되는 변수의 속성을 정확하게 파악하여 입력해야 한다.

다음의 〈표 8-1〉은 변수의 종류에 따라 투입되는 변수의 속성과 예를 제시하였다. 먼저 종속변수를 살펴보면, 종속변수에는 기본적으로 소득과 지출 등처럼 기본적인 비율변수가 투입될 수 있다. 그리고 서열변수 중 척도화된 서열변수가 분석에 투입될 수 있다. 가끔 만족도에 영향을 미치는 요인이 무엇인지를 살펴보기 위해 회귀분석을 하는 경우가 있다. 이때 만족도 역시 단일 문항으로 이루어진 5점 리커트 척도라면 회귀분석 투입에 신중해야 할 것이다. 회귀분석의 분석 요건에 단일 문항으로 이루어진 리커트 서열 척도는 투입을 고려하지 않고 설계되었기 때문이다.

다음으로 독립변수에 대해 살펴보면, 기본적으로 앞서 살펴본 종속변수와 투입되는 변수의 속성이 동일하다. 다만 다중회귀분석에서 종속변수와 달리 독립변수에 추가적으로 투입할 수 있는 변수의 더미화된 명목변수이다. 여기서 '더미'란 변수의 값이 단 2개로만 구성된 변수를 의미한다. 예를 들면 성별 변수가 대표적이라고 할 수 있다. 성별은 남성=1, 여성=0으로 구성되어 있기 때문이다. 이때 반드시 변수의 값을 '0'과 '1'로 정의하고 분석에 투입해야 한다.

표 8-1 회귀분석에 투입이 가능한 변수의 속성

변수의 종류	변수의 속성	예
종속변수	비율변수	소득, 성적, 지출 등
	척도화된 서열변수	자아존중감, 우울감, 탄력성 등
독립변수	비율변수	소득, 성적, 지출, 가구원 수, 자녀 수, 자격증 수 등
	척도화된 서열변수	자아존중감, 우울감, 탄력성 등
	더미화된 명목변수	성별, 건강 여부, 만족 여부 등

3. 회귀분석을 위한 필수적인 점검사항

1) 결측값 점검

회귀분석을 처음 실행하는 학생들이 충분히 고려하지 못하는 것이 결측값(Missing Value) 처리이다. 결측값이란 분석하고자 하는 분석자료에 입력된 사례별 데이터에 설문 응답 값이 입력되지 않은 경우를 의미한다. 그렇다면, 이처럼 분석하고자 하는 자료에 설문조사 값이 입력되어 있지 않다면, 우리는 이런 상황을 어떻게 이해할 수 있을 것인가?

이처럼 분석자료에 결측값이 존재했을 때, 아무런 조치를 하지 않는다면 어떤 문제가 발생할 것인가?

설문 문항을 완성하고 설문조사를 성공적으로 마친다면, 이제 남은 데이터를 입력하는 과정이 남았다. 그렇다고 모든 과정이 끝난 것은 아니다. 이제 남은 것은 자료와의 대화이자 전쟁이다. 설문조사가 끝난 설문지의 많은 정보를 통계프로그램에 입력하는 과정이 남았다. 아마도 가장 훌륭한 설문조사는 응답자가 설문내용을 완벽하게 모두 응답한 조사일 것이다. 그러나 불행히도 모든 설문 문항에 응답해 주는 응답자를 만나기란 쉽지 않다. 그 이유는 설문내용이 복잡하거나 응답자의 무응답 등 다양한 요인 때문이다.

그럼에도 불구하고 설문조사자는 설문조사 시 응답자의 무응답을 최소화할 수 있는 다양한 노력들을 해야 한다. 그 이유는 응답자의 무응답으로 인해 발생하는 결측값이 분석결과에 심각한 영향을 미치기 때문이다. 지금부터 연구자가 설문조사 시 결측값 발생을 왜 최소화해야 하는지를 살펴보도록 하자.

① 결측값은 설문조사를 통해 얻은 분석결과의 일반화와 적용에 어려움을 가져온다.

앞서 우리는 연구목적을 달성하기 위해서는 연구대상의 전체, 즉 모집단을 조사해야 한다고 언급한 바 있다. 그러나 현실적으로 모집단을 조사한다는 것을 어려운 것이 사실이다. 이에 대한 대안으로 우리는 표본을 추출하여 표본조사를 실시한다. 따라서 엄격히 말하자면, 표본조사는 어디까지나 모집단의 일부분이다. 이러한 상황에서 표본조사에 결측값이 발생하거나 심지어 결측값이 많아진다면, 그 표본을 통해 얻은 분석결과는 분석결과의 일반화 및 적용에 치명적인 한계를 갖기 때문이다.

② 결측값은 고급통계분석 시 분석결과에 투입되는 분석 사례 수를 감소시키는 원인이 된다.

회귀분석을 실행하기 전에 결측값을 정확히 확인해야 하는 이유는 분석에 투입되어야 할 분석 사례수의 상실을 최소화해야 하기 때문이다. 회귀분석은 분석의 특성상 분석에 투입되는 변수에 결측값을 하나라도 가지면 분석에서 제외된다. 좀 더 쉽게 예를 들어 설명하면 다음과 같다.

다음에 제시된 표는 소득(종속변수)에 영향을 미치는 요인이 무엇인지를 파악하기 위해 설문결과를 입력한 표이다. 제시된 표에서 ID를 보면 1부터 10까지 있다. 그리고 각 ID에 따라 설문결과를 입력하였다. 제시된 코딩 결과표를 살펴보면, 첫 번째 응답자인 'ID 1' 케이스는 성별엔 응답하지 않고 다른 연령, 학력, 소득 변수에는 응답을 하였다. 그리고 'ID 2' 케이스는 연령을 응답하지 않고 다른 성별, 학력, 소득 변수에는 응답을 하였다. 그리고 'ID 3' 케이스는 학력에 응답하지 않고 성별, 연령, 소득 변수에는 응답하였다. 이와 같은 자료의 설명을 표로 만들면 〈표 8-2〉와 같다.

표 8-2 설문결과를 SPSS로 옮겨 놓은 표

ID	성별	연령	학력	소득
1		23	1	90
2	1		2	20
3	1	34		43
4	1	43	2	54
5	2	23	2	78
6	2	56	1	90
7	2	43	2	87
8	1	33	1	23
9	1	53	1	12
10	2	21	1	76

〈표 8-2〉의 내용을 SPSS 프로그램에 입력하면 다음의 [그림 8-1]처럼 될 것이다. 위의 설문조사 결과처럼 SPSS 프로그램에서 성별, 연령, 학력 변수에 각각 1개씩의 결측

값이 발생했음을 알 수 있다.

	ID	성별	연령	학력	소득
1	1.00	.	23.00	1.00	90.00
2	2.00	1.00	.	2.00	20.00
3	3.00	1.00	34.00	.	43.00
4	4.00	1.00	43.00	2.00	54.00
5	5.00	2.00	23.00	2.00	78.00
6	6.00	2.00	56.00	1.00	90.00
7	7.00	2.00	43.00	2.00	87.00
8	8.00	1.00	33.00	1.00	23.00
9	9.00	1.00	53.00	1.00	12.00
10	10.00	2.00	21.00	1.00	76.00

[그림 8-1] 결측값이 포함된 입력자료

다음의 내용은 위에 제시된 [그림 8-1]의 자료를 활용하여 회귀분석을 실시하면 제시되는 분석결과 중 하나이다. 이후에 좀 더 자세하게 설명하겠지만, 다음에 제시된 표는 연구자가 설정한 종속변수에 영향을 미치는 독립변수를 투입한 행위가 적절했는가를 알려준다. 먼저 분석에 투입된 사례 수가 몇 개인지를 살펴본 결과 다음 표의 내용에서 "자유도의 합계가 6"임을 확인할 수 있다. 앞서 [그림 8-1]의 데이터 표에는 사례 수가 10명이었는데, 실제 회귀분석에서는 '6'개만 투입된 것으로 보인다. 이는 '4'명의 데이터가 분석에 투입되지 않았는데, 이를 분석하면 다음과 같다.

분석에서 제외된 전체 4명 중
1명 : 자유도 '공식' n-1으로 인해 당연히 제외된 사례 수
3명 : ID = 1, 2, 3번의 응답자의 응답결과 중 무응답 문항이 한 개 이상 포함되어, 응답자의 전체 변수가 분석에서 제외된 사례 수

그리고 제시된 F 값 8.035에 해당하는 유의확률 .060값은 지금 이루어진 회귀분석 모형이 적절하지 않다는 것을 의미한다.8)

8) 제시된 F 값 8.035에 해당하는 유의확률 .060값은 95% 신뢰수준에서의 유의확률인 0.05보다 큰 값으로서 회귀모형이 적절하지 않다는 것을 의미한다.

모형		제곱합	자유도	평균 제곱	F	유의확률
1	회귀모형	5263.027	3	1754.342	8.035	.060[b]
	잔차	654.973	3	218.324		
	합계	5918.000	6			

[그림 8-2] 결측값이 포함된 입력자료를 활용한 회귀분석 결과의 적절성 여부 진단

더 나아가 만약 독립변수가 지금처럼 3개가 아니라 10개라고 가정한 상황에서, 10명의 사람들이 10개의 독립변수에서 각각 1개씩 무응답을 했다면 어떤 일이 발생할 것으로 예상될까? 답은 한 개의 케이스도 분석에 투입되지 않는다는 것이다. 물론 대부분의 경우 이와 같이 10명의 사람들에 대한 자료만 가지고 회귀분석을 하는 경우는 많지 않다. 여기서 중요한 것은 회귀분석이 결측값에 매우 민감하다는 것과 이로 인해 어렵게 조사한 분석 데이터를 100% 활용하지 못하는 경우가 발생한다는 것을 아는 것이다.

그럼 이와 반대로 다음에 제시된 [그림 8-3]처럼 모든 분석 사례가 모든 변수에 대해 결측값이 없을 경우 어떤 분석결과가 나올 것인가를 파악하기 위해 다음의 제시된 자료를 바탕으로 회귀분석을 다시 실시하였다.

	ID	성별	연령	학력	소득
1	1.00	2.00	23.00	1.00	90.00
2	2.00	1.00	43.00	2.00	20.00
3	3.00	1.00	34.00	1.00	43.00
4	4.00	1.00	43.00	2.00	54.00
5	5.00	2.00	23.00	2.00	78.00
6	6.00	2.00	56.00	1.00	90.00
7	7.00	2.00	43.00	2.00	87.00
8	8.00	1.00	33.00	1.00	23.00
9	9.00	1.00	53.00	1.00	12.00
10	10.00	2.00	21.00	1.00	76.00

[그림 8-3] 결측값이 포함되지 않은 입력자료

결측값이 포함되지 않은 자료를 활용하여 회귀분석을 실시하였다. 다음은 자료를 활용하여 회귀분석을 실시하면 제시되는 분석결과 중에 하나이다. 다음에 제시된 표는 연구자가 설정한 종속변수에 영향을 미치는 독립변수를 투입한 행위가 적절했는가를 알려

준다. 그리고 제시된 F-값 10.722에 해당하는 유의확률 .008값은 지금 이루어진 회귀분석 모형이 적절하다는 것을 의미한다.

모형		제곱합	자유도	평균 제곱	F	유의확률
1	회귀모형	7276.722	3	2425.574	10.722	.008[b]
	잔차	1357.378	6	226.230		
	합계	8634.100	9			

[그림 8-4] 결측값이 포함되지 않은 입력자료를 활용한 회귀분석 결과의 적절성 여부 진단

4. 데이터에서 이상값 찾는 방법

자료분석을 하다 보면, 종종 자료에 포함된 이상값에 의해 변수의 평균 및 표준편차 값이 크게 나오는 경우가 있다.

어떤 변수의 평균값과 표준편차 값이 크거나 작은 것 역시 주어진 자료가 갖는 고유한 특성일 수 있다. 그러나 한편으로는 이러한 이상값들이 전체 평균이나 표준편차 값의 왜곡을 가져올 수 있다. 이번 장에서는 변수에 포함된 값 중 이상값 자체를 어떻게 찾아야 하는지를 살펴보기로 한다.

1) 기초분석 방법을 통한 이상값 찾는 방법

기초분석 단계에서 분석하려는 변수에 이상값(극단치)이 포함되어 있는지 그리고 어떤 케이스가 이상값을 갖고 있는지를 알아보자.

다음의 데이터 중 '총지출' 변수가 극단치가 있는지 그리고 어떤 케이스가 이상값을 갖고 있는지 살펴보자. '분석→기술통계량→데이터 탐색' 메뉴를 순차적으로 클릭하면 '데이터 탐색' 분석을 실행할 수 있다.

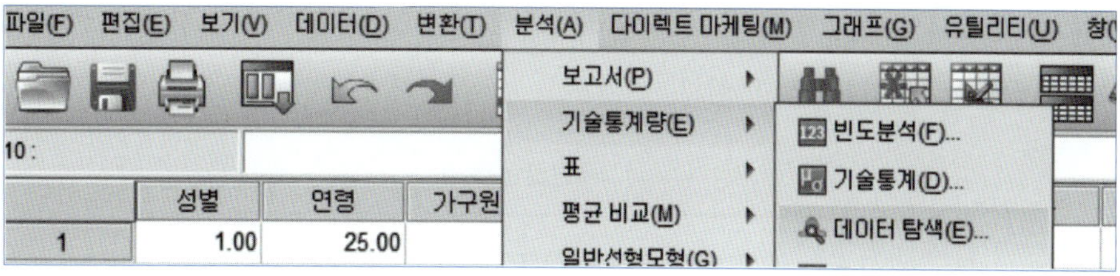

[그림 8-5] 이상값 찾기 1

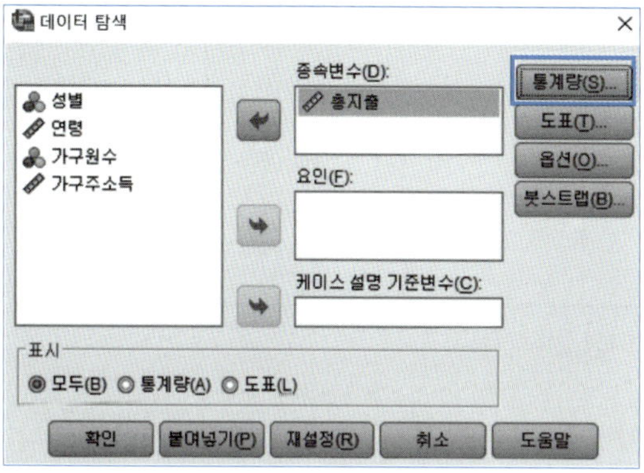

[그림 8-6] 이상값 찾기 2

왼쪽에 있는 변수 중, 총지출 변수를 '종속변수'로 옮긴다.

다음으로 '통계량' 아이콘을 클릭하면, 이상값을 찾을 수 있는 새로운 창이 보인다.

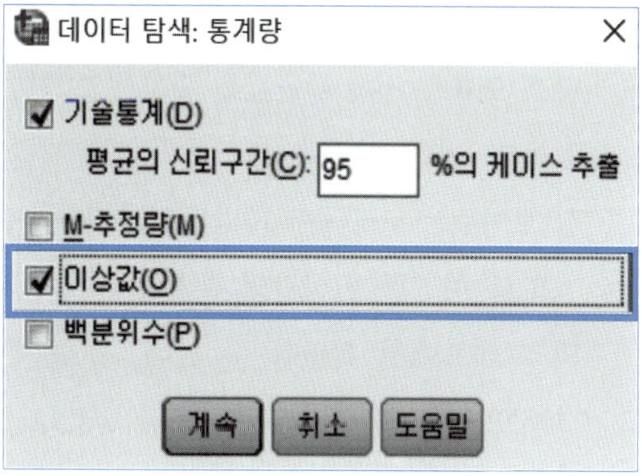

[그림 8-7] 이상값 찾기 3

'통계량' 아이콘을 클릭한 후, 다음의 그림처럼 '이상값'을 클릭한 후, '계속'과 '확인' 아이콘을 클릭하면 분석이 실행된다.

'데이터 탐색' 분석을 실행하면 다음과 같은 분석표가 제시된다. 제시된 표를 살펴보면, 총지줄 변수값 중 최대값 5개와 최소값 5개를 추출한 것을 알 수 있다. 가장 먼저 눈에 띄는 것은 최대값 1순위부터 3순위까지의 값이 4순위 및 5순위보다 매우 크다는 사실이다. 그리고 주목해야 봐야 할 것은 이상값으로 추출된 값을 갖는 개별 케이스 번호가 함께 제시되었다는 점이다. 이는 이 케이스 번호를 추적하여 이상값을 다시 한번 확인해야 한다는 의미를 주고 있다.

극단값

			케이스 수	값
총지출	최대값	1	6	2546.00
		2	1	1456.00
		3	4	1245.00
		4	5	138.00
		5	12	125.00
	최소값	1	15	58.00
		2	24	65.00
		3	20	65.00
		4	18	65.00
		5	9	66.00

[그림 8-8] 이상값 찾기 4

그리고 박스도표(Box-Plot)를 통해서도 이상값의 존재를 동시에 확인할 수 있다. 다음의 그림에서 표시된 3개의 값 역시 그림의 다른 값들과 다르게 매우 멀리 떨어져서 분포하고 있다는 것을 확인할 수 있다. 박스 도표는 전체 평균값을 중심으로 개별 값들이 어떤 위치에 분포하고 있는지를 잘 보여주는 도표 중에 하나라고 보면 된다.

또한 이러한 이상값의 존재는 두 종류의 그래프에서 확인할 수 있다. 첫 번째 그래프는 줄기-잎 그래프(Stem-and Leaf Plot)로서 개별 값별 빈도를 바탕으로 그래프를 그리고 있다. 다음의 그래프 박스에서 표시된 부분을 보면 알 수 있듯이, 3개의 값이 1245보다 같거나 크다는 표시가 있다. 이것을 통해서도 이 변수에는 이상

```
총지출 Stem-and-Leaf Plot

 Frequency    Stem &  Leaf

     1.00        5 .  8
     4.00        6 .  5556
     5.00        7 .  03478
     4.00        8 .  1234
     5.00        9 .  03555
     4.00       10 .  0115
     1.00       11 .  0
     2.00       12 .  35
     1.00       13 .  8
     3.00 Extremes    (>=1245)

 Stem width:      10.00
 Each leaf:       1 case(s)
```

[그림 8-9] 이상값 찾기 5

값이 3개가 존재한다는 것을 확인할 수 있다.

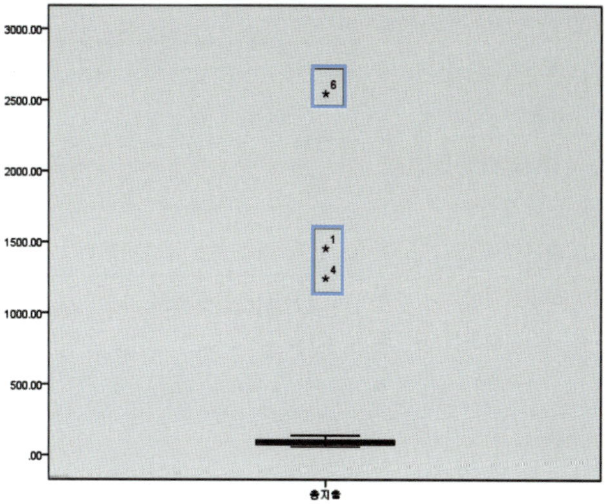

[그림 8-10] 이상값 찾기 6

2) 다중회귀분석에서 이상값 찾는 방법

회귀분석은 매우 민감한 통계분석이다. 여기서 민감하다는 것은 분석에 투입되는 변수값의 평균 또는 분산에 따라 회귀분석의 결과가 매우 다르게 분석된다는 것을 의미한다. 따라서 이론적으로는 회귀분석을 할 때, 충족해야 할 가정들이 다른 분석 방법보다 많다. 여기서는 그러한 가정 중 변수를 구성하는 변수값의 이상값이 존재하는지, 존재하면 어떤 케이스가 이상값일 가능성이 있는지 찾는 법을 배워보도록 하자. 회귀분석에 대한 기본적인 분석 방법은 다른 통계책을 참고하기 바란다.

'회귀분석'은 '분석 → 선형회귀분석' 메뉴를 클릭하면 된다.

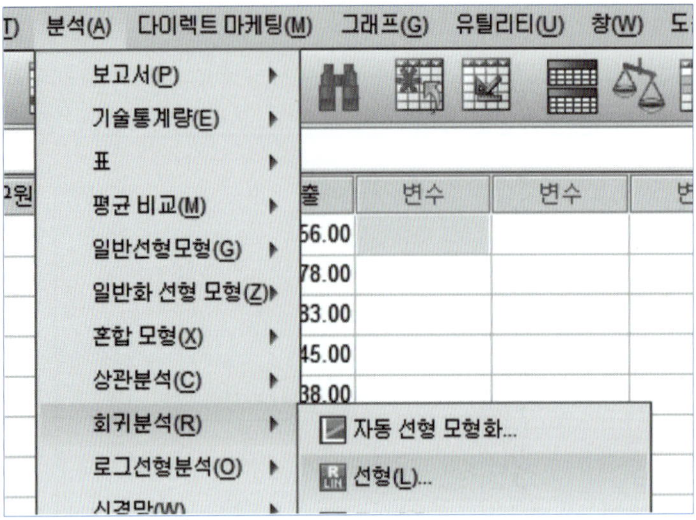

[그림 8-11] 이상값 찾기 7

'선형 회귀분석' 메뉴를 클릭하면, 다음과 같은 회귀분석 창이 나온다. 임의의 분석을 하기 위해, 종속변수에는 '가구주소득' 변수, 독립변수에는 여러 독립변수를 투입하였다.

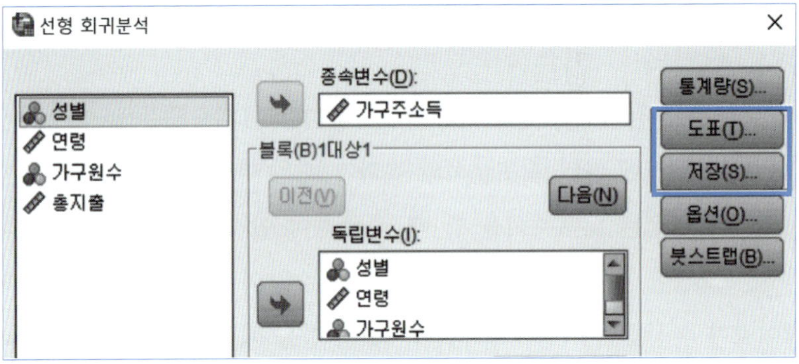

[그림 8-12] 이상값 찾기 8

그리고 오른쪽의 여러 아이콘 중 '도표'와 '저장' 메뉴를 순차적으로 클릭하면 된다. 먼저, 도표를 클릭하면, 다음처럼 그래프에 투입한 변수를 선정할 수 있는 창이 보인다. 오른쪽에 있는 여러 변수 중 'ZPRED'와 'ZRESID' 변수를 Y축과 X축에 순차적으로 옮겨 놓고 '계속'을 클릭한다.

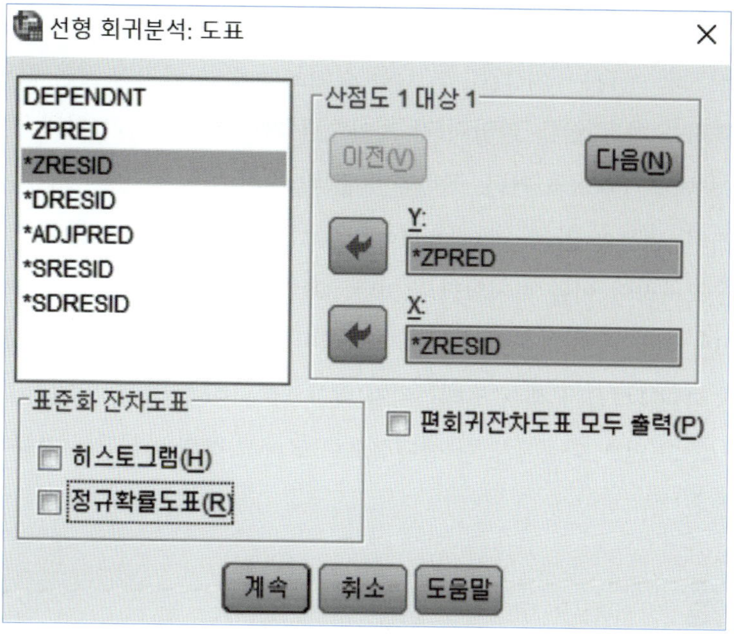

[그림 8-13] 이상값 찾기 9

참고로, 위 그림에서 제시된 다양한 변수에 대해 간력하게 정리하면 다음과 같다.

> DEPENDNT : 종속변수
>
> ZPRED : 표준화된(평균=0, 분산=1) 예측값 ⇒ X
>
> ZRESID : 표준화된(평균=0, 분산=1) 잔차(오차) ⇒ Y
>
> DRESID : 삭제된 잔차
>
> ADJPRED : 수정된 예측값
>
> SRESID : 스튜던트화된 잔차
>
> SDRESID : 스튜던트화된 삭제된 잔차

다음으로 '통계량' 메뉴를 클릭하면 그림처럼 다양한 통계량값을 새롭게 만들 수 있는 창이 보인다. 지금 우리는 '이상값' 즉, 다른 값들보다 유독 크거나 작은 값인 이상값을 찾기 위한 과정을 하고 있다. 따라서 각 케이스별 거리를 파악하기 위해 '거리' 메뉴에 있는 'Mahalanobis, Cook의 거리, 레버리지 값'과 잔차 메뉴에 있는 '스튜던트화' 값을 클릭한다. '거리' 메뉴에 있는 'Mahalanobis, Cook의 거리, 레버리지 값'은 말 그대로 평균과 분산을 고려하여 이를 수치화한 값이다. 따라서 이 값들이 다른 케이스의 값보다 크다고 한다면, 해당 케이스는 이상값을 가진 케이스일 가능성이 크다는 것을 의미한다.

잔차 역시 회귀분석을 통해서도 해석되지 않고 남은 통계적인 값인데, 이 값 간의 거리를 계산해서, 그 값이 다른 값보다 상대적으로 크다고 하면 이상값일 가능성이 크다는 것을 의미한다.

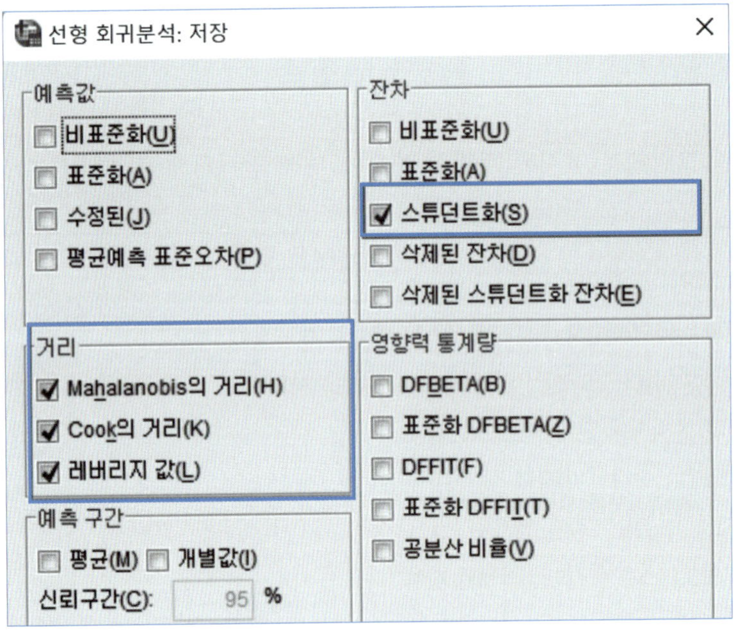

[그림 8-14] 이상값 찾기 10

필요한 통계량 값을 선택한 후 '계속', '확인'을 클릭하면 회귀분석과 함께 이상값 진단이 진행된다.

먼저, '통계량' 값을 해석해 보자. 데이터를 살펴보면, 회귀분석을 진행한 후 데이터에 그림처럼 새로운 변수, 네 개가 만들어진 것을 확인할 수 있다. 다음에 제시된 그림의 박스 처리된 부분을 보면, 유독 같은 변수 내에서 다른 케이스보다 큰 값들이 보인다. 그리고 자세히 보면, 어떤 케이스는 '스튜던트화' 잔차는 높아도 'Mahalanobis' 값은 다른 값보다 작게 나온 것도 확인할 수 있다.

SRE_1	MAH_1	COO_1	LEV_1	변
-.64155	6.52124	.02865	.22487	
-.65205	2.57767	.01184	.08889	
-1.04845	6.42333	.07518	.22149	
2.83737	5.58773	.47018	.19268	
-.39555	2.19735	.00383	.07577	
-1.60709	19.58896	1.25741	.67548	
-2.07747	7.73362	.36995	.26668	

[그림 8-15] 이상값 찾기 11

이것은 회귀분석 '거리' 통계량 값들과 '잔차' 통계량 값들을 통해 이상값을 가진 케이스를 선정할 때, 어느 하나의 통계량 값만을 보고 이상값 케이스로 정하기보다는 여러 가지 통계량을 종합적으로 고려해서 이상값을 가진 케이스로 지정해야 한다는 것을 의미한다.

다음으로 도표에 대해 살펴보자. 회귀분석 결과표를 보면, 다음과 같은 산점도 분석되었다. 이는 종속변수인 가구주소득에 대한 독립변수 투입 후 계산된 잔차들로 만들어진 그래프이다.

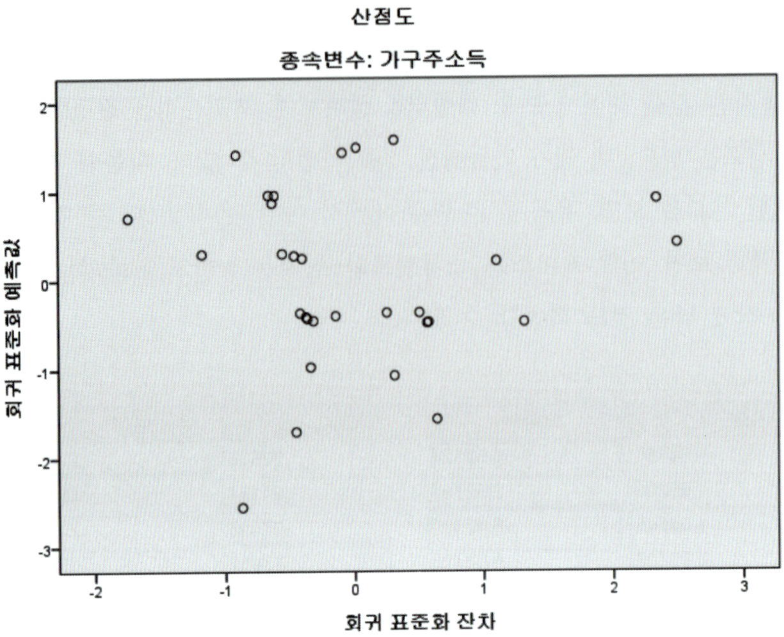

[그림 8-16] 이상값 찾기 12

이제 이 그래프에서 이상값들이 존재하는지 살펴보자.

첫째, 먼저 확인할 것은 그래프에 제시된 점들의 분포이다. 이 그래프의 경우, 산점도에 찍힌 점들이 비교적 산발적으로 분포되어 있다는 것을 알 수 있다. 이 분포의 의미는 각 값 간의 거리가 매우 멀 수 있다는 것을 의미한다.

그렇다면, 실제 어느 정도 멀고, 어떤 케이스가 멀리 분포되어 있는지 확인해 보자. 이를 확인하기 위해서는 회귀분석 결과표에서 그림에 마우스를 대고 '더블 클릭'을 하면 다음과 같은 '도표 편집기'가 새롭게 나온다. 이 편집기는 어떤 그래프에서도 마우스로 더블 클릭하면 보이는 창이다. 편집기에는 분석된 그래프에 대해서 다양한 기능 추가나 시각적인 편집 등을 할 수 있다.

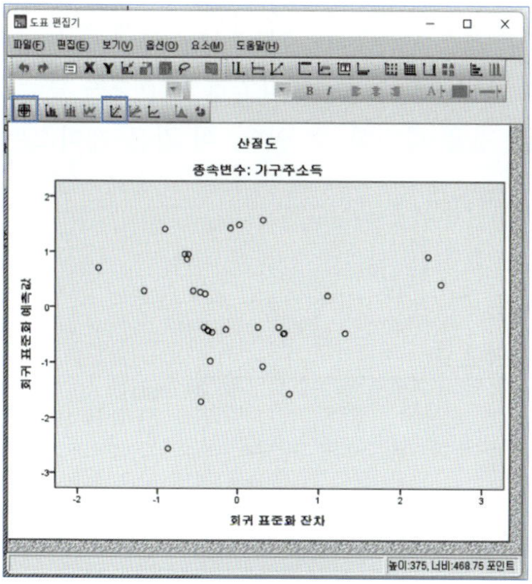

[그림 8-17] 이상값 찾기 13

다음으로 해야 할 것은 그림에 표시된 것처럼 ' '을 클릭한다.

이 메뉴의 기능은 그래프에 찍은 점의 분포와 거리를 고려하여 '회귀선'을 그려 준다. 우리는 이것을 통해 표준된 '0'을 기준으로 개별 값들이 어느 정도 멀리 있는지 확인할 수 있다.

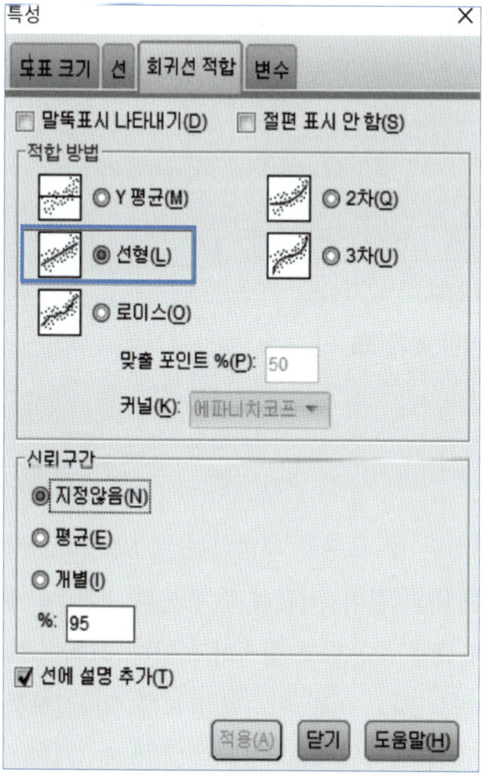

[그림 8-18] 이상값 찾기 14

위의 메뉴를 클릭하면, 오른쪽의 그림처럼 어떤 종류의 적합선을 선택할지를 묻는 창이 보인다.

여기서는 '선형'을 클릭하고 '계속'을 클릭해 보자.

이런 과정을 마치면, 분석한 도표에 새롭게 Y축의 '0'값을 중심으로 직선 형태의 적합선이 추가된 것을 확인할 수 있다.

그리고 을 클릭한 후 그래프에 제시된 점을 마우스로 대고 클릭하면 해당하는 점의 케이스 번호가 그래프에 나타나는 것을 확인할 수 있다.

이상의 과정을 마친 최종적인 회귀분석 내에서의 산점도를 확인하면 다음과 같은 내용들을 확인할 수 있다. 특히 6번, 9번, 18번 케이스의 경우, 적합선을 중심으로 볼 때 가장 멀리 떨어져 있는 값을 갖는 케이스라는 것을 확인할 수 있다. 이 같은 케이스는 이상값을 가진 케이스가 될 가능성이 크다고 하겠다.

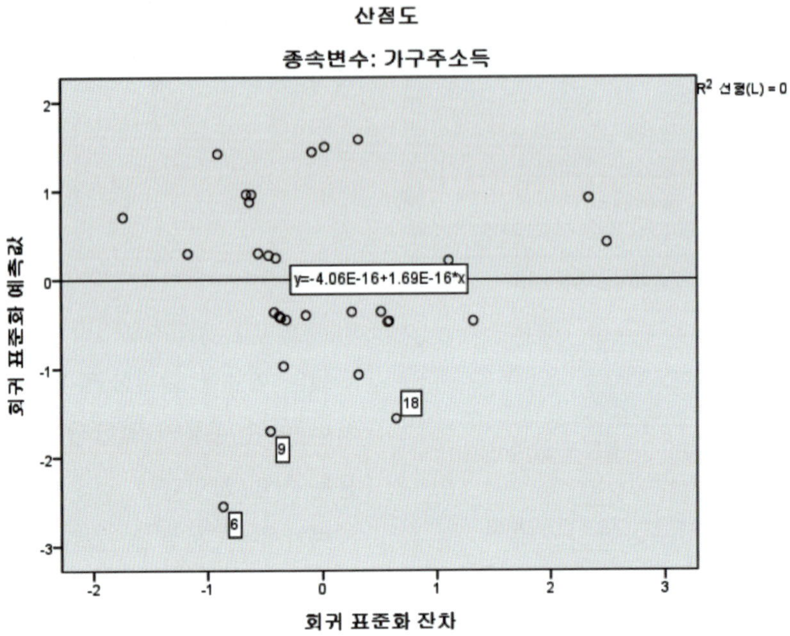

[그림 8-19] **이상값 찾기 15**

3) 변수의 정규성 검정

변수의 정규성 검정은 표본조사를 통해 모집단 및 모수를 추정하는 데 있어서 가장 기본이 되는 가정이다. 앞서 1장에서도 설명한 바와 같이, 정규성 즉 표본의 수가 30 케이스 이상이면 모집단과 동일한 분포인 정규분포를 갖는다고 상정하고 있다. 그러나 대부분의 표본조사에서 30 케이스 내외의 규모를 가지고 어떤 변수의 분포가 정규분포를 갖기는 쉽지 않다. 그런데도 중앙극한정리에 의존하여 우리는 표본의 수가 30 케이스 이상이 되면 그 분포가 비록 정규분포를 갖지 않더라도 모집단을 추정한다.

물론 이처럼 이론에 기초한 모집단 추정도 가능하지만 보다 정확한 정규성 검정을 위해서는 SPSS 프로그램을 활용하여 정규성을 검정하는 방법을 알아보자.

(1) 히스토그램 도표를 통한 정규성 검정

일반적으로 한 변수의 정규성 검정을 가장 쉽게 하는 방법은 정규분포 그래프를 통해 대략의 정규성을 확인하는 것이다. 물론 정밀하지는 않지만, 대략의 분포가 정규분포인지 아닌지를 확인할 수 있다.

어떤 변수의 정규분포를 그린다는 것은 그 변수는 당연히 등간변수이거나 비율변수이다. 등간변수와 비율변수가 무엇을 의미하는지 반드시 이해하기를 바란다.

등간변수와 비율변수를 그리고자 할 때, 사용해야 하는 변수는 '히스토그램'이다. 히스토그램을 그리는 방법은 두 가지 있다.

첫 번째는 빈도분석 내에 있는 '도표' 매뉴를 클릭해서 그리는 방법이다.

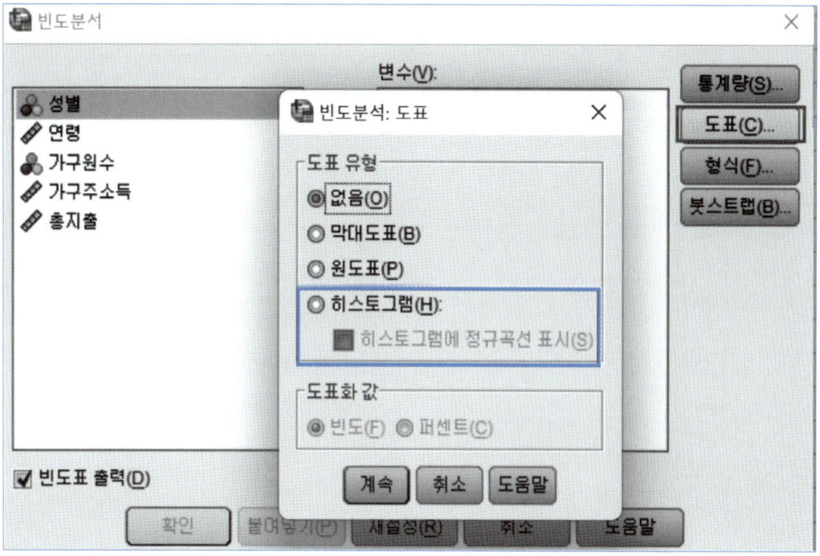

[그림 8-20] 정규성 검정 1

두 번째는 메뉴 중 '그래프'를 활용해서 그리는 방법이다.

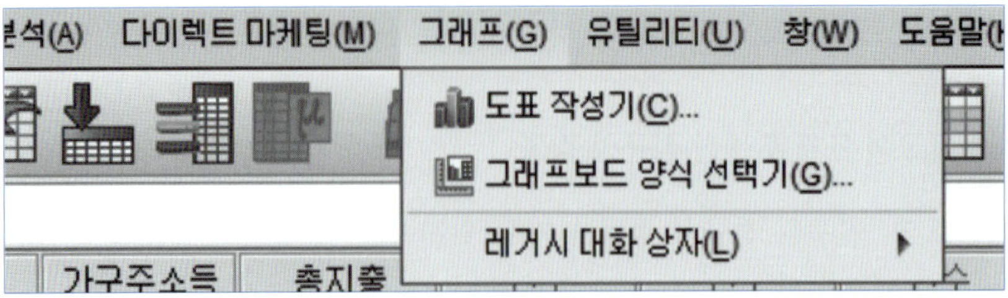

[그림 8-21] 정규성 검정 2

둘 중 어느 방법을 사용해서 그래프를 만들어도 차이가 없다. 여기서는 '그래프' 메뉴 활용법을 익히기 위해 그래프 메뉴에 있는 '레거시 대화 상자'를 이용해 보자.

그래프 메뉴 중 '레거시 대화 상자'를 클릭하면 다양한 그래프가 보이는데, 이 중에 우리는 '히스토그램' 메뉴를 사용해 보도록 하자.

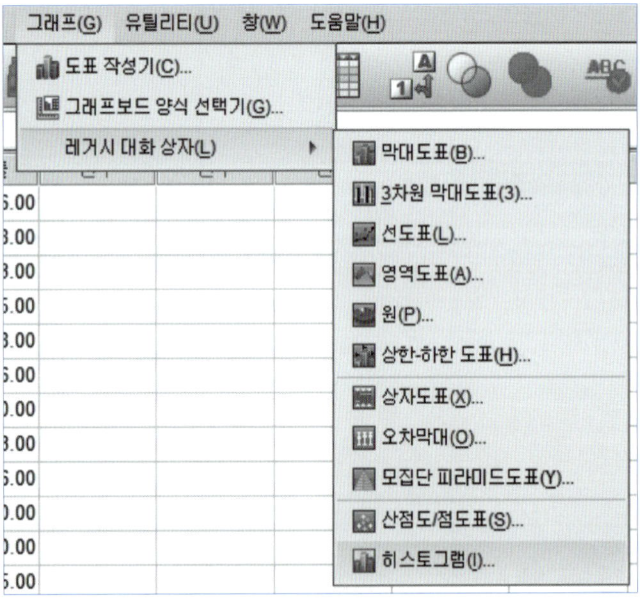

[그림 8-22] 정규성 검정 3

히스토그램' 그래프를 선택하면 도표를 완성할 수 있는 창이 나타난다. 이 창의 왼쪽 변수 중 한 변수를 클릭하여 '변수'에 옮겨 놓고, 다음으로 '정규곡선 출력'을 클릭한 후 '확인'을 클릭하면 그래프가 만들어진다.

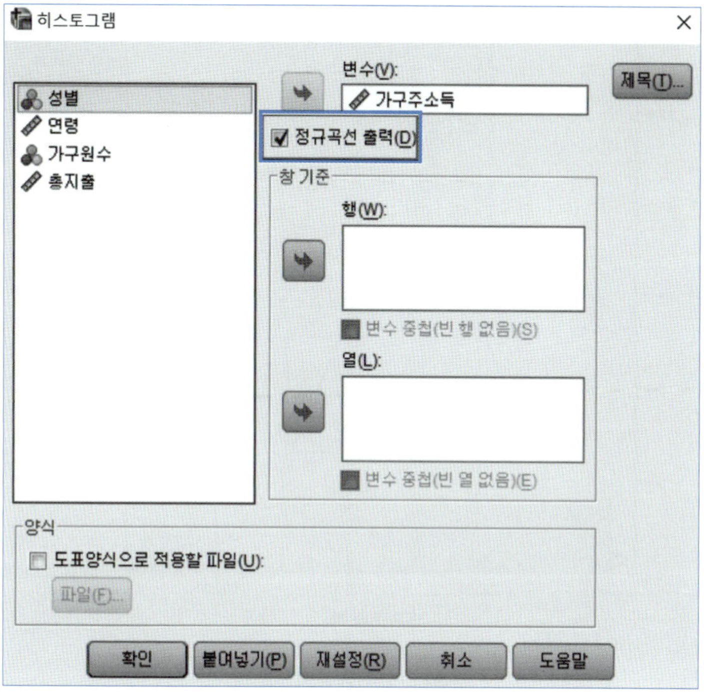

[그림 8-23] 정규성 검정 4

'레거시 대화 상자'를 통해 만들어진 그래프를 보면, 히스토그램 그래프 사이로 정규분포곡선이 그려진 것을 확인할 수 있다. 평균값은 301.20이고, 표준편차는 130.911으로 나왔다. 이 통계량 값이 갖는 의미는 평균값인 301 값을 중심으로 평균적으로 약 130만큼 거리가 떨어진 값이 존재한다는 것을 의미한다.

그래프에 표시된 박스에서도 확인할 수 있듯이, 정규분포곡선 위와 아래에 부족한 공간과 넘치는 공간이 있다는 것을 확인할 수 있다.

이 그래프는 얼핏 보면 정규분포곡선 같지만 정확히 보면 정규분포곡선을 따르지 않는 면도 있다는 것을 알 수 있다.

앞서 언급했듯이, 히스토그램은 단순한 빈도 그리고 평균값과 표준편차를 중심으로 그려진 그래프이다. 따라서 정확하게 해당 변수가 정규분포를 따르고 있는지 그렇지 않은지를 확인할 수 없다는 점을 유의하면서 사용해야 한다.

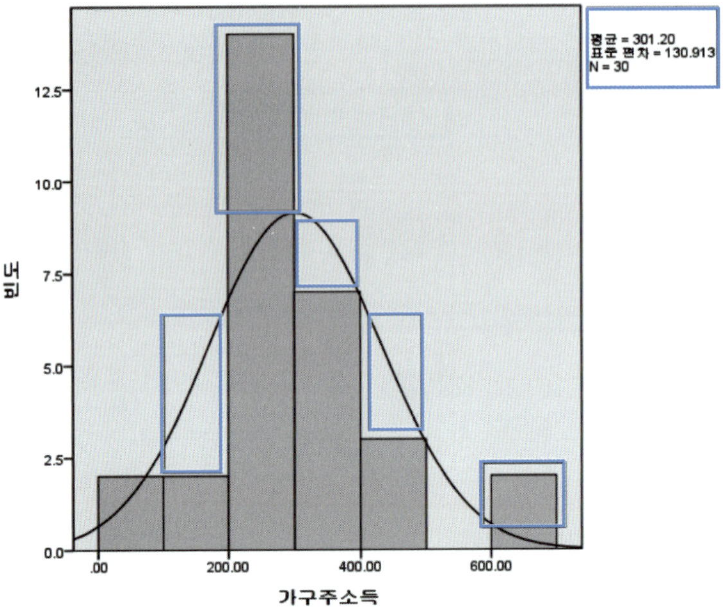

[그림 8-24] 정규성 검정 5

(2) Shapiro-Wilk 통계량 값을 통한 정규성 검정

지금까지 단순 그래프를 통해서 변수의 정규성을 확인하였다. 그러나 설명했듯이, 정확한 정규성 여부를 판단해 주지는 못한다. 이러한 문제를 보완하기 위해서 Shapiro-Wilk 통계량 값을 활용하면 된다.

Shapiro-Wilk 통계량 값을 활용하여 변수의 정규성을 검정하기 위해서는 '분석' 메뉴에서 '기술통계량' 분석의 하위 분석인 '데이터 탐색'을 클릭하면 [그림 8-25]처럼 데이터 탐색 창이 나타난다.

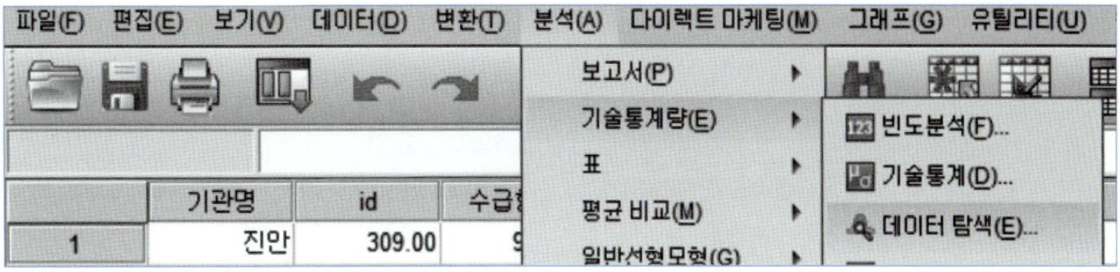

[그림 8-25] 정규성 검정 6

'데이터 탐색' 분석을 실행하면, [그림 8-26]처럼 변수를 투입하는 창이 나타난다. 이때 정규성 검정을 하고자 하는 변수를 '종속변수'로 옮겨 놓는다. 그리고 비교하고자 하는 집단 변수를 '요인'에 옮긴다.

이때 주의할 것은 정규성 검정은 기본적으로 비율변수에만 적용할 수 있다. 따라서 반드시 비율변수 또는 척도로 측정된 서열변수를 투입해야 한다.

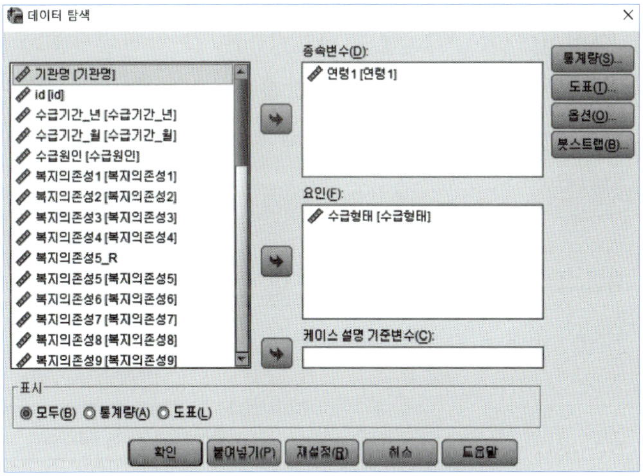

[그림 8-26] 정규성 검정 7

정규성을 검정하고자 하는 변수를 종속변수 자리에 옮겨 놓은 후, '도표' 아이콘을 클릭한다. 도표 아이콘을 클릭하면, [그림 8-27]과 같은 창이 나타나는데, 이때 '검정과 함께 정규성도표'를 클릭한다. 여기서 추가로 히스토그램도 필요에 의해서 클릭하면 된다.

마지막으로 '계속' 아이콘을 클릭한다.

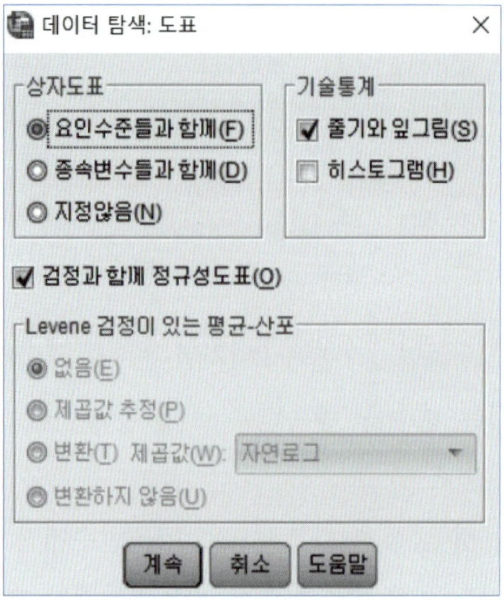

[그림 8-27] 정규성 검정 8

이상의 과정을 거쳐서 최종 '확인'을 클릭하면 다양한 분석결과들이 제시된다. 이 중에서 정규성과 직접적으로 관련이 있는 분석결과는 〈표 8-3〉처럼 정규성 검정 값이 제시된다. 이 표에는 두 개의 검정 통계량 값이 제시되는데 각각 데이터의 상황에 맞게 적용하면 된다.

표 8-3 정규성 검정 통계량 값 설명

검정값	특징
Kolmogorov-Smirnov	개방적, 2,000 케이스 이상
Shapiro-Wilk	보수적, 3개 케이스 이상

지금까지의 과정에 따라, 집단별 종속변수에 대한 정규성 검정결과가 [그림 8-28]처럼 제시되었다. 분석내용을 보면 수급 형태별로 연령 변수에 대한 정규성 여부를 보여주고 있다. 그렇다면 이때의 귀무가설과 대립가설은 무엇일까?

귀무가설: 수급형태 집단별 연령의 분포는 정규분포를 이룬다.

대립가설: 수급형태 집단별 연령의 분포는 정규분포를 이루지 않는다.

정규성 검증

	수급형태	Kolmogorov-Smirnov[a] 통계량	자유도	유의확률	Shapiro-Wilk 통계량	자유도	유의확률
연령 1	일반수급자	.316	13	.001	.844	13	.024
	조건부수급자	.184	116	.000	.910	116	.000
	자활특례자	.254	5	.200*	.934	5	.626
	차상위계층	.195	71	.000	.924	71	.000

* 이것은 참인 유의확률의 하한값입니다.

a. Lilliefors 유의확률 수정

[그림 8-28] 정규성 검정 9

복지 수급형태별 Shapiro-Wilk 값을 보니 통계량 값은 비슷하지만 유의확률 값이 다르다는 것을 알 수 있다. 위 분석결과를 요약하면, 95% 신뢰수준에서 유의수준이 0.05임을 고려한다면, 자활특례자 집단의 유의확률이 .626으로서 귀무가설을 채택할 수 있다. 반면 일반수급자 .024, 조건부수급자 .000, 차상위계층 .000으로 대립가설을 채택할 수 있는 수준이라는 것을 알 수 있다. 즉, 네 집단 중 연령 변수의 정규성 가정을 충족한 집단은 자활특례자 집단이고, 나머지 세 집단은 정규성 가정을 충족하지 못했다는 것을 알 수 있다.

4) 다중공선성 점검

우리는 상관관계 분석을 배우는 과정에서 다중공선성의 기본 개념에 대해 배운 바 있다. 다중공선성은 두 변수 간에 상관관계 정도가 지나치게 높아 두 변수가 마치 하나의 변수처럼 종속변수에 영향을 미칠 때를 말한다.

본래 회귀분석은 종속변수에 영향을 미치는 독립변수의 통계적 유의성을 알아보기 위해 실행된다. 또한 다중회귀분석에서 투입되는 독립변수 간에는 일정 정도의 상관성이 존재한다. 그 이유는 우리 사회에 모든 원인과 결과, 원인과 원인 간에는 어느 정도의 상관성이 상존하기 때문이다. 따라서 독립변수와 종속변수, 독립변수와 독립변수 간에 관련성이 너무 없거나 지나치게 높으면 회귀분석에서는 연구자가 원하지 않은 연구결과를 얻을 확률이 높다. 따라서 회귀분석에 투입되는 모든 종류의 변수들은 어느 정도의 관련성이 있어야만 한다.

회귀분석에서 다중공선성이 존재하는지를 파악하기 위한 방법에는 두 가지가 있는데, 하나는 상관관계 분석결과를 통해 확인하는 방법과 다른 하나는 분산의 팽창계수(VIF)와 공차한계(Tolerance) 값을 확인하는 방법이다.

① 상관관계 분석을 통한 다중공선성 점검

앞서 우리는 상관관계 분석을 배운 바 있다. 따라서 만약 회귀분석에 투입된 독립변수 간에 다중공선성이 존재하는지를 파악하기 위해서는 상관관계 분석을 통해 독립변수 간에 지나치게 높은 상관관계가 존재하는지를 확인해야 한다. 앞서 배웠던 상관관계 분석을 통해 상관관계 값의 의미를 이해했다면, 다중공선성에 대해 좀 더 쉽게 이해할 수

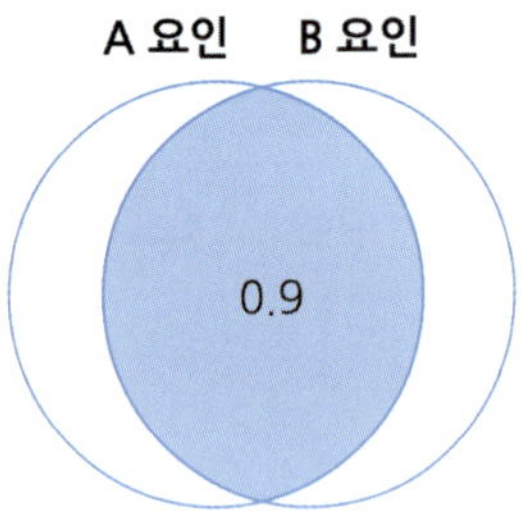

있다. 왼쪽 그림을 살펴보면, 두 요인 간의 교집합이 앞서 살펴본 두 그림보다 매우 크다는 것을 알 수 있다. 이는 두 요인 간 공통된 값이 많다는 것을 의미한다. 그렇다면 두 요인의 공통된 값이 각 요인의 고유 값보다 많은 상황에서 두 요인이 같은 요인인가, 아니면 그럼에도 불구하고 다른 요인이라고 해야 하는가? 다시 말해서 왼쪽의 그림처럼 거의 90% 이상 같은 값을 가지고 있는 두 요인은 같은 요인인가 하는 의문이다.

엄격히 말하자면, 두 요인은 각기 다른 요인이다. 그러나 상관관계 분석결과 두 요인의 상관관계 정도가 0.9 이상의 값을 가질 경우, 우리는 두 요인을 같은 요인으로 봐야 하는가에 대한 의문에 직면하게 된다. 사실, 두 요인의 상관관계 강도의 크기는 상관관계 분석에서 그저 숫자에 불과하다. 여기서 중요한 것은 그 숫자가 주는 의미와 영향이고, 이 두 요소는 중요한 문제가 될 수 있다는 점이다. 특히 다음에 배울 다중회귀분석에서 두 요인 간의 지나치게 높은 상관관계 값은 매우 심각한 문제를 야기한다. 그 문제가 바로 다중공선성 현상이다. **다중공선성의 개념은 두 요인 간 지나치게 높은 상관관계로 인해 인과관계의 왜곡을 가져오는 현상**을 의미한다. 여기서 말하는 **'인과관계의 왜곡'** 현상은 다

음의 내용을 보면 쉽게 이해할 수 있다.

회귀분석에서 보다 자세하게 언급하겠지만, 회귀분석은 어떤 현상(결과)에 영향을 미치는 요인(원인) 간의 관계를 통계적으로 밝히는 것을 목적으로 한다. 그래서 회귀분석에서는 영향을 미치는 원인이 되는 독립변수, 영향을 받는 종속변수 개념이 사용된다. 이러한 독립변수와 종속변수 간의 관계를 밝히는 회귀분석에서 다중공선성은 심각한 결과를 야기한다. 회귀분석에서 발생하는 다중공선성은 다음의 경우처럼 중요한 문제를 가져온다.

경우1 종속변수에 유의한 영향을 미치는 독립변수 간에 통계적 유의성을 사라지게 함
경우2 회귀분석에 투입된 다른 독립변수 간에 관계성에 왜곡을 가져옴

이상의 경우들은 회귀분석에서 다중공선성 현상이 가져오는 대표적인 경우이다. 따라서 분석자는 회귀분석에 앞서 실행되는 상관관계 분석에서 상관관계 계수 값이 0.8~0.9 이상이 나오는 독립변수에 대해서는 반드시 회귀분석의 다른 통계량(공차한계, 분산의 팽창계수 등)을 활용하여 교차 점검을 해야 한다. 이에 대해서는 이후 배울 다중회귀분석에서 다중공선성 교차점검법 및 처치방법에 대해 살펴보도록 하자.

② 분산의 팽차계수 및 공차한계를 활용한 다중공선성 점검

분산의 팽창계수(VIF)는 '1' 값에 가까울수록 다중공선성이 존재한다고 볼 수 있다. 보통은 10이상의 값이 제시될 경우 거의 확실히 다중공선성이 존재한다고 볼 수 있다. 공차한계(Tolerence)는 0~1의 값을 갖는데, 1의 값에 가까울수록 다중공선성이 존재하지 않을 가능성이 높다고 판단할 수 있다.

한 회귀모형에서 다중공선성이 존재하는가를 가능한 정확하게 진단하기 위해서는 앞서 살펴본 상관관계 분석결과와 함께 분산의 팽창계수와 공차한계 값을 충분히 고려해야 한다.

5) 회귀분석을 위한 적정 사례 수

회귀분석에서 분석목적을 달성하기 위해 필요한 표본 수는 어느 정도일까? 회귀분석

에 필요한 적절한 사례 수는 관점이나 접근방식에 따라 매우 다르다. 그렇다면 어떤 기준이 있지 않을까? 통상적으로 회귀분석에서 분석에 필요한 사례 수를 결정하는 것은 두 가지 방식으로 이루어진다. 앞서 2장에서도 언급했듯이, 일부 연구자들은 분석목적을 위해 연구목적에 따라 신뢰도와 오차를 미리 정하고, G-Power 프로그램을 사용하여 적정 표본 수를 산출한다. 또 다른 방법 중 하나는 분석에 투입되는 독립변수의 수에 따라 최소 필요한 표본 수를 산출한다. 전자의 표본 수 산출 프로그램은 구글 사이트에서 쉽게 찾아서 사용할 수 있다.

그렇다면 후자의 방법, 즉 연구목적 달성을 위해 투입되는 독립변수에 따라 어떻게 최소한의 표본 수 또는 사례 수를 선정할 수 있는지를 배워보도록 하자. 회귀분석에 투입될 최소 표본 수는 변수 1개당 최소 10에서 20개를 적절하다고 보고 있다. 이 내용을 수식으로 표현하면 다음과 같다.

$$\frac{1}{10} \text{ 또는 } \frac{1}{20}$$

즉, 변수 1개를 분석에 투입하기 위해서는 표본 10에서 20개가 필요하다는 것을 의미한다.

예를 들어 설명하면, 만약 어떤 연구에서 분석에 독립변수를 10개 투입할 계획이라고 한다면, 분석에 필요한 표본 수 및 사례 수는 최소 100명에서 200명이 되어야만 한다.

이런 방식이라면, 분석자는 또 하나의 질문에 직면한다. 분석자는 표본 수가 매우 적거나 반대로 매우 많을 경우, 회귀분석의 실행 가능성 및 분석결과에 대해 어떤 해석을 할 수 있는가에 대해 궁금증을 갖게 된다. 먼저 표본의 수가 매우 적은 경우를 생각해 보자. 표본의 수가 적다고 했을 때의 기준은 앞서 살펴본 1:10 또는 1:20 비율이다. 즉 연구자가 분석에 투입하고픈 변수에 비해 사례 수가 적은 경우이다. 물론 이런 경우라고 하더라도 회귀분석은 실행이 되고 우리에게 어떤 결과를 보여준다. 지금의 상황처럼, 표본의 수가 일정한 기준보다 적은 상태에서 이루어진 분석결과는 그 의미를 해석할 때 많은 주의가 필요하다. 그 이유는 너무나 적은 사례 수를 바탕으로 분석이 이루어짐에 따라 분석결과가 어떤 현상을 설명해주거나 대표하기에는 한계가 있기 때문이다. 오히려 이런 경우에는 분석과정에서 종속변수에 대한 추정이 통계적 의의를 갖지 못하는 변수에 대해 선행연구 고찰 결과를 고려하여 분석에서 제외해야 할 것이다.

그럼 반대로 투입하고자 하는 독립변수보다 사례 수가 매우 많은 경우는 어떻게 해야 하는가? 이런 상황에서도 회귀분석은 실행이 되고 어떤 결과를 보여준다. 이 경우에도 마찬가지로 분석결과에 대한 해석 시 주의가 필요하다. 그 이유는 회귀분석의 속성에서 찾을 수 있다. 회귀분석은 그 자체가 일정 수준 이상의 많은 독립변수가 투입되거나 매우 많은 표본 수가 분석에 활용되면 종속변수에 대한 독립변수의 해석력이 높아지는 경향이 있다. 그래서 종속변수에 대한 독립변수들의 해석력이 커지는 현상을 가져온다. 따라서 분석자는 자신의 연구목적과 분석자료의 상황을 종합적으로 고려하여 필요한 적정 표본을 활용하여 분석을 해야 한다.

5. 다중회귀분석

다중회귀분석을 실행하기 위해서는 데이터 보기 창에서 '분석' 메뉴를 클릭하면 나오는 '회귀분석'의 하위 메뉴인 '선형(L)...' 분석을 클릭한다.

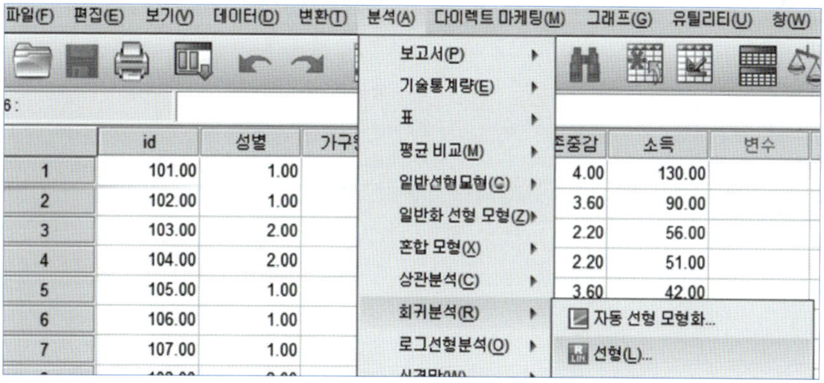

[그림 8-29] 회귀분석 1

선형회귀분석 메뉴를 클릭하면, [그림 8-30]과 같은 창이 나타난다. 다음으로 왼쪽에 있는 변수 리스트 중 종속변수에 '소득', 독립변수에 '성별, 가구원 수, 삶의 목표, 자아존중감' 변수를 클릭하여 오른쪽으로 옮겨 놓는다.

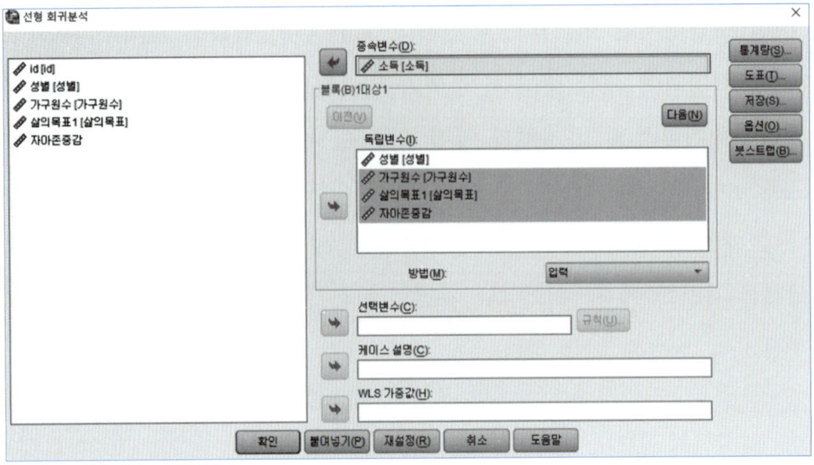

[그림 8-30] 회귀분석 2

다음으로 오른쪽이 아이콘 중 '통계량' 메뉴를 클릭하면, [그림 8-31]과 같은 새로운 창이 나타난다. 이 창의 메뉴 중 '공선성 진단' 메뉴를 클릭한 후, '계속'을 누른다.

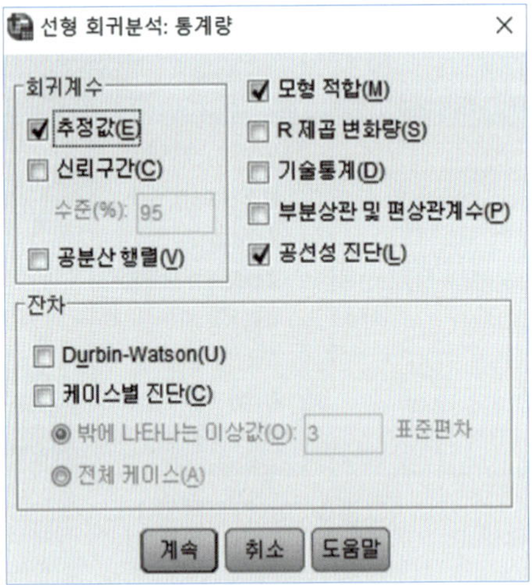

[그림 8-31] 회귀분석 3

이외에도 다음과 같은 자료가 얻고 싶다면, 다음의 설명을 참조하여 클릭하면 결과표에 추가 제시된다.

'R제곱 변화량'	변수를 추가하거나 제외할 때 따르는 R^2의 변화 정도를 의미함
'기술통계'	분석에 투입된 종속변수와 독립변수의 평균과 표준편차, 사례 수를 변수별로 제시해 줌
'Durbin-Waston'	종속변수값의 잔차의 독립성을 의미하는 값으로서, 보통은 시계열 자료에서 종속변수를 사용할 때 잔차의 독립성 가정의 충족 여부를 판정할 때 사용함. 이때 사용되는 지수를 'd지수'라고 하고, d 값은 0~4 사이에 나오며 '2'에 가까울수록 자기상관 없이 독립이며, 독립인 경우 회귀분석을 사용할 수 있다고 판정함
'케이스별 진단'	분석에 투입된 변수별 사례 중 극단치값 또는 이상값이 존재할 경우, 변수별 이상값을 찾아 제시해 줌

마지막으로 '붙여넣기'를 클릭하면 다음의 그림처럼 회귀분석을 위한 명령문이 생성된다. 생성된 명령을 살펴보면 분석에 투입한 변수 리스트를 확인할 수 있다. 이상의 변수를 확인한 후, 명령문 전체를 마우스로 드래그하여 블록을 설정한 후 'Ctrl+R' 또는 메뉴에 있는 '삼각형'을 클릭하면 명령문이 실행된다.

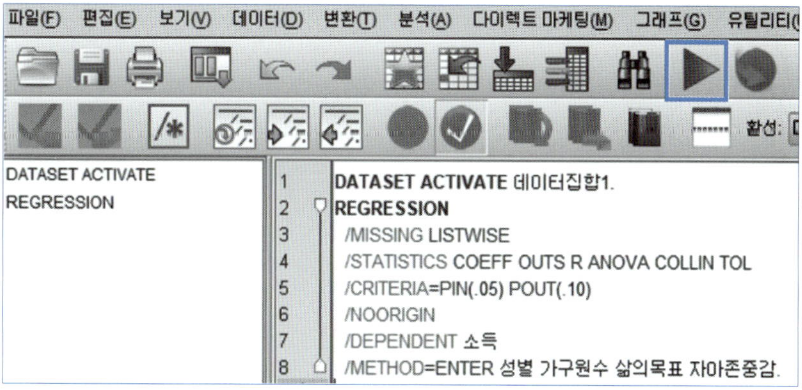

[그림 8-32] 회귀분석 4

회귀분석의 명령문을 실행하면, 다음의 [그림 8-33]처럼 회귀분석 결과가 제시된다. 다음의 그림은 제시된 여러 표 중에 분석에 직접적으로 필요한 분석결과만을 추출하였는데, 모형요약, 분산분석, 계수표이다.

모형 요약

모형	R	R제곱	수정된 R 제곱	추정값의 표준오차
1	.721[a]	.520	.511	21.21087

a. 예측값: (상수), 자아존중감, 가구원수, 삶의목표1, 성별

분산분석[a]

모형		제곱합	자유도	평균제곱	F	유의확률
1	회귀모형	104012.032	4	26003.008	57.797	.000[b]
	잔차	95828.957	213	449.901		
	합계	199840.989	217			

a. 종속변수: 소득
b. 예측값: (상수), 자아존중감, 가구원수, 삶의목표1, 성별

계수[a]

모형		비표준화 계수		표준화 계수	t	유의확률	공선성 통계량	
		B	표준오차	베타			공차	VIF
1	(상수)	76.464	15.170		5.040	.000		
	성별	-29.167	4.478	-.462	-6.513	.000	.448	2.233
	가구원수	3.279	1.325	.124	2.475	.014	.904	1.106
	삶의목표1	6.332	1.463	.256	4.327	.000	.642	1.557
	자아존중감	1.685	2.289	.048	.736	.463	.540	1.852

a. 종속변수: 소득

[그림 8-33] 회귀분석 5

위의 제시된 세 가지 표를 살펴볼 때, 다음의 순서대로 해석을 한다.

1단계: 회귀모형의 적절성 진단

분산분석표는 회귀분석을 실시했을 때 가정 먼저 살펴봐야 하는 결과이다. 분산분석표는 종속변수에 영향을 미치는 요인을 파악하기 위해 투입한 독립변수들로 구성된 회귀모형이 적절한가에 대한 답을 얻을 수 있는 표이다. 따라서 모든 분석자가 분석을 실

행할 때, 가장 먼저 확인해야 할 것은 분산분석표라고 할 수 있다. 그렇다면, 어떤 경우에 종속변수에 대한 독립변수 투입이 적절한 회귀모형인가에 대한 판단 기준은 다음과 같은 경우이다.

분산분석[a]

모형		제곱합	자유도	평균 제곱	F	유의확률
1	회귀모형	104012.032	4	26003.008	57.797	.000[b]
	잔차	95828.957	213	449.901		
	합계	199840.989	217			

a. 종속변수: 소득
b. 예측값: (상수), 자아존중감, 가구원수, 삶의목표1, 성별

[그림 8-34] 회귀분석 6

① 유의확률(p) 〈 유의수준(a) : 회귀모형이 적절하다

② 유의확률(p) ≥ 유의수준(a): 회귀모형이 적절하지 않다

95% 신뢰수준에서의 유의수준이 0.05임을 고려할 때, 회귀분석을 통해 나타난 유의확률 .000은 유의수준보다 작다는 것을 알 수 있다. 이와 같은 경우는 ①에 해당하는 경우로서, 소득에 영향을 미치는 요인이 무엇인지를 파악하기 위해 투입된 성별, 삶의 목표, 가구원수, 자아존중감으로 구성된 회귀모형은 적절하다는 것을 알 수 있다.

이때, 주의할 것은 만약 분산분석 결과가 ②의 경우에 해당하는 경우, 이후의 다른 분석표에 대해서는 해석하지 않는다는 점이다. 이는 종속변수를 영향을 미치는 요인이 무엇인지 알아보기 위해 투입된 독립변수의 구성, 즉 회귀모형이 적절하지 않다는 것을 의미한다. 이러한 상황이 발생하면, 회귀분석에 투입되는 독립변수를 변경해야 한다.

2단계: 투입된 독립변수를 활용한 종속변수에 대한 해석력

모형요약 표는 종속변수에 영향을 미칠 것이라고 예측하고 투입한 독립변수를 활용하여 종속변수에 대한 독립변수의 해석력을 제시한다. 보다 쉽게 설명하면, 종속변수의 값이 100이라고 했을 때, 투입된 독립변수를 활용해서 그중에 어느 정도의 퍼센트(%)를

설명하고 있는지를 알려주는 값이다. 이때 해석력 또는 설명력을 'R^2'으로 표시한다. 다음에 제시된 표를 살펴보면, R^2 이 두 가지인데, 'R 제곱'과 '수정된 R' 제곱이다. 'R 제곱'은 앞서 설명했듯이, 종속변수에 대한 독립변수들의 설명력을 의미하는데, 분석결과에 따르며 .520으로 약 52.0%의 해석력을 의미한다. 다음으로 '수정된 R' 값은 'R 제곱'에서 일부의 값을 제하고 계산된 값이다. 여기서 일부의 값을 제외한다는 것은 회귀분석이 갖는 독특한 특성으로 인한 과추정 및 과해석되는 것을 제외한다는 의미이다. 따라서 과해석된 부분을 제외하고 적어도 최소한 .511로 약 51.1%의 해석력이 있다는 것을 의미한다.

모형 요약

모형	R	R 제곱	수정된 R 제곱	추정값의 표준오차
1	.721[a]	.520	.511	21.21087

a. 예측값: (상수), 자아존중감, 가구원수, 삶의목표1, 성별

[그림 8-35] 회귀분석 7

그렇다면 어떤 경우에 회귀분석의 해석력이 과추정되는가? 두 가지 경우가 있다. 하나는 분석에 사용되는 사례 수가 클수록 회귀분석은 자연스럽게 증가하는 경향을 보이는 경우이다. 다른 하나는 회귀분석에 투입된 독립변수가 많은 경우에도 자연스럽게 증가하는 경향을 보이는 경우이다. 이처럼 회귀분석은 분석 사례 수 및 독립변수의 상황에 따라 해석력 또는 설명력이 큰 영향을 받는다. 이러한 두 가지의 경우에서 발생하는 과추정에 대해 회귀분석 스스로 과추정에 대한 부분을 제하고 수정된 해석력을 보여주는 것이다. 따라서 분석자는 회귀분석을 실시한 후, 해석력을 사용할 때 반드시 수정된 R 제곱을 사용하기를 권한다.

3단계: 종속변수에 대한 독립변수 영향요인 분석

앞서 종속변수에 대한 독립변수의 영향 정도를 살펴보기 위한 모델 적합도 및 해석력에 대한 설명이 이루어지면, 이제야 투입된 독립변수 중 어떤 독립변수가 종속변수에 통계적으로 유의한 영향을 미치고 있는지를 알 수 있는 '계수'표를 해석한다.

다음에 제시된 〈표 8-4〉의 내용 중 제시된 값들에 대한 개념 및 의미에 대해 정리하면 다음과 같다.

표 8-4 회귀분석 결과 값의 의미

<table>
<tr><td>B</td><td colspan="2">각 독립변수가 종속변수에 미치는 변화를 수치화한 값으로서, 각 독립변수가 1단위 변화할 때 종속변수가 1단위(소득의 경우, 1만 원) 변화하는 값을 의미함. 예를 들면, 가구원 수 1명이 증가할 때 종속변수인 소득은 약 3.297만 원 만큼 증가한다고 해석할 수 있다.</td></tr>
<tr><td>베타</td><td colspan="2">종속변수에 영향을 미치는 요인이 무엇인지를 측정하기 위해 투입된 독립변수 중 가장 큰 영향력을 미치는 요인이 무엇인지를 의미하는 값임. 절대값으로 했을 때, 제시된 베타값 중 가장 큰 값이 투입된 독립변수 중 가장 큰 영향을 미치는 독립변수임.
※ 베타값은 앞서 살펴본 회귀분석에 투입된 여러 독립변수들의 다른 단위(예, 성별 = 명, 가구원 수 = 명, 삶의 목표 = 점, 자아존중감 = 점)를 -1~0~1값으로 표준화하여 단위를 통일하여 제시해줌. 이 표준화된 값의 크기를 통해 종속변수에 대한 독립변수의 상대적 크기를 비교하는 원리임.</td></tr>
<tr><td>유의확률</td><td colspan="2">회귀분석에서 유의확률은 제시된 T-값에 따라 값의 크기가 결정되는데, 95% 신뢰수준에서 유의수준인 0.05와 비교하여 종속변수에 대한 독립변수의 유의성 여부를 결정하는 기준으로 사용됨
① 유의확률(P) < 유의수준(a) : 독립변수가 회귀분석에 유의한 영향을 미침
② 유의확률(P) ≥ 유의수준(a) : 독립변수가 회귀분석에 유의한 영향을 미치지 못함</td></tr>
<tr><td>공차</td><td>회귀분석에 투입된 독립변수간의 다중공선성을 진단하는 기준임. 공차한계는 0~1의 값을 갖는데, 1의 값에 가까울수록 다중공선성이 존재하지 않을 가능성이 높다고 판단할 수 있음.</td><td rowspan="2">투입된 독립변수에 대한 다중공선성을 정확히 진단하기 위해서는 공차한계 및 VIF값 그리고 독립변수간이 상관관계 값 들을 서로 상호 교차점검 해야만 보다 정확하게 다중공선성 여부를 진단할 수 있음.</td></tr>
<tr><td>VIF</td><td>회귀분석에 투입된 독립변수간의 다중공선성을 진단하는 기준임. 분산의 팽창계수라고 불리우며, 1 값에 가까울수록 다중공선성이 존재한다고 볼 수 있음. 보통은 10이상의 값이 제시될 경우 거의 확실히 다중공선성이 존재한다고 볼 수 있음.</td></tr>
</table>

이제 회귀분석의 가장 중요한 표인 계수 표에 대해 살펴보도록 하자.

첫째, '계수'표를 해석할 때 가장 먼저 살펴봐야 할 것은 "공선성 통계량" 값이다. 앞서 설명했듯이, 회귀분석에서 다중공선성은 공차한계 값과 VIF 값을 통해 확인할 수 있다. 다음의 분석결과를 살펴보면 공차한계 값과 VIF 값을 모두 고려했을 때, 다중공선성이 완벽하게 나타나는 변수가 보이지는 않는다. 다만, 성별 변수의 공차한계값이 다른 독립변수의 공차한계값보다 조금 더 크다는 것은 다소의 다중공선성이 의심스럽다. 그럼에도 VIF 값과 추가로 상관관계 분석결과를 비교해서 보다 정확한 진단이 필요해 보인다.

계수[a]

모형		비표준화 계수		표준화 계수			공선성 통계량	
		B	표준오차	베타	t	유의확률	공차	VIF
1	(상수)	76.464	15.170		5.040	.000		
	성별	-29.167	4.478	-.462	-6.513	.000	.448	2.233
	가구원수	3.279	1.325	.124	2.475	.014	.904	1.106
	삶의목표1	6.332	1.463	.256	4.327	.000	.642	1.557
	자아존중감	1.685	2.289	.048	.736	.463	.540	1.852

a. 종속변수: 소득

[그림 8-36] 회귀분석 8

둘째, 유의확률값이 95% 신뢰수준에서의 유의수준인 0.05보다 작은 값을 가진 독립변수만 살펴보자. 이는 유의확률 값이 유의수준보다 작을 경우, 그 독립변수가 종속변수에 통계적으로 유의한 영향을 미치고 있기 때문이다. 위의 [그림 8-36]의 회귀분석 결과표에서, 이 기준을 충족한 변수는 성별, 가구원수, 삶의 목표 변수라는 것을 알 수 있다.

셋째, 통계적으로 유의한 영향을 미치는 각각의 독립변수에 대한 분석을 실시한다. 앞서 회귀분석에 투입할 수 있는 변수의 속성은 더미 형태의 명목변수, 리커트 서열척도 변수, 비율변수이다. 위의 [그림 8-36]에서 유의한 영향을 미친 변수에 대해 각각 분석을 하면 다음과 같다.

① 더미변수 형태의 명목변수

[그림 8-36]에서 가장 해석이 어려운 변수가 더미변수 형태의 명목변수이다. 더미변수 형태를 해석할 때, 가장 중요한 것인 더미변수를 구성하는 두 개의 값의 코딩 값(숫자)을 먼저 확인해야 한다. 위의 예에 적용하면, 성별은 남성과 여성으로 구성되어 있는데, 현재 여성은 '0', 남성은 '1'로 코딩이 되어 있다. 이처럼 더미변수를 구성하는 변수값이

각각 '0'과 '1'로 입력이 되어 있을 때, 각각의 값에 부여된 변수 설명 값을 명확하게 확인해야 한다. 그 이유는 더미변수에서 낮은 값, 즉 '0'의 값으로 코딩이 된 여성이 자동적으로 비교집단으로 정의되고 있기 때문이다. 따라서 '1'이 값이 부여된 남성은 비교의 주체가 되고, '0'의 값이 부여된 여성은 비교의 대상이 된다. 위의 분석결과에 이상의 내용을 적용하면 다음과 같다.

표 8-5 회귀분석에서 더미변수에 대한 해석을 위한 예

	B	표준오차	베타	t	유의확률
성별	−29.167	4.478	−.462	−6.513	.000

표 8-6 회귀분석에서 더미변수에 대한 해석

<table>
<tr><th colspan="2">성별 변수값의
코딩값과 정의</th><th>B 값의 부호</th><th>더미변수 해석 빙법</th></tr>
<tr><td>①</td><td>1=남성(관심집단)
0=여성(비교기준)</td><td rowspan="2">독립변수와 종속변수 간 감소
(−, 부적)관계가 존재 의미</td><td>남성은 여성보다 소득이
감소(−)하는 것으로 나타났다</td></tr>
<tr><td>②</td><td>1=여성(관심집단)
0=남성(비교기준)</td><td>여성은 남성보다 소득이
감소(−)하는 것으로 나타났다.</td></tr>
</table>

위의 두 가지 해석에서 볼 수 있듯이, 회귀분석에서 더미변수를 구성하는 값에 어떤 정의가 되어 있는가에 따라 해석의 방향과 내용이 달라진다는 것을 확인할 수 있다. 또한 B 값의 부호가 (+)라고 한다면, 독립변수와 종속변수 간에 증가(+) 관계가 존재한다는 것을 의미한다.

따라서 회귀분석에서 부득이하게 명목변수를 포함시켜야 할 때, 기본적으로 두 개의 변수값으로 구성된 더미변수 형태로 투입해야 한다. 다음으로 더미변수를 투입했을 경우, 각 더미변수에게 부여된 숫자가 의미하는 정의 및 변수값을 정확히 파악하여 비교하는 집단과 비교의 기준 또는 비교의 대상을 명확히 해야 한다.

② 비율변수 및 척도화된 리커트 서열척도

[그림 8-36]의 분석결과 중 통계적으로 유의한 영향을 미치는 변수는 비율변수 중 가구원수, 척도화된 리커트 서열변수는 삶의 목표 변수라는 것을 알 수 있다. 이와 같은 변수에 대한 해석은 다음과 같다.

표 8-7 회귀분석에서 비율변수 및 서열변수에 대한 해석을 위한 예

	B	표준오차	베타	t	유의확률
가구원수	3.279	1.325	.124	2.475	.014
삶의 목표	6.332	1.463	.256	4.327	.000

표 8-8 회귀분석에서 비율변수 및 서열변수에 대한 해석

변수	B 값의 부호	비율변수 및 서열변수 해석방법
가구원 수	독립변수와 종속변수 간 증가(+, 정적)관계가 존재 의미	가구원 수가 증가할수록 가구의 소득도 증가(+)할 것이다
삶의 목표		삶의 목표 의식이 높을수록 가구의 소득이 증가(+)할 것이다

마지막으로 이상의 회귀분석 표는 다음의 〈표 8-9〉처럼 정리하여 보고서 및 논문에 제시하면 된다. 물론 표에 대한 정리나 표기방식은 상황에 따라 다르다.

표 8-9 회귀분석 결과 정리방법

	비표준화 계수		표준화 계수	t	유의확률
	B	표준오차	베타		
(상수)	76.464	15.170		5.040	.000
성별	-29.167	4.478	-.462	-6.513	.000
가구원수	3.279	1.325	.124	2.475	.014
삶의 목표	6.332	1.463	.256	4.327	.000
자아존중감	1.685	2.289	.048	.736	.463
F	57.797***				
수정된 R^2	.511				

*p 〈 .05, *p 〈 0.01, **p 〈 0.001

6. 세 범주 이상의 변수값을 갖는 명목변수 및 서열변수의 더미화 방법

우리는 회귀분석의 독립변수로 투입할 수 있는 변수의 속성으로 더미변수 형태의 명목변수, 척도화된 리커트 서열척도 그리고 비율변수라는 것을 알고 있다. 그렇다면, 학력, 직업, 지역 등과 같은 명목변수 또는 서열변수를 회귀분석에 투입하려고 한다면, 이것이 가능한가? 앞서 우리는 7장에서 3개 이상의 범주를 갖는 변수에 대한 '더미화' 방법을 배운 바 있다. 이 부분을 다시 살펴보면 다음과 같다.

더미변수는 변수의 값이 두 개인 변수를 말한다. 대표적인 더미변수가 성별 변수 일 것이다. 그런데 문제가 되는 것은 변수의 값이 두 개 이상인 명목변수와 척도가 아닌 서열변수를 상관관계 분석에 투입할 때이다. 두 속성을 대표할 수 있는 예가 다음과 같다. 예를 들면, 세 개 이상의 변수값을 갖는 서열변수인 '학력'에 대해 살펴보도록 하자.

> 예
> **세 개 이상의 변수값을 갖는 서열변수인 '학력'에 대해 살펴보도록 하자.**
> Q1. 귀하의 학력은 무엇입니까? ① 무학 ② 초졸 ③ 중졸 ④ 고졸 ⑤ 대졸

위의 예에서 '학력' 변수에 대한 변수값은 다섯 가지이다. 먼저 다범주 변수를 더미변수로 만들려면 먼저 변수를 구성하는 **변수의 값 수만큼 변수**를 만든다. 다음의 표에서도 알 수 있듯이, 학력이란 하나의 문항에서 다섯 개의 문항으로 세분화하여 만들었다는 것을 알 수 있다. 무학과 초졸이라고 응답한 사람에 대한 더미변수 과정에 대해서만 설명하면,

학력에서 '무학(1)'이라고 응답한 사람만 '1→1' 값으로 그대로 주고.
　　나머지 값들은 '2→0', '3→0', '4→0', '5→0'으로 값을 변경해서
　　새로운 변수명인 '학력_무학'을 지정하면 된다.

이와 같은 방법으로 자신의 학력을 '초졸(2)'이라고 응답한 사람에 대해서 '2→1' 값으

로 변경하고,

나머지 사람 중 '1→0', '3→0', '4→0', '5→0' 값으로 변경해서

새로운 변수명인 '학력_초졸'을 지정하면 된다.

이와 같은 방식으로 중졸, 고졸, 대졸 이상에 응답한 사람들에 대해서도 더미변수를 더 만들 수 있다. 이처럼 기존에 입력된 변수의 값을 변경하는 방법은 앞에서 배운 '다른 변수로의 코딩변경' 방법을 사용하면 된다.

표 8-10 더미변수 만드는 과정 1

1) 무학	2) 초졸	3) 중졸	4) 고졸	5) 대졸 이상	변수명
1	0	0	0	0	학력_무학
0	1	0	0	0	학력_초졸
0	0	1	0	0	학력_중졸
0	0	0	1	0	학력_고졸
0	0	0	0	1	학력_대졸

이제 위의 표를 활용하여, 다범주 문항에 대한 더미변수를 SPSS 프로그램을 통해 만들어 보도록 하자. 우리는 이미 기존에 입력된 변수값을 새로운 형태로 변환하고자 할 때 '코딩변경' 기능을 사용하였다. 기존에 입력된 다범주 명목변수 및 서열변수를 더미변수로 만들 때 역시 '코딩변경' 기능을 사용하면 된다. 이제 다시 한번 '코딩변경' 기능을 활용하여 더미변수 만드는 과정에 대해 배워 보도록 하자.

우리는 앞서 기존에 입력된 변수의 변수값을 변경하기 위해서는 메뉴 중 **'변환'** 메뉴의 하위 메뉴인 **'다른 변수로 코딩변경'**을 클릭한다.

우리는 왜 **'같은 변수로 코딩변경'**을 사용해서는 안 되는지에 대해 설명한 바 있다. 원자료를 보존하고 싶다면, 반드시 같은 변수가 아닌 다른 변수로의 코딩변경 기능을 사용하기를 강력히 권한다.

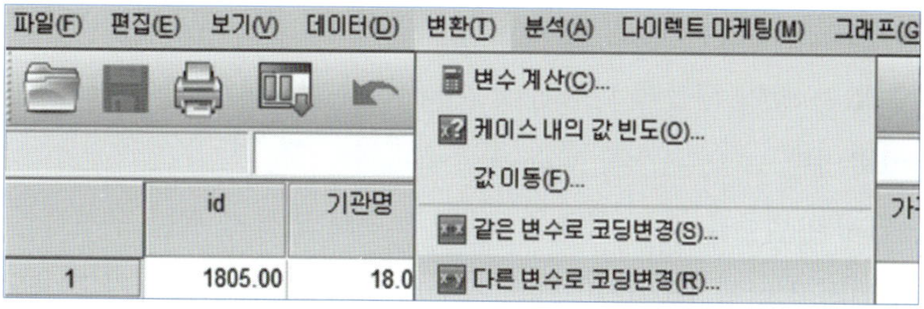

[그림 8-37] 더미변수 만드는 과정 2

'다른 변수로 코딩변경'을 클릭하면, [그림 8-38]처럼 코딩변경 창이 새롭게 나타난다. 왼쪽의 변수 리스트 중 더미변수를 만들고자 하는 변수 '학력'을 클릭하여 오른쪽으로 옮기면 '학력→?' 표시가 나타난다. 이 의미는 기존 변수가 아닌 새롭게 만들 변수에 대한 변수명을 입력하라는 의미이다.

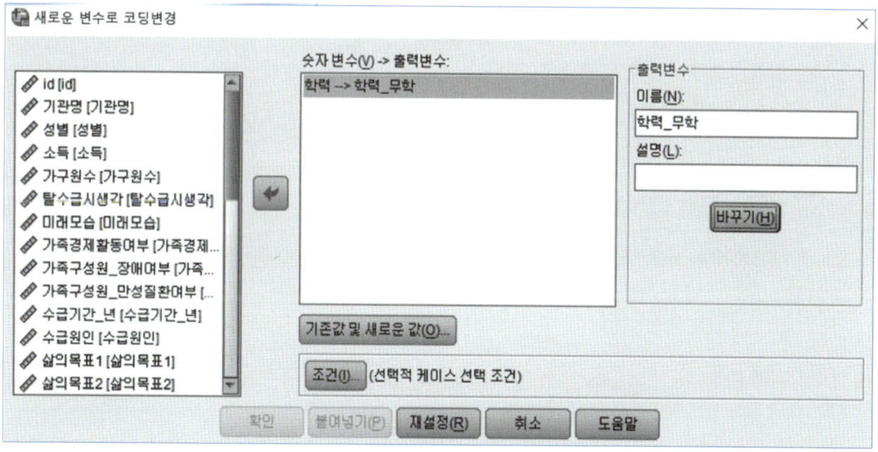

[그림 8-38] 더미변수 만드는 과정 3

'출력변수' 란에 이름에 '학력_무학'이라고 기입을 했다. 이 의미는 새롭게 만들 변수명을 '학력_무학'이라고 지정하라는 명령을 한 것이다. 그리고 '바꾸기'를 클릭하면 위의 그림처럼 '?'였던 것이 '학력→학력_무학'으로 변경되었음을 확인할 수 있다. 새로운 변수에 대한 변수명 지정이 완료되면, [그림 8-38]의 중간에 있는 '기존값 및 새로운 값' 아이콘을 클릭한다.

'기존값 및 새로운 값' 아이콘을 클릭하면, 다음의 [그림 8-39]처럼 새로운 변수값을 지정해 줄 수 있는 창이 새롭게 나타난다. 이때 주의 깊게 살펴봐야 하는 것이 앞서 제시된 〈표 8-10〉이다.

해당 표는 5개의 범주를 갖는 학력을 5개의 변수로 만들기 위한 구체적인 방법을 제시하고 있다. 먼저 제시된 〈표 8-10〉에서 자신의 학력을 '무학(1)'이라고 응답한 사람에 대해서는 기존값에 '1', 새로운 값에 '1'을 입력하고 '추가'를 클릭하면 '1→1' 표시가 나타난다.

이와 같은 방식으로 [그림 8-39]처럼 1→1, 2→0, 3→0, 4→0, 5→0으로 변경하고 '계속'을 클릭하면 된다.

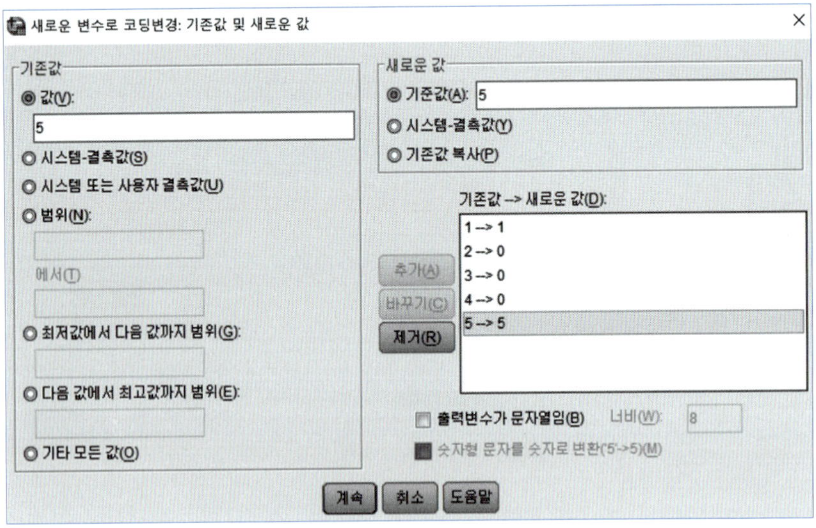

[그림 8-39] 더미변수 만드는 과정 4

자신의 학력을 무학으로 응답한 사람들에 대해서 더미변수를 만들고 '계속'을 누른 후, '붙여넣기'를 클릭하면 다음의 [그림 8-40]처럼 명령문이 생성된다. 명령문에 기술된 내용들을 살펴보면, 지금까지 분석자가 프로그램에 입력하고 클릭한 내용들이 동일하게 기술되어 있다는 것을 확인할 수 있다. 이제 명령문을 마우스로 드래그하여 블록을 설정한 후, 'Ctrl + R' 또는 메뉴에 있는 '삼각형'을 클릭하면 명령문이 실행된다. 이와 같은 방식으로 초졸, 중골, 고졸, 대졸에 대한 각각의 더미변수를 만들면 된다.

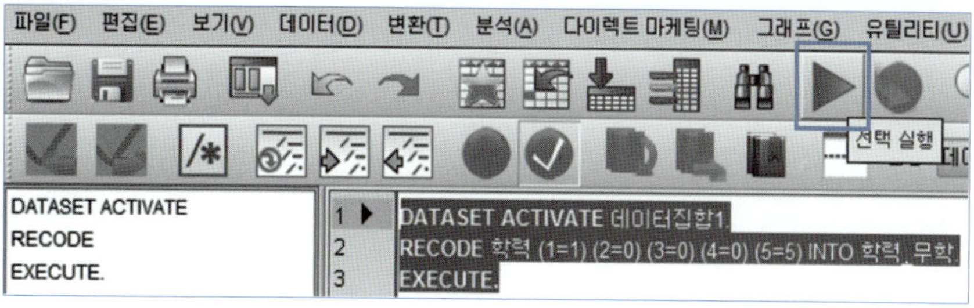

[그림 8-40] 더미변수 만드는 과정 5

위의 명령문을 실행하면 다음과 같은 회귀분석 결과가 결과 창에 나타난다. 이제 우리에게 남은 고민은 이것을 어떻게 해석하는가에 대한 문제이다. 먼저 우리는 학력 변수에 대한 더미화 작업을 하면서 학력 변수를 무학부터 대졸까지 총 5개의 변수로 만들었다. 그런데 다음에 제시된 결과표를 살펴보면, 분석에 투입된 학력 변수는 초졸, 중졸, 고졸, 대졸 변수로, 총 4개의 변수가 투입되어 분석되었다는 것을 알 수 있다.

표 8-11 하나의 변수를 여러 변수로 더미화하여 투입한 회귀분석 결과

	비표준화 계수		표준화 계수	t	유의확률
	B	표준오차	베타		
(상수)	60.355	2.660		22.691	.000
학력_초졸	-11.865	8.379	-.093	-1.416	.041
학력_중졸	5.645	13.085	.028	.431	.667
학력_고졸	19.860	4.104	.319	4.839	.000
학력_대졸	24.145	4.356	.425	5.542	.000

위의 표를 보면 우리는 자연스럽게 '무학'이라는 학력의 더미변수가 분석에 투입되지 않았다는 것을 알 수 있다. 그렇다면, 무학자를 '1'로 만들고 다른 학력자들은 '0'으로 만든 무학의 더미변수는 왜 회귀분석에 투입되지 않았을까?

일반적으로 회귀분석에서 다범주 명목변수 및 서열변수를 더미화 작업을 통해 여러

변수 형태로 쪼개어 만들었을 경우, **하나의 변수를 제외해야 한다.** 만약 분석자가 학력이란 서열변수를 여러 개의 더미변수로 만들고 그것을 모두 회귀분석에 투입한다면, **회귀분석이 자동적으로 임의의 변수를 선택하여 분석에서 제외한다.**

그 이유는 무엇일까? 즉 위의 학력변수처럼 무학부터 대졸까지 총 5개의 변수를 만들었을 경우, **회귀분석 프로그램은 5개의 학력 집단 중 비교하고자 하는 집단을 선택하도록 설계되어 있다.** 따라서 5개의 세부 학력변수가 회귀분석에 모두 투입된다면 비교하고자 하는 집단을 찾지 못해 프로그램에서 임의적으로 하나의 변수를 선택하여 분석에서 제외시키고, 그 변수를 **'기준집단'**으로 해석하라는 결과표를 제시한다.

회귀분석이 이러한 원리를 갖고 있다면, 차라리 분석자가 변수값의 속성을 충분히 이해한 상황에서 분석을 실행하기 전에 미리 기준집단이 되는 변수를 분석에 투입하지 않는 것이다. 즉 위의 회귀분석표에 적용하여 설명하면, 표에서 알 수 있듯이, 분석자는 무학의 더미변수를 분석에서 미리 제외하고, 초졸, 중졸, 고졸, 대졸 더미변수를 투입하였다는 것을 알 수 있다. 필자는 이에 대해 다음과 같은 공식을 만들었다.

N-1=회귀분석 투입 더미변수	• **N**: 더미 변수화를 통해 만들어진 총 더미변수 개수 • **1**: 회귀분석에 투입되지 않은 비교집단으로 선정된 더미변수 1개 • **회귀분석 투입 변수**: 비교집단 변수 '1'을 제외한 나머지 회귀분석 투입 가능 변수의 수

따라서 위의 결과표에 학력에 대한 더미화 작업을 만들어진 총 5개의 변수 중 기준이 되는 1개의 변수를 제외한 결과분석에 4개의 학력 더미변수가 투입되었다는 것을 쉽게 알 수 있다.

N(5) - 1(학력_무학) = 4(학력_초졸, 학력_중졸, 학력_고졸, 학력_대졸)

그럼 이제 구체적인 분석결과에 대해 살펴보자. 앞서 언급했듯이, 회귀분석의 **'계수'** 표에서는 투입된 모든 변수를 해석하는 것이 아니라 통계적으로 유의한 영향을 미치는 것으로 나타난 변수에 대해서만 해석을 수행한다. 위의 예에서 종속변수인 소득에 통계적으로 유의한 영향을 미치는 것으로 나타난 학력의 더미변수는 학력_초졸, 학력_고졸, 학력_대졸 변수이다. 그 이유는 제시된 유의확률이 95% 신뢰수준에서의 유의수준인 0.05보다 작기 때문이다.

이때 해석의 원리를 이해하는 것이 매우 중요하다. 사실, 많은 초보 분석자들이 더미변수 분석결과에 대한 해석에 대해 어려움을 겪는다. 종속변수에 유의한 영향을 미치는 변수를 중심으로 해석의 원리 및 방법에 대해 살펴보도록 하자.

우리는 더미화 과정을 통해 모든 변수는 '0'과 '1'의 값을 갖도록 만들었다. 따라서 각각의 변수는 다음처럼 구성되어 있다. 예를 들면, 학력_무학 더미변수는 무학으로 응답한 사람만 '1'로 변경하고 나머지 초졸, 중졸, 고졸, 대졸자는 '0'으로 변경하였다. 이와 같은 방식으로 초졸, 중졸, 고졸, 대졸도 입력되어 있다.

표 8-12 더미변수 만드는 과정 2

1) 무학	2) 초졸	3) 중졸	4) 고졸	5) 대졸	변수명
1	0	0	0	0	학력_무학
0	1	0	0	0	학력_초졸
0	0	1	0	0	학력_중졸
0	0	0	1	0	학력_고졸
0	0	0	0	1	학력_대졸

이때 중요한 것이 회귀분석에 투입되지 않은 **'비교집단'**으로 선정한 변수가 무엇인가이다. 우리는 앞서 제시된 회귀분석을 통해 '학력_무학' 변수를 회귀분석에 투입하지 않았고, 이는 **'무학자를 비교집단으로 정했다'**는 것을 의미한다. 이처럼 비교집단에 대한 정의가 명확해지면 다음과 같은 표를 바탕으로 해석의 원리를 이해할 수 있다. 다음의 제시된 표를 살펴보면, '학력_초졸' 더미변수를 구성하는 '0'와 '1'의 값이 무엇을 의미하는지를 알 수 있다. 즉 '학력_초졸' 더미변수의 '0'값은 비교집단으로 정의된 무학자를 의미하며, '1'은 초졸자를 의미한다. 같은 방식으로 '학력_고졸' 더미변수 역시 '0'은 무학, '1'은 고졸자를 의미한다. '학력_대졸'은 '0'은 무학, '1'은 대졸을 의미한다.

학력_초졸	학력_고졸	학력_대졸
1(초졸)	1(고졸)	1(대졸)
0(무학)	0(무학)	0(무학)

이와 같은 해석은 다음과 같은 방식으로 해석된다.

학력_초졸: 초졸 학력자는 무학력자보다 ~~~~

학력_고졸: 고졸 학력자는 무학력자보다 ~~~~

학력_대졸: 대졸 학력자는 무학력자보다 ~~~~

실제 분석결과에 이와 같은 해석방식을 적용하면 다음과 같다.

표 8-13 하나의 변수를 여러 변수로 더미화하여 투입한 회귀분석 결과

	비표준화 계수		표준화 계수	t	유의확률
	B	표준오차	베타		
(상수)	60.355	2.660		22.691	.000
학력_초졸	-11.865	8.379	-.093	-1.416	.041
학력_중졸	5.645	13.085	.028	.431	.667
학력_고졸	19.860	4.104	.319	4.839	.000
학력_대졸	24.145	4.356	.425	5.542	.000

표 8-14 회귀분석에서 더미화한 변수에 대한 해석방법

변수	B 값의 부호	더미변수 해석방법
학력_초졸	독립변수와 종속변수간 감소(-, 부적)관계가 존재 의미	초졸 학력자는 무학력자보다 소득이 감소(-)할 것이다
학력_고졸	독립변수와 종속변수간 증가(+, 정적)관계가 존재 의미	고졸 학력자는 무학력자보다 소득이 증가(+)할 것이다
학력_대졸	독립변수와 종속변수간 증가(+, 정적)관계가 존재 의미	대졸졸 학력자는 무학력자보다 소득이 증가(+)할 것이다

| 참고문헌 |

김용석, 김진욱, 유태균(2010). 증거 기반 실천과 평가를 위한 길잡이 자료분석의 기초. Cengage Learning.

김태근(2006). U-Can 회귀분석. 인간과 복지.

서혜선, 양경숙, 김나영, 김희영, 김미경(1999). SPSS를 활용한 회귀분석. SPSS 아카데미.

신중용, 송한식, 안성만, 안태호(2006). 통계학. 학현사.

유태균, 김경휘(2016). 사회복지 자료분석의 기초원리. 공동체.

한상태, 강현철, 허명회(2009). SPSS 분산분석. 한나래 아카데미.

James Lattin, Carroll, J. Douaglas, Paul, E. Green(2002). *Analysis Multivarate Data*. Thomson.

Joseph. F. Hair, Rolph, E. Anderson, RonaldL. Tatham, William, C. Black(1984). *Multivariate Data Analysis*. Simon&Schuster.

Lawrence C. Hamilton(1990). *Modern Data Analysis A First Coursein Applied Staticitcs*. Brooks & Cole Publishing Company.

Steve Selvin(1995). *Practical Biostatistical Methods*. Duxbury Press.

| 찾아보기 |

ㅁ

ㅂ

ㅅ

ㅇ

기타

김경휘

군산대학교 사회복지학부 졸업
숭실대학교 대학원 사회복지학 석사
숭실대학교 대학원 사회복지학 박사
현, 예수대학교 사회복지학부 교수

주요 관심분야는 자활사업, 자산형성지원, 사회적 경제 영역, 국제개발협력이고, 관련한 다양한 연구를 수행하고 있음. 대표적인 저서는 「사회복지 자료분석의 기본원리」, 「사회문제론」 등. 주요 논문은 <Kirkpatrick 교육평가모델을 활용한 자활실무자 교육성과에 영향을 미치는 요인에 관한 연구에 관한 연구>, <자활사업 참여자의 복지의존성에 미치는 영향요인>, <공적개발원조로서 소액금융사업의 성공 가능성에 관한 연구> 등.

제2판

사회복지 자료분석

1판 1쇄 발행 2018년 8월 20일
2판 1쇄 발행 2024년 2월 15일

저　　자 | 김경휘
발 행 인 | 박철용
발 행 처 | 양서원
주　　소 | 경기도 파주시 직지길 522 파주출판도시
전　　화 | 031-955-8000(代)
팩　　스 | 031-955-8005
홈페이지 | www.yswpub.co.kr
이 메 일 | yswgroup@naver.com
출판등록 | 1987년 11월 24일 제 406-2003-037 호

ISBN 978-89-994-1437-4

정가 22,000원